Adolf Bartz, Katharina Gerarts,
Lothar Krappmann, Claudia Lohrenscheit (Hg.)

Praxis der Kinderrechte an deutschen Schulen

Eine Zwischenbilanz

Bibliografische Information der Deutschen Nationalbibliothek

Die Deutsche Nationalbibliothek verzeichnet diese Publikation in der Deutschen Nationalbibliografie; detaillierte bibliografische Daten sind im Internet unter http://dnb.d-nb.de abrufbar.

Reihe „Kinderrechte und Bildung"

Band 1: Kinderrechte in die Schule. Praxismaterialien für die Grundschule. Herausgegeben von Wolfgang Edelstein, Lothar Krappmann, Sonja Student

Band 2: Worauf Kinder und Jugendliche ein Recht haben. Herausgegeben von Lothar Krappmann und Christian Petry

Band 3: Kinderrechte in die Schule. Praxismaterialien für Sek. 1. Herausgegeben von Wolfgang Edelstein, Lothar Krappmann, Sonja Student

Band 4: Methodenbuch Kinderrechte. Beteiligung von Kindern und Jugendlichen an Kinderrechten für Politik & Co. Herausgegeben von Katharina Gerarts

Band 5: Kinderrechte in der Kita. Herausgegeben von Christa Kaletsch, Jasmine Gebhard

Band 6: Handbuch kinderfreundliche Kommunen. Kinderrechte kommunal verwirklichen. Herausgegeben von Dominik Bär, Friderike Csaki, Roland Roth

© WOCHENSCHAU Verlag
Dr. Kurt Debus GmbH
Frankfurt/M. 2023

© debus pädagogik

www.wochenschau-verlag.de

Alle Rechte vorbehalten. Kein Teil dieses Buches darf in irgendeiner Form (Druck, Fotokopie oder einem anderen Verfahren) ohne schriftliche Genehmigung des Verlages reproduziert oder unter Verwendung elektronischer Systeme verarbeitet werden.

Umschlagentwurf: Ohl Design
Gedruckt auf chlorfrei gebleichtem Papier
Gesamtherstellung: Wochenschau Verlag
ISBN Print: 978-3-95414-192-0
ISBN E-Book: 978-3-95414-193-7
ISSN Reihe: 2749-6775
DOI: https://doi.org/10.46499/1477

INHALT

ADOLF BARTZ, KATHARINA GERARTS, LOTHAR KRAPPMANN UND CLAUDIA LOHRENSCHEIT
Vorwort 7

Teil A
Zur Praxis der Kinderrechte in den Schulen

In der Schulkultur

GRUNDSCHULE LYCHEN
Kinderrechte umsetzen – implizit oder explizit? Überlegungen zur pädagogischen Praxis an der Pannwitz-Grundschule Lychen im Zusammenhang mit der Kinderrechtskonvention 13

ANINA KLEIER, NANCY RIEWOLDT
Demokratische Schulentwicklung, insbesondere im Unterricht –
Ein Bericht aus der Grundschule Grumbrechtstraße in Hamburg 22

STEFANIE BRESGEN, DORLE MESCH
Ein schulisches Beschwerdemanagement stärkt Kinderrechte
Konzept, Genese und Wirksamkeit. 38

ANETTE SCHLIEBENER
Auf dem Weg zur Kinderrechte-Schulkultur
Die Gönser-Grund-Schule Butzbach 53

Im Unterricht

ANITA GROSS
Das Lernen im Gleichschritt ist eine Illusion! Schulprogramm und Unterrichtsentwicklung an der Aachener Gemeinschaftsgrundschule
Am Höfling. 61

LEYLA ERFANI-BOUJAR
Menschenrechtsbildung im Unterricht 77

In der Mediennutzung

CHRISTOPH SCHIEB
Kinderrechte als Schwerpunkt der Schulentwicklung – und welche Rolle digitale Medien dabei spielen können. Demokratie, Kinderrechte und Medien im Schulprofil der Grundschule Bad Münder 87

CHRISTIANE VON KIRCHBACH
Schule in Zeiten von Corona: Wie können wichtige Kinderrechte gewahrt werden? 98

Kinderrechtepraxis: Projekte über die Schule hinaus

MARTIN SPÄTLING SOWIE EIN SCHÜLERINTERVIEW MIT FABIO BEIJ, LILLI FOURNÉ (JG. 8), JONAH NOWACK, POLLY ZOWORKA, ELENA LANCÉ (JG. 9)
Lernkonzept, Kinderrechte und Global Goals an der 4. Gesamtschule Aachen 115

MALTE KREYER
Wir Kinder können was bewirken. Aus der Arbeit des Schulsprecher*innen-Teams am Kaiser-Friedrich-Ufer Gymnasium Hamburg 127

Diskriminierung und Inklusion

NIKOLA PRKAČIN
Achtung der Kindesrechte an der Gesamtschule Münster Mitte. Wie wir Rassismus und Diskriminierung entgegenwirken 138

SABINA SALIMOVSKA
Kinderrechte in Willkommensklassen. Schulmediation und das Recht auf Bildung der Roma-Kinder und -Jugendlichen 153

OLENKA BORDO BENAVIDES
Kinderrechte in pädagogischen Kontexten: Miteinander und voneinander lernen, um sich selbstbewusst gegen Diskriminierung zu behaupten 167

MICHAEL GEURTZ, DAGMAR RIECKE, MATTHIAS FISCHER
Hauptschule Drimborn Aachen: Wie wir Flüchtlingskindern zu ihrem Recht verhelfen 180

Kinderrechtebildung

LENKA HERTEL, BEATE HUNFELD, NICOLE SCHMITT
UNTER MITARBEIT VON JASMINE GEBHARDT (MAKISTA E.V.)
Ganzheitliche Kinderrechtsbildung in der Grundschule – am Beispiel der Hans-Quick-Schule 195

AUTOR*INNENKONFERENZ
Eine Reflexion der Kinderrechtepraxis an deutschen Schulen.......... 208

Teil B
Konzepte und Perspektiven zur Kinderrechtepraxis in der Schule

GRUPPENINTERVIEW MIT SVEN HOHMANN, CELINA KRAUSCH, TARA RUNZE, FINN SIEBOLD UND MIRIAM WEBER, MODERATION: CLAUDIA LOHRENSCHEIT
Wie denken sozial und politisch engagierte Jugendliche über Kinderrechte in der Schule?..................................... 217

MICHAEL TÖPLER
Kinderrechte aus Elternsicht. Das eigenartige Spannungsfeld von Kinderrechten und Elternrechten 240

ELISABETH STROETMANN, STEFAN DEINES
Kinderrechteschulen NRW: Ein kritischer Rückblick und ein zuversichtlicher Ausblick. Gelingensbedingungen und Herausforderungen 251

DANIEL BERTELS, DAVID ROTT
Kinderrechte als Thema in der Lehrer*innenbildung. Perspektiven aus dem und für das Studium von angehenden Lehrpersonen 265

ADOLF BARTZ
Was Schüler*innen (und Lehrer*innen) brauchen................... 277

STEUERGRUPPE DES BÜNDNISSES „BILDUNG FÜR EINE DEMOKRATISCHE GESELLSCHAFT"
Mit der jungen Generation für eine Bildung der Zukunft! Die Corona-Pandemie und die aktuellen demokratiepädagogischen Herausforderungen 291

Teil C
Nachgedanken der Herausgeber*innen

ADOLF BARTZ, KATHARINA GERARTS, LOTHAR KRAPPMANN, CLAUDIA LOHRENSCHEIT
Versuch einer Zwischenbilanz 299

Teil D
Materialien und Hilfestellungen zur Kinderrechtepraxis in der Schule

Grundprinzipien und schulrelevante Artikel des UN-Übereinkommens über die Rechte des Kindes (1989) 309

Erklärung der Kultusministerkonferenz vom 3.3.2006 zur Umsetzung des Übereinkommens der Vereinten Nationen über die Rechte des Kindes .. 319

DEUTSCHES KINDERHILFSWERK, EDUCATION Y, DEUTSCHES KOMITEE FÜR UNICEF, MAKISTA
Kinderrechteschulen in Deutschland. Leitfaden – Kriterien für die Umsetzung der UN-Kinderrechtskonvention an Schulen............. 321

Schulmitwirkung und Partizipationsrechte der Schüler*innen in den Schulgesetzen der Bundesländer.................................. 326

MALTE KREYER
Checklisten für die Schülervertretung........................... 328

ADOLF BARTZ
Partizipation – von oben? Ein Beispiel aus Nordrhein-Westfalen 331

GRUNDSCHULE AM HÖFLING AACHEN
Zeugnisformular, 3. Schuljahr, 2. Halbjahr 334

ZUSAMMENSTELLUNG: ADOLF BARTZ
Empirische Befunde zum Zusammenhang von Bildung und sozialer Herkunft 340

Information zu Kinderrechten im Internet – Eine Zusammenstellung von wichtigen Online-Zugängen 344

LITERATUR ZUR UN-KINDERRECHTSKONVENTION 375

VERZEICHNIS DER AUTORINNEN UND AUTOREN 377

ADOLF BARTZ, KATHARINA GERARTS, LOTHAR KRAPPMANN
UND CLAUDIA LOHRENSCHEIT

Vorwort

Welche Leitidee verfolgten die Herausgeber*innen mit diesem Band, der der Umsetzung der Kinderrechte in der Schule gewidmet ist? Die Verwirklichung der Rechte der Kinder, zu der Deutschland sich durch die Ratifizierung der Kinderrechtskonvention der Vereinten Nationen verpflichtet hat, ist ein langwieriger Prozess. Zwar wird kaum noch jemand sagen, Kinder sollten erst lernen, bevor sie den Mund aufmachen. Dennoch steckt noch tief im Denken vieler Erwachsener und auch in den Regelungen der Einrichtungen für Kinder, dass diese Kinder vor allem Schutz, Versorgung und Unterstützung brauchen. Ihren Meinungen und Forderungen „gebührendes Gewicht zu geben", wie die Kinderrechtskonvention es ihnen als Recht zuerkennt, fällt daneben immer noch schwer.

Die Konvention hätte nicht geschrieben werden können, wenn sich das Bild vom Kind nicht seit Längerem zu wandeln begonnen und wenn es nicht schon viele Bemühungen gegeben hätte, die Stellung des Kindes in der Gesellschaft zu verändern. Die Sicht des Kindes und erst recht des Jugendlichen als Person mit eigenen Erfahrungen und Interessen hatte so viel Akzeptanz gefunden, dass es reichte, die Zustimmung der Staaten zu einem völkerrechtlichen Übereinkommen zu erhalten.

Aber die einstimmige Annahme der Kinderrechtskonvention in der Generalversammlung der Vereinten Nationen konnte nicht bewirken, dass über die Neufassung gesetzlicher Regelungen in vielen Staaten hinaus sich auch tief wurzelnde Handlungsweisen wandelten und die Kinder im täglichen Leben als Träger von Rechten, die jedem Menschen als Menschen zustehen, anerkannt wurden. Wie Untersuchungen zeigen, kommen Kinder und Erwachsene im Alltag überwiegend gut miteinander aus. Aber das heißt nicht, dass es gelungen ist, durchgängig eine Praxis hervorzubringen, die Kinder als junge Menschen würdigt. Im Verlangen vieler Kinder nach vermehrter und folgenreicher Beteiligung drückt sich dieser unvollendete Veränderungsprozess aus.

In einer solchen Situation liegt nahe, genauer hinzuschauen, wie es mit der realen Umsetzung der Menschenrechte der Kinder steht, die die UN-Kinderrechtskonvention den Kindern zuspricht, und zwar nicht generell, sondern Lebensbereich für Lebensbereich der Kinder. Auch für die Kinderrechtskonvention ist der wichtigste Lebensbereich der Kinder ihre Familie; dann aber folgt die Schule, die alle Kinder zu besuchen haben, viele Jahre, viele Tage in jedem Jahr und viele Stunden an jedem Schultag. Man spricht oft von dem Verantwortungsdreieck Staat, Schule, Eltern. Schule ist dennoch vor allem eine Veranstaltung des Staats. Daher obliegt den staatlich Zuständigen für diesen Bereich in besonderer Weise, den von ihrem Staat eingegangenen Verpflichtungen nachzukommen und die Rechte der Kinder in Unterricht und Schulleben zu verwirklichen. Mit dieser Umsetzung darf die Schulverwaltung die Lehrkräfte nicht allein lassen.

Das Bekenntnis zu dieser Aufgabe liegt vor. Die Kultusministerkonferenz

„spricht sich dafür aus, dass die Subjektstellung des Kindes und dessen allseitiger Entfaltungsanspruch in allen Schulstufen und -arten zu respektieren sind [...] und dass die altersgemäße Berücksichtigung der Rechte des Kindes auf Schutz und Fürsorge sowie auf Partizipation essentiell für die Schulkultur ist" (KMK 2006, Erklärung zur Umsetzung des Übereinkommens der Vereinten Nationen über die Rechte des Kindes, S. 1).

Damit die Kinder die ihnen zuerkannten Rechte ausüben und gegebenenfalls einfordern können, müssen sie diese Rechte kennenlernen. Auch dazu hat sich die Kultusministerkonferenz geäußert:

„Die Thematisierung und Verwirklichung der Menschenrechte, und damit auch der Kinderrechte, ist Teil einer nachhaltigen und umfassenden Unterrichts- und Schulentwicklung. Dies ist Aufgabe aller Lehrerinnen und Lehrer sowie aller in Schulen tätigen Fachkräfte und ein wichtiger Gegenstand in der Zusammenarbeit von Schule und häuslichem Umfeld. Dazu gehört in besonderem Maße die Ermutigung und Unterstützung der Schülerinnen und Schüler zur Wahrnehmung ihrer eigenen Rechte und zum Eintreten für die Rechte anderer. Menschenrechtsbildung ist ein Querschnittsthema für das gesamte Schulleben und daher auch Gegenstand fächerverbindenden und fächerübergreifenden Unterrichts." (KMK 1980/2018: Menschenrechtsbildung in der Schule, S. 5)

Der durchgängige Eindruck ist hingegen, dass von Anerkennung und Umsetzung der Rechte des Kindes in den meisten Schulen eher wenig zu spüren ist, obwohl viele dieser Rechte für Unterricht und Bildung sowie für das Schulleben in der Schule relevant sind. Die Herausgeber*innen dieses Bandes nahmen sich vor, der Frage nachzugehen, welche Bedeutung Kinderrechte in der Schule zurzeit haben. Eine repräsentative Untersuchung konnten sie nicht leisten. Aber sie haben nach Schulen gesucht, die Kinderrechte in ihre Arbeit aufnehmen und bereit sind, neben ihrer Unterrichtsbelastung darüber zu berichten.

Es war nicht einfach, Darstellungen einzuwerben – sicherlich auch wegen der zusätzlichen Anforderungen an Schule und Lehrkräfte durch die Pandemiewellen, aber nicht nur. Eine Ausbildung zu kinderrechtlichen Themen fehlt im Studium und in der Lehreraus- und -fortbildung fast vollständig. Immerhin zeigen die Berichte, dass Kinderrechte in der Schule kein Fremdwort mehr sind und vielerlei in Schulen geschieht, was mit den Rechten der Kinder in Zusammenhang steht, auch wenn es oft nicht so bezeichnet wird.

Auch in Schulen, die sich ausdrücklich für die Rechte der Kinder stark machen, ist engagierten Lehrkräften und auch der Institution Schule insgesamt noch nicht bewusst, was alles die Kinderrechte der Konvention implizieren. Wir finden bemerkenswert, was hier dennoch aus Schulen berichtet wird. Leitung und Lehrkräfte können nicht den Leistungsdruck auf Lernprozesse und die frühzeitige Selektionsfunktion des Schulsystems verhindern und finden doch Ansätze, Kinder als junge aktive, nach Mitverantwortung drängende Menschen zu stärken.

Die Beiträge demonstrieren, dass Schulen – angeregt durch die UN-Kinderrechtskonvention, aber auch ohne expliziten Bezug auf sie – Aspekte des Schullebens in einer Weise gestalten, die die Würde der Kinder achtet, Partizipation bei Entscheidungen, Maßnahmen und Gestaltung von Schulleben und Unterricht ermöglicht und neben dem Lernen über Kinderrechte auch dem Lernen durch und mit den Kinderrechten Raum gibt.

In den Berichten geht es um die intensivierte Beteiligung der Schüler*innen – durch eine gestärkte Schüler*innenvertretung, aber vor allem durch Einbeziehung in viele innerschulische Kommunikations- und Entscheidungsprozesse. Es geht um Menschen- und Kinderrechtebildung, um demokratische Befähigung, um die Unterstützung von Kindern in besonderen Lebenslagen, um den aktiven Einsatz gegen Diskriminierung, Vorurteile und Exklusion, um die Nutzung von digitalen Medien durch die Schüler*innen selber, um menschen- und kinderrechtliche Probleme darzustellen und zu reflektieren, und um die Orientierung an verbindlichen Nachhaltigkeitszielen bei allem Handeln in der Schule – mit jeweils unterschiedlichen Schwerpunkten in den einzelnen Schulen.

Die Beiträge stammen aus allgemeinbildenden Schulformen, aus Grundschulen und weiterführenden Schulen, aus Schulen unterschiedlicher Größe und aus unterschiedlichen Regionen. Mehrere Anfragen und sogar Zusagen ließen sich aus verschiedenen Gründen nicht verwirklichen. Nicht nur Lehrkräfte kommen zu Wort, sondern auch Schüler*innen, die über ihre Erfahrungen sprechen, zudem Sozialarbeiterinnen, die Schüler*innen unterstützen, sich gegen Diskriminierung zu behaupten, sowie ein Vertreter der Elternsicht.

Wir wollen diese Beispiele von kinderrechteorientierter Arbeit von Schulen verbreiten. Die Schulen haben das Wohlwollen der Schulverwaltung und Schulaufsicht, aber wenig auf die kinderrechtlichen Ziele ausgerichtete Unterstützung, jedenfalls weniger, als sie benötigen würden. Die Schulen haben dennoch die Aufgabe für sich entdeckt und zeigen hier, wie sie es machen. Sie dokumentieren, dass Veränderungsprozesse in Gang gekommen sind und dass die Kinderrechtskonvention als Orientierung erkannt wird, manchmal nur für einzelne Vorhaben, aber auch für die Schule insgesamt. Diejenigen, die hier berichten, sehen die Berücksichtigung der Kinderrechte nicht als zusätzliche Belastung, obwohl sie ihnen auch Neues abverlangt. Gibt es nicht sogar Anzeichen, dass sie diese Ausrichtung sogar genießen?

Neben den Praxisberichten aus den Schulen in Teil I – dem Kernanliegen des Buches – haben wir in Teil II Beiträge zusammengestellt, die sich auf Konzepte und Perspektiven zur verstärkten Berücksichtigung von Kinderrechten in Schulen und in der Lehrerausbildung beziehen. Weitere Beiträge machen deutlich, was es aus der Schüler- und Elternsicht braucht, um die Kinderrechte in den Schulen besser und stärker zu verankern.

Im Schlussteil des Bandes haben wir Materialien zusammengestellt, die allen, die sich für die Umsetzung der Kinderrechte in der Schule einsetzen, Hinweise, Orientierung und Unterstützung bieten sollen. Hier finden sich die schulrelevanten Artikel der Kinderrechtskonvention, das Bekenntnis der Kultusminister der Länder zu den Rechten der Kinder und eine Zusammenstellung gesetzlicher Grundlagen zur Mitwirkung der Schüler*innen und weitere Arbeitshilfen. Außerdem fügen wir eine umfassende Übersicht über Dokumente bei, die im Internet zu den Kinderrechten zu finden sind. Da Kinderrechte und Bildungschancen vor allem für Kinder in sozial prekären Lagen gefährdet sind, haben wir Zitate aus Expertisen zusammengestellt, die die enge Kopplung von Schulerfolg und sozialer Herkunft belegen – ein nicht nur kinderrechtlich problematisches Merkmal des deutschen Schulsystems.

Die Herausgeber*innen hoffen, dass immer mehr Schulen aller Formen und Stufen den hier dargestellten Beispielen folgen. Ohnedies gibt es bereits jetzt sehr viel mehr kinderrechtsorientierte Schulen, als in diesem Band hätten Platz finden können. Wir danken den Autor*innen, die in diesem Band versammelt sind, ausdrücklich für die Darstellungen ihrer Arbeit. Und wir hoffen, dass die Beispiele in unserem Buch viele andere Schulen auf dem Weg zur Umsetzung der Kinderrechte bestätigen und zu dieser Umsetzung anregen und ermutigen.

Teil A
Zur Praxis der Kinderrechte in den Schulen

In der Schulkultur

GRUNDSCHULE LYCHEN

Kinderrechte umsetzen – implizit oder explizit? Überlegungen zur pädagogischen Praxis an der Pannwitz-Grundschule Lychen im Zusammenhang mit der Kinderrechtskonvention

Vorbemerkung

Die Anfrage, ob wir einen Beitrag zum Buch „Kinderrechte und Schule" leisten wollen, war für uns der Anlass, unsere pädagogische Arbeit, den Unterricht und die Beziehungsgestaltung mit den Normen der UN-Kinderrechtskonvention abzugleichen. Der Beitrag geht auf ein Gruppengespräch zurück, das Katharina Gerarts mit einer Gruppe von Lehrer*innen unserer Schule führte. Die Teilnahme am Gespräch war freiwillig.

Teilgenommen haben
- Frau Menz, die seit einem Jahr die Schule leitet, Fächer Gesellschaftswissenschaften, Lebensgestaltung, Ethik, Religion, Englisch, Deutsch
- Frau Kolloff-Wendland, Klassenlehrerin der Klasse 2, Fächer Deutsch, Mathematik, Sport und Sachkunde
- Frau Öhlschläger, Klassenlehrerin der Klasse 4 a, von Haus aus Erzieherin mit einem anschließenden Studium der sozialen Arbeit, Fächer Deutsch, Kunst

- Frau Dreger, aktuell in Erziehungsurlaub, Fächer Deutsch, Mathematik, Sachunterricht
- Herr Güntzschel, Fächer Gesellschaftslehre, Naturwissenschaft, Waldunterricht

Unsere Grundschule liegt inmitten des Naturparks Uckermärkische Seen im Norden Brandenburgs. Sie wurde 1911 durch den Geheimrat Pannwitz als Freiluftschule gegründet, um die Volksgesundheit zu fördern. Die günstige klimatische Lage zwischen Wäldern und Seen war eine ideale Voraussetzung für die Schaffung von Heilstätten für tuberkulosekranke Menschen. Diese Tradition setzt unsere Schule in der Form des Waldunterrichts fort und auch dadurch, dass Gesundheit und Erholung für uns unter den Kinderrechten der UN-Konvention von besonderer Bedeutung sind. Denn sie sind zusammen mit der Fürsorge und dem Recht auf Spielen und Kreativität die Grundlage für Lernen und Entwicklung. An unserer Grundschule mit den Jahrgängen 1–6 werden 157 Schüler*innen von 12 Lehrkräften unterrichtet. Hinzukommen als pädagogisches Personal ein Schulsozialarbeiter und fünf Horterzieherinnen.

Weitere Informationen über die Schule finden sich unter www.grundschule-lychen.de.

Die Kinderrechte implizit vorleben und explizit bewusstmachen

Gerarts: Wie ist es denn eigentlich dazu gekommen, dass sie sich mit dem Thema Kinderrechte in ihrer Schule beschäftigen und wie ist da im Moment der Stand der Dinge?

Grundschule Lychen: Kinderrechte sind unser täglich Brot. Wir arbeiten mit Kindern und deshalb haben wir die Kinderrechte zu respektieren. Das ist ja eigentlich selbstverständlich und gar nicht wegzudenken. Natürlich beteilige ich die Kinder im Unterrichtsgeschehen oder natürlich sorge ich dafür, dass sie einen Zugang zu Bildung haben. Ich möchte, dass es ihnen gut geht. Dieses Bedürfnis ist da und nicht besonders hervorgehoben.

Jedes einzelne Kinderrecht ist unsere Aufgabe, ob zum Thema Kinderschutz oder ob zum Thema gesunde Ernährung. Die Kinderrechte sind zum Teil in den Rahmenlehrplänen integriert, aber eben nicht unbedingt als Kinderrecht benannt und aufgenommen. Die Thematisierung der Kinderrechte ergibt sich automatisch in der Organisation des Alltags, aber auch in der Organisation der Unterrichtsinhalte. Da kann ich nur bestätigen, dass wir selten darüber nachdenken, ob das jetzt einem Kinderrecht entspricht, was wir umsetzen, sondern das passiert eigentlich eher automatisch.

Im Rahmen des Sachunterrichtes beschäftigen wir uns auch explizit mit den Kinderrechten. Den Kindern ist es dann erst bewusst, was wir im täglichen Leben unbewusst als Vorbilder den Kindern vorleben oder wie wir sie im alltäglichen Leben beteiligen, ob das ihre Kreativität ist, mit ihrer Meinungsäußerung, mit dem, was sie bei uns lernen und und und. Dabei kann ein Kind das Lernen auch als Belastung empfinden. Sagt man ihnen: „Ihr habt doch ein Recht zu lernen", dann verdrehen sie die Augen. Denn die Kinder haben ja auch ein Recht auf Spielen. Mein Fazit: Wir leben die Kinderrechte von A-Z in der Schule, wenn wir mit den Kindern zusammenkommen, vom Schulhof bis zum Feierabend.

Ich finde, wir sind da in einer etwas ambivalenten Situation. Ich habe das Thema in Gesellschaftswissenschaften und Politik mal ganz explizit besprochen und dann sind bei den Kindern überall die Jalousien hochgegangen und die haben gesagt: „Ach du Schreck! Was ist denn in anderen Ländern los!" Auf der einen Seite sagt man: „Gut, dass wir die Kinderrechte auch durch die ganzen institutionellen und gesetzlichen Rahmenbedingungen gar nicht nicht erfüllen können". Wenn wir unsere Arbeit normal bis gut machen, kommen wir ja gar nicht an den Punkt, dass wir Kinderrechte unter den Tisch fallen lassen können. Auf der anderen Seite bringt das die Gefahr mit sich, dass die Kinderrechte überhaupt nicht als Kinderrechte wahrgenommen werden. Deswegen ist das Bewusstmachen von Kinderrechten im Unterricht meist schon mal ein Anfang. Aber das hat in der Regel keine Tiefenwirkung gehabt. Klar, die Kinder blicken über den Tellerrand, sehen, was in anderen Ländern los ist: Kinderarbeit auf Deponien, Batterien auseinanderschrauben und Lithium herausholen. Das finden die Kinder schlimm, das finden sie krass und roh, aber dann tummeln sie sich wieder auf dem Schulhof und dann ist das vergessen mit der Lithiumbatterie.

Meines Erachtens müssen die Eltern und die Erwachsenen umfänglich wissen, was die Kinderrechte sind und wie sie umgesetzt werden können. Die Kinder haben die große Chance, das leben zu dürfen. Ich glaube, die Kinder müssen nicht wissen, welches Recht genau sie haben – also irgendwie schon – aber wenn wir Erwachsene den Kindern kinderrechtliches Handeln und Denken vorleben und den Weg ebnen, dann ist alles gut.

Die Kinderrechte sind vermutlich die Grundlage dafür, dass unsere Schule funktioniert, so wie sie ist. Und die Kinderrechte sind das, woran wir uns halten. Das Recht auf Schutz vor Gewalt heißt für uns dann, dass wir bei manchen Situationen auf dem Schulhof eingreifen und Kinder schützen und unterstützen müssen. Auf dem Schulhof können Situationen vorkommen, in denen wir die Kinder vor Gewalt schützen, sie auseinanderführen und ihnen sagen: „Es gibt gewisse Rechte, Regeln, an die wir uns halten." Und das gilt genauso für uns, das Recht auf Gleichheit zum Beispiel oder auf Beteiligung, dass wir die Kinder mit einbeziehen, sei es bei der Schülersprecher- oder Klassensprecherwahl, dass die Kinder in Gremien miteinbezogen werden, sei es, dass sie ihre Meinung äußern können. Das geht ja im Erwachsenenalter so weiter. Wir gehen wählen, also müssen wir die Kinder dazu motivieren, sich zu beteiligen, wenn sie etwas verändern wollen.

Dieses Interview oder dieser Kontakt zu Ihnen, Frau Gerarts, hat uns den Anstoß gegeben, darüber nachzudenken, an welcher Stelle wir denn überhaupt die Kinderrechte leben. Ich hatte Ihnen dazu ja eine Liste zusammengestellt und wir können schon ein bisschen stolz darauf sein, was schon automatisch umgesetzt oder zu realisieren versucht wird. Dass man jetzt nicht an jeder Stelle perfekt sein oder nicht noch was besser machen kann, ist logisch, aber das Zusammenstellen der Liste hat erst mal grundsätzlich den Anstoß gegeben, überhaupt darüber nachzudenken.

Die Relevanz und Rangfolge der Kinderrechte

Gerarts: Ich höre raus, dass Sie sagen: Wir machen das nicht so explizit, dass wir über die Kinderrechte sprechen, sondern wir leben die Kinderrechte. Das ist eher implizit und eingewoben in Ihre ganze Haltung, die Sie an der Schule haben, und gleichzeitig gibt es konkrete Beispiele wie die Klassenräte oder den Klassensprecher. Deshalb meine weitere Frage: Gibt es Kinderrechte, die für Ihren Schulalltag besonders wichtig sind? Wenn Sie sagen, wir machen alles von A bis Z und die Kinderrechte sind irgendwie drin, stellt sich die Frage: Wie ist das denn drin, wie genau leben Sie das und wie setzen Sie das um?

Grundschule Lychen: Ich finde vor allem Gleichheit und Schutz vor der Gewalt wichtig, weil uns täglich begegnet, dass Kinder gehänselt werden. Aber wir leben hier und wir sind Teil der Schule, also müssen wir alle gleichbehandeln. Allerdings greifen alle Kinderrechte ineinander und sie werden deshalb auf Schaubildern oft als ineinander verwobene Kreise dargestellt. Man kann einzelne Rechte gar nicht so hervorheben. Außerdem haben die Kinder ein Recht auf Fürsorge durch die Eltern und wir müssen eingreifen, wenn es nicht so ist und wenn wir denken, da läuft zu Hause etwas nicht so, wie es normalerweise sein sollte. Da müssen wir den Kindern besser vorleben, wie man das macht, und da greifen sofort die Rechte der Kinder.

Für mich sind ganz wichtig das Recht auf Spielen und Kreativität, das Recht auf Gesundheit und Erholung und das Recht auf Geborgenheit und Liebe. Diese Rechte sind grundlegend für Lernen und Entwicklung. Wenn ich spiele oder meine Kreativität entfalte, dann lerne ich dabei, denn man kann nicht nicht lernen. Und das kann ich besonders gut, wenn ich mich wohl fühle und wenn ich gesund bin.

Welche Rechte explizit wichtig werden, würde ich davon abhängig machen, wie das tagespolitische Geschäft ist. Zum Beispiel ist in der Corona-Krise das Recht auf Bildung vorrangig wichtig. Dafür ist die alltägliche schulische Gewalt, über die wir gesprochen haben und vor der wir die Kinder in der Schule schützen müssen, in den Hintergrund getreten. Und vor fünf Jahren war ein ganz anderes Recht wichtig, das Recht der Flüchtlingskinder auf Schutz vor Verfolgung und auf sicheres Wohnen. Deshalb kann man nicht sagen, dass wir uns mal drei oder vier Kinderrechte als Teil unseres Schulprofils aussuchen. Man sieht ja immer: Da brennt der Baum und dieses Kinderrecht darf jetzt auf keinen Fall unter den Tisch fallen. Das Kinderrecht ist ein formuliertes und staatlich anerkanntes Recht. Aber es war ja auch schon vorher so, dass wir durch unseren humanistischen Wertekanon eine Art inneres Bewusstsein dafür haben, das ist wichtig, je nachdem, wo gerade der Baum brennt.

Wie schon gesagt, war vor fünf Jahren der Schutz vor Krieg und das Bieten von Heimat besonders wichtig, weil da Kinder in eine Flüchtlingsunterkunft in Lychen hergezogen sind. Das war für uns als ländliche und eher kleine Grundschule eine Herausforderung.

Da geht es dann auch ganz konkret darum, den Kindern zu erklären, dass jedes Kind ein Recht auf Bildung hat und dass die Kinder aus Syrien dieses Recht in ihrem Land nicht wahrnehmen konnten und sich freuen, jetzt hier in die Schule gehen zu können. Da geht es über den Schutz vor Krieg hinaus darum, dass sie jetzt hier leben und hier das Recht auf Bildung haben. Und da kann man weiter dran arbeiten und ein Kinderrecht zum Thema machen, je nachdem, wo der Schwerpunkt gerade liegt. Wir haben 2015 die geflüchteten Kinder erzählen lassen, wie es in ihrem Land war, und da haben sie erzählt, dass sie z. B. in Afghanistan nicht zur Schule gehen konnten, weil der Schulweg zu lang oder die Schule zerstört war. Da kriegen dann unsere Kinder einen ganz anderen Zugang und den haben wir durch Bücher vertieft.

Gerarts: Wie ist es denn mit der Kenntnis der Kinderrechte im Gesamtkollegium?

Grundschule Lychen: Wenn wir ehrlich sind, werden die Kinderrechte als Begriff gar nicht thematisiert, außer wenn wir uns fachlich z.B. in Gesellschaftswissenschaften oder im Sachunterricht dazu austauschen. Wir haben im Kollegium bisher nicht thematisiert, inwiefern die Kinderrechte festgeschrieben sind oder welche wir umsetzen. Auch über den Begriff Kinderrechtskonvention haben wir noch nicht explizit gesprochen, außer jetzt für dieses Interview.

In unserer Ausbildung waren die Kinderrechte Thema im Rahmen des Sachunterrichts zusammen mit den Themen „Bildung für nachhaltige Entwicklung" und Demokratiebildung. Aber das war halt Theorie.

Gerarts: Gibt es noch etwas, was Sie mir zum Thema Kinderrechte an Ihrer Schule auf den Weg geben wollen, was aus Ihrer Sicht wichtig ist?

Grundschule Lychen: Wenn man die Kinderrechte im Unterricht thematisiert, geht es eigentlich um die Frage oder das Ziel, dass unsere Kinder ein gutes Leben führen und die Kinderrechte auch zum größten Teil umgesetzt werden können. Umso wichtiger ist, die Kinder dafür zu sensibilisieren, dass es etwas Besonderes ist, diese Kinderrechte tatsächlich so leben zu dürfen, und dass wir Lehrkräfte auch dafür da sind, sie zu beschützen und die Kinderrechte umzusetzen, während das in vielen Teilen der Welt nicht der Fall ist. Wenn wir die Kinder sensibilisieren, auch mal über den Tellerrand zu schauen und wertzuschätzen, wie sie hier leben dürfen, werden sie Verständnis für andere Kinder entwickeln und empfinden. Das ist etwas, das immer parallel mitfährt, wenn man über Kinderrechte spricht.

Die Relevanz der Kinderrechte im Bezirk und Bundesland

Gerarts: Wir haben jetzt über Ihre spezielle Schule gesprochen. Aber Sie sind ja auch in größere Kontexte eingebunden. Nehmen Sie wahr, dass – z.B. bei der Schulaufsicht oder im Kultusministerium – die Kinderrechte auch ganz explizit betrachtet eine größere Rolle spielen?

Grundschule Lychen: Wir haben als Schulleiter ein Netzwerk, in dem die Schulleiter*innen unserer Umgebung regelmäßig zusammentreffen und an bestimmten Themen gemeinsam arbeiten. Da ging es zuletzt um einen Kinderschutztag, aber vorrangig nicht um Kinderrechte, sondern um die Zusammenarbeit mit dem Jugendamt und die Vernetzung der einzelnen Institutionen. Wir haben an jeder Schule in Brandenburg eine*n Kinderschutzbeauftragte*n, aber auch da geht es nicht um die Kinderrechtskonvention, sondern um die Frage häuslicher Gewalt und darum, ob die Kinder zur Schule kommen und die Bildungsregeln zu Hause umgesetzt werden. Es geht eigentlich um die Kinderrechte, aber das wird nicht so bezeichnet.

Wir machen das einfach. So funktioniert Schule und keine Schule kann ohne die Kinderrechte funktionieren. Die Frage ist vielleicht, warum man es nicht explizit sagt. Vielleicht deshalb, weil es gar nicht notwendig ist, die Kinderrechte jedes Mal zu benennen, sonst würde man es wahrscheinlich immer wieder betonen.

Die Frage ist auch, welche Konsequenzen die Kinderrechte haben. Komme ich ins Gefängnis, wenn ich sie nicht umsetze? Ich habe meinen Eid nicht auf die Kinderrechte, sondern auf die Verfassung des Landes Brandenburg abgelegt und bin verpflichtet, die Gesetze einzuhalten. Aber die Kinderrechte und die Gesetze hängen ja zusammen. Wenn man das deutsche Gesetz bricht, bricht man die Kinderrechte auch. Aber bei der Verletzung von Kinderrechten kommt keiner um die Ecke und sperrt mich dafür ein. Also sind die Kinderrechte nicht so präsent. Deshalb gibt es die Bemühungen, die Kinderrechte ins Grundgesetz zu bringen, damit man ein Druckmittel hat und sie mehr in Betracht kommen und gesellschaftlich anerkannter sind.

Deshalb hängen die Kinderrechte auch bei unseren Behörden oder in unseren Schulämtern nicht als großes Leitideal über allem. Ich denke schon, dass sie bekannt sind, aber ich glaube nicht, dass Kinderrechte das Ziel von allem Streben sind. Da geht es ja oft um ganz nüchterne Sachen, die ein Schulamt in der Arbeit einschränken oder auch nicht.

Die Kinderrechte gehören zum Bildungs- und Erziehungsauftrag ganz selbstverständlich dazu und deshalb braucht man sie nicht explizit zu nennen. Wenn man das nicht als Lehrer machen würde, dann ist man falsch in dem Beruf. Also deswegen sind wir Lehrer geworden.

Was die Umsetzung der Kinderrechte behindert

Gerarts: Wenn Sie jetzt mal „Wünsch dir was" spielen und Ihrer Kultusministerin sagen dürften: Wir brauchen für die Umsetzung unseres Bildungs- und Erziehungsauftrags, zu dem die Kinderrechte ganz automatisch dazu gehören, folgende Rahmenbedingungen und Ressourcen. Was würden Sie sich da explizit wünschen?

Grundschule Lychen: Manchmal braucht man jemanden, der dabei hilft, die Kinder vor ihrer eigenen Gewalt zu schützen, zum Beispiel bei den Aufsichten oder auch, wenn es darum geht, dass die Eltern mit Dingen überfordert sind und dass die Fürsorge zu Hause nicht so gegeben ist. Irgendwann stößt man an seine Grenzen und manchmal möchte man mehr leisten, als man kann. Da ist man auf andere Ämter angewiesen, die einen unterstützen, und da dauert es manchmal sehr lange. Dann ist man schnell an seinen Grenzen, obwohl man den Kindern eigentlich helfen möchte, und kommt manchmal nicht weiter. Das liegt vor allem an den Personalbedingungen.

Wir brauchen viel mehr Zeit für das Recht auf Erholung, Spielen und Kreativität. Denn der Lehrplan ist so vollgepackt, dass wir uns fragen, wie wir das schaffen sollen. Da sind wir in Zugzwang und es bleibt kein individueller Spielraum mehr, auf die Kinder und ihre Rechte einzugehen. Denn am Schluss muss abgerechnet werden: Das muss geschafft werden und das und das. Und das geht nicht nur den Kindern so, dass geht uns Lehrer*innen ja auch so.

Kreativen Unterricht ausprobieren kann man dann nicht. Und es fehlt auch die Zeit, den Kindern mal zuzuhören. Wenn die von ihrem Streit auf dem Schulhof erzählen, guckt man schon auf die Uhr: „Schon 10 Minuten oder eine Viertelstunde vom Unterricht weg." Die Kinder können sich noch so oft melden, weil sie etwas zu erzählen haben, wahrscheinlich auch, weil ihnen nie jemand zu Hause richtig zuhört. Aber dann fehlt die Zeit, denn man ist wie in einem Hamsterrad.

Das scheitert oft schon an den Rahmenbedingungen. Es geht los mit der Menge der Schulen. Da entstehen Drucksituationen für Lehrer, für Schüler, für Eltern. Dann geht es weiter mit der technischen Ausstattung. Wenn Sie mich jetzt fragen, was ich mir am meisten wünsche, dann wüsste ich gar nicht, wo ich anfangen soll. Wahrscheinlich erst mal, dass wir überhaupt so arbeiten können, wie wir uns verpflichtet sehen.

Das Grundproblem ist, dass die Kinder – so empfinde ich das oft – in unserer Gesellschaft gar keine richtige Stimme haben. Deswegen finde ich, sollten wir gar nicht bei uns in der Schule anfangen. Denn wir haben ja den Beruf gewählt, weil wir uns den Kinderrechten verpflichtet fühlen und sie beherzigen wollen. Gesellschaftlich sind wir aber viel zu kleine Lichter, um uns für die Rechte der Kinder einzusetzen. Also brauchen die Kinder erst mal einfach eine Stimme in der Gesellschaft. Das muss man viel höher ansiedeln.

Aber das ist vielleicht genau unsere Aufgabe, diese Stimme aus den Schulen nach außen zu tragen und den Kindern dann eben auch bei uns schon die Stimme zu bieten und zu ermöglichen und das eben weiter zu tragen an die nächsten Institutionen.

Im letzten Jahr gab es vom Ministerium Schüler- und Elternbriefe. Aber die Schülerbriefe hat sich kein Drittklässler durchgelesen. Das war ein Witz und die Kinder wurden nicht wirklich ernst genommen. Im Kleinen sind wir ganz vorn mit dabei, aber in der Gesellschaft werden die Kinder zu wenig wahrgenommen. Vielleicht ist das ein Generationenkonflikt. Wir begeben uns auf Augenhöhe mit den Kindern, aber das machen ganz wenige.

Kinderrechte und Kinderbewusstsein

Gerarts: Zum Abschluss noch mal die Frage: Was war Ihr Impuls, als die Anfrage für das Gespräch kam, und was nehmen Sie jetzt davon mit?

Grundschule Lychen: Der Impuls, nicht nein zu sagen, als die Anfrage uns erreichte, war, dass wir die Kinderrechte in unserer Schule automatisch leben und dass wir dazu auf jeden Fall etwas zu sagen haben. Was ich mitnehme, geht auf meinen Versuch zurück, die Kinderrechte im Unterricht zum Thema zu machen und aus den Kindern herauszukitzeln, was sie eigentlich von den Kinderrechten wissen und ob sie sich dessen bewusst sind, dass die Kinderrechte an mancher Stelle automatisch umgesetzt werden. Die Kinder haben dazu sehr wenig zu äußern, ihnen ist das gar nicht bewusst. Also setze ich mir als Ziel, unseren Kindern das Bewusstsein dafür zu schärfen, wie gut es ihnen geht, und Toleranz und Weitblick auch für andere Menschen zu entwickeln.

Ich möchte gern noch mit der Elternarbeit einsteigen, weil die Kinder ihre Rechte nur leben können, wenn die Eltern oder Erziehungsberechtigten über die Kinderrechte Bescheid wissen.

Für mich war die Anfrage der Anlass, mir die Kinderrechtskonvention noch mal genau anzusehen, und ich finde wichtig, dass das, was bei uns automatisch umgesetzt wird, auch bewusstgemacht wird. Für meine Unterrichtspraxis heißt das, den Kindern zu verdeutlichen: „Leute, ihr habt von den Vereinten Nationen besondere Rechte bekommen und das sind die und die. Was versteckt sich denn dahinter? Es ist halt nicht selbstverständlich und man kann Vergleiche mit anderen Ländern ziehen: Wie läuft es da? Und es ist etwas Besonderes, dass ihr so etwas habt." Das würde ich mal ganz konkret benennen und es nicht nur nebenherlaufen lassen. Und wenn man Kinderrechte googelt, findet man viele schöne Sachen, auch für die Kinder.

ANINA KLEIER, NANCY RIEWOLDT

Demokratische Schulentwicklung, insbesondere im Unterricht – Ein Bericht aus der Grundschule Grumbrechtstraße in Hamburg

Die Schule Grumbrechtstraße ist eine inklusiv arbeitende Grundschule mit jahrgangsübergreifenden Lerngruppen (Jahrgang 0–6).[1] In unserer ganztägigen Unterrichtsarbeit gehen wir auf die vielfältigen Interessen aller Kinder gleichermaßen ein und wertschätzen sie. Egal wie schnell oder langsam ein Kind lernt, ob es hochbegabt ist oder ob es ihm schwerfällt, manche Inhalte zu begreifen, ob es beeinträchtigt ist oder nicht, woher es kommt und welche Muttersprache es spricht – wir schaffen in unseren Lerngruppen eine Gemeinschaft der Kinder, in der sie miteinander Wissen und soziale Kompetenzen erlangen. Wir gehen auf die Stärken und Schwächen unserer Kinder ein und fördern sie. Wir passen den Unterricht so an, dass alle die Möglichkeit zur Freiarbeit an individuellen Themen erhalten (bspw. in der Projektarbeit). Wir geben den Kindern Raum und Zeit zur Entwicklung kreativer Ideen. Ziel bei all den Unterrichtsvorhaben ist es, die Kinder zu befähigen, Verantwortung für ihr eigenes Lernen zu übernehmen und ihr Lernen selbst zu organisieren (bspw. im Basisplan). Wir arbeiten kompetenzorientiert. Die Grundlage unserer schuleigenen Curricula bilden einerseits die Bildungspläne Hamburgs und andererseits die Bildungsstandards der Kultusministerkonferenz.

---

1 Unsere Schule Grumbrechtstraße ist eine von vier „sechsjährigen Grundschulen" in Hamburg. Mit dem Kess-Faktor 2 (Sozialindex) liegt sie in Hamburg-Heimfeld. Mehr als 100 Pädagog*innen verschiedener Professionen (Erzieher*innen, Sozialpädagog*innen, Grund- und Sonderschullehrer*innen) arbeiten hier. Wir arbeiten jahrgangsübergreifend in Lerngruppen mit Vorschulkindern, Kindern des ersten und zweiten Jahrgangs (= Stufe I) bzw. mit Kindern des dritten und vierten Jahrgangs (= Stufe II) und auch mit Lerngruppen, in denen Fünft- und Sechstklässler sind (Stufe III). Insgesamt lernen 681 Schüler*innen an unserer Schule. Als Schwerpunktgrundschule Inklusion nehmen wir Kinder auf, die einen sonderpädagogischen Förderbedarf in den Bereichen körperlich-motorische Entwicklung, geistige Entwicklung, Sehen oder Hören haben, sowie Kinder mit einer autistischen Störung. Für all diese Kinder verfügen wir über eine langjährige Erfahrung im individualisierten Lernen.

1. Alle lernen gemeinsam

Folgende Grundsätze und Werte unseres „Schulethos" bilden die Grundlage des Leitmotivs, welches gemeinsam von der Schülerschaft, der Elternschaft und des gesamten Kollegiums entwickelt wurde:
Du bist genauso viel wert wie ich.
Ich bin anders als du.
Ich habe Stärken und Schwächen.
Ich bin freundlich zu dir.
Ich höre dir zu.
Ich löse Streit mit Worten.
Daraus ist eine Haltung erwachsen, die seit vielen Jahren von allen Beteiligten (Kollegium, Schülerschaft, Elternschaft) gemeinsam getragen wird und unser Schulklima maßgeblich beeinflusst. Die Wertschätzung der individuellen Bedürfnisse und Fähigkeiten jedes Einzelnen unserer Schulgemeinschaft und der Umgang damit sind bei uns selbstverständlich und werden im Laufe des Schulalltags immer wieder neu auf die Probe gestellt. Seit dem Schuljahr 2017/2018 sind wir stolze Träger des „Demokratie-Erleben-Preises", des Preises für demokratische Schulentwicklung.
Folgende Qualitätsstandards liegen unserer Demokratiepädagogik zugrunde:
- *Partizipation*
- *Inklusion*
- *Diversität*
- *Kinderrechte*

Die Ausübung demokratischer Kompetenzen wird durch die vorhandene Struktur unserer Schule aktiv gelebt und stetig weiter ausgebaut. Unsere Schüler*innen begegnen täglich Möglichkeiten der Partizipation, der Inklusion sowie der kulturellen Diversität. Sie erlernen zum Beispiel, in verschiedenen Gremien Verantwortung zu übernehmen, setzen sich aktiv für ihre Rechte ein und gestalten ihr Schulleben selbstbestimmt mit. Die Schüler*innen erlernen in gemeinsamen Prozessen, Rückmeldungen zu geben, ihre Meinungen einzubringen, üben sich täglich in der Konfliktfähigkeit (innerhalb der sozialen und kulturellen Diversität) und erleben in einer angemessenen Streitkultur die Übernahme anderer Perspektiven. Als Preisträger des „Demokratie-Erleben-Preises" haben wir die Chance erhalten, an unserer Schule an einem anderthalbjährigen Projekt, der sogenannten Demokratiewerkstatt beziehungsweise Pädagogischen Werkstatt teilzunehmen. Auf diese Werkstatt wird im nachfolgenden Kapitel noch näher eingegangen.

Im Schulalltag orientieren wir uns an den Kriterien guten, inklusiven Unterrichts, der alle Kinder fordern und fördern soll. Eine anspruchsvolle Herausforderung, der wir uns immer wieder neu stellen. Im Fokus unserer Arbeit steht jedes einzelne Kind mit der besonderen Berücksichtigung individueller Bedürfnisse. Die Kinder lernen nach ihrem individuellen Leistungsstand. Aufgrund der Vielfalt und Heterogenität unserer Schülerschaft verzichten wir bewusst auf die Vergabe von Ziffernnoten, da wir der Überzeugung sind, dass einzelne Fähigkeiten und Fertigkeiten durch Noten nicht eindeutig dargestellt werden. Unsere kompetenzorientierten Zeugnisse als Rückmeldeformat unserer Schule sind so aufgebaut, dass sie auch die Lernfortschritte der Schüler*innen deutlich machen. Auch dies wird in den folgenden Kapiteln näher erläutert.

In diesem Beitrag geben wir einen Einblick darin, wie die Partizipation unserer Schülerschaft systematisch im Unterricht und gesamten Schulalltag berücksichtigt wird. Besonderes Augenmerk liegt dabei auf verschiedene Bereiche des interessenbasierten, selbstbestimmten Lernens sowie Formen des Feedbacks (vor allem anhand von Rückmeldeformaten), welche mit der Wertschätzung und der Achtung der Kinderrechte (Mitbestimmung, Mitgestaltung und Partizipation) in Einklang gebracht werden. Dies stellen wir für die folgenden drei Bereiche dar: (1) Verankerung demokratischer Prozesse und Ideen im Schulleben, (2) Unterrichtsgestaltung sowie (3) Arbeit des Schülerparlaments.

„Verantwortung lernt man, indem man sie übernimmt"

Nach: Behörde für Schule und Berufsbildung, 2011, S. 5.

2. Demokratische Prozesse und Ideen im Schulleben verankern

Die Demokratiepädagogik umfasst schulische sowie unterrichtliche Aktivitäten zur Förderung von Fähigkeiten, die Menschen benötigen, um Demokratie in Gemeinschaft mit anderen Menschen zu gestalten und so durch eigene Urteilsbildung zu erhalten und weiterzuentwickeln. An unserer Schule sind feste partizipative Gremien der Schülerschaft, der Elternschaft sowie des gesamten Kollegiums etabliert.

2.1 Partizipationsmöglichkeiten unserer Schülerschaft
Lerngruppen – Unterricht/Projektunterricht – Lerngruppensprecher*innen – Klassenrat – Streitschlichter*innen – Schülerparlament – Schülerzeitung – -Schulkonferenz – Mitwirkung in Ausschüssen
Diese Möglichkeiten, sich an der Schulgestaltung zu beteiligen, fördern unsere Schüler*innen aktiv in ihrer eigenen Selbstwirksamkeitserwartung, da sie selbst in der Schule mitgestalten können, ihre Vorschläge von allen Parteien ernst genommen werden und somit auf zweierlei Ebenen wirken. Einerseits erhalten die Schüler*innen selbst eine Stärkung ihrer eigenen Wirksamkeitserwartung, andererseits lernen sie demokratische Strukturen und Aushandlungsprozesse kennen, die sie zu demokratischem Handeln befähigen. Dazu gehört auch, dass sich nicht alle Ideen umsetzen lassen beziehungsweise Kompromisse ausgehandelt werden müssen, an denen sie jedoch beteiligt sind.

An unserer Schule sollen alle Kinder das Recht auf Beteiligung an der Gestaltung des Unterrichts und des Schullebens haben. Auf diesem Wege bekommen unsere Schüler*innen große Verantwortung übertragen und werden an unserer Schule als Mitgestalter*innen ernst genommen. Bestimmte Rituale wie der Klassenrat und die Einübung der gewaltfreien Kommunikation sind in allen Jahrgangsstufen fest verankert. Der Klassenrat ist ein wichtiges Gremium zur Klärung von Konflikten und zur Planung von gemeinsamen Aktivitäten. Er dient außerdem dazu, Informationen aus dem Schülerparlament in die Lerngruppen weiterzuleiten und Meinungen aus dem Klassenrat wiederum an das Schülerparlament zurückzugeben. Auf konkrete Beispiele im Unterrichtsalltag wird im nachfolgenden Kapitel näher eingegangen.

2.2 Partizipationsmöglichkeiten unserer Elternschaft
Elternrat -- Elternbefragung alle zwei Jahre – Schulkonferenz -- Schul- und Stadtteilaktionen -- Arbeitsgruppen in der Schule -- Elternbeteiligung im Unterricht
Elternarbeit ist für uns ein wichtiger Bestandteil, damit sich auch die Eltern un-

serer Schüler*innen mit unserer Schule identifizieren und unser pädagogisches Konzept unterstützen. Wir profitieren enorm von der Elternmitarbeit, um uns weiterzuentwickeln und unseren Alltag zu entlasten. Zudem denken wir, dass sich eine hohe Identifikation der Elternschaft mit unserer Schule auch auf die Einstellung unser Schüler*innen auswirkt. Deshalb versuchen wir die Elternarbeit so aktiv wie möglich zu gestalten.

Unsere Elternschaft engagiert sich ehrenamtlich und bringt sich auf diese Weise ganz unterschiedlich in die Schularbeit ein. Beispielsweise übernehmen sie den sogenannten „Breakfastclub". Morgens um 7.30 Uhr treffen sich jeweils zwei Eltern, um Brote für die Kinder hilfsbedürftiger Familien vorzubereiten. Diese Einrichtung wird vom Schulverein finanziert und hat sich fest etabliert. Es kann auch Milch für die Lerngruppen erworben werden. Das Angebot wird unauffällig im Vormittag oder im Nachmittag (auch für die Spätbetreuung) bereitgestellt und dankend angenommen, ohne dass jemand bloßgestellt wird. Dieser Breakfastclub macht unseren Schüler*innen deutlich, dass sich die ganze Schulgemeinschaft verantwortlich für das Wohl aller fühlt, unabhängig von der sozialen Herkunft. Ein gegenseitiges Unterstützen in einer Gemeinschaft wird hier jeden Morgen gelebt. Zudem erfüllen unsere Eltern unterstützende Aufgaben im Unterricht wie zum Beispiel durch Lesepatenschaften oder beim Blitzrechentraining. Sie begleiten Lerngruppen bei Ausflügen, bringen sich im Sachunterricht aufgrund ihrer beruflichen Erfahrungen ein oder helfen beim Basteln und Backen. Außerdem sind sie an Veranstaltungen wie zum Beispiel beim Stadtteilfest oder bei der Einschulung maßgeblich beteiligt.

Der Elternrat trifft sich einmal im Monat. Die Treffen sind schulöffentlich und alle Eltern der Schule sind herzlich eingeladen, an den Sitzungen und den dort geführten Gesprächen aktiv teilzunehmen. Die Elternratssitzungen bieten engagierten Eltern das beste Forum, zusammen mit der Schulleitung und den Pädagog*innen für ihre Kinder im Schulbereich wirklich etwas zu tun, aber auch manchem Kummer an der richtigen Stelle Gehör zu verschaffen. Ein demokratisches und partnerschaftliches Miteinander aller Beteiligten zum Wohle unserer Kinder wird durch die Elternratsarbeit ermöglicht, ungeachtet ob in offiziellen Ämtern oder als interessierte Eltern, die einfach mitmachen möchten. Die Zusammenarbeit zwischen Eltern und Pädagog*innen schafft zudem Vertrauen und bietet die Möglichkeit, über die Elternsprechtage hinaus gemeinsam etwas für die Entwicklung unserer Kinder zu tun. An unserer Schule ist diese Zusammenarbeit besonders ausgeprägt. Einmal im Monat trifft sich die Schulleitung mit dem Team der Elternratsvorsitzenden, welches aus drei Mitgliedern besteht.

2.3 Partizipationsmöglichkeiten unseres Kollegiums

Pädagog*innenkonferenz – Personalrat -- Erweiterte Schulleitung -- Schulkonferenz sowie sämtliche Ausschüsse -- Netzwerktreffen 6-jährige Grundschule -- Team- und Fachvertreter*innentreffen -- Arbeitsgruppen -- Wöchentliche Teamzeit

Die aufgeführten Gremien zeigen, wie vielfältig die Möglichkeiten der Mitarbeit sind. Unsere Pädagog*innenkonferenzen finden regelmäßig statt, zweimal im Jahr auch ganztägig. Wichtige Themen wie zum Beispiel die Kompetenzbeschreibung in den Zeugnissen als Grundlage der Leistungsbeurteilung und die Ganztagsrhythmisierung werden in Gruppen diskutiert, bearbeitet und vorgestellt, manchmal werden auch Gastredner zu aktuellen Themen eingeladen. Die Themen der Unterrichtsentwicklung in einzelnen Bereichen werden zusätzlich in den Fachvertreter*innentreffen entwickelt. Die Ergebnisse werden dann in die bereits erwähnten Lerngruppenteams getragen.

Die erweiterte Schulleitung besteht aus dem Schulleiter und der stellvertretenden Schulleiterin, der Abteilungsleitung Stufe III, der Abteilungsleitung Inklusion, der didaktischen Leitung, dem Ganztagskoordinator, der Beauftragten für Qualitätsmanagement, der Stundenplankoordinatorin, der Stadtteilkooperation, der Beauftragten für Sicherheit, der Interkulturellen Beauftragten sowie der Kulturbeauftragten. Diese Gruppe trifft sich regelmäßig. Zwischen den Sitzungen finden Treffen einzelner Mitglieder zu bestimmten Themen statt. Somit werden für die Schule wichtige Themen aus mehreren Perspektiven beleuchtet, diskutiert und schließlich dem Kollegium vorgestellt. Für unsere Schule ist dies ein wichtiges Gremium, da Entscheidungen der Schule somit demokratisch, unter Beteiligung vieler, ermöglicht werden.

Die Schulkonferenz ist ein lebhaftes Treffen an unserer Schule. Vor allem die gewählten Mitglieder der Schülerschaft beteiligen sich aktiv an diesen Sitzungen und werden von den Eltern und der Schulleitung ernst genommen. In einem eigenen Tagesordnungspunkt berichten sie über aktuelle Themen des Schülerparlaments. So wurde beispielsweise eine vom Schülerparlament gewünschte Uhr auf dem Schulhof durch die Schulkonferenz und den Einsatz von Eltern möglich gemacht. Auch wenn der Wunsch einer Uhr auf dem Schulhof zunächst von Eltern und Pädagog*innen auf Verwunderung und angesichts der Kosten auch auf Ablehnung stieß, wurde dem Wunsch dennoch stattgegeben, da die Initiativen der Schüler*innen besonders gewichtet werden. Die Idee eines Süßigkeitentags aus dem Schülerparlament wurde von den Eltern durch Vorschläge bereichert und unterstützt (an diesem Tag gibt es eine Süßigkeit nach dem Frühstück, Kaugummi in den Pausen und eine Süßigkeit nach dem Mittagessen). So erfahren Schüler*innen, dass sie mit Pädagog*innen und Eltern gemeinsam Dinge bewegen können.

2.4 Pädagogische Werkstatt bzw. Demokratiewerkstatt

Die Pädagogische Werkstatt wurde von der Deutschen Schulakademie gemeinsam mit dem Landesinstitut für Lehrerbildung Hamburg veranstaltet. Als Preisträger des Demokratie Erleben Preises wurden wir angesprochen, ob wir als einzige Grundschule nicht Lust hätten, daran teilzunehmen. Die Werkstatt fand in einem zeitlichen Rahmen von zwei Jahren statt. Es gab jeweils fünf zweitätige Bausteine. Teilnehmen durften fünf Personen jeder Schule: Ein Mitglied aus der Schulleitung, zwei Lehrkräfte sowie zwei Schüler*innen. Es bot sich an, die Schülersprecher*innen zur Werkstatt mitzunehmen. In den Bausteinen haben die Abgesandten der Schulen Zeit und Raum, sich auszutauschen, schulspezifische Ideen und Modelle demokratiepädagogischer Praxis zu entwickeln, von anderen Schulen zu lernen und durch Beratung der Trainer*innen sowie geladener Expert*innen neue Konzepte zu entwickeln. Inhalte der Werkstatt umfassten nach der Partizipationsanalyse Kooperation, demokratische Unterrichtsgestaltung, Feedback und Leistungsbeurteilung. Vor allem die Partizipation im Unterricht nahmen wir als ein wichtiges Ziel mit in die Schulentwicklung. Die Abschlussveranstaltung fiel leider schon in den Lockdown, sodass der Diskurs mit dem Kollegium noch nicht intensiv stattgefunden hat.

Aus der Pädagogischen Werkstatt sind folgende Ideen in den jeweiligen Modulen beziehungsweise Bausteinen für unsere schulische Weiterarbeit erwachsen:

- *Bei den Klassenreisen sollen zukünftig Schüler*innen mitbestimmen, wohin es geht.*
- *Ältere Schüler*innen unterrichten jüngere Schüler*innen – nicht nur in der Jahrgangsmischung der Lerngruppen.*
- *Eine digitale Plattform soll erschaffen werden „Aula".*
- *Ein neuer Schulname soll entwickelt werden.*
- *Der Schulplaner soll künftig als Lerntagebuch fungieren.*[2]
- *Unsere Schule soll bis Jahrgang 9 ausgeweitet werden.*

---

2 Der von der Schule entwickelte Schulplaner ist ein Heft, in dem Lernaufgaben und Termine notiert, Mitteilungen an die Eltern geschrieben und Rückmeldungen aller Art geschrieben werden. Diese Planer sind für die Organisation der Kinder und die Kommunikation zwischen Eltern und Pädagog*innen sehr hilfreich. Immer zu den Ferien gibt es eine Seite für Feedback, die den Eltern anzeigt, ob die Kinder rechtzeitig in die Schule kommen, ihr Material dabei haben und ähnliches. Dieser Planer wird von Eltern und Pädagog*innen täglich kontrolliert, um nachzusehen, ob etwas eingetragen wurde. Er soll zum Lerntagebuch erweitert werden. Kinder können dann in dafür vorgesehene Felder eintragen, ob ihnen die Lernwoche gefallen hat, was schwer oder leicht war, was ihnen gut gelungen ist und wobei sie Hilfe benötigten.

- *Der Jahresplan mit Lerninhalten soll gemeinsam erstellt und untereinander abgeglichen werden.*
- *Die Klassenräume sollen flexibler werden: umbaubar.*
- *Es sollen digitale Elemente in den Unterricht eingebaut werden.*
- *Es soll ein professionelles Schüler*innenfeedback eingeführt werden, um Unterrichtsmethoden zu überarbeiten.*
- *Die Stundenlänge und unsere Rhythmisierung des Ganztages sollen evaluiert werden.*
- *Der Schulkiosk, ein Profilkurs der Jahrgangsstufen 5 und 6, soll täglich stattfinden.*

Im Rahmen des Profil-Unterrichts in der Stufe III bietet die Schule den Kindern die Möglichkeit, sich in einer kleinen „Schülerfirma" Schulkiosk zu erproben. „Die Perle von Heimfeld" wurde im September 2012 ins Leben gerufen und erfreut sich seit ihrer Gründung großer Beliebtheit bei den Schüler*innen und den Kolleg*innen. Die Kinder lernen in diesem Profil die Verarbeitung und Zubereitung frischer Lebensmittel bis hin zum Verkauf ihrer Produkte. Zusätzlich erproben sie sich in Verkaufsgesprächen, Küchenorganisation und der Führung eines Kassenbuchs. Der Verkauf erfolgt jeden Mittwoch in den Pausen in unserer Pausenhalle. Als besonderer Service wird den Kolleg*innen die Möglichkeit eines Abos geboten: Die bestellten Waren werden direkt ins Kollegiumszimmer geliefert.

Aus der Arbeit der Demokratiewerkstatt erwuchs zudem die Frage, ob sich unser Blick auf die Mitbestimmung an unserer Schule gewandelt hat. Die Schüler*innen äußern im Schülerparlament, im Klassenrat und auch in der Schulkonferenz verstärkt ihre Meinungen. Zunehmend gibt es Themenbereiche, bei denen die Stimmen der Kinder gehört und in Projekte umgesetzt werden, wie zum Beispiel ein Sommerfest von Kindern für Kinder, bei der Anschaffung von Spielen und Spielgeräten für den Mooncar-Schuppen[3], bei der Ausleihe von Spielen sowie bei der Veranstaltung eines Kinderkinos. Es gibt jedoch noch viele offene Bereiche, bei denen die Stimmen der Schüler*innen zwar gehört werden, aber noch wenig Umsetzung stattfindet, wie zum Beispiel beim Mitplanen an der Strukturierung des Schulalltags (Rhythmisierung), bei der Mitarbeit an der Entwicklung von Unterricht (Methoden, Inhalte und Feedback), bei der Digitalisierung von Unterricht sowie bei der Planung von Klassenreisen.

---

3 Die Pädagog*innen können für ihre Lerngruppe eine Aktive Pause, eine Bewegungsstunde auf dem Schulhof, buchen. Für diese Aktive Pause können allerlei Geräte aus dem Mooncar-Schuppen ausgeliehen werden, nicht nur Mooncars (Fahrzeug mit Pedalantrieb und Hinterradlenkung). Aktive Pausen finden in Zeiten statt, in denen andere Lerngruppen Unterricht haben. Sie dürfen nicht gestört werden.

3. Selbstbestimmtes und individualisiertes Lernen im Unterricht

3.1 Jahrgangsmischung und Lerngruppenteams

Egal ob ein Kind an unserer Schule schnell oder langsam lernt, ob es hochbegabt ist oder ob es ihm schwerfällt, manche Inhalte zu begreifen, ob es eine Beeinträchtigung hat oder nicht, woher es kommt und welche Muttersprache es spricht – wir schaffen in unseren jahrgangsübergreifenden Lerngruppen eine Gemeinschaft der Kinder, in der sie miteinander Wissen und soziale Kompetenzen erlangen. Wir gehen auf die Stärken und Schwächen unserer Kinder ein und fordern und fördern sie. Aufgrund der Jahrgangsmischung (in 1 und 2, 3 und 4, 5 und 6 sowie in den sogenannten Pilotgruppen 0 und 1 sowie 2, 3 und 4) entsteht eine Differenzierung je nach Leistungsstand und -vermögen. Die jüngeren Kinder erhalten Unterstützung von den älteren und die älteren strukturieren Gelerntes, indem sie ihr Wissen an die Jüngeren weitergeben. So entsteht eine Kultur des gegenseitigen Helfens und die Kinder werden von Beginn der Schule an ihre Unterschiedlichkeit gewöhnt.

Jeweils drei oder vier Lerngruppen werden zu einem Team zusammengefasst und von Lerngruppenteams unterrichtet. Die Lerngruppenteams bestehen aus Regelschulpädagog*innen, Sonderschulpädagog*innen, Sozialpädagog*innen und Erzieher*innen. Zu fest verankerten Teamzeiten werden gemeinsam alle Aspekte der Diagnostik, Förderplanung und Rückmeldung besprochen, geplant und durchgeführt. Dabei können die unterschiedlichen Professionen ihre jeweiligen Kompetenzen einbringen und sich miteinander austauschen.

Die gemeinsame Verantwortung des Lerngruppenteams für die Förderung und Forderung der Schüler*innen ist an unserer Schule ein ebenfalls fest verankertes und vom gesamten Kollegium akzeptiertes und geschätztes Leitbild des pädagogischen Handelns. Mit der sogenannten multiprofessionellen Teamarbeit gelingt der Schritt vom „Ich und meine Lerngruppe" zum „Wir und unsere Schule" viel leichter. Im Regelfall wechseln die Schüler*innen nach zwei Jahren die Lerngruppen und wechseln ins nächste jahrgangsgemischte Team. Der Übergang wird sorgfältig vorbereitet und häufig schon im Laufe des Schuljahres zum Beispiel durch schulübergreifende Projektpräsentationstage unterstützt. So lernen die Schüler*innen schon ihre zukünftige Lerngruppe kennen. Gleichzeitig behalten die älteren Schüler*innen so noch einen Bezug zu ihren ehemaligen Lerngruppen. Die Schüler*innen entscheiden zudem mit, in welchen Zusammensetzungen beziehungsweise mit welchen Kindern sie in die nächste Lerngruppe wechseln möchten.

3.2 „Offener Anfang"

Eine Möglichkeit, selbstbestimmtes und individualisiertes Lernen im Unterricht zu etablieren, bieten freie Lernzeiten, wie sie bei uns im „Offenen Anfang" etabliert sind. Bewährt haben sich hier zum Beispiel die „Übungen des täglichen Lebens" und der Einsatz der „Sinnesmaterialien" aus der Montessori-Pädagogik. Der Umgang mit diesen Materialien soll die Kinder zur Freude, Motivation und zu spontanen Aktivitäten animieren. Der „Offene Anfang" (auch: „Geöffneter Unterricht") soll Kinder anregen, aus mehreren anspruchsvollen Angeboten ein Thema zu wählen und daran zielorientiert und selbstverantwortlich zu lernen. Die Pädagog*innen bereiten eine Lernumgebung vor, in der Kinder von sich aus aktiv werden können, um ihre Eigenständigkeit und ihr Verantwortungsgefühl zu fördern. Sie beobachten die Kinder und bieten, wenn erforderlich, Hilfe an. Weitere Inhalte des „Offenen Anfangs" sind bei uns Angebotstische mit entsprechend vorbereitetem Material zu einzelnen Fächern, Forscher- und Knobelaufgaben, Büchereien, LOGICO, Super-Acht Kartensätzen, PCs und Lesetraining-Methoden.

Wir können erkennen, dass die Schüler*innen den „Offenen Anfang" sehr positiv aufnehmen: Sie wählen je nach Interessenlage aus dem Materialpool und arbeiten selbständig und motiviert an ihren Lerninhalten. Ihren Lernfortschritt dokumentieren sie in Lerntagebüchern oder in einer abschließenden Feedbackrunde: „Woran habe ich gearbeitet? Was habe ich gelernt? Was hat besonders viel Freude gemacht?" Dabei übernehmen sie Verantwortung für ihr eigenes Lernen und Handeln – ein Aspekt, den wir unmittelbar mit der Berücksichtigung von Schülerinteressen verbinden. Die Arbeit im „Offenen Anfang" wird derzeit von der Konzeptgruppe, die das jahrgangsübergreifende Lernen begleitet, weiterentwickelt und ausgebaut.

3.3 Basisunterricht

Der Basisunterricht unserer Schule umfasst die Fächer Deutsch, Mathematik und Englisch. Er orientiert sich an den Hamburger Bildungsplänen. Im Basisunterricht werden die Kernkompetenzen der Fächer erworben. Neben Unterrichtsphasen, in denen sich die Kinder einer Lerngruppe gemeinsam mit bestimmten Themen befassen, wird hier in besonderem Maße individualisiert. Besonders deutlich wird diese Individualisierung in der Bearbeitung von Basisplänen in den Fächern Deutsch und Mathematik. Hier bekommen die Kinder auf sie zugeschnittene Aufgabenstellungen für einen längeren Zeitraum zur Bearbeitung, die sie in ihrem individuellen Lernen fördern sollen. Die Basispläne ermöglichen eine aussagekräftige Rückmeldung an das Kind und die Eltern. Sie fördern die Fähigkeit zur

Selbsteinschätzung der Kinder. Zudem werden für die Eltern und Schüler*innen Lernziele transparent gemacht und das soll die Schüler*innen am Ende befähigen, ihre Leistungen zu beurteilen und eigene, realistische Ziele zu setzen.

Die Lerninhalte des differenzierten Basisunterrichts werden nach Einführungsphasen handlungsorientiert und individuell im Basisplan selbständig und vertiefend erarbeitet. Ziel ist dabei, dass unsere Schüler*innen Verantwortung für ihr eigenes Lernen übernehmen und ihr Lernen selbst organisieren. Der Basisplan beinhaltet einerseits prozess- und inhaltsbezogene Kompetenzen der verschiedenen Fächer und anderseits die individuellen Lernziele. Die Aufgabenbereiche werden aus schülergerechten Lehrwerken, handlungsorientierten Aufgaben und Lernmaterialien, längeren Arbeitsprojekten sowie Gruppen- und Einzelarbeiten zusammengestellt. Diese werden innerhalb eines vorgegebenen Zeitrahmens erarbeitet. Schüler*inneninteressen finden innerhalb dieser Unterrichtsform insofern Berücksichtigung, als die Kinder entscheiden, mit welchen Aufgaben sie aus welchem Fach beginnen. Zudem können sie einzelne Aufgabenbereiche oder komplette Basispläne selbständig nach eigenen Interessen und Lernzielen bearbeiten, wie das Beispiel illustriert.

Ein Fallbeispiel: Eine folgende Schülerin des zweiten Jahrgangs interessiert sich im Fach Mathematik besonders für die Themen „Uhrzeit" und „Rechenstrategien" zur halbschriftlichen Addition bis 100. Sie äußert, beide Themen noch vertiefender im Basisplan üben zu wollen. Infolgedessen wählt sie Aufgaben zum einen aus einer bestehenden Pflichtkartei und zum anderen frei aus entsprechenden Lernmaterialien. Im Basisplan befinden sich zu möglichen Pflichtbereichen bereits vorgegebene Symbole, etwa zum Blitzrechentraining, zu bestimmten Lernheften und Arbeitsbüchern. Sie wählt selbständig den Blitzrechenbereich aus, entscheidet sich für bestimmte Aufgaben in den Arbeitsheften und Büchern und überträgt diese in den Basisplan. Sie wählt frei aus einer Kartei zu Rechenstrategien und aus einer vorhandenen Materialwerkstatt zum Thema „Uhrzeit" und entscheidet sich dabei für ein Uhrzeiten-Domino sowie für die Klammerkartei. Auch die Bearbeitung dieser Aufgaben überträgt sie in den Basisplan. Aus den frei verfügbaren Materialien sucht sie sich etwas aus der LOGICO-Sammlung und aus dem Super-Acht Kartensatz aus.

Wir haben die Erfahrung gemacht, dass eine solche auf Selbstständigkeit zielende Berücksichtigung von Schüler*inneninteressen im Basisunterricht gelingen kann, das Gelingen sich aber nicht von selbst einstellt. Vielmehr braucht es eine gezielte Vorbereitung und Planung, eine systematische Einführung der Schüler*innen in die Arbeitsweise, eine angenehme Lernatmosphäre und ein gemeinsames Entwickeln der Unterrichtsmaterialien im multiprofessionellen Team.

3.4 Projektunterricht

Der Projektunterricht orientiert sich, wie der Basisunterricht auch, an den Hamburger Bildungsplänen. Bereits in der Vorschule wird mit dem Projektunterricht begonnen. Dieser setzt sich in der Themenwahl aufbauend bis Jahrgang 6 fort. Der Projektunterricht ist schuljahresbegleitend, aber auch in Projekttagen oder Projektwochen organisiert. Wichtig ist bei der Gestaltung auch, dass außerschulische Lernorte aufgesucht werden. Im Projektunterricht sind die Fächer Sachunterricht, Musik, Kunst, Religion, Theater, Gesellschaft, Deutsch, Mathematik sowie Natur und Technik anteilig enthalten. Themen solcher Projekte waren zum Beispiel „Wir in Hamburg-Heimfeld", „Kinder dieser Welt", „Luft- und Raumfahrt", „Körper" oder „Mobbing". Diese Zusammenfassung der Fächer zu einem ausgewählten Projektthema ermöglicht es, dem Thema aus verschiedenen fachlichen Blickwinkeln zu begegnen. Hierdurch wird eine Vernetzung der Inhalte und somit ein nachhaltigeres Lernen ermöglicht. Der Projektunterricht ist stark handlungsorientiert. Am Ende eines jeden Projektes findet eine Projektpräsentation statt. Die Form der Präsentationen ist unterschiedlich und wird den Projekten angepasst. Häufig ist diese Präsentation für Lerngruppen anderer Stufen zugänglich.

Auch bei den Lernzielen und kooperativen Lernmethoden des Projektunterrichts orientieren wir uns an den Schüler*innen. Dementsprechend bestimmen sie ihren Lernprozess selbst. Ihre Interessen können sie dadurch verwirklichen, dass sie das Projektthema wählen, im Rahmen einer gegebenen Struktur eine Fragestellung entwickeln und das methodische Vorgehen planen, etwa „Haustiere", „Berufe der Eltern" oder „Mülltrennung". Während der Planungs- und Durchführungsphase unterstützen wir Pädagog*innen den Lernprozess: Wir greifen gezielt ein und führen beispielsweise kurze Feedback- und Reflexionsphasen durch. So können die Kinder erkennen, ob sie die selbstgewählten Teilziele in der vorgesehenen Zeit erreicht haben. Dabei nutzen wir Impulskarten wie die folgenden: „Was fiel mir in der Arbeitsphase leicht?", „Womit hatte ich Schwierigkeiten?", „Was hat mich überrascht?", „Wer oder was hat mir geholfen?"

3.5 Notenverzicht und Feedbackkultur

An unserer Schule gibt es, wie bereits erwähnt, keine Noten. Ein derartig veränderter Unterricht erfordert auch neuartige Rückmeldeformate. Folgende Rückmeldeformate sind an unserer Schule fest etabliert:

Kompetenzorientierte Zeugnisse – Förderpläne -- Rückmeldebögen im Lernentwicklungsgespräch -- Rückmeldeformate mit Selbsteinschätzung und Fremdeinschätzung im Basisunterricht (im Basisplan und in den Lernzielkontrollen) sowie Projektunterricht

Ein wesentlicher Schritt für eine demokratische Schulkultur ist die Etablierung einer Feedbackkultur zwischen der Schüler- und der Lehrerschaft, die wir immer weiter ausbauen. Die Schüler*innen erhalten in regelmäßigen Abständen Rückmeldungen zu ihren Leistungen. Auch die Lehrkräfte geben den Kindern die Möglichkeit, ein Feedback zu geben wie zum Beispiel Möglichkeiten zur Selbsteinschätzung, Gestaltung der Lernentwicklungsgespräche und Gestaltung von Reflexionsgesprächen.

Auch unsere Zeugnisse stellen ein Rückmeldeformat dar. Unser Zeugnis macht den Schüler*innen transparent, wo ihre Entwicklungsfelder liegen. Es kann für Kinder mit entsprechendem Förderschwerpunkt leichter individualisiert werden. In den Lernentwicklungsgesprächen werden zweimal im Schuljahr ein Lernziel zwischen den einzelnen Schüler*innen und der oder dem Pädagog*in entwickelt. Ihren Lernfortschritt dokumentieren sie in Lerntagebüchern oder in einer abschließenden Feedbackrunde: „Woran habe ich gearbeitet? Was habe ich gelernt? Was hat besonders viel Freude gemacht?" Dabei übernehmen die Schüler*innen Verantwortung für ihr eigenes Lernen und Handeln – ein Aspekt, den wir unmittelbar mit der Berücksichtigung von Schüler*inneninteressen verbinden. Unsere Feedbackkultur und unsere Rückmeldeformate an unserer Schule bilden derzeit die Grundlage der Unterrichtsentwicklung.

4. Kinderrechte in der Schule – eine Befragung unserer Schüler*innen

Schulethos, Differenzierung -- Alle Kinder haben die gleichen Rechte, Schutz der Privatsphäre und der Würde -- Streitschlichter, Beratung, Klassenrat -- Schutz vor Gewalt, Recht auf freie Meinungsäußerung und Beteiligung -- Basispläne, Feedback -- Recht auf Bildung und freie Meinungsäußerung

Die Kinderrechte haben an unserer Schule einen hohen Stellenwert. Vor allem das Recht auf freie Meinungsäußerung und Beteiligung wird neben den anderen Rechten der Kinder sehr ernst genommen. In der Arbeit der Pädagogischen Werkstatt wurde klar, dass wir hier noch viel nachsteuern müssen. Als fest verankertes Projektthema „Kinder dieser Welt" in den unterschiedlichen Jahrgangsstufen (Jahrgänge 3 und 4 sowie Jahrgänge 5 und 6) spielen die Kinderrechte im Allgemeinen eine wichtige Rolle.

Doch nicht nur im Unterricht an unserer Schule werden die Kinderrechte thematisiert: Im Winter 2016 hatte das Schülerparlament, welches alle Lerngruppensprecher*innen sowie das Schulsprecher*innenteam umfasst, Besuch von dem damaligen Kommunalpolitiker Manuel Sarrazin, welcher die Kinderrechte mit unseren Schüler*innen debattierte und gemeinsam mit ihnen reflektierte, an welchen Stellen die Kinder ihre eigenen Rechte als nicht oder nur eingeschränkt erfüllt wahrnehmen.

Die Schülersprecher*innen wollten sich an der Gestaltung dieses Artikels gerne beteiligen und überlegten sich einige Fragen, die sie ausgewählten Schüler*innen und Lehrer*innen stellten:
Welche Kinderrechte kennt ihr und welches Kinderrecht findet ihr am wichtigsten? -- Kann man in unserer Schule viel mitbestimmen? -- Könnt ihr auch im Unterricht mal mitbestimmen, woran ihr arbeitet? -- Wie findet ihr es, dass es bei uns an der Schule keine Noten gibt? -- Welches Thema würdet ihr im Unterricht gerne bearbeiten, wenn ihr es euch frei aussuchen dürftet?
Bereits beim Entwickeln des Fragebogens stellten die beteiligten Schüler*innen und Lehrer*innen fest, dass Kinderrechte im täglichen Schulalltag verankert sind. Die Auswertung des Fragebogens ergab, dass die Mehrheit der befragten Schüler*innen die Mitbestimmung und den Schutz vor Gewalt an erster Stelle nannte.

Vor allem für uns Lehrkräfte war die Frage der Mitbestimmung interessant. Die meisten Schüler*innen empfanden, dass sie nicht ausreichend mitbestimmen könnten, woran sie im Unterricht inhaltlich arbeiteten. In den Antworten wurde jedoch auch deutlich, dass sie in der Freiarbeits-Phase am Anfang des Unterrichts oder wenn sie mit einer Aufgabe fertig seien, frei aus vorgegebenen Materialien wählen durften. Die Kinder berichteten auch von Unterrichtsstunden in Sport oder Kunst, die sie selbst geplant und durchgeführt hatten sowie von eigenen Comic- oder Schreibprojekten. Vor allem die jüngeren Schüler*innen hatten den Wunsch, noch mehr Experimente durchzuführen. Die älteren Schüler*innen ab Jahrgang 4 nannten keine eigenen Ideen. Vielleicht ist ihnen ihre Mitwirkung so selbstverständlich und ausreichend, dass sie keine zusätzlichen Ideen nennen. Möglicherweise haben sie auch erfahren, dass Mitbestimmung nicht bedeutet, dass alles dann auch so geschieht, wie man es sich wünscht. Wie bereits beschrieben, ist die Mitbestimmung im Unterricht noch ausbaufähig. Jedoch zeigen uns die Antworten der Schüler*innen, dass die Mitbestimmung in bestimmten Unterrichtsphasen so fest verankert ist, dass die Schüler*innen es nicht als Besonderheit, sondern als Selbstverständlichkeit wahrnehmen.

Auf die Frage, ob sie Noten vermissen würden, wurde vor allem bei einigen älteren Schüler*innen ab Jahrgang 4 deutlich, dass sie sich mit dem Thema Noten beschäftigen und einige sich sogar Noten wünschen würden, vielleicht weil ältere Geschwister oder Freunde an anderen Schulen auch Noten bekommen. Im Gespräch mit den Schülersprecher*innen machten aber auch viele Schüler*innen deutlich, dass bei einer Notenvergabe ja nicht klar sein würde, in welchen Bereichen sie besonders stark oder schwach seien.

Die Antworten zeigten auf, dass die Unterrichtsentwicklung noch stärker dahingehend erfolgen sollte, wie und in welchen Bereichen eine Selbstbestimmung des Lernens möglich sein kann. Zudem scheinen die Kompetenzformulierungen für einige Kinder eine Bereicherung, für andere jedoch eine Überforderung zu sein. Trotz der Lernentwicklungsgespräche müssten Leistungsrückmeldungen noch individueller angepasst werden. Um freies Lernen zu ermöglichen, scheint es außerdem wichtig, den Kindern aufzuzeigen, was überhaupt möglich ist. Und einige Kinder sind zufrieden, wenn sie nicht wählen müssen, sondern ihnen ein Lernangebot gemacht wird. Wichtig scheint dabei zu sein, sie zu ermutigen, frei zu wählen, sie aber auch gleichzeitig zu führen, wenn sie es wünschen.

5. Fazit

Die Interessen der Schüler*innen und die Weiterentwicklung der Partizipation an unserer Schule im Blick zu behalten, stellt eine stetige Aufgabe für den gesamten Schulalltag dar. Die Mitbestimmungskultur durch unsere Schülerschaft, Elternschaft und das Kollegium wird immer weiter ausgebaut und verbessert. Aktuell wird an unserer Schule ein weiterer Neubau geplant, der Lernräume vergrößern soll und eine weitere Sporthalle sowie neue Lerngruppenräume umfasst. Gleichzeitig werden durch den Neubau mehr Alternativen für Einzel- und Kleingruppenarbeit für unsere Schüler*innen geschaffen. Es wurde eine Arbeitsgruppe zur Planung des Neubaus etabliert, die neben vielen engagierten Menschen unserer Schule auch von den Schülersprecher*innen aktiv besetzt ist. Unsere Beobachtungen zeigen einerseits: Knüpfen Lernprozesse in allen Unterrichtsformen an die gesammelten Erfahrungen der einzelnen Schüler*innen an, lässt sich deren Interesse an Inhalten und Lernformen enorm steigern. Andererseits ist eine gelebte Mitbestimmungskultur im Schulalltag ebenso entscheidend, damit sich die Kinder und Jugendlichen in ihrer Welt verstanden und wertgeschätzt fühlen. Und Mitbestimmung ist nicht immer nur Freiheit, sondern auch ein anstrengender Prozess.

Literatur zum Weiterlesen

Behörde für Schule und Berufsbildung (2011): Begleitheft: Wir machen mit! Hamburg.

Boban, Ines/Hinz, Andreas (2004): Der Index für Inklusion – ein Katalysator für demokratische Entwicklung in der „Schule für alle". In: Heinzel, Friederike & Geiling, Ute (Hg.): Demokratische Perspektiven in der Pädagogik. Wiesbaden: VS, S. 37–48.

Boban, Ines/Hinz, Andreas (2020): Inklusion und Partizipation in Schule und Gesellschaft. Erfahrungen, Methoden, Analysen. Weinheim Basel: Beltz Juventa.

Meyer, Hilbert (2004): Was ist guter Unterricht?. Berlin: Cornelsen Scriptor

Reich, Kersten (2012): Inklusion und Bildungsgerechtigkeit. Standards und Regeln zur Umsetzung einer inklusiven Schule. Weinheim Basel: Beltz Juventa.

STEFANIE BRESGEN, DORLE MESCH

Ein schulisches Beschwerdemanagement stärkt Kinderrechte

Konzept, Genese und Wirksamkeit

Einleitung – Das Geschwister-Scholl-Gymnasium

Das Geschwister-Scholl-Gymnasium (GSG) ist ein Gymnasium der Stadt Pulheim (Rhein-Erft-Kreis) in der Nähe von Köln. Im Jahre 2019 hat die Schule ihr 50-jähriges Bestehen gefeiert. Ca. 1500 Schüler*innen besuchen derzeit das Gymnasium, rund 130 Lehrer*innen und an die 40 weitere Mitarbeiter*innen unterschiedlichster Professionen prägen und gestalten den Schulalltag und begleiten die Kinder und Jugendlichen auf ihren Wegen.

Das Thema Schulentwicklung war und ist seit Beginn des Gymnasiums ein zentrales Thema und so hat sich über die Jahrzehnte eine Kultur der Schul- und Unterrichtsentwicklung entwickelt, die auch heute noch das Schulleben nachhaltig prägt.

Das GSG ist seit dem Schuljahr 2008/2009 eine Gebundene Ganztagsschule und mit dem Eintritt in den Ganztag nochmals mehr nicht nur ein Ort des fachlichen Lernens, sondern auch und vor allen Dingen des sozialen Miteinanders, in dem die Kinder und Jugendlichen vielfältige Kompetenzen erwerben und vertiefen.

Die Schul- und Unterrichtsentwicklung erfolgt auf der Basis von – von der Schulgemeinschaft anerkannten – Standards: den Standards des Schulverbunds „Blick über den Zaun" und dem Qualitätstableau NRW des Ministeriums für Schule und Bildung (Referenzrahmen Schulqualität NRW). Die Standards des Schulverbunds nehmen die Einzelne, den Einzelnen in den Blick (individuelle Förderung und Herausforderungen), setzen sich mit dem „anderen Lernen" (Erziehender Unterricht, Wissensvermittlung, Bildung) auseinander, betrachten Schule als Gemeinschaft (Demokratie lernen und leben) und sehen Schule als lernende Institution (Reformen „von innen" und „von unten") (https://www.blickueberdenzaun.de).

Die Schule geht mit ihrem Namen sowohl in der Schul- und Unterrichtsentwicklung als auch in ihrem grundsätzlichen Wirken eine besondere Verpflichtung ein. Die Geschwister Scholl sind für das Leben der Schule leitende Vorbilder und Orientierung. Das Leitbild der Schule orientiert sich seit jeher an den Geschwistern Scholl, an ihrem Mut und ihrer Zivilcourage.

Das Leitbild der Schule ist in den Jahren 2016/2017 überarbeitet und 2017 verabschiedet worden. Grund dafür ist die Frage gewesen, ob das Leitbild und das Schulprogramm aus dem Jahr 2005 noch Gültigkeit besitzen, noch aktuell seien, noch von allen mitgetragen würden. Es entstand die Frage nach dem eigentlichen pädagogischen Grundkonsens und ob dieser noch existiere, mit dem sich die Schulgemeinschaft differenziert auseinandersetzte. Im Rahmen einer Kick-off-Veranstaltung und mit Begleitung eines Schulentwicklers hat sich eine Arbeitsgruppe mit einer möglichen Aktualisierung des Leitbildes auseinandergesetzt und in einem gemeinsamen Prozess aller am Schulleben Beteiligten (also auch unter Einbeziehung von Eltern und Schüler*innen) ein überarbeitetes Leitbild entwickelt.

Auch das 2017 überarbeitete Leitbild orientiert sich weiterhin an den drei Säulen: Fundierte Bildung, Soziale Kompetenz und Zivilcourage (vgl. https://gsg.intercoaster.de/icoaster/files/170321_leitbilde.pdf) und bekräftigt die wichtige Aufgabe und Verantwortung von Schulen in einer demokratischen Gesellschaft: Die Kinder und Jugendlichen zu ermutigen, sich eigenständig und kritisch in gesellschaftliche Diskurse einzubringen sowie Weltoffenheit und Toleranz Andersdenkenden gegenüber zu zeigen.

Die Schüler*innen sollen darin bestärkt werden, sowohl Verantwortung für sich selbst als auch Verantwortung für andere zu erkennen und zu übernehmen. Es ist unser Bildungsauftrag, die Schüler*innen auf ihre Zukunft vorzubereiten und sie darin zu stärken, mutig ihren Weg für sich und andere zu gehen und sich für eine friedliche, solidarische und demokratische Gesellschaft einzusetzen.

Neben dem breitgefächerten und differenzierten Lern- und Bildungsangebot bieten unterschiedliche Konzepte die Grundlage, um diesen Bildungsauftrag zu erfüllen und unserem Leitbild gerecht zu werden. Die Schul- und Unterrichtsentwicklung ist geprägt von zwei wesentlichen Prinzipien: der Transparenz, die voraussetzt, dass alle geltenden Regelungen bekannt bzw. zugänglich sind, und der Partizipation, die allen schulischen Mitgliedern die Möglichkeit bietet, an der Erarbeitung und Weiterentwicklung schulischer Konzepte aktiv mitzuarbeiten bzw. mitzubestimmen. Auch die Schüler*innen erhalten an vielen Stellen die Möglichkeit, das schulische Leben am Geschwister-Scholl-Gymnasium mitzugestalten und ihre eigene Perspektive einzubringen. Darüber hinaus haben sie jederzeit die Möglichkeit, eigene Ideen und Anliegen einzubringen.

Bereits von der Jahrgangsstufe 5 an werden in Klassen und Kursen demokratische Strukturen kennengelernt und ausgeübt. Schüler*innen erleben sich in diesen selbstwirksam, lernen ihre Verantwortung für sich selbst und für andere anzuerkennen sowie sich offen miteinander auszutauschen. Regelmäßig wird in den Klassen ein Klassenrat durchgeführt, es gibt Stufenparlamente, SV-Sitzungen und regelmäßige Austauschtreffen mit der Schulleitung. Schulen müssen die Perspektive der Kinder und Jugendlichen ernst nehmen und sich mit diesen auseinandersetzen. Eine gute Kommunikation, die nicht nur einseitig verläuft, und eine gegenseitige Wertschätzung und Wahrnehmung der unterschiedlichen Perspektiven tragen dazu bei, Verständnis füreinander aufzubringen, und ermöglichen, Schule mit Blick auf die Kinder und Jugendlichen weiterzuentwickeln.

Genese des „Beschwerdemanagements"

Das schulische Miteinander kann aber auch zu Meinungsverschiedenheiten und Konflikten auf ganz unterschiedlichen Ebenen führen.

Im Beschwerdemanagement wird das Vortragen eines Konfliktes ernst genommen und der Klärung durch ein Gesprächssetting Raum gegeben. Hier können sich Schüler*innen, Eltern oder Mitarbeitende der Schule mit ihrer Wahrnehmung und ihrem Anliegen einbringen. Das Erleben einer Meinungsverschiedenheit oder eines Konfliktes wird ernstgenommen, indem ein Setting festgelegt wird, wie dieses gemeinsam geklärt bzw. gelöst werden kann.

Bei Fragen der Leistungsbewertung kann es selbst dann zu Konflikten kommen, wenn die Regelungen und Festlegungen eines schulischen Leistungskonzeptes transparent sind und angewendet werden. In den Jahren 2012–2014 ist daher parallel zur Erarbeitung eines Leistungskonzepts (Zielvereinbarung im Rahmen der Qualitätsanalyse 2011) ein Leitfaden zum Beschwerdemanagement entstanden („Leistung ermöglichen, messen, rückmelden, bewerten – das Konzept zur Leistungsbewertung am GSG" -https://gsg.intercoaster.de/ic/page/2702/leistungskonzept.html).

Aber nicht nur bei der Frage der Leistungsbewertung kann es zu Konflikten kommen, sondern auch in vielen anderen Bereichen, die nicht mit der Leistungsbewertung in direkter Verbindung stehen. So können z.B. informelle Beschwerden hinsichtlich des Miteinanders von Lehrer*innen, Schüler*innen oder Eltern auftreten, oft wird dabei ein Ungerechtigkeitsempfinden oder ein Unverständnis füreinander artikuliert. Im Rahmen des Beschwerdemanagements können Ängste, Unsicherheiten und die Empfindung, nicht ernstgenommen, nicht gehört oder nicht wertgeschätzt zu werden, angesprochen werden. Es können aber auch Beschwerden hinsichtlich schulischer Konzepte erfolgen, mit denen Eltern oder Schüler*innen nicht einverstanden sind, deren Sinn und Zweck vielleicht nicht nachvollzogen werden können, sondern die vielleicht in Bezug auf die jeweils eigene Situation als eher hinderlich empfunden werden. Ebenso kann es zu Beschwerden kommen, die den Bereich möglicher Klassen- oder Kurswechsel berühren. Beschwerden können insgesamt also sehr unterschiedlich ausfallen und unterschiedliche Bereiche betreffen.

Der Leitfaden zum Beschwerdemanagement bezieht sich ausdrücklich nicht nur auf Beschwerden im Bereich der Leistungsbewertung, sondern er soll mögliche Vorgehensweisen bei Kritik, Konflikten bzw. bei Beschwerden und Widersprüchen (gegenüber der Bewertung von Leistungen und Ordnungsmaßnahmen) verdeutlichen und innerhalb der Schule eine Basis für einen möglichst fairen Umgang mit diesen schaffen. Das Beschwerdemanagement bietet allen ein sicheres und ernsthaftes Setting, um Anliegen mit dem Ziel der Klärung vorzutragen. Alle Mitglieder der Schulgemeinschaft sollen darin gestärkt werden, Konflikten offen zu begegnen und diesen auch in einem transparenten Vorgehen begegnen zu können. Dieses Vorgehen soll es allen Beteiligten ermöglichen, ihr „Gesicht zu wahren" und eigene Anliegen gehört zu wissen.

Innerhalb der Erweiterten Schulleitung erfolgte ein Prozess, der verschiedene schulische Konflikte/Fallbeispiele rund um die Leistungsbewertung und die Hindernisse zur Leistungserbringung zusammengetragen hat. Des Weiteren wurden Anliegen und Zuständigkeiten, welche zuvor vor allem an die Schulleitung, jedoch teilweise auch an die Abteilungsleitungen, den Lehrerrat, die SV, das Beratungsteam (incl. der Schulsozialarbeit) herangetragen wurden, gemeinsam betrachtet. Zuständigkeiten und Konfliktanlässe wurden geclustert.

Auf dieser Grundlage beauftragte die Erweiterte Schulleitung die Leitung der Beratung bzw. das Beratungsteam/Schulsozialarbeit damit, einen ersten Entwurf zum Beschwerdemanagement zu erstellen, da hier von Werten/Haltungen, den Erfahrungen und Kompetenzen der „neutralen", „allparteilichen", „lösungsorientierten", „ressourcenorientierten" Perspektive der Beratung/Schulsozialarbeit profitiert werden sollte.

Im Beratungsteam am Geschwister-Scholl-Gymnasium arbeiten Beratungslehrkräfte und Schulsozialarbeiter*innen eng zusammen. Das Beratungsteam ist für alle in der Schulgemeinschaft eine niedrigschwellige Anlaufstelle, um frühzeitig und auch bei hohen Eskalationen eine psychosoziale Begleitung oder Mediation zu finden. Die Arbeit des Beratungsteams ist vertraulich und unterliegt der Verschwiegenheitspflicht. Ausnahmen sind Situationen der Selbst- und Fremdgefährdung oder das Einverständnis, dass weitere Personen über die Situation gemeinsam informiert werden.

Zudem sind in der Beratungsarbeit und Schulsozialarbeit das Jugendhilfe-Prinzip der Beteiligung und Mitwirkung von Kindern fest verankert. Innerhalb der Beratungsarbeit/Schulsozialarbeit existierten bereits bewährte Methoden und Verfahren wie z.B. ein Leitfaden für Schlichtungsgespräche und ein Dokumentationsverfahren.

Der Erstentwurf des Beschwerdemanagements ist in seiner Fassung durch die Beteiligten des Beratungsteams/Schulsozialarbeit und in enger Zusammenarbeit mit der Erweiterten Schulleitung und weiteren Gremien (SV und Schulpflegschaft) vorgelegt, konstruktiv kritisch diskutiert und nochmals überarbeitet worden. Dabei wurden auch rechtliche Aspekte in das Beschwerdemanagement mit aufgenommen, um die Zuständigkeiten für alle Beteiligten transparent und vor einer Beschwerde/einem Konfliktfall darzulegen.

Als fester Bestandteil des Leistungskonzepts ist das Beschwerdemanagement letztlich in der Lehrerkonferenz und der Schulkonferenz im Jahr 2015 verabschiedet worden.

War das Wissen um das Beschwerdemanagement zum Zeitpunkt der Entwicklung und der Verabschiedung im Jahr 2015 allen Beteiligten in der Schule bekannt, so müssen wir derzeit selbstkritisch feststellen, dass dieses Konzept zwar legitimiert ist, jedoch das Wissen darum bei Mitgliedern der Schulgemeinschaft in einer lebendigen Schule, in der viele Menschen jährlich wechseln (durch Abschiede oder Neuaufnahmen), verloren geht.

Insofern ist es für eine lebendige Schule und mit Blick auf eine demokratische Kultur (inkl. Achtung der Kinderrechte), auf eine Kultur des Miteinanders, des offenen Gesprächs und mit Blick auf die Qualitätsentwicklung an einer Schule entscheidend, das Wissen um das Verfahren der Beschwerdemöglichkeiten ritualisiert bewusst und lebendig zu halten.

Hier bieten sich vor allem die Gremien der Lehrerkonferenz, der Schülervertretung und der Schulpflegschaft/Elternpflegschaft an.

Der Leitfaden „Beschwerdemanagement" am Geschwister-Scholl-Gymnasium

Grundsätzlich werden schulische Konzepte am GSG kontinuierlich weiterentwickelt. Dies bedarf einer regelmäßigen Evaluation der schulischen Arbeit. Gegenseitiges Feedback sollte verlässlicher Bestandteil des schulischen Miteinanders sein, um Lob und Kritik für die Gestaltung des Miteinanders insgesamt nutzen zu können. Die Möglichkeit, an Feedbacks und Evaluationen – auch aus Sicht der Schülerinnen und Schüler – teilzunehmen, erhöht die Bereitschaft, aktiv das schulische Leben mitzugestalten, schafft einen geschützten Raum, Lob und Kritik zu äußern, und ermutigt dazu. Routinen des Feedbacks und der Evaluation geben die Gelegenheit, auch persönliche Rückmeldungen zu schulischen Konzepten zu äußern. Diese Möglichkeit trägt zu einer offenen Kommunikation bei. Dennoch kann es auf unterschiedlichen Ebenen zu Kritik, zu Meinungsverschiedenheiten und Konflikten kommen, die sich nicht auf allgemeine schulische Konzepte beziehen, sondern auf Kritik an einzelnen Personen (berufliche/persönliche Ebene) oder an schulischen Entscheidungen (in konkreten fachlichen Zusammenhängen/Unterricht/Leistungsbewertung). Um diese Konflikte bzw. diese Kritik ernst zu nehmen, bedarf es eines schulischen Leitfadens, wie mit Beschwerden umgegangen wird.

Im Beschwerdemanagement des GSG sind Grundsätze vereinbart worden, die sich zum einen auf das Verfahren beziehen, zum anderen auf die Beziehung:

Bezogen auf das Verfahren
- Verfahrenseinheit: Mit Beschwerden wird auf eine verbindliche und festgelegte Art und Weise umgegangen.
- Verfahrensklarheit: Die Gleichsinnigkeit im Umgang mit Beschwerden wird gewährleistet. Die Abläufe bei der Bearbeitung einer Beschwerde sind für alle Beteiligten transparent und einsehbar (Schulhomepage).
- Verantwortlichkeit: Mit Beschwerden wird nach dem Grundsatz der zentralen Verantwortlichkeit umgegangen; d.h. es werden diejenigen Personen einbezogen, die im Hinblick auf die Beschwerde die primären Absender bzw. Adressaten sind und die hinsichtlich der Bearbeitung der Beschwerde die höchste Kompetenz besitzen. Grundsätzlich wird bei Beschwerden nach dem Modell der „Stufen der Verantwortung" vorgegangen (s. Abbildung).
- Dokumentation: Verlauf und Ergebnis des Beschwerdeverfahrens werden von Seiten der Schule dokumentiert und archiviert.
- Evaluation: Das Ergebnis eines Beschwerdeverfahrens wird nach einem festzulegenden Zeitraum überprüft.

Bezogen auf die Beziehung
- Wertschätzung und Respekt: Dies gilt sowohl für den Beschwerdeführer als auch für den Adressaten der Beschwerde.

- Allparteilichkeit: Im Rahmen eines Beschwerdegesprächs ist die Moderation bereit, die Standpunkte beider Parteien anzuerkennen, ohne sie zu bewerten.
- Freiwilligkeit: Niemand kann zu einer Teilnahme an einem Klärungsgespräch verpflichtet werden. Die Profession der Lehrerinnen und Lehrer und der pädagogischen Mitarbeiterinnen und Mitarbeiter setzt die Bereitschaft zur Teilnahme an einem Klärungsgespräch grundsätzlich voraus.
- Verantwortlichkeit: Die Verantwortung für die Einhaltung des Verfahrens und die Moderation professioneller Gespräche liegt nicht beim Beschwerdeführer, sondern bei der Schule.
- Vertraulichkeit: Die an einem Beschwerdegespräch teilnehmenden Personen können sich gegenseitig zur Vertraulichkeit verpflichten. Dem Wunsch einer Konfliktpartei nach Vertraulichkeit wird entsprochen, sofern keine rechtlichen Bestimmungen die Vertraulichkeit einschränken.

Beschwerdemanagement am Geschwister-Scholl-Gymnasium

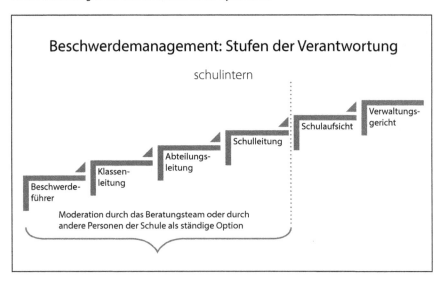

Quelle: https://gsg.intercoaster.de/icoaster/files/beschwerdemanagement_am_gsg_fassung_homepage.pdf

Diese Grundsätze gelten sowohl für Schüler*innen als auch für Eltern. Sie ermöglichen in Konfliktsituation einen Austausch auf Augenhöhe und stärken darin, Kritik und Beschwerden in einem geschützten Rahmen zu äußern.

Während das Vorgehen bei Beschwerden/Widersprüchen, die sich auf Leistungsbewertungen und Ordnungsmaßnahmen beziehen, klar geregelt ist, ist dies bei informeller Kritik nicht der Fall. Doch genau an dieser Stelle muss es in der Schule Regelungen geben, die die Möglichkeit eröffnen, darüber miteinander ins Gespräch zu kommen, und die einen Beitrag leisten, das Miteinander gerade auch in schwierigen Situationen zu stärken. Das Beschwerdemanagement am GSG beschreibt diesbezüglich einen klaren Ablauf und gibt für alle Beteiligten Halt und Sicherheit in konfliktträchtigen Situationen. Es soll allen Beteiligten ermöglichen, auch in Streit-Situationen Achtung und Respekt zu behalten.

Es gibt auch Situationen, in denen Eltern ohne das Einverständnis ihres Kindes Beschwerde erheben oder aber das Kind ohne das Wissen der Eltern. Wichtig ist hier ein sorgsamer Umgang mit den Beteiligten, ein Abwägen der Situation, ein Verdeutlichen, wann auch das Kind bzw. die Eltern mit ins Boot genommen werden müssen oder sollten. Gerade in dieser Situation sind ein geschützter Rahmen und ein vertrauensvolles Miteinander von besonderer Bedeutung.

Eine Beschwerde vorzutragen fordert von dem/der Beschwerdeführer*in sehr viel Mut. Hier werden eigene Verletzungen und Empfindungen einer anderen Person offenbart. Dies kann gemischt sein mit der Sorge oder der Angst, dass das Gegenüber nicht angemessen reagiert. Aber auch für die Person, an die eine Beschwerde/Kritik herangetragen wird, gibt es Empfindungen von Unwohlsein, das Gefühl angegriffen oder bloß gestellt zu werden. Aus diesem Grund ist im Beschwerdemanagement eine Vertraulichkeit über die geführten Gespräche vereinbart. Dabei gibt es folgende Ausnahmen: Gibt es keine einvernehmliche Klärung/Einigung, wird transparent benannt, dass im Beschwerdemanagement eine nächste Instanz zur Klärung hinzugezogen wird. Oder es wird gemeinsam vereinbart, dass andere Personen über die gefundene Klärung/Einigung informiert werden sollen. Dies ist zum Beispiel der Fall, wenn eine Delegation von Schüler*innen aus einer Klasse ein Gespräch mit einem Mitarbeitenden/einer Lehrkraft der Schule führt.

Das Beschwerdemanagement und die Kinderrechte

Das Beschwerdemanagement muss sich an den für Kinder festgelegten Rechten messen lassen bzw. die Kinderrechte berücksichtigen und ihre Wahrung sicherstellen. Innerhalb einer Schule erleben Kinder durch die Leistungsbewertung, die für sie ein Machtgefälle bedeutet, ein asymmetrisches Beziehungsgefüge.

Sie können sich durch die Leistungsbewertung durch Lehrkräfte oder in der sozialen Interaktion bzw. durch das Verhalten der in der Schule tätigen Erwachsenen ohnmächtig, minderwertig oder ängstlich fühlen. Dieses Empfinden von Kindern kann einher gehen mit der Deutung, dass eigene Positionen oder Wahrnehmungen weniger bedeutsam sind. Dies kann durchaus auch der Fall sein, ohne dass Erwachsene dies beabsichtigen oder bewusst herbeiführen. Umso wichtiger ist es, Kinder in ihren Rechten zu stärken, ihre Anliegen zu hören und sie zu gleichwürdigen Beteiligten zu machen.

Das Beschwerdemanagement bietet ein Verfahren an, indem sich die Kinder aktiv und als gleichwürdige Partner in die Kommunikation und Konfliktklärung einbringen können. Die Möglichkeit eines moderierten Gesprächs durch eine von beiden Seiten anerkannte und legitimierte Vertrauensperson bietet besonders Kindern mit den Gefühlen von Ohnmacht, Angst oder Minderwertigkeit einen besonderen Schutz. Die Moderation achtet in der Gesprächsführung auf die Gleichwertigkeit im Gesprächskontakt. Anliegen ist, dass alle Gesprächsbeteiligten ihr „Gesicht wahren" oder, anders ausgedrückt, „sich auch in der Kritik geachtet fühlen" können. Entscheidend ist, dass sich alle gleichermaßen gehört erleben und die auslösende Situation von allen gleichermaßen verstanden wird. Das Gespräch innerhalb des Beschwerdemanagements soll ermöglichen, über die Verständigung eine gemeinsame Lösung zu finden und Absprachen zum zukünftigen Umgang miteinander oder zum weiteren Verfahren zu treffen. Ist dies nicht gemeinsam möglich, ist allen Beteiligten transparent, wie eine mögliche weitere Überprüfung einer getroffenen Leistungserbringung und -bewertung erfolgt bzw. wie bei informellen Konflikten die fehlende Klärung/gemeinsam gefundene Lösung auf einer nächsten Ebene weiterverfolgt werden kann.

Insofern bietet das Beschwerdemanagement eine Möglichkeit für einen angstfreien Raum, indem eigene Anliegen angemessen und geschützt vorgetragen werden können. Durch das transparente Verfahren und seine Stufigkeit entsteht für die Schüler*innen und alle Beteiligten ein gesichertes, wertschätzendes Setting. Durch die Protokollierung und die Einbettung des Beschwerdemanagementverfahrens wird sichergestellt, dass die Schüler*innen keinerlei Nachteile durch das Vortragen ihres Anliegens befürchten müssen.

Ein Beschwerdemanagement ist ein Beitrag zu einer möglichst angstfreien Schule, damit Kinder durch Angstfreiheit und Selbstwirksamkeit besser lernen können.

Jedes Kind hat das Recht auf Schutz vor Diskriminierung (UN-Kinderrechtskonvention Artikel 2). Das Wissen darum, dass ein Beschwerdemanagement jedem einzelnen dieselbe Möglichkeit eröffnet, die eigene Beschwerde gleichrangig vorzutragen, stärkt alle Kinder gleichermaßen. Dies bedeutet, dass innerhalb eines Beschwerdemanagements immer eventuelle Benachteiligungen im Gesprächssetting durch entsprechende Hilfen (z.b. Dolmetscher) auszugleichen sind.

Die Schüler*innen werden durch ein transparentes Verfahren des Beschwerdemanagements ermutigt, ihren Willen zu äußern und ihre Meinungen einzubringen. Sie werden somit zu einem aktiven Beteiligten im Verfahren. Sie werden dadurch – auch in einem asymmetrischen Beziehungsverhältnis – befähigt, angehört zu werden. Dieses Recht wird im Beschwerdemanagement auch im Hinblick auf Verwaltungsverfahren (z.b. Beschwerde in Hinblick auf die Leistungsbewertung) gewahrt (UN-KRK Artikel 12).

Grundsätze und Ziele eines Beschwerdemanagements

Dem Beschwerdemanagement liegt die Erkenntnis zugrunde, dass da, wo Menschen sind, Fehler geschehen und Missverständnisse vorkommen können, welche Anlass für eine Kritik oder eine Beschwerde sein können. Als Grundsatz ist im Beschwerdemanagement verankert, dass bei einer Beschwerde zunächst das direkte Gespräch zwischen den beteiligten Personen geführt werden soll, um eine gemeinsame Verständigung und eine Lösung der Situation zu finden.

Und noch etwas: Eine Schule mit niedrigen Hierarchien ermutigt die Schüler*innen (und die Eltern), ihre Anliegen vorzutragen, noch bevor daraus eine Beschwerde wird. Hier ist entscheidend, dass die Schulleitung, Abteilungsleitung, Lehrkräfte, Schulsozialarbeiter*innen, Beratungslehrkräfte etc. ihre Gesprächsbereitschaft, ihr offenes Ohr, ihre offene Tür leben und frühzeitig signalisieren, solange auch für sie der entsprechende Respekt, der professionelle Arbeitsrahmen und die Möglichkeit zum Mitteilen eigener Anliegen gewahrt bleiben. Letztlich trägt dies dazu bei, dass Anliegen nicht zu Beschwerden, Beschwerden nicht zu Verwaltungsakten und Verwaltungsakte nicht zu Gerichtsverhandlungen werden.

Eine gelungene Schulkultur des Miteinanders und ein Konzept des Beschwerdemanagements entlasten folglich auch eine Schulleitung, damit nicht alle Anliegen, Konflikte, Beschwerden an diese herangetragen werden.

Aus Erfahrung wissen wir, dass ein direkter und nicht moderierter Kontakt in einem Konfliktfall nicht immer gleich zu einer für alle annehmbaren Verständigung und/oder Lösung führt. Dies ist häufig dann der Fall, wenn die emotionale Ebene sowie die Beziehungsebene eine große Rolle spielen. Das Beschwerdemanagement berücksichtigt diese Ebene ebenso wie die Sachebene und bietet durch die Moderation ein anderes und strukturiertes Setting.

Unabhängig davon, wer Kritik oder Beschwerden äußert, sollten, bevor das Gespräch gesucht wird, verschiedene Aspekte geklärt werden:
- der Anlass des Gesprächs,
- der Ort der Durchführung des Gesprächs,
- die teilnehmenden Personen
- und ob eine Moderation gewünscht ist bzw. sinnvoll erscheint.

Die Klärung dieser Aspekte ist wichtig, um allen Beteiligten die Möglichkeit zu geben, sich auf das Gespräch vorzubereiten. Hilfreich ist hier auch ein Leitfaden zum Ablauf des Gesprächs, da dieser allen Beteiligten im Konflikt Handlungssicherheit geben kann.

Sollte das direkte Gespräch zu keiner Verständigung und/oder einer Lösung beigetragen haben, müssen weitere Personen eingebunden werden, die unterschiedliche Aufgabenbereiche in der Schule übernehmen: Abteilungsleitungen/Schulleitung, Mitglieder des Beratungsteams oder des Lehrerrats, SV-Lehrer*innen, Klassenleitungen oder weitere Personen des Vertrauens.

Grundsätzlich werden der Verlauf und das Ergebnis des Beschwerdeverfahrens von Seiten der Schule dokumentiert. Das Anfertigen von Protokollen ist besonders dann relevant, wenn bei direkten Gesprächen keine Einigung erzielt werden konnte. Dafür ist das Anfertigen von Ergebnisprotokollen ausreichend.

Kann einer Beschwerde oder einem Widerspruch gegen eine Leistungsbewertung oder eine Ordnungsmaßnahme nicht abgeholfen werden, wird die Beschwerde bzw. der Widerspruch an die zuständige Schulaufsicht weitergeleitet. Auch für den Fall, dass ein dienstliches Fehlverhalten vorliegt, kann eine formale Beschwerde bei der Dienstaufsichtsbehörde eingereicht werden. Der Umgang mit diesen Beschwerden/Widersprüchen wird im Schulgesetz, in den unterschiedlichen Ausbildungs- und Prüfungsordnungen und im Verwaltungsverfahrensgesetz geregelt.

Unsere Erfahrungen mit dem Beschwerdemanagement am Geschwister-Scholl-Gymnasium

Empfindung von Kränkung beim Hinzuziehen dritter Personen
Wir haben bei der Umsetzung des Beschwerdemanagements die Erfahrung gemacht, dass sich Menschen gekränkt fühlen können, wenn nach einem nicht erfolgreichen direkten Gespräch von einem der Beteiligten ein moderiertes

Gespräch gewünscht wird. Durch die Verabschiedung des Verfahrens in der Schulgemeinschaft und die Transparenz über das Verfahren wird diesen Kränkungen ein wenig entgegenwirkt. Auch die Anerkennung des asymmetrischen Beziehungsgefüges als Folge davon, dass die Lehrkräfte den Auftrag haben, die Schüler*innen zu bewerten, trägt dazu bei, dass das schrittige Verfahren Schüler*innen durch die Möglichkeit eines moderierten Gesprächssettings die Chance auf eine symmetrische Kommunikation bietet.

Das Beschwerdemanagement stellt sicher, dass eine Person bei Bedarf begleitet
Damit es Kindern leichtern fällt, ihr Anliegen einem Erwachsenen gegenüber mitzuteilen, ist im Beschwerdemanagement verankert, dass eine Person ihres Vertrauens (Mitschüler*innen, Eltern, SV- oder Beratungslehrer*in etc.) sie begleiten kann. Gleiches gilt jedoch ebenso für Erwachsene, die sich ebenfalls Vertrauenspersonen als Begleitung wünschen dürfen.

Bevor das direkte Gespräch gesucht wird, wird/werden häufig Schulleitung und/oder Abteilungsleitungen angesprochen
Wir sind eine Schule, in der die Hierarchien niedrig sind. Im alltäglichen Miteinander stehen auch jederzeit die Abteilungsleitungen und die Schulleitung als Ansprechpartner*innen zur Verfügung. Nicht nur Mitarbeitende, auch Schüler*innen und Eltern greifen darauf zurück und nutzen diese Möglichkeit. Für ein vertrauensvolles und offenes Miteinander ist dies vorteilhaft und es ermutigt das Vortragen eines Anliegens, noch bevor daraus vielleicht eine Beschwerde wird.

Aber es ist bezüglich der Aushandlung und Bearbeitung von Konflikten, Beschwerden usw. wichtig zu verdeutlichen, dass nicht alles direkt auf Schulleitungsebene ausgehandelt werden sollte und auch kann. Grundsätzlich sollten die Schulleitung, die Mitglieder einer Erweiterten Schulleitung, die Abteilungsleitungen und das gesamte Kollegium ihr offenes Ohr und damit eine möglichst frühzeitige Gesprächsbereitschaft signalisieren. Dadurch kann deutlich werden, dass jederzeit die Möglichkeit besteht, eigene Anliegen mitzuteilen, und dass dabei der erforderliche Respekt und ein professioneller Arbeitsrahmen gewahrt bleiben.

Das Beschwerdemanagement ermutigt auch dazu, den direkten Kontakt zu suchen
Im Beschwerdemanagement ist wichtig, dass vor einem moderierten Gespräch ein direkter Gesprächskontakt gesucht wird. Hier wird die Ermutigung zum direkten Kontakt auch in einem Konflikt/bei einer Beschwerde konzeptionell auf-

gegriffen. Als Menschen neigen wir in Konflikten/bei Beschwerden dann und wann dazu, dem direkten Kontakt aus dem Weg gehen zu wollen. Die Schrittigkeit des Verfahrens im Beschwerdemanagement will alle Beteiligten weiterhin in der Verantwortlichkeit und auch im Kontakt lassen. Sie ist geprägt von dem Bewusstsein, dass die Öffnung des Gesprächs um weitere Personen immer auch bedeutet, dass der Konflikt öffentlich wird. Diese Öffnung im Beschwerdemanagement soll erst erfolgen, wenn es um „Hilfen zur Selbsthilfe" (Vertrauensperson) oder um die Anfrage einer Moderation geht.

Wann wenden sich Schüler*innen an die Beratung?
Wann an die SV-Lehrer*innen?
Das Beschwerdemanagement berücksichtigt zahlreiche Kompetenzen und Zuständigkeiten, welche für die Beschwerdeführung wichtig sind. Geht es um verwaltungsrechtliche Konflikte, haben Abteilungsleitungen und die Schulleitung entsprechende Kompetenzen und sind in der Regel, neben den Fachlehrer*innen, auch die ersten Ansprechpartner*innen. Spielen im Konflikt persönliche Belange oder psychosoziale Aspekte eine Rolle, sind Personen aus der Beratung kompetent und werden von Schüler*innen und/oder Eltern kontaktiert. Ebenso kann aber auch die/der jeweilige Klassen-, SV- oder Fachlehrer*in erste*r Ansprechpartner*in sein. Gemeinsam mit dem psychosozialen Beratungsteam werden dann weitere Schritte und mögliche Wege thematisiert.

Oftmals bedarf es aber einer vorherigen Beratung, wie Schüler*innen und auch Eltern eine Beschwerde vorbringen können. Hier sind sowohl die Klassenleitungen, die Tutor*innen in der Oberstufe (wenn ein vertrauensvolles Miteinander besteht) als auch die SV-Lehrer*innen mit Sicherheit gute und auch oft die ersten Ansprechpartner*innen.

Das Beschwerdemanagement der sich wandelnden schulischen Realität anpassen

In unserer Reflexion stellen wir fest, dass sich auch das Beschwerdemanagement der schulischen Realität in einer sich wandelnden Gesellschaft anpassen muss. Durch die Digitalisierung und in der Medienpädagogik werden Kommunikationswege angestoßen, welche auch in das Beschwerdemanagement einzubeziehen sind.

In der Distanzbeschulung bspw. sind niedrigschwellige Wege für Kinder, eine Kritik/Beschwerde vorzutragen, sowie der direkte persönliche Kontakt und offene Räume von zuständigen Erwachsenen in der Schule verloren gegangen.

Zudem werden die Grundprinzipien und das Verfahren des Beschwerdemanagements dadurch ausgehebelt, dass dann und wann Kritik und Beschwerden in Sozialen Medien öffentlich geäußert werden, was nicht nur die Menschen missachtet, an die sich die Kritik/Beschwerde richtet, erst recht, wenn diese nicht von dieser öffentlichen Äußerung wissen (üble Nachrede, Verleumdung, Cybermobbing), sondern was auch eine Verständigung, Klärung und Lösung miteinander enorm erschwert oder sogar unmöglich macht.

Diese Realität gilt es im Beschwerdemanagement aufzugreifen. Dabei gilt auch hier: Wo Rechte sind, sind auch Pflichten. Die Rechte aller müssen gewahrt bleiben und wer vom anderen Empathie erwartet, muss auch bereit sein, sie zu erbringen. Im digitalen Miteinander gelten die Rechte und Pflichten sowie die Gesetze weiterhin und sie sind entsprechend zu gewährleisten.

Insofern bietet ein Beschwerdemanagement, welches diesen Kriterien gerecht wird, in der Schule auch eine Chance, Kinder nicht nur frühzeitig in ihren Rechten zu stärken, sondern ihnen auch ihre Pflichten im sozialen Miteinander/in der Gesellschaft zu vermitteln.

Ein Gedanke zum Abschluss

Die Auseinandersetzung mit dem Beschwerdemanagement und die gemeinsame Kommunikation darüber können an einer Schule dazu beitragen, dass alle achtsam, respektvoll und wertschätzend miteinander umgehen, sich jede*r ernstgenommen und wertgeschätzt fühlt, sich jede*r gehört weiß und direkte Kommunikationswege gestärkt werden. Entscheidend ist, dass wir uns selbst immer wieder an diese Ressourcen erinnern und uns Zeit nehmen, miteinander darüber ins Gespräch zu kommen. Grundlegend dafür, dass das Beschwerdemanagement einer Schule diese Wirkungen erreicht, ist die persönliche Haltung des pädagogischen Personals, das das, was es selbst lebt, dann auch von den Schüler*innen und den Eltern erwarten darf. Dazu heißt es in unserem Leitbild:

„Die Mitarbeiterinnen und Mitarbeiter des Geschwister-Scholl-Gymnasiums verpflichten sich zu einer Haltung, die grundsätzlich von Wertschätzung und Respekt, von Verlässlichkeit und Verantwortung sowie dem Willen zur konstruktiven Konfliktlösung geprägt ist. Dabei geht es stets darum, die Beziehung zwischen den Menschen zu stärken, die Bedürfnisse und Sichtweisen der Partner innerhalb der Schule ernst zu

nehmen und Probleme bzw. Konflikte so weit wie möglich zu klären. Im Sinne eines partnerschaftlichen Miteinanders in der Schule wird diese Haltung natürlich auch von den Schülerinnen und Schülern sowie den Eltern bzw. Erziehungsberechtigten erwartet".
(https://gsg.intercoaster.de/icoaster/files/170321_leitbild.pdf)

ANETTE SCHLIEBENER

Auf dem Weg zur Kinderrechte-Schulkultur

Die Gönser-Grund-Schule Butzbach

Vorgeschichte

Unsere Schule war von 1968 bis 2015 die „Mittelpunktschule Oberer Hüttenberg" (MPS) – eine Grund-, Haupt- und Realschule mit Förderstufe und ca. 500 Schülerinnen und Schülern und 40 Lehrkräften.

Nach politischer Entscheidung auf der Basis zurückgehender Schülerzahlen, wurde die Sekundarstufe I an unserem Standort geschlossen. Ab dem Schuljahr 2010/11 durften keine neuen Schüler in die Sekundarstufe aufgenommen werden, den vorhandenen Klassen wurde die Zeit bis zum Abschluss zugesichert. Im Jahr 2015 verließ die letzte 10. Klasse die Schule.

Da lagen fünf schwierige Jahre hinter uns: jugendliche Schülerinnen und Schüler, die sich als „das Letzte" empfanden, ein jedes Jahr kleiner werdendes Kollegium, eine wechselnde Schulleitung, Kernsanierung und Teilabriss. Unruhige, laute, staubige Jahre – die sogenannte „Rückbildung zur reinen Grundschule".

Es blieben eine zweizügige Grundschule, ein Schulleitungsmitglied, neun Lehrkräfte und ein verkleinertes, saniertes Gebäude. Es blieben aber auch ein aufgerütteltes politisches Bewusstsein, die Tradition der Schülervertretung, Schülerinnen und Schüler mit enormer Flexibilität durch das Erlebte, große Gestaltungsmöglichkeiten und sehr viel Platz, neue pädagogische Möglichkeiten.

Es blieb auch ein Schulname, der nicht mehr sein durfte – MPS „Mittelpunktschule Oberer Hüttenberg".

Ein neuer Name, ein neues Logo, ein neuer Schulhof

Wie könnte unsere Schule heißen? Was drückt ein Name aus? Alle „erwachsenen" Ideen überzeugten uns nicht – und so gab das Kollegium die Frage an die Kinder weiter. Ein erster wichtiger Schritt in der Entwicklung unseres Schullebens.

Aus der Schülervertretung (SV) trugen die Klassensprecher die Frage in die Klassen, wo es im Rahmen des Klassenrates besprochen wurde. Jede Klasse sammelte Vorschläge, stimmte ab und brachte die Ergebnisse wieder in die SV ein. Unter drei Vorschlägen mit den höchsten Stimmen wurde schließlich unter allen Kindern final abgestimmt. Mit großer Mehrheit siegte der Name „Gönser – Grund – Schule" GGS – der Dreiklang im Namen blieb erhalten. Die zur Schule gehörenden Ortsteile heißen Kirch-Göns, Pohl-Göns und Ebersgöns.

Eine Künstlerin wurde mit der Gestaltung eines Schullogos beauftragt. Aus den drei Ortsteilen wurden Symbole der Ortswappen zu einem neuen Bild künstlerisch vereint: Pfahl, Schwan und Kirche.

Quelle: Autorin

Mit der Schulhofsanierung befand sich die Gönser-Grund-Schule auf der Zielgeraden ihrer Umbaumaßnahmen und ihrer Aufstellung zur reinen Grundschule.

Wir hatten das große Glück, dass unser Schulhof von der „Forschungsstelle für Frei- und Spielraumplanung" (FFS) des Ehepaares Seeger konzipiert wurde. Es ging also nicht nur um die Sanierung einer Schulhoffläche, sondern um die Umsetzung eines pädagogischen Konzeptes, welches Bestandteil unserer Schulentwicklung und unseres Schullebens wurde.

Partizipative Schulkultur

Gestärkt durch diese Erfahrungen wollten wir nun das „Innenleben" weiter unter dem Aspekt der Mitbestimmung und Mitgestaltung durch unsere Kinder ausbauen.

Dazu holten wir uns die Fortbildung „Klassenrat" des Projektes „Gewaltprävention und Demokratielernen" aus dem Hessischen Kultusministerium an die Schule und entwickelten daraus unseren Baustein „Partizipative Schulkultur" im Schulprogramm.

„Für Kinder ist die Schulgemeinschaft ein komplexer sozialer Handlungs- und Erfahrungsraum, in dem sie ihre eigenen Bedürfnisse und Interessen, Erfahrungen und Sichtweisen mit denen der anderen in Beziehung zu setzen lernen, der ihnen Geborgenheit gibt, sie aber auch Konflikten aussetzt und herausfordert, Grenzen zu ziehen. Vor allem aber bietet die Schulgemeinschaft Gelegenheit, sich zu engagieren, zu kooperieren und Verantwortung zu übernehmen.

Die Grundschule eröffnet ihren Schülerinnen und Schülern vielfältige aktive Beteiligungs- und Mitwirkungsformen auf Klassen- und Schulebene. Eine partizipative Schulkultur, u. a. in Form von Klassensprecher-Wahlen, Klassenrat und Kinderparlament, bei der Unterstützung von Schülerzeitungen und anderen medialen Produkten, achtet die Würde des Kindes, das Engagement und die Mitverantwortung von Schülerinnen und Schülern und trägt dazu bei, Schule zu einem demokratischen Lern- und Lebensort zu entwickeln." (aus: *„Empfehlungen zur Arbeit in der Grundschule"* – Beschluss der Kultusministerkonferenz vom 2.7.1970 i.d.F. vom 11.6.2015, Seite 5)

Eine Unterrichtseinheit zu den Aufgaben und Eigenschaften eines Klassensprechers bereitet die Wahl des Klassensprechers vor. Jede Klasse wählt eine Klassensprecherin und einen Klassensprecher sowie eine Vertreterin und einen Vertreter. Das Wahlverfahren wird besprochen und ordnungsgemäß durchgeführt.

Die Klassensprecher sind die Repräsentanten der Klasse und vertreten die Klasse in der Schülerversammlung (SV) oder bei schulischen Veranstaltungen. Sie vermitteln zwischen Schülerinnen und Schülern nach ihren Möglichkeiten und vermitteln zwischen der Klasse und den Lehrkräften. Damit fördern wir die Selbständigkeit und Verantwortung der Klassengemeinschaft.

Die Sitzungen der SV finden alle zwei Wochen statt. Die Klassensprecher erleben ein Gremium der Mitbestimmung und des Demokratielernens. Ideen und Vorschläge aus den einzelnen Klassen werden durch die Klassensprecher eingebracht und besprochen. Die Gestaltung des Schulalltages und Bildungsraumes wird aktiv mitbestimmt. Gleichzeitig informieren die Klassensprecher ihre Klassen über die Inhalte der SV-Sitzungen und weitere Vorgehensweisen. Die Mitglieder der SV vertreten gefasste Absprachen und Beschlüsse gegenüber der Schulleitung.

Das Prinzip des Klassenrates eröffnet den Schülerinnen und Schülern eine Möglichkeit, auftretende Probleme, Wünsche und Anträge der gesamten Klasse konstruktiv und gemeinsam zu diskutieren und zu lösen (Demokratielernen, Beteiligung, Mitbestimmung).

Die Sachverhalte werden verschriftlicht (z.B. Klassenratsbuch, Zettel im Briefkasten o. Ä.) und einmal in der Woche in der Klassenratsstunde besprochen. Dabei werden die Schülerinnen und Schüler an die eigenständige Leitung des Klassenrates herangeführt. Die Klassengemeinschaft lernt, Probleme und Konflikte wahrzunehmen und zu besprechen. Die Schülerinnen und Schüler fühlen sich ernst genommen und lernen verschiedene Problemlösungsstrategien kennen. Im Klassenrat lernen die Kinder Kritik angemessen zu äußern und anzunehmen.

Die Besprechung von Konflikten zwischen zwei Schülern bedarf der Vertraulichkeit und solche Konflikte werden nicht im großen Plenum besprochen (Recht auf Schutz, Vertrauensbildung). Eine Sensibilisierung der Kinder für die Unterscheidung der Problemlagen halten wir für wichtig.

Zusammenarbeit mit MAKISTA e. V.

Seit 2010 bietet der Makista e.V. mit dem „Modellschul-Netzwerk für Kinderrechte und Demokratie Hessen" engagierten Schulen aller Schulformen ein festes Austausch- und Fortbildungsforum. Mittlerweile haben sich hessenweit mehr als 30 Schulen dem Netzwerk angeschlossen. Diese kommen in der Regel in Kooperation mit dem HKM-Projekt „Gewaltprävention und Demokratielernen" zweimal pro Jahr in regionalen Prozessentwicklungsgruppen zusammen und entwickeln ihre Kinderrechtsarbeit gemeinsam weiter. Makista steuert hier sowie bei weiteren Netzwerktreffen inhaltliche Impulse bei. Unter dem Motto „voneinander lernen" bildet die Fortbildungsreihe „Kinderrechte lernen und leben", in der Kinderrechte-Schulen Interessierte einladen und ihre Erfahrungen weitergeben, einen weiteren wichtigen Baustein des Netzwerks.

Wir konnten auf dem „Hessischen Demokratie-Tag" 2017 in Wiesbaden erste Kontakte zu Makista knüpfen und lernten das Ausbildungsprogramm „Auf dem Weg zur Kinderrechteschule" kennen. Dabei wurden wir auch sehr von unserer Dezernentin im Staatlichen Schulamt, Frau Beate Rebstock, unterstützt.

Ein entscheidender Schritt für uns war der „Pädagogische Tag" mit Frau Sonja Student von Makista im Juni 2018. Inhalte waren die Sammlung vorhandener Projekte und Elemente der Schulkultur, Ideen der Weiterentwicklung sowie die vier Prinzipien der Kinderrechte „Gleichheit, Schutz, individuelle Förderung, Partizipation".

Vertreterinnen und Vertreterinnen der Schulen im Ausbildungsprogramm des Netzwerks der Kinderrechteschule beschäftigten sich in drei ganztägigen Fortbildungen mit Partizipation, dem Recht auf Nichtdiskriminierung und

Schutz und den Grundlagen von Gleichheit und Förderung. Dabei wurden in Angeboten zur Selbstreflexion, inhaltlichen Impulsen und praktischen Übungen auf allen drei Ebenen der Menschenrechtsbildung: *Wissen über, Erleben durch und Handeln für* Anregungen zur konkreten Umsetzung der Kinderrechte im Schulalltag vermittelt.

Die Inhalte der Ausbildungsmodule wurden Tagesordnungspunkte auf unseren Gesamtkonferenzen und der Schulkonferenz. Alle Mitglieder unserer Schulgemeinde sollten an der Entwicklung beteiligt sein.

Die Artikel der UN-Kinderrechtskonvention im Überblick

Quelle: https://netzwerk-kinderrechte.de/home/kinderrechte/un-kinderrechtskonvention/

Wege in die Öffentlichkeit: Weltkindertage am 20.9.

Weltkindertag 2018 – Besuch des Landtagspräsidenten Norbert Kartmann
Zu unserem 1.Weltkindertag auf dem Weg zur Kinderrechteschule beehrte uns Herr Norbert Kartmann. Es gab zunächst eine „Politische Stunde" für die Klas-

sen 3 und 4 in der Aula. Die Klassen hatten im Rahmen des Klassenrates Fragen an den Landtagspräsidenten vorbereitet. Die Kinder hatten sehr viele Fragen zur aktuellen Lage, der sogenannten „Flüchtlingskrise", und zu den Aufgaben eines Landtagspräsidenten.

Herrn Kartmann war die Freude über die Fragen anzumerken, ebenso seine Lehrerausbildung – er beantwortete alle Fragen kindgerecht und spannend.

Anschließend trafen sich alle Kinder der GGS auf dem Schulhof. Wir sangen das Kinderrechte-Lied „Ein Kinderleben lang" von Reinhard Horn mit Cajon-Begleitung und hängten Schilder mit den einzelnen Kinderrechten in unserem Kirschbaum auf, den Herr Kartmann zur Neugestaltung des Schulhofes gespendet hatte.

Unsere Dezernentin im Staatlichen Schulamt, Frau Beate Rebstock, beehrte uns ebenfalls mit ihrem Besuch. Sie brachte gasgefüllte Luftballons mit, die auch mit Kärtchen, auf denen die Kinderrechte geschrieben waren, bestückt wurden und die Kinderrechte in die Welt tragen sollten.

Weltkindertag 2019 – Projekt-Tag „Kinderrechte"

Diesen Weltkindertag gestalteten wir schulintern. In jeder Klasse wurde zu einem Kinderrecht klassenübergreifend intensiv gearbeitet. Die Kinder konnten sich frei bewegen und nach ihren Interessen die einzelnen Projekte auswählen. Nach der Arbeitsphase gab es in jeder Klasse eine passende Ausstellung und die Kinder konnten sich überall informieren.

In der letzten Stunde des Projekttages gab es eine von der SV beantragte, „Spielstunde" zum Recht auf Spiel in allen Klassen. Offene Bauecken, Gesellschaftsspiele, Bewegungsspiele oder Ratespiele waren im Angebot. Die Kinder konnten sich auch hier frei durch alle Klassen bewegen. Nach dieser Erfahrung stellte die SV den Antrag, dass immer in der letzten Stunde vor den Ferien eine solche Spielstunde organisiert wird.

Weltkindertag 2020 – Sponsorenlauf für Makista

Der Weltkindertag 2020 war ein Sonntag und es herrschte die Corona-Pandemie. Während wir noch nach einer Idee suchten, trat Makista an uns heran. Die Corona-Krise hatte Makista finanziell sehr getroffen – und aus der Not war die Idee eines Spendenlaufs für Kinderrechte entstanden.

An unserer Schule fand am 20.9.20 die erste Veranstaltung zu einer Reihe von Spendenläufen statt (www.makista.de/lauf-fuer-kinderrechte-hessen-2020/). Gerne nutzten wir die Chance, Makista etwas zurückgeben zu können. Aus jeder Klasse durften vier Kinder an diesem Tag starten. Zum Auftakt präsentierten wir unser Kinderrechtelied. Eine begrenzte Zuschauerzahl schenkte den Läufern großen Beifall. Unter den Läufern war auch unser Bürgermeister, Herr Merle, und unser Schulelternbeiratsvorsitzender. Eine Runde hatte die Länge von ca. 400 Metern, jede Runde wurde notiert und die Gesamtrundenzahl in den „Laufzettel" eingetragen. Auf diesem Blatt hatten die Kinder vorher Sponsoren gesucht, diese hatten ihren Beitrag pro Runde eingetragen und unterschrieben.

Alle anderen Kinder unserer Schule liefen an einem Vormittag im Rahmen des Sportunterrichtes. Insgesamt konnte unsere kleine Schule Makista über 5000 € überweisen – eine Summe, auf die wir wirklich stolz sind.

Ausblick Weltkindertag 2021 – Projekt „Windräder" der Landesbeauftragten für Kinder- und Jugendrechte, Frau Zeleke
In diesem Jahr wird jedes Kind unserer Schule ein kleines Windrad bauen, gestalten und es mit dem Hessischen Löwen für Kinderrechte und unserem Schullogo versehen. Besuchen wird uns dazu die Landesbeauftragte für Kinder- und Jugendrechte, Frau Zeleke.

Nach der Arbeitsphase werden die Windräder in den Ortsteilen Kirch-Göns, Pohl-Göns und Ebersgöns an KindgeRechten Plätzen gemeinsam aufgestellt. In dieser Zeit wird die SV mit einigen Windrädern zu unserem Bürgermeister, Herrn Merle, in die Kernstadt reisen, die Windräder überreichen und die Aktion erklären.

Bei der Planung im Bürgermeisteramt im Vorfeld wurde der nächste Stein ins Rollen gebracht: Die Kommune Butzbach macht sich mit Unterstützung von Makista auf den Weg zur „Kinderfreundlichen Kommune". Im Rahmen des Weltkindertages wird es einen Aktionstag auf dem Marktplatz zum Thema Kinderrechte geben. Unterstützt wird dieser Aktionstag von Makista, der Gönser-Grund-Schule und weiteren Butzbacher Grundschulen, die sich auf den Weg zur Kinderrechte-Schule begeben werden.

Die Corona-Pandemie und das Geschenk, eine Kinderrechteschule zu sein
Ein halbes und ein komplettes Schuljahr unter Corona-Pandemie-Bedingungen liegen hinter uns. Niemand hätte sich diese Bedingungen für Schulen vorstellen können. Die verschiedenen Unterrichtsmodelle, vom Homeschooling über das Wechselmodell und den eingeschränkten Regelbetrieb, waren die eine große Herausforderung – die andere die Unterstützung unserer Kinder. Zunächst als „Treiber der Pandemie" eingeschätzt schienen für die Kinder und Jugendlichen alle Kinderrechte „ausgehebelt". Es war, zugegeben, auch wirklich nicht die ers-

te Priorität in der Neuorganisation von Schule. Außerdem musste sich jede/r erstmal eine eigene Haltung und einen eigenen Umgang zur Corona-Pandemie erschaffen. Durch die zunächst nicht zu erwartende Dauer der Schutzbestimmungen zur Vermeidung einer Weiterverbreitung des Virus wurde das Thema private Rechte doch zunehmend wichtig.

An dieser Stelle empfanden wir es als Geschenk, im Netzwerk von Kinderrechteschulen und im Verteiler der News von Makista zu sein. Wir wurden erinnert und mit wichtigen Informationen zum Thema Pandemie und Kinderrechte versorgt, wir blieben dadurch „wach" und mutig.

Wir mussten viele Monate ohne Klassenrat und SV-Sitzungen auskommen – aber wir konnten in Videokonferenzen mit unseren Kindern wichtige Fragen stellen und genau beobachten. Wir sind als Kinderrechteschule sensibilisiert. Natürlich müssen wir auch als Kollegium immer weiter daran arbeiten, reflektieren, uns austauschen. Auch hier hilft das Netzwerk in besonderem Maße.

Makista stellte eine Videokonferenz für die Schulleitungen und die Verantwortlichen vor Ort in Kinderrechteschulen auf die Beine. Der Austausch in dieser herausfordernden Situation und Zeit gab uns sehr viel Kraft und weitere Ideen, JETZT Kinderrechte umzusetzen.

Als eine der ersten Aktionen im Unterrichtsmodell mit täglicher Anwesenheit aller Kinder konnten die Kinder eine Wandzeitung bearbeiten. Ausgewählte Kinderrechte waren als Überschrift und Symbol auf großen Plakaten im Flur aufgehängt. Die leitende Frage war: „Welches Kinderrecht hat dir in der Pandemie am meisten geholfen?"

Sobald es die Hygienevorschriften erlaubten, wurden der Klassenrat und die SV-Sitzungen wiederaufgenommen. Die Kinder waren sehr glücklich darüber. Sie fühlten sich wieder ernst genommen und selbstwirksam. Wer hat sich nicht danach gesehnt? Die gewonnene und durch Makista gestärkte Haltung half uns als Schulgemeinschaft, den Kindern, Lehrkräften und Eltern, auch in der Pandemie den Blick immer wieder auf die Kinderrechte zu richten.

Also macht euch auch auf den Weg, es lohnt sich auf allen Ebenen – und am meisten für unsere Kinder! Kinderrechte und Demokratie-Lernen sind wichtige Themen unserer Zeit.

Im Unterricht

ANITA GROSS

Das Lernen im Gleichschritt ist eine Illusion!

Schulprogramm und Unterrichtsentwicklung an der Aachener Gemeinschaftsgrundschule Am Höfling

1. Vorgeschichte: Entwicklung der Gemeinschaftsgrundschule Am Höfling in Aachen

Seit Ende der 50er-Jahre hat sich der Unterricht in Schulen Schritt für Schritt verändert. Anhand der GGS Am Höfling sollen innovative Konzepte der methodischen und didaktischen Entwicklung in der Pädagogik dargestellt werden. Eine Vielzahl pädagogischer Ideen sowie methodisch-didaktischer Konzepte wurden dort aufgegriffen, diskutiert und umgesetzt. Dabei standen die Grundprinzipien der im Jahre 1989 verabschiedeten UN- Kinderrechtskonvention im Vordergrund.

Im Jahre 1957 entstand aus der aufgelösten evangelischen Volksschule am Höfchensweg die evangelische Volksschule III, die in das neu errichtete Schulgebäude Am Höfling einzog. Zum Schuljahr 1968/69 wurde sie im Rahmen der Auflösung der Volksschulen und ihrer Trennung in Grund- und Hauptschulen auf Wunsch und Antrag der Eltern in eine städtische dreizügige Gemeinschaftsgrundschule, die GGS Am Höfling, umgewandelt.

Seit Bestehen der Schule haben sich die in ihr Tätigen den gesellschaftlichen und pädagogischen Herausforderungen gestellt und gemeinsam die Richtung ihrer Bildungs- und Erziehungsarbeit festgelegt. Dabei stand die individuelle Entwicklung der ihnen anvertrauten Kinder im Zentrum der pädagogisch-unterrichtlichen Arbeit. Die damalige erste Rektorin, Frau Gertrud Dockhorn, betonte in einem Gastbeitrag zum 50-jährigen Bestehen, immer das einzelne Kind mit seinen Stärken und Schwächen im Blick gehabt zu haben (vgl. Festschrift zum 50-jährigen Jubiläum der Schule 2007; https://issuu.com/ggs_hoefling/docs/festschrift_50jahre_hoefling?viewMode=doublePage).

Als im Sommer 1976 die ersten Kinderladenkinder der Stadt eingeschult werden mussten, suchten viele der Eltern eine Schule, die zumindest im Ansatz ihren pädagogischen Ansprüchen gerecht werden könnte. Besonderen Wert legten sie darauf, dass ihre Kinder in der zukünftigen Schule gehört und beteiligt werden, dass sie eine gewaltfreie Erziehung genießen können und dass das Lernen kindgerecht erfolgt.

Eine große Gruppe von Kinderladeneltern mit insgesamt 18 Kindern verfolgte das Ziel, eine solche Schule zu finden, die alle 18 Kinder gemeinsam in eine erste Klasse aufnehmen würde. Obwohl dieses Ansinnen fast unmöglich erschien – wohnten doch einige außerhalb der Stadt Aachen und nicht im Schulbezirk –, fanden sie bei der Rektorin Frau Dockhorn ein offenes Ohr. Mit viel Engagement und Überzeugungskunst seitens der Eltern willigte die Schulverwaltung schließlich ein; die 18 Kinder wurden Teil einer der drei ersten Klassen Am Höfling. Die Rektorin selbst übernahm die Leitung, es waren dies ihre letzten vier Jahre vor der Pensionierung.

Im oben erwähnten Gastbeitrag betont sie, dass diese vier Jahre zwar eine Herausforderung für sie, jedoch auch ihre schönsten Jahre als Lehrerin gewesen seien, in denen sie sehr viel gelernt habe. Miteinander zu diskutieren und dem Kind auf Augenhöhe zu begegnen bekam in ihrer Klasse einen großen Stellenwert und sie erkannte, dass Kinder schon in sehr jungen Jahren dazu fähig sind, ihre Bedürfnisse klar zu äußern, selbst Regeln aufzustellen und diese, wenn die Einsicht vorhanden ist, auch einzuhalten. Außerdem genoss sie die sehr engagierte Elternschaft und den pädagogischen Austausch mit ihnen.

Auch die zweite Rektorin der Schule, Frau Reinhild Sanfleber, die von 1980 bis 1999 das Amt ausübte, setzte auf den Dialog und die gemeinsame pädagogische Weiterentwicklung der Schule zum Wohle der Kinder. In die Zeit ihrer Schulleitung fiel auch der Beginn der integrativen Arbeit (vgl. Kap. 2).

Viele pädagogische Grundlagen hin zu mehr individueller Förderung wurden gelegt und unter anderem die Bereiche „Rechtschreibung" und „Aufsatzerziehung" in pädagogischen Konferenzen auf diese Zielrichtung hin verändert. In Fachkonferenzen wurde z.B. entschieden, zukünftig keine Diktate mehr zu schreiben, die für viele Kinder meist demotivierend waren und nicht dazu dienen konnten, ein Rechtschreibgespür zu entwickeln. Die Rechtschreiberziehung erfolgte dann anhand der individuellen Texte des einzelnen Kindes. Aufsätze wurden erst benotet, wenn Schülerinnen und Schüler die Möglichkeit erhielten, mithilfe von Anmerkungen der Lehrperson eine Überarbeitung vorzunehmen. Unterrichtsmodelle wurden erarbeitet, die in zeit- und kindgemäßer Form differenzierte Lernmöglichkeiten für jedes Kind boten mit dem Ziel, integrativ statt selektiv zu wirken.

Als ich 1986 Lehrerin Am Höfling wurde, stellte ich fest, dass an dieser Schule alle gemeinsam an Unterrichts- und Schulentwicklung arbeiteten, das Kollegium und auch die Eltern. Fachkonferenzen wurden in allen Fächern unter der Leitung jeweils einer Lehrperson und einer gewählten Elternvertretung durchgeführt, was ich an den vorherigen Schulen nicht erlebt hatte. Zur Identifikation aller mit „ihrer" Schule trug auch bei, dass viele gemeinsame Feiern, Feste und Projekte veranstaltet wurden. Es war und ist eine offene Schule. Mit Freude und Engagement beteiligte ich mich an dem weiteren Entwicklungsprozess.

2. Auf dem Weg zur inklusiven Schule: „So viel gemeinsam wie möglich, so wenig getrennt wie nötig!"

In den 90er-Jahren forderten mehr und mehr Eltern von behinderten Kindern eine Beschulung ihrer Kinder in Regelschulen. Zu diesem Zeitpunkt gab es noch keine gesetzliche Grundlage für eine integrative Beschulung in NRW. Das Ministerium gab aufgrund der öffentlichen Diskussion lediglich die Empfehlung heraus, dass Regel- und Sonderschulen (heute Förderschulen) gemeinsame Aktivitäten durchführen können.

Da der integrative Gedanke bei uns auf fruchtbaren Boden fiel, suchten und fanden wir mit der Unterstützung einer Schulamtsdirektorin eine Förderschule für geistige Entwicklung und schlossen mit ihr eine schulische Kooperation. Zu Beginn des Schuljahres 1990/91 startete der Höfling mit der Integration; vier Kinder mit dem Förderschwerpunkt geistige Entwicklung wurden in eine der ersten Klassen eingeschult und dort integrativ unterrichtet. Offiziell zählten sie zur Förderschule und auch die Fachlehrerin für Sonderpädagogik, die in der Klasse zusammen mit einer Grundschullehrkraft tätig war, wurde jedes Jahr von dort an unsere Schule abgeordnet. Diese Kooperation bestand so lange, bis eine gesetzliche Regelung vorlag, sodass das Grundrecht von Kindern mit sonderpädagogischem Förderbedarf auf gemeinsame Beschulung (Art. 24 UN-Behindertenrechtskonvention) umgesetzt werden konnte.

Das Ergebnis war durchweg positiv und in der Folgezeit gab es immer mehr Anfragen von Eltern, die eine integrative Beschulung auch ihres Kindes wünschten. Der Höfling fasste deshalb eine Erweiterung dahingehend ins Auge, Kinder mit unterschiedlichen Förderschwerpunkten integrativ zu beschulen. Durch die gesetzliche Grundlage, dass Integration an Regelschulen in NRW möglich ist, konnten wir mit der Realisierung beginnen. Seit dem Schuljahr 1999/2000 werden Am Höfling insgesamt bis zu 30 Förderkinder mit unterschiedlichen Förderschwerpunkten in vier Klassen inklusiv betreut – einige zielgleich, andere zieldifferent, je nach Förderbedarf. Zunächst wurde von „Integration", dann von „gemeinsamem Unterricht" und heute von „gemeinsamem Lernen" gesprochen. Diese vier Klassen der Schule sind immer mit einer Grundschul- und einer Förderschullehrkraft besetzt. Seit 2015 ist der Höfling eine von zwei Aachener Schwerpunktschulen des gemeinsamen Lernens.

Erst im Jahre 2009 ratifizierte Deutschland die UN-Konvention über die Rechte von Menschen mit Behinderung und die Schulen des Landes wurden zur Umsetzung verpflichtet. Seit 2013 soll das gemeinsame Lernen in NRW der Regelfall sein.

Das Motto der sehr erfolgreichen inklusiven Arbeit am Höfling lautet: So viel gemeinsam wie möglich, so wenig getrennt wie nötig. Dabei werden die vier Grundprinzipien der Kinderrechtskonvention berücksichtigt – Diskriminierungsverbot, das Recht auf Leben und persönliche Entwicklung, das Beteiligungsrecht und das Kindeswohl.

Inklusives Arbeiten bietet allen Kindern, insbesondere auch denen ohne Förderbedarf, die Chance, den Umgang mit Diversität und Behinderungen zu erleben, zu erfahren und zu erlernen. Sie erkennen, dass jedes Kind Stärken und Schwächen hat, und können deshalb auch mit ihren eigenen Schwächen besser umgehen. Indem sie ihr Gegenüber im Anderssein annehmen, sich austauschen und gegenseitig akzeptieren und respektieren, sehen sie die positiven Seiten in jedem Kind.

Am Höfling hat das soziale Lernen einen großen Stellenwert und es wird intensiv daran gearbeitet, keine Ausgrenzungen und Diskriminierungen zuzulassen. Kinder entwickeln erstaunliche Fähigkeiten; ihr Umgang miteinander ist in der Regel geprägt von Empathie, Kooperation, Unterstützung, gegenseitiger Hilfestellung und Toleranz. Es existieren auch gute Freundschaften unter den Kindern mit und ohne Förderbedarf, die oft über die Grundschulzeit hinaus andauern. Insgesamt herrscht ein sehr positives Klima.

Nach der Einrichtung der jahrgangsgemischten Klassen (vgl. Kap. 4.3) konnten wir beobachten, dass alle GL-Kinder große Entwicklungssprünge machten. In Jahrgangsklassen steigt die Lern- und Leistungsdifferenz im Laufe der Grundschulzeit ständig an und zeigte diesen Kindern ihre Defizite auf, was nicht dazu geeignet war, ihre Persönlichkeit zu stabilisieren. In der Jahrgangsmischung jedoch finden sich immer wieder Kinder, die auf dem gleichen Lernniveau sind, und sie können zusammen lernen und spielen. So sind die GL-Kinder sehr motiviert, können sich freier entwickeln und bearbeiten mit Freude ihren individuellen Arbeitsplan.

Wenn sie z.B. als „Große" im dritten Schuljahr die Patenschaft über ein Kind aus der ersten Stufe übernehmen, wachsen sie oft über sich hinaus – sie werden selbständiger und selbstbewusster, können sie doch ihr Patenkind dabei unterstützen, Regeln und Rituale zu erlernen und im Schulleben anzukommen. Einige lernen sogar zusammen mit dem Patenkind lesen, schreiben und rechnen. Ich habe erlebt, wie ein Kind mit geistiger Entwicklungsstörung ein Referat zum Thema „Delfine" erarbeitet und vorgetragen hat – ein großer Erfolg, der von allen anderen Kindern mit viel Beifall honoriert wurde.

Seitens der Schule bestehen Kooperationen zu therapeutischen Praxen, zu integrativen Kindertagesstätten, zu einem Reithof, wo heilpädagogisches Reiten stattfindet, zum Kinderschutzbund und zu sozialpädiatrischen Zentren. In unserer behindertengerechten Kinderküche kann alltagspraktischer Unterricht erteilt werden, auch existieren gemischte Gruppen, die dort gemeinsam kochen. Förderkinder sind sowohl in der Mittagsbetreuung als auch im offenen Ganztag willkommen.

3. Mittagsbetreuung und Offene Ganztagsschule (OGS)

Im Jahre 1994 wurde am Höfling ein Förderverein gegründet, die Initiative dazu kam aus der Elternschaft. Ein wesentliches Ziel war die Einrichtung einer Mittagsbetreuung, die die Verbindung von Beruf und Familie in Ansätzen ermöglichen sollte. Kinder der 1. und 2. Stufe, die in der Regel schon nach der 4. Unterrichtsstunde Schulschluss hatten, sollten bis zum Ende der sechsten Stunde betreut werden. Zum Schuljahr 1995/96 wurde eine erste Gruppe mit 20 Kindern gegründet. Seit 2000 gibt es zwei Gruppen mit jeweils 25 Kindern, die inzwischen auf Wunsch der Eltern bis 14.00 Uhr von insgesamt vier Personen betreut werden. Auch unsere GL-Kinder gehören dazu, wenn deren Eltern die Aufnahme wünschen. Drei der vier betreuenden Personen sind ehemalige

Eltern der Schule – was für die gute Zusammenarbeit zwischen Schule und Eltern spricht.

Seit dem Schuljahr 2007/2008 gibt es neben der Mittagsbetreuung auch eine Offene Ganztagsschule (OGS). Im Vorfeld haben wir intensiv nach einer Kooperationspartnerin gesucht, deren pädagogische Vorstellungen zu unserem Leitbild passen würden. Gefunden haben wir „Die Eurojugend e.V.", eine seit 1981 bestehende gemeinnützige Jugendorganisation in Aachen. Diese Einrichtung ist in Freizeit, Bildung und Ferienangeboten für Kinder und Jugendliche tätig und fördert den europäischen Gedanken und damit das friedliche Miteinander von Menschen unterschiedlicher Herkunft. Ihr Motto: „Den Anderen im Anderssein annehmen, sich austauschen und inspirieren lassen: Unser Beitrag zu einem Europa des Friedens" (www.eurojugend.de).

Die Entscheidung, mit der Eurojugend zusammen zu arbeiten, hat sich als sehr erfolgreich herausgestellt. Gemeinsam haben wir inhaltlich das Projekt entwickelt und bei der Entscheidung, wie die Räume gestaltet werden sollten, unsere Kinder beteiligt. Kreative Zeichnungen und Aufsätze sind dazu entstanden, wie sie sich ihre OGS wünschen und vorstellen, auch über einen Namen konnten sie entscheiden. Die Einrichtung heißt: „Villa Sonnenschein!" Viele unserer GL-Kinder besuchen sie; inzwischen ist die Schule barrierefrei, sodass auch Rollstuhlkinder problemlos in alle Räume gelangen können.

Eine ehemalige Mutter der Schule, die mit ihren drei Söhnen insgesamt zwölf Jahre engagiert am Schulleben und in der Schulpflegschaft tätig war, ist seit vielen Jahren die Koordinatorin der OGS. Auf ihre Initiative hin wurde ein großer Schulgarten angelegt und sie leitet zusammen mit einer Lehrerin eine Garten-AG, die sehr beliebt ist und häufig gewählt wird. Die Höflingkinder haben aber nicht nur die Möglichkeit, Säen, Wachsen und Ernten zu erleben und dabei mitzuwirken, es gibt auch ein großes Außengehege mit Kaninchen, die von den Kindern versorgt werden, und seit einiger Zeit ein großes Insektenhotel. Nachhaltigkeit, Schutz der Umwelt und der Umgang mit Tieren sind wertvolle Lerninhalte, die sie so vermittelt bekommen.

4. Pädagogische Zielsetzungen und Schulentwicklung

Die Schulen des Landes NRW wurden im Jahre 1999 aufgefordert, ein Schulprogramm zu erarbeiten. Da Frau Sanfleber beabsichtigte, sich zum 1.2.2000 pensionieren zu lassen gab sie mir die Aufgabe, das Projekt zu managen; damals war ich Konrektorin der Schule.

Mir war bewusst, dass ein Schulprogramm, hinter dem sich alle versammeln können, nur in Zusammenarbeit mit allen am Schulleben Beteiligten erarbeitet werden kann, dazu zählen auch Eltern und Kinder. Da Eltern am Höfling sehr engagiert am Schulleben beteiligt sind, rechnete ich damit, dass Interesse an der Schulprogrammentwicklung bei etlichen vorhanden ist. Zum Start plante ich eine zweitägige pädagogische Konferenz, zu der die Elternvertretungen geladen wurden; einige Eltern nahmen daran teil.

An diesen beiden Tagen entwickelten wir in intensiver, engagierter Zusammenarbeit zunächst unsere Leitlinie und unsere pädagogischen Grundsätze, die später mit großer Zustimmung durch die Mitwirkungsgremien verabschiedet wurden. Noch viele intensive Sitzungen folgten, bis das Schulprogramm im Grundsatz verabschiedet werden konnte. Von einer Fertigstellung oder Beendigung eines Schulprogramms kann nicht gesprochen werden. Evaluation, Anpassung, pädagogische und gesellschaftliche Entwicklungen im Blick und fortwährende Weiterentwicklung prägen eine Schulentwicklungsarbeit.

Leit- und Ziellinie am Höfling, die bis heute gilt und hinter die sich alle stellen, lautet: „Gemeinsam leben – gemeinsam lernen!"

Unsere pädagogischen Grundsätze und Leitgedanken, die diversen Artikeln der Kinderrechte zugeordnet werden können, wurden bewusst kindgerecht formuliert und müssen täglich mit Leben gefüllt werden.

- Kinder sind verschieden und lernen verschieden (Art. 2 und 23).
- Kinder lernen mit allen Sinnen (Art. 28 und 31).
- Kinder brauchen Rituale (Art. 31).
- Kinder brauchen Regeln (Art. 12 und 13).
- Kinder wollen spielen (Art. 31).
- Kinder dürfen Fehler machen (Art. 16 und 23).

Inhaltlich bilden diese Leitsätze die Voraussetzung für unsere Zielrichtung, positive Rahmenbedingungen für die Entwicklung eines jeden Kindes zu schaffen und ihnen in einer Unterrichtskultur des Dialogs echte Teilhabe zu ermöglichen. Die uns anvertrauten Kinder an diesem Prozess zu beteiligen – das war und ist eine meiner Leitlinien. Ich warb dafür, etwas zu bewegen und den Mut aufzubringen, in demokratischem Miteinander auch neue Wege zu beschreiten. Bei allen pädagogischen Weiterentwicklungen in den folgenden Jahren wurden sowohl Kinder als auch Eltern beteiligt.

Die bestehende Schulordnung wurde in den Klassen mit den Kindern kritisch durchleuchtet und diskutiert. Die für sie wichtigen und verständlichen Regeln formulierten wir dann mit ihnen als Verhaltensempfehlung und nicht als Verbot. Ein kleines, rotes Heft wurde erstellt, der „Rote Faden für Kinder", in dem diese Regeln enthalten sind. Jedes neue Höflingskind bekommt das Heft ausgehändigt, nachdem ihm die Regeln erläutert worden sind. Auf der letzten Seite erklärt sich das Kind mit seiner Unterschrift bereit, diese Empfehlungen und Regeln zu beachten.

Auch für die Eltern wurde ein „Roter Faden" erarbeitet, in dem u.a. die Mitwirkungsgremien erläutert sind (www.ggs-am-hoefling.de/downloads.php).

Um unseren Kindern Raum für kreative, gemeinsame, kooperative Lernerfahrungen zu bieten, veranstalteten wir alle ein bis zwei Jahre eine Projektwoche. In den Mitwirkungsgremien wurde jeweils ein Obertitel erarbeitet, zu dem dann passende Einzelprojekte von Lehrpersonen und Eltern entwickelt wurden. In der Projektwoche wurden die Jahrgangsstufen aufgelöst, jedes Kind konnte sich für eines der angebotenen Einzelprojekte entscheiden. Da auch engagierte Eltern Einzelprojekte anboten, wurde in bis zu 20 verschiedenen Gruppen mit kleinen, jahrgangsgemischten Gruppen zum Oberthema gearbeitet. Samstags präsentierten die Kinder im Rahmen eines Schulfestes allen Eltern und Gästen stolz die vielfältigen, kreativen Ergebnisse.

Die Themen der Projektwochen zielten darauf ab, Kinder zu stärken, ihnen die Chance zu geben, positive Erfahrungen in der Gemeinsamkeit zu sammeln, mit Freude und Spaß tätig zu sein, Erfolgserlebnisse zu haben und sich so hin zu mehr Selbstständigkeit und Selbstbewusstsein entwickeln zu können. Hier sind einige Themenbeispiele:
- Abenteuer Lesen
- Wie und wo kann ich mich als Kind sicher fühlen?
- Kinder stark machen
- Bücherwurm trifft Leseratte
- Kinderspiel(t)räume
- Spiele ohne Grenzen
- Kinderrechte
- Handwerk-statt-Schule

Freie Meinungsäußerung und Beteiligung
Für die Entwicklung der Persönlichkeit eines jeden Kindes ist es sinnvoll, auch Kompetenzen zu fördern, die nicht mit Noten messbar sind Darunter fallen die Beteiligung am Schulleben, freie Meinungsäußerung, gewaltfreie Kommunikation, Selbstständigkeit, Übernahme von Verantwortung, gegenseitige Rücksichtnahme und Hilfestellung, Wertschätzung, Empathie, Toleranz u. v. a. m.

Mit dem Ziel, die Rechte der Kinder und ihr Wohlbefinden zu stärken und sie zu befähigen, ihre Anliegen und Bedürfnisse vorzutragen, wurden wöchentliche Klassenratssitzungen installiert und durchgeführt. Im Laufe der Zeit traten die Lehrpersonen in den Hintergrund; jeweils ein Kind leitete die Sitzung und so gelang es, Störungen und Streitereien im positiven Sinne zu beseitigen. Kinder lernten zunehmend, ihre Meinung und Kritik frei zu äußern, ohne ein anderes Kind anzugreifen und zu verletzen, und sich aktiv an Lösungsprozessen zu beteiligen. Auf diese Weise können Kinder ihre Schule formen und über ihr dortiges Leben und Lernen selbst- und mitbestimmen.

Als erste Grundschule in Aachen installierte der Höfling im Jahre 2004 ein Kinderparlament. Die Mitglieder bestanden aus jeweils einem Mädchen und einem Jungen aus jeder der zwölf Klassen. In den ersten Jahren wurden die Treffen von mir und bewusst einem männlichen Kollegen organisiert und durchgeführt. Inzwischen übernehmen Kinder die Leitung. Jeweils zu Beginn berichten die Kinder aus den Klassenratssitzungen, sodass eine große Transparenz bezüglich der Vorkommnisse, Bedürfnisse und Anliegen aller 300 Kinder der Schule gegeben ist. Immer wieder wurden in den Sitzungen die Kinderrechte und ihre Umsetzung aus Sicht der Kinder thematisiert. Auftretende Probleme wurden diskutiert und nötige Entscheidungen gefällt, die zum Wohle aller gereichen sollten. Die Kinder im Kinderparlament entwickelten mehr und mehr Kompetenzen bei der Lösung anstehender Aufgaben. Bei Bedarf veranstalteten wir eine Schulversammlung, Kinder des Kinderparlaments trugen gefasste Beschlüsse vor und warben für die Umsetzung. Es war erstaunlich zu sehen, mit welchem Mut und welcher Kompetenz die Kinder vor der großen Schulgemeinschaft gesprochen haben.

Inzwischen sind viele Schulen dem Beispiel gefolgt und haben sich zu einem Netzwerk zusammengeschlossen. Einmal im Jahr treffen sich gewählte Vertreter*innen aus den Kinderparlamenten im Ratssaal der Stadt Aachen und stellen Fragen und Forderungen an die politische Leitung und Politiker*innen. Es gibt Bestrebungen, ein beratendes Kinder- und Jugendparlament in der Stadt Aachen zu etablieren.

In Zusammenarbeit mit UNICEF organisierten wir eine Veranstaltung, bei der Kinder Politiker*innen Fragen zu den Kinderrechten stellten, im Kinderforum von UNICEF Treffpunkte für Kinder forderten und für das gemeinsame Lernen von Kindern mit verschiedenen Förderschwerpunkten warben.

Modellschule zur frühen Förderung besonders begabter Kinder

In pädagogischen Konferenzen legte ich den Fokus darauf, in der unterrichtlichen Arbeit die Stärken und Potenziale der Kinder und nicht deren Defizite in den Blick zu nehmen. Das Kollegium erkannte, dass der Schwerpunkt ihrer

Arbeit in der Vergangenheit auf der Förderung leistungsschwächerer Kinder lag. Leistungsstarke bekamen die ihnen zustehenden Rechte wenig eingeräumt. Wie damals an vielen Schulen üblich, wurden die schnelllernenden Schülerinnen und Schüler mit einem weiteren Arbeitsblatt „beruhigt" – eine Missachtung ihrer Intelligenz, wie wir im Laufe der Diskussion und Auseinandersetzung mit dieser Thematik einräumten.

Infolge der Initiative einer Schulrätin, begabungsgerechte Förderung in den Grundschulen zu installieren, wurden in der Städte Region Aachen (Kommunalverband seit 21.10.2009, Rechtsnachfolgerin des Kreises Aachen) Modellschulen zur frühen Förderung besonders begabter Kinder gesucht. Wir bekamen als eine von sechs Grundschulen den Zuschlag. Ab dem Schuljahr 2003/04 arbeiteten wir intensiv mit den anderen fünf Schulen zusammen, uns wurden Fortbildungen gewährt, wir besuchten Begabungskongresse in Salzburg und Münster, es gab Schulungen, Konferenzen, finanzielle Unterstützung einer Bildungsförderung sowie ein Stundenkontingent seitens der Bezirksregierung. Nach und nach entwickelten und testeten alle sechs Schulen im fachlichen Austausch Unterrichtsmodule, die geeignet sein sollten, besonders begabte Kinder unter Berücksichtigung ihrer Potenziale, Interessen und Möglichkeiten zu fördern und ihnen besondere Herausforderungen zu bieten. Zeitweise wurden diese Module wissenschaftlich begleitet.

Je mehr wir uns in Richtung begabungsgerechte Förderung und Forderung bewegten, desto deutlicher wurde, dass diese Art des Lehrens allen Kindern, nicht nur den besonders- und hochbegabten, in ihrer individuellen Entwicklung hilft, unabhängig von ihren Kompetenzen und Möglichkeiten. Das Lernen im Gleichschritt ist eine Illusion, grundsätzlich gilt: Jedes Kind ist begabt und jedes Kind lernt anders, in seinem eigenen Tempo und auf seine eigene Art. Der Unterricht wurde so angelegt, dass er die unterschiedlichen Interessen, Fähigkeiten, Potenziale und Lernzugänge des einzelnen Kindes berücksichtigt, alles eingebunden in das soziale Miteinander, das gegenseitige Lernen und die gegenseitige Unterstützung.

Jahrgangsmischung eins bis vier

Der Umgang und die Förderung der Kinder mit sonderpädagogischem Förderbedarf bis hin zu Kindern mit besonderen und hohen Begabungen stellen eine große Herausforderung dar. Diesen Spagat zu schaffen – das war unser Ziel.

Als an den Grundschulen des Landes NRW die flexible Schuleingangsphase eingerichtet wurde, bei deren Umsetzung die Schulen jahrgangsgemischt in den Stufen 1 und 2 arbeiten sollten, veranstalteten wir erneut eine zweitägige pädagogische Konferenz. Diese gesetzliche Vorlage entsprach unserer Vorstellung bezüglich der kindgerechten, individuellen Förderung. Gegen Ende der Konferenz war ein großer Teil des Kollegiums dafür, die Jahrgangsmischung umzusetzen; wir entschieden uns aber bewusst dazu, die Vorteile der größeren Altersmischung zu nutzen und die Klassen eins bis vier zu mischen und nicht nur – wie in der Gesetzesvorlage vorgesehen – die Klassen eins und zwei.

Als dann der o.g. Erlass aufgrund großer Proteste so verändert wurde, dass nun „möglichst" jahrgangsgemischt gearbeitet werden sollte, aber auch ein anderes Konzept für die Umsetzung der flexiblen Schuleingangsphase möglich war, entstanden Widerstände im Kollegium – nicht alle konnten sich vorstellen, in einer Jahrgangsmischung 1 bis 4 zu arbeiten, und favorisierten ein anderes Modell. Deshalb planten wir die Umsetzung zum Schuljahr 2005/2006 zunächst mit vier Klassen und einem Team von Lehrpersonen, die diese Entwicklung als Chance für jedes Kind sahen und darauf brannten, die Jahrgangsmischung umzusetzen.

Da auch teilweise massive Widerstände in der Elternschaft auftraten, wurden nur Kinder in die vier Klassen aufgenommen, deren Eltern dies ausdrücklich wünschten. Bis zum Start des Schuljahres erlebten wir eine sehr konfliktreiche Zeit – einige Eltern nahmen sogar Kontakt zu Politik, Presse und Bezirksregierung auf, um unser Vorhaben zu stoppen. Eltern, die sich für die Mischung entschieden hatten, wurden von Eltern, die strikt dagegen waren, unter Druck gesetzt und beschimpft. Eltern stifteten sogar ihre Kinder dazu an, Freundinnen und Freunde, die in eine jahrgangsgemischte Klasse wollten, davon abzuhalten. Wir führten etliche Informationsveranstaltungen durch und warben für die pädagogische Weiterentwicklung, zum Wohle eines jeden einzelnen Kindes in der Hoffnung, etliche zu überzeugen.

Das Team der Lehrpersonen, das in die Jahrgangsmischung startete, war davon überzeugt, sich auf dem richtigen Weg zu befinden, und der Versuch kann als Erfolg verbucht werden. Schon im darauffolgenden Jahr gab es mehr Anmeldungen für die Mischung, als in den vier Klassen aufgenommen werden konnten.

Da eine Regelung in NRW existiert, die vorschreibt, dass an einer Schule nicht auf Dauer zwei verschiedene Konzepte praktiziert werden dürfen, planten wir die Erweiterung auf alle zwölf Klassen. Inzwischen hatten sich alle Lehrpersonen der Schule mit der Arbeit in den vier Klassen auseinandergesetzt, dort hospitiert, die Entwicklung verfolgt und waren nun bereit, die Ausweitung mitzutragen. Lediglich eine Lehrerin, die sich nicht vorstellen konnte, in der Jahrgangsmischung zu arbeiten, stellte einen Versetzungsantrag, der auch bewilligt wurde.

Die Schulkonferenzsitzung, in der die Erweiterung auf zwölf Klassen beschlossen werden sollte, wurde mit großer Nervosität und Spannung erwartet – bestand doch die Möglichkeit, dass die Mehrheit dagegen stimmen würde. Das Ergebnis war glücklicherweise positiv, die Ausweitung für das kommende Schuljahr wurde beschlossen.

Zum Schuljahr 2009/2010 bildeten wir zwölf Klassen, die in drei Teams jahrgangsgemischt geführt wurden. Da die Bezeichnung der Klassen nicht mehr stimmig war, wählten sich alle ein Klassentier, das den vorherigen Namen ersetzte. Die drei Teams bezeichneten wir in den Ampelfarben rot-gelb-grün. Mit großem Einsatz, viel Engagement und mit großer Unterstützung vieler Eltern wurden Unterrichtsmaterialien entwickelt und hergestellt, die dazu geeignet sind, individuelle Stärken und Fähigkeiten der Kinder zu fördern. Darüber hinaus müssen Kinder damit selbständig umgehen und arbeiten können. Um zu vermeiden, dass eine Vielzahl von Arbeitsblättern angeboten wurde, stellten wir mit dem Ziel der Nachhaltigkeit Lernhefte zusammen, die aufeinander aufbauen und motivierend wirken. Auch gibt es Materialien, die besondere Herausforderungen bieten und den kompetenzorientierten Unterricht ermöglichen.

Wir entwickelten Deutsch- und Mathematikpässe für die einzelnen Jahrgänge. In ihnen sind kindgerecht die zu erreichenden Lernziele des Jahres aufgeführt. Kinder können sehr selbständig mit diesen Pässen in freier Arbeit die verschiedenen Lernziele bearbeiten. Darüber hinaus arbeiten sie mit Teilarbeitsplänen. In allen zwölf Klassen sind die Unterrichtsmaterialien übersichtlich und farblich unterschieden angeordnet und bieten den Schülerinnen und Schülern die Möglichkeit, zunehmend eigenverantwortlich und ohne Hilfe der Lehrpersonen zu arbeiten.

Die Klassenräume, kindgerecht gestaltet, bieten verschiedene Lernecken. Es gibt Möglichkeiten für Gesprächsrunden, den kooperativ-kommunikativen Austausch und auch Platz für die Ausstellung von Arbeitsergebnissen. Um Kindern die Chance zu geben, sich auf Augenhöhe zu begegnen, sind alle Tische gleich hoch und die Stühle mit leicht verstellbaren Fußauflagen versehen. So können Große neben Kleinen sitzen und das gegenseitige Lernen wird erleichtert.

Methodentraining findet in allen Klassen statt. Zunehmend strukturieren die Kinder ihren Lernprozess mit gegenseitiger Unterstützung selbständig. Schon ab der ersten Klasse erarbeiten sie kleine Infotheken, später Referate und auch Jahresarbeiten. Sie wählen frei, ob sie allein, zu zweit oder in einer Gruppe arbeiten wollen, Ergebnisse werden im Lerntagebuch festgehalten.

Als wesentlich für das Lernen in der Jahrgangsmischung haben sich folgende Vorteile herausgestellt:

- Soziales Lernen ohne Ausgrenzung, Vergleich und Konkurrenz
- Stärkung der individuellen Persönlichkeiten
- Rollenwechsel: Eher schutz- und hilfebedürftig zu Beginn der Grundschulzeit und schutz- und hilfegebend in den höheren Stufen
- vorausgreifendes und zurückgreifendes Lernen (führt zu Kompetenzsteigerung im kognitiven und sozialen Bereich)
- begabungsgerechtes Lernen durch flexible Wechsel der Lerngruppe, ohne die Stammgruppe verlassen zu müssen
- Übernahme der Verantwortung für den eigenen Lernprozess

Auch die Lehrpersonen erfahren durch das Arbeiten in einer jahrgangsgemischten Klasse einen Rollenwechsel. Das Lehrende, Unterrichtende rückt in den Hintergrund, sie sind eher moderierend, unterstützend, organisierend tätig, eher Lernbegleitende. Sie erhalten die Chance, sich intensiver mit dem einzelnen Kind zu befassen. Es ist einfacher, sowohl Stärken als auch Schwächen des einzelnen Kindes zu erkennen, da neben der Tatsache, dass jeweils pro Jahrgang nur eine kleine Gruppe von Kindern in der Klasse ist, die Zeit für Einzelgespräche – auch Kindersprechtage – aufgrund der selbstständigen Arbeit der Kinder gegeben ist und eine Feedbackkultur gelebt wird.

Gegenseitige Unterstützung und Lernen sind selbstverständlich geworden, die Kinder tolerieren und akzeptieren Unterschiede und „erziehen" sich gegenseitig. Einmal konnte ich Folgendes erleben: Ein Junge aus der 3. Jahrgangsstufe verhielt sich etwas auffällig. Ein Kind aus der ersten Stufe schaute ihn an und sagte: „Lass das, denk daran, du bist Vorbild!"

Förderorientierte Leistungsbeurteilung
Zu Beginn meiner Tätigkeit als Rektorin fiel mir beim Lesen der Berichtszeugnisse immer wieder auf, dass vermeintliche Defizite aufgeführt und viele „Füllwörter" benutzt wurden.

Eine Kollegin schrieb zum Ende eines ersten Schuljahres: „Du hast lesen gelernt, aber dein Vortrag ist noch nicht flüssig genug." Dieses Beispiel stellte ich in einer Konferenz zum Thema „positive Leistungsbeschreibung" vor, ohne die Kollegin bloß zu stellen, und gab meine Formulierung zur Diskussion: „Du hast lesen gelernt. Wenn du jeden Tag laut liest, wird dein Vortrag sicher flüssig". Mit dieser Formulierung gebe ich dem Kind ein positives Feedback und gleichzeitig eine Empfehlung, wie es seine Leistung steigern kann.

Nach und nach veränderte sich die Blickrichtung der Kolleginnen und Kollegen weg von der Defizit- hin zur Positivorientierung. Wir achteten darauf, förderliche Leistungsermittlungen und -bewertungen vorzunehmen.

Wir entwickelten differenzierte Mathematikarbeiten und führten Aufsatzerziehung fast ausschließlich mit den verschiedenen Methoden des kreativen Schreibens durch. So konnte sich jedes Kind in dem Bereich beweisen, der ihm persönlich liegt.

Eine große Weiterentwicklung entstand durch die Einrichtung der Jahrgangsmischung. Lernziel- und Leistungsdifferenzierung, individuelle Lernentwicklungsgespräche und Förderpläne kamen zum Einsatz. Selbsteinschätzungszeugnisse, von jedem Kind verfasst, wurden am Kindersprechtag besprochen und weitere individuelle Ziele festgelegt. Im Fokus standen die Rechte und Möglichkeiten eines jeden Kindes.

Kinder werden in die Zielsetzungen mit einbezogen, sodass sie mehr und mehr die Verantwortung für ihren Lernprozess selbst übernehmen können. Das Lernziel der Woche wird formuliert, mit ihnen diskutiert und inhaltlich erläutert. Lernzielkontrollen werden geschrieben, wenn ein Kind einen bestimmten Themen- und Aufgabenbereich abgeschlossen hat. Wenn es sich entschieden hat, eine Lernzielkontrolle zu schreiben, teilt es diese den Kindern an seinem Gruppentisch mit und bittet um Ruhe. Falls die Lernzielkontrolle „daneben gegangen" ist, erhält das Kind die Chance, den Stoff noch einmal zu lernen und den Test zu wiederholen.

Äußerungen von Kindern aus der 3. und 4. Stufe zu der Frage, ob sie genügend Unterstützung bekommen, um sich verbessern zu können:

Ja, wir können ja immer nachfragen.

Doch, der Plan war ja dann nachher noch mal anders eingeteilt. Da hatten Sie ja die Hefte markiert, die ich als nächstes bearbeiten soll. Ich konnte dann auch daran arbeiten. Ich würde auch sagen, ich bin da besser drin.

Wir kriegen ja die Lernzielkontrollen zurück und da wissen wir ja, was klappt und was nicht. Meine Mama übt dann mit mir. Da muss ich am Wochenende auch was arbeiten.

Auch Klassenarbeiten finden nicht mehr an einem Tag X statt; das Kind wählt innerhalb eines festgelegten Zeitraumes selbst den Tag aus, wann es eine Klassenarbeit oder einen Aufsatz schreiben möchte. Auch hier gilt wieder: Alle anderen Kinder ermöglichen ein intensives Arbeiten, indem sie sich ruhig verhalten. Dieses Vorgehen führt dazu, dass Bewertung und Benotung Transparenz erlangen und das einzelne Kind in die Lage versetzt wird, sich selbst einschätzen zu können.

Mit Zunahme der Kompetenzorientierung und Leistungsdifferenzierung wurde der Ruf nach Veränderung unserer Zeugnisse laut. Mit großem Einsatz entwickelten wir Kriterienzeugnisse, die nach Fertigstellung sowohl mit den

Kindern als auch mit den Eltern diskutiert und besprochen wurden (Beispiel im Serviceteil, weitere Beispiele auf der Homepage: http://www.ggs-am-hoefling.de/downloads.php).

Da Schülerinnen und Schüler eine große Transparenz bezogen auf die Lerneinschätzung erlangen, gibt es in der Regel keine Überraschungen, wenn sie ihre Zeugnisse überreicht bekommen, und sie fühlen sich gerecht und „richtig" beurteilt. Durch die Lernentwicklungsgespräche wissen sie, wo ihre Stärken und Schwächen liegen und sie können mit Zuversicht die nächsten Entwicklungsschritte machen.

> Äußerungen von Kindern aus der 3. und 4. Stufe zur Leistungsbewertung durch das Ankreuzen der gezeigten Kompetenzen:
>
> Ich fand die Kreuze treffend. Ich konnte mich in manchen Sachen verbessern, also im Vergleich zu dem Zeugnis davor. Über andere Sachen haben wir ja auch öfter gesprochen. Da wusste ich, dass ich da nicht ganz so gut bin.
>
> Ich habe ja schon mit den Lernzielkontrollen und den Klassenarbeiten gesehen, wo ich Fehler mache und wo nicht. Das kann man an den Kreuzen dann schon sehen. Beim Malrechnen habe ich gedacht, ich wäre besser. Aber in Deutsch finde ich voll gut, dass meine Texte auch im Zeugnis so gut bewertet wurden. Das mache ich nämlich auch gerne.

Acht Jahre nach meinem Ausscheiden aus dem Schuldienst lässt sich beobachten, dass die Grundzüge eines kindgerechten, weil die Rechte der Kinder beachtenden Unterrichts weiterhin für die Unterrichtsarbeit am Höfling prägend sind. Sie werden im Einzugsgebiet der Schule und darüber hinaus so hoch wertgeschätzt, dass die Schule seit Jahren ihre Aufnahmekapazität voll ausschöpft. Immer wieder äußern Eltern und Besucher*innen Staunen, wie reibungslos den Kindern das selbstständige Lernen von der Hand geht und wie offensichtlich das Miteinander in den verschiedensten Gruppen die Persönlichkeitsentwicklung der Kinder stärkt.

Die Schule gibt sich mit diesen positiven Ergebnissen aber nicht zufrieden. Für sie ist ihr Schulprogramm eine Arbeitsgrundlage und der Auftrag für eine zeitgemäße Fortentwicklung des altersgemischten Unterrichts, der Inklusion und der Mitwirkung der Kinder an der Gestaltung des Schullebens – und sie setzt so eine Tradition fort, die die Schule seit den Zeiten der Schulgründung prägt.

Rückblick zu meiner Tätigkeit – Ausklang

Der Wille und Wunsch, pädagogisch etwas zu verändern, war im gesamten Kollegium immer vorhanden. Zum Teil bedurfte es nur eines kleinen Anstoßes, um etwas ins Rollen zu bringen. Dass Offenheit für Neues und Veränderungen nicht verordnet werden können, war mir bewusst und ich erlebte, dass es nicht immer einfach war, Ziele umzusetzen. Obwohl unser gesamtes Leben von Veränderung geprägt ist, lassen sich Menschen nicht gern auf Neues ein und wollen am scheinbar Bewährten festhalten. Der Spruch: „Das haben wir doch immer so gemacht" wurde auch in meiner Schule oft geäußert. Dennoch sind wir viele Schritte hin zu einer kindgerechten Schule gegangen und ich konnte Eltern und Kolleg*innen mit meiner Begeisterung anstecken. Vielleicht habe ich manchmal die richtigen Stellschrauben, die richtige Wellenlänge gefunden, Kinder, Kolleg*innen und Eltern mitzureißen.

Heute sind alle Beschäftigten an der Gemeinschaftsgrundschule Am Höfling froh, den Schritt in die Jahrgangsmischung und hin zum begabungsgerechten Lernen gemacht zu haben, bietet dies doch allen Kindern die besten Möglichkeiten, ihre Potenziale auszuschöpfen, eine erfolgreiche Schulzeit zu erleben, selbstbewusst und selbständig zu werden und die nötige Resilienz zu entwickeln, die sie für ihr weiteres Leben benötigen. Teamfähigkeit, Kooperation, Neugier, Kreativität und Motivation sind Triebfedern für ein lebenslanges Lernen mit Freude. Die Schule ermöglicht auf diese Weise den Kindern, sich so zu bilden, dass sie in der Lage sind, Verantwortung zu übernehmen, Probleme und Herausforderungen unserer Gesellschaft anzugehen und sich für deren Lösung einzusetzen und daran zu beteiligen.

LEYLA ERFANI-BOUJAR

Menschenrechtsbildung im Unterricht

Das erste Mal, als ich mich traute, das weite Feld der Menschenrechte im Unterricht zu thematisieren, fühlte es sich an, als würde ich etwas Verbotenes oder Konspiratives tun, und den Mainstream stören, d.h. den erwünschten und am Leben gehaltenen Kapitalismus. Mit den Menschenrechten konnte ich dem „Geist des fleißigen Wirtschaftens" und des fleißigen Wirtschafters den Spiegel der Realität vorhalten und moralisches Handeln oder besser Nicht-Handeln sichtbar machen. Dass Menschenrechtsbildung nicht nur dies zum Ziel hat, sondern tatsächlich die Friede-Freude-Eierkuchen-Mentalität der Wohltands- und vom Tellerwäscher-zum-Millionär-orientierten Gesellschaft hoffentlich nachhaltig stört und stören soll, zeigten mir insbesondere zwei Beispiele ausgewählter Materialien zur Menschenrechtsbildung, die ich im Folgenden vorstellen möchte.

Ich unterrichte an einem Berliner Oberstufenzentrum mit einem wirtschaftlichen Schwerpunkt. Sowohl die gymnasiale Oberstufe im Verbund mit dem beruflichen Gymnasium als auch die beruflichen Bildungsgänge setzen ihren Schwerpunkt auf Wirtschaft, wirtschaftliches Denken und Handeln. Peter Fritzsche betont bereits 2014 auf der zweiten Fachtagung zur Menschenrechtsbildung, dass es Fächer gibt, die ein besonderes ‚Spannungsfeld' erzeugen, zu denen auch wirtschaftliche Fächer gehören.[1] Gerade vor diesem Hintergrund macht die Menschenrechtsbildung in der Schule für mich als (Politik)Lehrerin besonders viel Sinn und gewinnt enorm an Bedeutung. Doch bevor ich zu meinen Erfahrungen komme, lohnt sich vielleicht ein kurzer Einblick in die Didaktik der Menschenrechte.

Ziele der Menschenrechtsbildung für eine Kultur der Menschenrechte

Der Didaktik der Menschenrechte liegt zugrunde, „[...] dass sich Menschenrechtserziehung als eine Subform von Werteerziehung allgemein verstehen

---

1 Vgl.: Tobler, Ruedi: Schule als Haus der Menschenrechte. In welcher Form soll Menschenrechtsbildung an der Schule stattfinden? In: Bildungspolitik. Zeitschrift für Bildung, Erziehung und Wissenschaft, Heft 186, 2014, S. 31.

lässt. Werteerziehung wiederum ist eine von mehreren Subformen schulischen und unterrichtlichen Geschehens insgesamt."² Für die Menschenrechtsbildung heißt dies in Zielen gesprochen:
- „Lernen über Menschenrechte bezieht sich auf die sachlichen Inhalte, z. B. die Vermittlung von Schlüsselbegriffen (wie Freiheit, Gerechtigkeit, Menschenwürde oder Diskriminierungsschutz), auf die Vermittlung von Kenntnissen der zentralen menschenrechtlichen Verträge und Konventionen sowie Einblicke in die historischen und aktuellen (Lern-) Prozesse zur Entwicklung und zum Schutz von Menschenrechten.
- Lernen durch Menschenrechte zielt auf *Empowerment*. Hier geht es um die Sensibilisierung und Reflexion von Haltungen, Einstellungen und Werten vor dem Hintergrund der Menschenrechte. Ziel ist es, Chancen zur Überwindung von Menschenrechtsverletzungen kennen zu lernen und diese nach eigenen Möglichkeiten umzusetzen.
- Lernen für die Menschenrechte meint die Entwicklung und den Erwerb von Handlungs- und Kommunikationskompetenzen, die es Menschen ermöglichen, aktiv für die Achtung der Menschenrechte einzutreten. Hierzu gehören beispielsweise auch die Ausbildung kritischen Urteilsvermögens und das Erlernen von Methoden konstruktiver Konfliktbewältigung."³

Das vorrangige Ziel der Menschenrechtsbildung ist es, eine gesellschaftliche Kultur zu schaffen, die auf Menschenrechten basiert und die Menschen dazu befähigt, sich für den Schutz sowohl der eigenen Rechte als auch der Rechte anderer einzusetzen. Es geht vor allem darum, zu verstehen, welche grundlegende Bedeutung die Menschenrechte für ein lebenswertes Leben haben. Dies gilt sowohl für die eigene Persönlichkeitsentwicklung als auch für die Wahrung von Frieden und Demokratie, aber vor allem auch mit Blick auf die Vermeidung von lebensentwertenden Umständen, in denen viele Menschen leben müssen, damit andere in Wohlstand leben können. Dahingehend manifestiert sich Menschenrechtsbildung in der „Förderung von Wissen über Menschenrechte", der „För-

---

2 Müller, Lothar: Didaktik der Menschenrechte. Beiträge zur didaktischen Strukturierung von Menschenrechtserziehung in der Schule aus theoretischer und empirischer Perspektive. Diss. Trier 2001, S. 21.
3 Lohrenscheit, Claudia: Unterrichtsmaterialien für die Menschenrechtsbildung an Schulen. Für Schülerinnen und Schüler ab Jahrgangsstufe 8. Herausgegeben vom Deutschen Institut für Menschenrechte, Berlin 2009.

derung von Einstellungen und Bewertungen bezüglich der Menschenrechte" sowie der „Förderung von Handlungskompetenzen".⁴

Menschenrechtsbildung in der Praxis

In der Praxis und in der Anwendung hat – wie ich finde – die Menschenrechtsbildung ein enormes Potenzial, weil Schüler*innen bereits einen internalisierten Wertekatalog und ein Verständnis von Moral mitbringen, beides sich jedoch ständig in Disbalance zur eigenen Lebenswirklichkeit befindet. Das sind Widersprüche, die sie auch individuell an sich selbst sowie bei ihren Mitmenschen beobachten (können). Insbesondere wenn es um *die Wirtschaft* geht, bewegen sich Schüler*innen in einer (ihnen oft nicht bewussten) Diskrepanz, die erst dann sichtbar wird, wenn sie ihnen in konzentrierter Weise begegnet und sie sich intensiv mit den Menschenrechtsverletzungen und Ungereimtheiten des täglichen Wirtschaftens und der Globalisierung befassen. Dabei kollidieren immer wieder Fragen nach den Eigentumsverhältnissen mit Fragen nach dem Schutz des (Über)Lebens oder Fragen nach der Verteilung von Ressourcen damit, dass diese zu Kapitalgütern erklärt werden, zu denen Menschen dann keinen Zugang mehr haben mit der Folge, von einer individuell stabilen wirtschaftlichen Situation abgeschnitten zu sein. Und nicht zuletzt geht es um Absurditäten globalen Wirtschaftens wie etwa die Monopolisierung von Saatgut, wodurch Subsistenz und Selbstversorgung erheblich erschwert und Lebensmittel und Agrarkultur auf Kosten der Kleinbauern und Familien in so genannten Dritte-Welt-Ländern zum Kapital von Großkonzernen gemacht werden.

Material aus dem Kompass-Handbuch zur Menschenrechtsbildung – „Zugang zu Medikamenten"

Eines meiner liebsten Materialien für die schulische Menschenrechtsbildung ist das Planspiel „Zugang zu Medikamenten" aus dem Kompass-Handbuch.⁵Die

---

4   Sommer, Gert; Stellmacher, Jost (Hg.): Menschenrechte und Menschenrechtsbildung. Eine psychologische Bestandsaufnahme. Wiesbaden 2009, S. 38.
5   http://kompass.humanrights.ch/cms/front_content.php?idcatart=1389 (letzter Zugriff am 12.10.2021). Der KOMPASS ist eines der zentralen Handbücher zur Menschenrechtsbildung für die schulische und außerschulische Bildungsarbeit. Neben einer umfangreichen

übergeordneten Themen der Übung sind Gesundheit, Globalisierung, Diskriminierung und Fremdenfeindlichkeit. Die zentrale Frage lautet: „Wiegt das Recht auf Eigentum so schwer, dass man mit seiner Gewährung das Recht auf Leben und Würde von Menschen in Gefahr bringen darf?" Lerninhaltlicher Schwerpunkt des Themas ist der Prozess eines Pharmakonzerns, der 2001 die südafrikanische Regierung verklagte, weil diese Generika herstellten, um den Zugang zu Medikamenten gegen HIV/AIDS für die breite und vor allem auch arme Bevölkerung Südafrikas zu ermöglichen. Der Pharmakonzern sah seine Eigentumsrechte verletzt. Um seine Eigentumsrechte durchzusetzen, nahm der Pharmakonzern den Tod von Betroffenen billigend in Kauf und konzentrierte sich allein auf seinen Profitzuwachs bzw. auf den finanziellen Verlust, den die Herstellung von Generika verursacht.

Zentrale Herausforderung ist hier die Komplexität der Menschenrechte, wie sie sich in der realen Umsetzung ergeben kann. Allein die Methode, zentrale Menschenrechte gegeneinander auszuspielen bzw. sie gezielt gegenüberzustellen, löst bei Schüler*innen eine enorme kognitive Dissonanz aus. Rückmeldungen zu dieser Übung haben mir gezeigt, dass den Schüler*innen solche oder ähnliche Fragen oft in ihrer eigenen Lebenswirklichkeit schon einmal durch ihre Köpfe gerauscht sind. Auch menschenrechtliche Fragen tauchen immer wieder auf: Menschen im Mittelmeer retten oder besser ersaufen lassen?[6] Menschen auf den Inseln wie Lesbos, Chios und Lampedusa in menschenunwürdigen Camps hausen lassen oder die Grenzen öffnen und moralisch handeln? Fleisch für 2,99€ kaufen, um die eigenen Bedürfnisse zu befriedigen, oder besser darauf verzichten, den Tieren und der Umwelt zu liebe?

Das sind Fragen, die junge Menschen aufgrund ihrer (mehr oder weniger) erlangten Urteilsfähigkeit beantworten können (sollten), die aber eine enorme Differenziertheit, Reflexion und vor allem auch Wissen voraussetzen. Vor allem eines ist erforderlich: Empathie. Die Eröffnung der Perspektiven von Betroffenen oder von jenen, die sich für die Betroffenen einsetzen, schafft einen Zugang,

---

Einführung bietet der KOMPASS praxisorientierte methodische und didaktische Vermittlungshilfen für die Bildungsarbeit. Für die Onlineversion siehe: http://kompass.humanrights.ch/cms/front_content.php?idart=5, letzter Zugriff am 12.10.2021; für die gedruckte Fassung siehe: https://www.institut-fuer-menschenrechte.de/publikationen/detail/kompass (letzter Zugriff am 27.9.2021).

6 So titelte sinngemäß auch die Wochenzeitung DIE ZEIT im Juli 2018, woraufhin sie viel Kritik erntete und sich später entschuldigte, weil sie die private Seenotrettung nicht würdigte, die aufgrund mangelnder nationaler und europäischer Strukturen die Seenotrettung im Mittelmeer bis heute übernimmt.

den andere Bildungsmaterialien zur politischen Bildung häufig nicht bieten oder nur bedingt in den Mittelpunkt stellen. Es muss jedoch herausgestellt werden, dass eine differenzierte, reflektierte und auf Wissen basierte Urteilsfähigkeit eingeübt, immer und immer wieder eingefordert und natürlich auch in Gang gehalten werden muss.

Dazu dienen die KOMPASS-Übungen wie das Planspiel „Zugang zu Medikamenten". Es geht auf einen realen Fall zurück, basiert auf einem klassischen politischen Dilemma und ist auf Konsensfindung ausgerichtet. Die Konsensfindung ist sowohl für die Moderator*innen als auch für die Schüler*innen eine Herausforderung. Dabei geht es vor allem darum, den Teilnehmenden die Bandbreite der möglichen Meinungen, die in den Gruppen manifestiert sind, deutlich zu machen und „all diese Meinungen eingehend zu bedenken, sodass Entscheidungen auf der Grundlage allseits akzeptierter Interessen getroffen werden können."[7] Die Ergebnisse der Entscheidungsfindung können unterschiedlich sein: „Eine Seite überzeugt die andere", „[e]ine Seite gibt nach", „ [b]eide Seiten finden eine neue Alternative", „ [d]as Problem wird neu definiert", [j]ede Seite gibt ein wenig nach" und „[b]eide Seiten vereinbaren eine Pause."[8] Der Prozess der Konsensfindung setzt ein hohes Maß an reflektiertem Bewusstsein voraus, sowohl in der Gruppe als auch beim Individuum. Die Übung ist in Phasen eingeteilt, die jeweils unterschiedliche Zielsetzungen beinhalten. Das Lernziel/der Lerninhalt der gesamten Übung ist die Auseinandersetzung mit der Kontroversität und der Komplexität der Menschenrechte. Im kognitiven Bereich lernen die Schülerinnen und Schüler zwei grundlegende Menschenrechte kennen, das Recht auf Gesundheit und das Diskriminierungsverbot. Sie lernen außerdem spezifische Mechanismen kennen, die in Zusammenarbeit einer Regierung und einer NGO (Nichtregierungsorganisation) (o.Ä.) zur erfolgreichen Durchsetzung der Menschenrechte führen können. Im Bereich des integrativen Ansatzes ist hier die Spielstrategie die zentrale Methode. Der werterzieherische Aspekt verfolgt den Ansatz des Gewährenlassens, welcher dem lernenden Individuum die Definition eigener bedeutsamer Werte überlässt; d.h. hier steht auch die Selbstbestimmung mit im Zentrum, die maßgeblich auf die persönlich wertklärende Ebene der Lernenden setzt. Den Schüler*innen wird die Möglichkeit offenbart, sich selbst in ihrem eigenen Wertesystem zu verorten,

---

7   Im Folgenden stammen die Angaben aus den Ausführungen des Materials. Siehe dazu auf der Homepage des Kompasses „Zugang zu Medikamenten".
8   Vgl.: http://kompass.humanrights.ch/cms/front_content.php?client=1&lang=1&parent=1 0&subid=10&idcat=35&idart=73.

und das fördert die sozial-moralische Urteilskompetenz. Dadurch, dass den Lernenden keine Kategorien von falsch und wahr vorgeschrieben werden, kommt der Lehrperson vor allem eine moderierende und anregende Rolle zu, wodurch verhindert wird, dass sie zu rigide in den Lernprozess eingreift oder eine rein normative Werterziehung in einem Top-Down-Modell verfolgt.

Die Schüler*innen werden dazu angehalten, individuelle Entscheidungen zu treffen, die sie auf Grund der Sozialform der Übung in der Gruppe vertreten oder neu überdenken müssen: Ist ihre Argumentation ausreichend? Können ihre Argumente auch andere überzeugen? Der hohe Abstraktionsgrad der Übung schafft Freiräume für verschiedene Kommunikations- und Handlungskompetenzen auf intra- und interindividueller Ebene.

Aus meiner Erfahrung heraus kann ich sagen, diese Prozesse führen dazu, dass nachfolgende Inhalte im Unterricht zunehmend auf der Grundlage von Menschen- und Grundrechten betrachtet werden und dass erheblich öfter der moralische Wert politischer Entscheidungen im Alltag diskutiert und betrachtet wird. Die Aha-Erlebnisse, die Schüler*innen durchleben, hinterlassen so nachhaltige Spuren.

„Ist die Welt gerecht?"

Ein weiteres Material aus der Menschenrechtsbildung, welches ich für meinen Einstieg in den Themenschwerpunkt „Globalisierung" sehr gerne nutze, ist das Verteilungsspiel „IsSt die Welt gerecht?". Bei dieser Übung werden die Schüler*innen in einer ersten Runde aufgefordert, die globale Lebensmittelversorgung auf einer Weltkarte mit einhundert Bechern, die 100 % ergeben, gerecht zu verteilen. Die Zeit, welche die Schüler*innen dafür aufbringen, ist geprägt von Diskussionen über Einwohnerzahlen und die Frage, was genau eine gerechte Verteilung ist und wie sie gemessen werden kann. Das Ergebnis auf der Karte macht die Schüler*innen besonders stolz, weil sie sich auf einer moralisch sicheren Seite bewegen und sich genau Gedanken darübergemacht haben, an welche Kriterien „gerecht" gebunden ist: die Einwohnerzahl und die entsprechende Verteilung, nicht mehr und nicht weniger. Die Anzahl der Menschen auf den Kontinenten muss, nach ihrer Vorstellung, die Verteilung von Lebensmitteln bestimmen.

In einem zweiten Schritt sollen die Schüler*innen nach einer Abbildung der Welthungerhilfe die *tatsächliche* Verteilung der Lebensmittel auf der Welt mit Löffeln darstellen. Die Differenz, die sich aus diesen einfachen Zahlen ergibt, ist für die Schüler*innen regelrecht schockierend; so nachhaltig schockierend, dass sie noch Wochen nach dieser Übung immer wieder das Gespräch suchen, weil die reale ungerechte Verteilung der Lebensmittel auf der Welt für sie schlichtweg nicht begreifbar ist. Mit solchen Materialien der Menschenrechtsbildung sollen im besten Fall kognitive Dissonanzen ausgelöst werden. Doch die Irritation, die sich nach der Übung „IsSt die Welt gerecht!?" ergibt, ist für die Schüler*innen mehr als das: Sie ist welt(sicht)bewegend.

Um diese Übung als Einstieg ins Themenfeld Globalisierung weiter auszubauen, probierte ich einmal aus, was sich ergeben würde, wenn ich Zwischenschritte einbaute. Die erste Aufforderung blieb, also setzten die Schüler*innen die Becher gerecht. Im zweiten Schritt sollten sie die Löffel so setzen, wie sie glaubten, dass die Verteilung ist; d.h. wie sie sich die Fähigkeit der Menschheit vorstellten, Nahrungsmittel zu verteilen. Der dritte Schritt folgte dann wieder der Vorgabe, die Verteilung nach den Zahlen und Daten der Welthungerhilfe zu setzen. In der Nachbesprechung stellte sich heraus, dass der Zwischenschritt eine besonders große „Angst" ausgelöst hatte. Ein Schüler sagte, dass er sich vorstellen konnte, wie klein die Prozentzahl sein müsste, die er für den Kontinent Afrika setzen wollte, aber dass es ihm regelrecht Angst machte, die Zahl zu setzen, weil die einfach zu klein sei. Er hatte Angst davor, dass seine Vorstellung von der Realität der Realität entsprach. Und das tat sie. Und leider übertraf sie sogar seine Vorstellung von der Realität, in der wir alle leben. Diese Angst, die der Schüler kaum in Worte fassen konnte und die in der weiteren Diskussion im Kurs eine breite Zustimmung fand, wich letztendlich der Erschütterung, dass – egal wie schlimm sich die Schüler*innen die Verteilung vorstellten – die Realität diese Ungerechtigkeit noch übertraf und dass es in Zukunft vielleicht noch schlimmer werden würde.

An dieser Stelle, genauso wie in meiner täglichen Arbeit als Politiklehrerin, stellt sich immer die Frage, warum die Schule als Ort der Zukunft und als der Grund und Boden dafür, in welcher Zukunft wir leben wollen, nicht genau das zum Zentrum allen Lernens macht!? Ich baue die Menschenrechte und die Menschenrechtsbildung ein, weil ich sehe, dass eine Welt ohne Menschenrechte eine Welt ist, die einfach nicht lebenswert ist – nach welchem Maßstab auch immer, wenn der höchste Maßstab ein Leben in Frieden ist! Es stellt sich weiterhin die Frage, warum allein meine persönliche Affinität ausschlaggebend dafür ist, dass Schüler*innen in den Genuss von Menschenrechtsbildung kommen, und warum so viele Schüler*innen beim Eintritt in die 11. Klasse zum Teil noch nie politische Bildung als Fach hatten!? Dürfen wir es hinnehmen, dass ihnen ihre Grund -und Menschenrechte nicht bekannt sind?

Ausblick und Empfehlungen

Aus allem, was ich hier formuliere und nochmals reflektiere, entstehen Wünsche, Empfehlungen oder Forderungen, die ich im Folgenden vorstellen möchte. Es mag sein, dass diese Forderungen schon hundertmal formuliert wurden; ich muss sie erneut formulieren, weil sie offenbar noch kein Gehör gefunden haben.

1) Politische Bildung muss zu einer Kernkompetenz der schulischen Bildung werden, die in ihrer Wertigkeit den Fächern Mathematik, Deutsch und Englisch gleichgestellt wird. Alles Handeln, das eine Gesellschaft braucht und erfordert, alles Handeln, das eine Demokratie aufrecht hält, wird hier vermittelt, wird hier in Frage gestellt, reflektiert und führt zu einem Urteil. Auch wenn es der Auftrag aller Fächer ist, demokratische Werte zu vermitteln, ist es die Kernaufgabe politischer Bildung, die Auseinandersetzung mit politischen, gesellschaftlichen und wirtschaftlichen Themen zu ermöglichen. Und weiter noch: Sie muss um die Menschenrechtsbildung erweitert werden. In der Oberstufe ist ein zentrales Thema die politische Ideengeschichte und die Bildung des Menschen zu einem politischen Wesen. Doch eine Demokratie funktioniert nur, wenn mündige Bürger*innen eine politische Bildung genießen, die früh ansetzt und nicht erst in der Oberstufe beginnt. Ein Großteil der Schüler*innen erhält gar keinen Zugang zu politischer Bildung, weil sie nach der 10. Klasse eine Ausbildung beginnen, in der Kinderrechte, Menschenrechte und politische Bildung, wenn überhaupt, nur eine untergeordnete Rolle spielen. Der Zugang zum Abitur ist nicht allen gesellschaftlichen Schichten gegeben. Wir leisten uns eine hochgebildete Elite, die sowieso schon aus einer Elite entspringt, und überlassen den Rest [...] Ja, wem überlassen wir den Rest? Vielleicht lässt sich die Antwort darin finden, dass wir heute mehr und mehr mit Fake News kämpfen, mit Verschwörungserzählungen, einem neu entflammten Rassismus und einer Partei, die mit menschenverachtenden Ansichten und antidemokratischen Werten erneut den Einzug in den Bundestag feiert und auf ihre Legitimität pocht!?

2) Die Erziehung zur Empathie sollte ein zentrales Ziel sein. Es darf nicht sein, dass Empathie nebenherläuft, dass es dem Engagement einzelner Kolleg*innen zu verdanken ist, dass überhaupt Erziehung zu Empathie, die ein wesentlicher Bestandteil der Menschenrechtsbildung ist, in der Schule stattfindet. Die Befähigung von Lehrer*innen zur Vermittlung von Empathie muss ein Ziel im Studium und in der Aus- und Fortbildung von Lehrkräften sein. Es ist das Eine, theoretische Konzepte zum Thema Empathie

aufzuarbeiten, aber es ist etwas Anderes zu *erfühlen*, was Empathie ist, und zu verstehen, dass wir ohne Empathie zu dem, was Menschen ausmacht, nicht fähig sind: Menschlichkeit. Dies gilt insbesondere, wenn es um wirtschaftliche Fragen geht. Und das ist keine politisch linke Forderung, denn Menschlichkeit sollte keinem politischen Lager zugeordnet werden, sondern allein dem Menschen.

3) Es wird deutlich, dass auch die Menschenrechtsbildung Teil der Aus- und Weiterbildung aller Lehrkräfte sein müsste. Die Auseinandersetzung mit der Menschenrechtsbildung hat mir persönlich Welten eröffnet. Sie hat mir Zugänge geschaffen, die ich vorher nicht kannte, und die vorher keine Relevanz hatten. Das gilt auch für die Schüler*innen, die, wenn sie sich mit Materialien zur Menschenrechtsbildung befassen, Dinge neu bewerten und Sachverhalte im neuen Licht sehen können. In unserer Gesellschaft, die sich immer schneller, immer weiter, immer höherschraubt, brauchen wir Zugänge, die einen solchen neuen Blick zulassen. Die Vermittlung dessen darf nicht dem persönlichen Engagement und der Freiwilligkeit Einzelner obliegen, sondern muss zentrales Ziel auch in der Ausbildung der Lehrkräfte sein.

4) An die Forderung, Menschenrechtsbildung in der Aus- und Weiterbildung von Lehrkräften fest zu verankern, schließt direkt die Forderung an, dass sie Thema in allen Fächern sein muss. Es ist ein Trugschluss zu glauben, dass die Menschenrechtsbildung allein Aufgabe der geisteswissenschaftlichen bzw. politisch bildenden Fächer ist. Die Ziele und Methoden der Menschenrechtsbildung sind anschlussfähig an alle Fächer. Natürlich gibt es Fächer, die dem Konzept näher sind, aber dies ist keine Ausschließlichkeit. Die Menschenrechte sind überall und sie sind allgegenwärtig: in der Wirtschaft, ja, aber auch in Biologie, in Physik, in Chemie, im darstellenden Spiel etc. Es ist zu kurz und vor allem zu wenig gedacht, wenn die Menschenrechtsbildung nicht in allen Bereichen der Schule gelebt wird. Ein Beispiel, um diese Forderung zu veranschaulichen, ist die Sprachbildung. Sprachbildung wird von Lehrkräften als Aufgabe des Deutschunterrichts verstanden, sie ist aber Aufgabe aller Fächer. Es sollte selbstverständlich sein, dass der Biologie- oder der Sportunterricht auch zum Sprechen, Schreiben und Lesen befähigt. Wieso erwarten wir dann, dass ausschließlich die Philosophie, der Politik- oder der Religionsunterricht die Wahrung und Achtung der Menschenrechte zur Aufgabe haben sollte!?

5) Wenn das Ziel der Menschenrechtsbildung eine Kultur der Menschenrechte ist und die Menschen- und Grundrechte ohnehin auch der Auftrag

an Schule sind, muss dann nicht auch die Kultur der Schule eine Kinder- und Menschenrechtskultur sein? Muss Schule in dieser Hinsicht nicht gerade die Kinder- und Menschenrechte leben und vermitteln? Jeden Tag? Die Schule ist als System auf Leistung und Konkurrenz ausgerichtet; alles Eigenschaften, die dann zum Tragen kommen müssen, wenn wir eine Wirtschaft aufrechterhalten wollen, die genau diese Kriterien fordert. Leistungsbewertungen sind kein adäquates Mittel, um eine Kultur der Menschenrechte zu etablieren und zu leben. Es ist längst an der Zeit, dass wir darüber nachdenken, wozu Bildung überhaupt da ist, wenn nicht die Kinder- und Menschenrechte das Ziel sind. Muss Schule dann nicht anders organisiert sein? Müssen wir nicht das Lernen an sich im Grunde neu denken und uns von verknöcherten, alten und unbeweglichen Mustern lösen? Muss das Recht auf Bildung nicht das Recht auf Menschenrechtsbildung sein?

6) Meine letzte Frage bleibt kurz formuliert, aber wesentlich: Müssen wir nicht als Gesellschaft den Kapitalismus, wie er existiert von Grund auf überdenken? So wie er umgesetzt wird, ist er voller Menschenrechtsverletzungen, menschenverachtend und Basis allen Unrechts. In welchem Dilemma bewegen wir uns, wenn wir das zum Zentrum allen Lernens machen?

In der Mediennutzung

CHRISTOPH SCHIEB

Kinderrechte als Schwerpunkt der Schulentwicklung – und welche Rolle digitale Medien dabei spielen können

Demokratie, Kinderrechte und Medien im Schulprofil der Grundschule Bad Münder

Rund 300 Kinder besuchen die drei- bzw. vierzügige Grundschule Bad Münder im niedersächsischen Landkreis Hameln. Unterrichtet und betreut werden sie von einem 40-köpfigen Kollegium aus Lehrkräften, Förderschullehrkräften, pädagogischen Fachkräften und weiteren Mitarbeiter*innen. Seit 2015 organisiert sich die Schule in einem teilgebundenen Ganztagsmodell, d. h. neben drei Wochentagen, an denen die Eltern ein offenes Ganztagsangebot im Anschluss an den Unterricht für ihr Kind wählen können, gibt es zwei Wochentage, an denen eine grundsätzliche Anwesenheitspflicht für alle Kinder bis 15.00 Uhr gilt. Im Rahmen dieser gebundenen Tage wird ein spezielles pädagogisches Konzept verwirklicht, in dem besondere Lernangebote (z. B. Fördern und Fordern im Lerngarten, besondere Projekte, Stationen in der offenen Mittagspause, Chor, Angebote von Kooperationspartnern) den herkömmlichen Unterricht und das gemeinsame Mittagessen bereichern.

Im Laufe der vergangenen 10 Jahre haben sich mit Blick auf das Schulprofil der Grundschule Bad Münder drei Schwerpunkte herauskristallisiert, die die Schulentwicklung unter dem Leitmotiv „Miteinander lernen – Füreinander da sein" seitdem nachhaltig tragen. Neben der Musik – die Grundschule Bad Münder ist seit 2012 zertifizierte Musikalische Grundschule – sind es insbesondere zahlreiche Projekte in den Bereichen Medien sowie Demokratie und Kinderrechte, die das Schulleben und die Unterrichtskultur prägen. Die medien- und demokratiepädagogischen Aktivitäten orientieren sich dabei an einem Grundverständnis, dass Kinder im Grundschulalter zum einen zielgerichtet und altersangemessen an demokratischen Prozessen teilhaben und diese reflektieren und zum anderen audiovisuelle Medien als kreative Ausdrucksform ihrer Lebenswirklichkeit erfahren sollen.

Aus diesem Verständnis heraus sollen Schüler*innen Kinderrechte in ihrem Schulalltag als bedeutsam wahrnehmen, sich in konkreten Gelegenheiten handelnd damit auseinandersetzen und ihre dabei gewonnenen Erfahrungen nutzen, ihr Umfeld verantwortlich mitzugestalten. Kinderrechtebildung in der Grundschule soll in diesem Sinne ein freud- und spannungsvolles Erlebnis sein, in dem sich Kinder mit einem hohen Grad an Selbstwirksamkeit einbringen können. Gerade medienpädagogische Vorhaben wie die Produktion von Videos oder Radiosendungen können die Selbstwirksamkeitserfahrungen in Kinderrechte-Projekten wirkungsvoll unterstützen. Schließlich lernen Kinder auf diese Weise nicht nur sinnvolle Anwendungsmöglichkeiten moderner Medien kennen, sondern verschaffen ihren inhaltlichen Anliegen durch ihre kreative, digital verarbeitete Auseinandersetzung eine deutlich höhere Nachhaltigkeit und Reichweite, was wiederum die Resonanz und die Aufmerksamkeit in der Öffentlichkeit verstärken kann.

Der folgende Beitrag will zunächst den von digitalen Medienprojekten gestützten Weg der Kinderrechte in das Schulprofil der Grundschule Bad Münder skizzieren. Weiterhin soll anhand der Vorstellung aktueller Vorhaben aufgezeigt werden, inwieweit Medien- und Kinderrechteprojekte inzwischen maßgeblich zur Schulentwicklung beitragen.

Den weiteren Ausführungen sei zusätzlich vorangestellt, dass die technische Ausstattung der Schule im Bereich der digitalen Medien qualitativ und quantitativ gewachsen ist. Wurden anfangs einfache digitale Fotokameras, simple Schnittprogramme und Diktaphone verwendet, sind im weiteren Verlauf durch verschiedene Spendenzuwendungen oder Anschaffungen aus dem Schulhaushalt semiprofessionelle Camcorder, Schnittsoftware und Aufnahmegeräte hinzugekommen. Der über mehrere Jahre gestreckte finanzielle

Bedarf für diese Ausstattung hielt sich in einem niedrigen vierstelligen Rahmen. Ebenso lässt sich mit den aktuell verwendeten Smartphones eine Vielzahl qualitativ akzeptabler Aufnahmen bewerkstelligen. Hinsichtlich des Einsatzes der digitalen Medien im Schulalltag hat es sich für die Lehrkräfte als günstig erwiesen, medienpädagogische Fortbildungsangebote regionaler Anbieter in Anspruch zu nehmen.

Die Schule entdeckt die Kinderrechte

Im Jahr 2013 gründete sich erstmalig die Arbeitsgemeinschaft (AG) „Film" an der Grundschule Bad Münder. Über die ersten Erfahrungen mit einfachen Digitalkameras und simpler Schnittsoftware hinaus war es den Kindern in dieser AG schnell ein besonderes Bedürfnis, „echte" Filme zu drehen. „Echt" bedeutet in diesem Zusammenhang das Vorhaben eines Spiel- bzw. Dokumentarfilms, der sich mit einem Thema befassen sollte, das aus dem Schulalltag der Kinder erwächst.

Da zu diesem Zeitpunkt der schon seit Langem von den Kindern bemängelte Zustand der Schüler*innen-Toiletten in der Diskussion war, lag es nahe, hierüber eine Video-Reportage zu erstellen. Mit großem Eifer schrieben die Kinder der Film AG ein Drehbuch, erstellten Requisiten und Kulissen, bereiteten ein Interview mit dem Bürgermeister der Stadt Bad Münder vor und wirkten als Darsteller*innen in vielen Szenen mit. Das Endprodukt trug den Titel „So müsste müssen Spaß machen – eine Reportage zum Thema Schultoiletten" und stieß innerhalb und außerhalb der Schule auf großes Interesse. Bei einem Wettbewerb des Göttinger Instituts für Demokratieforschung wurde der Film sogar prämiert, was die weitere Arbeit der jungen Filmemacher*innen besonders motivierte.

Von nun an waren die Kameras der Film AG immer dabei, wenn es galt, aktuelle Themen aufzugreifen und Beteiligungsprojekte zu begleiten. Auf diese Weise entstanden seit 2013 zahlreiche Spiel- und Dokumentarfilme, die sich z.B. mit Aspekten der Gewaltprävention, der Formen sozialer Ausgrenzung, der Nutzung digitaler Medien, der Schulhofgestaltung oder der Einführung des teilgebundenen Ganztags befassten. Präsentiert wurden die Videofilme in Vollversammlungen, in Klassenvorführungen, auf der Schulhomepage oder auf dem eingerichteten YouTube-Kanal der Schule.

Die auf diese Weise regelmäßig durchgeführten Beteiligungsprojekte und deren digitale Ergebnisse verankerten den Schwerpunkt „Demokratie" in der Schulentwicklung der Grundschule Bad Münder als orientierungsgebendes Leitmotiv, ohne dabei auf die in der UN-Konvention von 1989 verbrieften Kinderrechte explizit Bezug zu nehmen. Dies änderte sich allerdings grundlegend im Zuge eines weiteren Filmprojekts, das im Jahr 2016 seinen Ursprung hatte.

Das Filmprojekt „Auf dem Weg zur Kinderrechte-Schule"

Im Sommer 2016 nahm eine Gruppe von Schüler*innen der Film AG an der bundesweiten Lernstatt Demokratie des Wettbewerbs „Demokratisch Handeln" in Tutzing bei München teil. Die Film AG hatte sich zuvor mit zwei ihrer Medienprojekte erfolgreich bei diesem bundesweiten Demokratie-Wettbewerb beworben. Die Kinder trafen in Tutzing eine Gruppe von Schüler*innen der Schloss-Ardeck-Grundschule aus Gau-Algesheim (Rheinland-Pfalz). Diese waren für ein Kinderrechte-Projekt zur Lernstatt Demokratie ausgewählt worden. Im Rahmen des viertägigen Austausches lernten sich die Vertreter*innen beider Schulen schnell und intensiv kennen und auf Seiten der Kinder der Grundschule Bad Münder wurde das Interesse am Thema „Kinderechte" geweckt. Mit dem Wunsch, die Kinderrechte-Schule in Gau-Algesheim in naher Zukunft einmal zu besuchen, machten sich die Kinder zurück auf den Weg nach Bad Münder. Dort angekommen starteten sie unmittelbar mit den Vorbereitungen zur Umsetzung ihres Wunsches. Knapp ein Jahr später war es dann soweit und eine Gruppe von sechs Kindern aus Bad Münder weilte drei Tage lang in Gau-Algesheim, um an den dortigen Kinderrechte-Projekttagen teilzunehmen.

Im Gepäck hatten die Kinder aus Bad Münder selbstverständlich ihre Camcorder und Aufnahmegeräte, denn im Anschluss an die Reise sollte ein Dokumentarfilm die Mitschüler*innen in Bad Münder auf das Thema „Kinderrechte" einstimmen. Mit großer Anteilnahme filmten die Kinder die von ihren Gleichaltrigen durchgeführten Praxisbeispiele und interviewten dabei selbstständig zahlreiche Gäste. Einen Monat später erlebte der Dokumentarfilm „Auf dem Weg zur Kinderrechte-Schule" gleichzeitig in Gau-Algesheim und in Bad Münder in den jeweils vollbesetzten Schulaulen eine begeisterte Premiere. Der Schüler*innenrat der Grundschule Bad Münder war im Anschluss daran so angetan von dem Film, dass er einen zielstrebigen Entschluss fasste: So eine Projektwoche zum Thema „Kinderrechte" wollen wir auch machen, um die Kinderrechte einmal kennenzulernen. Dieses Bestreben mündete schließlich in einer Projektgruppe, bestehend aus Schüler*innen, Lehrkräften und pädagogischen Fachkräften, die eine besondere Aktionswoche „Kinderrechte" an der Grundschule Bad Münder im Frühjahr 2018 vorbereitete (Schieb 2018).

Der Film „Auf dem Weg zur Kinderrechte-Schule" erhielt 2017 den niedersächsischen „Kinder-haben-Rechte-Preis". In der Jurybegründung heißt es, dass es mit dem Film gelungen sei, „Kinderrechte in Schulen, in Familien und in ganz Bad Münder bekannt zu machen und nachhaltig mit Leben zu füllen" (Niedersächsisches Ministerium für Soziales, Gesundheit und Gleichstellung 2017).

Digitale Mediennutzung in der Aktionswoche „Kinderrechte"

Im Zuge der Vorbereitung der Aktionswoche „Kinderrechte" erwies sich die Beteiligung der Kinder an den Planungen als ausgesprochen sinnvoll und produktiv. Den Erwachsenen in der Projektgruppe wurde anhand vieler Nachfragen der Kinder bewusst, dass das Interesse der Schülerschaft an der Aktionswoche nur dann umfassend geweckt werden kann, wenn Informationen kindgerecht und motivierend vermittelt werden. Hierfür bot sich wiederum die vielfältige Nutzung digitaler Medien an. So entstanden in der Projektgruppe und in weiteren Arbeitsgemeinschaften

- ein Erklärfilm, der den Entstehungsprozess der Aktionswoche „Kinderrechte" transparent machte.
- eine Bildergeschichte in Form einer PowerPoint-Präsentation, die den weiteren Planungsweg zur Umsetzung der Aktionswoche erläuterte.
- eine Tonaufnahme für einen eigens komponierten Kinderrechte-Song, der im Musikunterricht in den Klassen eingeübt wurde.
- mehrere Audio-Werbespots, die im Schulradio und in den Klassen auf die Aktionswoche aufmerksam machten.
- mehrere Hörspiele, die sich exemplarisch mit einzelnen Kinderrechten beschäftigten.
- ein Spielfilm mit dem Titel „Wally setzt sich ein", in dem das Schulgespenst der Grundschule Bad Münder den Kindern bei einer Auseinandersetzung um ihr Recht auf Spiel, Freizeit und Bewegung behilflich ist (siehe Praxisbeispiel 1).

Die Kinder der Projektgruppe stellten ihre Planungen mithilfe eines Teils der o. a. Medien anlässlich des internationalen Kinderrechtetags am 20.11.2017 auf einer Vollversammlung ihren Mitschüler*innen in der Schulaula vor. Auf dieser Basis wurde erfolgreich die Motivation der Kinder in den Klassen geschaffen, sich mit eigenen Ideen an der Aktionswoche zu beteiligen. Die Aktionswoche „Kinderrechte" fand Anfang Juni 2018 unter der Schirmherrschaft des örtlichen Bundestagsabgeordneten mit einer Fülle von einzelnen Veranstaltungen (Auftaktveranstaltung vor dem Rathaus, Kindertheater, Projekttage in den Klassen, Besuch des Niedersächsischen Landtags, Premierenfeier des neuen Spielfilms „Wally setzt sich ein") und einem großen Abschlusstag mit über 1000 Besucher*innen statt, auf dem die Klassen ihre Ergebnisse zu den Kinderrechte-Projekttagen präsentierten (z. B. Ausstellungen, Musik- und Theatervorführungen, Lesungen, Bastel- oder andere Mit-Mach-Aktionen). Selbstverständlich waren zu dieser Aktionswoche Kinder aus der Partnerschule in Gau-Algesheim als Ehrengäste geladen. Sie gestalteten eine eigene Vortragsveranstaltung für die Schülerschaft und beteiligten sich mit eigenen Angeboten an der Durchführung des Abschlusstages.

Mit der Aktionswoche konnte das erklärte Ziel umgesetzt werden, die Kinderrechte in der Schulöffentlichkeit der Grundschule Bad Münder bekannter zu machen. Über die erste Berührung hinaus war sie zudem ein Ausgangspunkt für viele weitere nachfolgende Aktivitäten einzelner Klassen, Lerngruppen oder der ganzen Schule, bei denen der Bezug zu den Kinderrechten immer wieder hergestellt werden konnte.

Kinderrechte als Schwerpunkt der Schulentwicklung

Mit der „Entdeckung" der Kinderrechte in den Jahren 2017 und 2018 hat sich bis heute bei zahlreichen schulischen Gelegenheiten gezeigt, dass pädagogische Diskussionen und pädagogisches Handeln um eine sehr wesentliche Perspektive bereichert werden konnten. Ob auf Elternabenden, Dienstbesprechungen oder im Klassenrat – zunehmend sensibilisierten sich Kinder und Erwachsene für elementare Kinderrechte. Insbesondere die Rechte auf Schutz vor Gewalt und Ausgrenzung, auf angemessene Information, auf Mitbestimmung sowie auf Spiel, Freizeit und Bewegung erhielten besondere Aufmerksamkeit von allen Gruppen.

Dass die Kinderrechte nachhaltig Impulse für die Schulentwicklung erbringen, soll anhand von zwei mediengestützten Projektbeispielen näher erläutert werden. Sowohl das „Jahresthema" als auch das „Schulradio" sind nämlich aus dem Schulalltag der Grundschule Bad Münder nicht mehr wegzudenken.

Kinder bestimmen, gestalten und dokumentieren das Jahresthema der Schule

Mit dem Jahresthema verbindet sich das Ziel, die gesamte Schule, das heißt alle Kinder und Erwachsene, alle Klassen, Lerngruppen oder Gremien, unter einem von den Kindern bestimmten inhaltlichen Schwerpunkt vielfältig einzubinden und zur Mitwirkung an der Schulentwicklung zu gewinnen. Seit dem Jahr 2018 bestimmt der Schüler*innenrat der Grundschule Bad Münder, der sich aus den gewählten Klassensprecher*innen der Jahrgänge 1–4 bildet, einige Wochen nach dem Beginn des Schuljahres das jeweilige Jahresthema. Der finalen Abstimmung im Gremium der Schülervertreter*innen geht dabei stets eine mehrwöchige und intensiv geführte Meinungsbildungsphase voraus. Dabei werden Themenvorschläge gesucht, in der Aula veröffentlicht und diskutiert. Die aus einzelnen Schülervertreter*innen bestehende Vorbereitungsgruppe stellt die Themenvorschläge außerdem den jüngeren Klassen vor und befragt auch die Lehrkräfte und pädagogischen Fachkräfte nach ihren Ansichten und Präferenzen. Nach diesem gründlichen Argumentations- und Abwägungsprozess, in dem die Sicht der Kinder und das Interesse der Schulgemeinschaft im Vordergrund stehen („Was ist uns allen in diesem Jahr eigentlich besonders wichtig? Woran sollten wir als ganze Schule arbeiten?"), berät und beschließt der Schüler*innenrat in einer von allen mit Spannung erlebten Sondersitzung das endgültige Jahresthema. In den vergangenen Jahren waren dies z. B. Themen wie „Natur", „Spielen" oder „Sport und Bewegung".

Nach dem Beschluss sind alle Klassen, Lerngruppen oder Gremien der Schule aufgerufen, sich mit einer Aktion oder einem längerfristigen Projekt mit dem jeweiligen Jahresthema auseinanderzusetzen. Den Zeitpunkt ihres Vorhabens innerhalb des Schuljahres bestimmen die Beteiligten selbst. Die Teilnahme ist grundsätzlich für alle freiwillig, niemand soll sich gezwungen fühlen. Die Erfahrung hat entsprechend gezeigt, dass es für alle Klassen stets eine besondere Herausforderung und Freude war, sich mit einem eigenen kreativen Beitrag an der Ausgestaltung des gemeinsamen Jahresthemas zu beteiligen.

Hinsichtlich der Durchführung sind alle Teilnehmenden angehalten, dass die Kinder das jeweilige Geschehen mit Foto- oder Filmkameras dokumentieren. Die so festgehaltenen Ergebnisse der einzelnen Beiträge werden im Anschluss zunächst in der Projektdatenbank auf der Schulhomepage veröffentlicht. Zum Ende eines Halbjahres werden sie zudem auf den gemeinsam zelebrierten „Jahresausklängen" in der Schulaula in Form eines längeren Videoclips der Schulöffentlichkeit präsentiert. Zusätzlich wird für jedes Jahresthema mit den eingegangenen Fotos und Projektberichten ein großes Poster grafisch gestaltet und im Schulflur aufgehängt. Auf diese Weise schaffen die digital erbrachten Arbeitsergebnisse auf mehreren Ebenen eine nachhaltige Erinnerung an das vielfältige Wirken der Kinder und Erwachsenen unter einer gemeinsamen Zielperspektive. Zugleich empfinden die Beteiligten am Jahresthema die unterschiedlichen Präsentationsformen ihres Engagements als besondere Wertschätzung und werden so motiviert, sich auch im kommenden Jahr verantwortlich für die Schulentwicklung einzusetzen.

Kinder machen Schulradio
Im Jahr 2017 initiierte eine 2. Klasse ein fächerübergreifendes Hörspielprojekt. Über mehrere Wochen beschäftigten sich die Kinder mit ihren Lieblingshörspielen, fanden heraus, mit welchen Mitteln diese arbeiten, schrieben selbst einen Text für ein eigenes Hörspiel, übten die dialogischen Rollen, nahmen gemeinsam Geräusche auf, sprachen die Rollentexte ein und verschafften sich einen Eindruck vom Schneiden eines Audiobeitrags. Der Erfolg ihrer Hörspielproduktion mit dem Titel „Der magische Globus" war für die jungen Radiomacher so gewaltig – das Hörspiel gewann den niedersächsischen Hörspielwettbewerb „Hörwurm" und den Niedersächsischen Medienpreis 2018 –, dass sie in den Klassen einen bebilderten Kurzvortrag über die Entstehung ihres Hörspiels hielten.

Mit diesem motivierenden Erfolg im Rücken war plötzlich das Schulradio der Grundschule Bad Münder geboren. Denn das Interesse, den Zweitklässler*innen mit ihrem Hörspiel nachzueifern, war auf Seiten vieler Kinder und Erwachsener enorm. Federführend erwies sich hierbei die neu geschaffene Schulradio AG, in der interessierte Kinder sich an der ganzen Bandbreite unterschiedlicher Formate eines modernen Radiosenders für Kinder erprobten. Im Laufe der Jahre entstanden so zahlreiche Witze- und Rätselsendungen, Literaturmagazine, Reportagen über wichtige Schulereignisse, Hörspiele zu brisanten Themen, ein kooperatives Audioprojekt mit einer Klasse einer Förderschule für geistige Entwicklung und zwei mit Blick auf die Kinderrechte überaus bedeutsame Podcastserien („Demokratie für Kinder" und der „Miteinander-Podcast"- siehe Extrakästen II und III).

Alle Beiträge für das von den Kindern produzierte Schulradio werden auf der Schulhomepage zum Nachhören veröffentlicht, entsprechende Links über Neuveröffentlichungen gehen per E- oder Schul-App an die gesamte Elternschaft und das Kollegium der Schule. Für einzelne Podcastserien existieren darüber hinaus sogar bundesweite E-Mail-Verteiler. In der Schüler*innen-Bücherei und in den einzelnen Klassenräumen befinden sich zusätzlich sogenannte „Hörstationen" mit Kopfhörern. Auf diesen Mini-Lautsprechern sind alle Schulradiobeiträge auf einer SD-Karte gespeichert. Auf diese Weise können sie von den Kindern mithilfe einer mehrseitigen Programmübersicht in den Pausen oder in Freiarbeitsphasen nachgehört werden.

Fazit und Ausblick

Der Weg der Kinderrechte zur tragenden Säule der Schulentwicklung der Grundschule Bad Münder benötigte einen umfassenden Vorlauf, eine besondere Initialzündung und in dessen Nachgang zahlreiche weitere Impulse. Ohne die vielfältigen Erfahrungen im Bereich der Demokratiepädagogik und hinsichtlich des Einsatzes von digitalen Medien wäre das Thema „Kinderrechte" vermutlich nicht so schnell auf einen fruchtbaren Boden gefallen. Die Einbindung eines unterstützenden Netzwerkes war zur Implementierung der Kinderrechte im Bewusstsein der Kinder und Erwachsenen eine große Hilfe.

Der letztlich mühevollste Schritt war sicherlich, die Kinderrechte weiterhin als Fixpunkte des schulischen Handelns aufrecht zu erhalten. Zum einen ist hierfür die Übertragung von Verantwortung in die Hände der Kinder eine offensichtlich günstige Bedingung. Förderlich sind zum anderen auch hier digitale Medien, um Informationen und Erfahrungen immer mit dem Bezug zu den Kinderrechten angemessen auszutauschen und vielen zugänglich zu machen. Letzteres scheint gerade mit dem Blick auf die Umstände der Pandemiebewältigung in deutschen Schulen von besonderer Bedeutung zu sein. Schließlich konnte man angesichts der umfangreichen Einschränkungen während der Corona-Zeit den Eindruck gewinnen, als träten die Kinderrechte in den Hintergrund.

Deshalb bleibt es in Zukunft umso mehr Aufgabe der Schule, den übergeordneten Stellenwert der Kinderrechte in der pädagogischen Praxis noch deutlicher herauszustellen. Dabei können klug genutzte und von Kindern kreativ gestaltete digitale Medien den Weg der Kinderrechte beleben und die jeweils folgenden Schritte wirkungsvoll begleiten.

Praxisbeispiele

Praxisbeispiel 1: „Wally setzt sich ein" – der Kinderrechte-Spielfilm

Die Kinder der Film AG erarbeiteten unter dem Eindruck der bevorstehenden Aktionswoche „Kinderrechte" für einen Spielfilm das Drehbuch, in dem Wally, das kinderfreundliche Schulgespenst der Grundschule Bad Münder, die Kinder dazu bringt, sich für ihre Rechte zu engagieren. In dem Film „Wally setzt sich ein" bedroht ein reicher Finanzinvestor mit einem Seniorenwohnprojekt den schulnahen Fußballplatz der Kinder von Bad Münder. Gemeinsam mit Wally setzen sich die Kinder für ihr Recht auf Spiel, Freizeit und Bewegung ein, organisieren eine Demonstration vor dem Rathaus und ringen mit ihrem Engagement dem Bürgermeister das Versprechen ab, dass ihr Fußballplatz erhalten bleibt.

Praxisbeispiel 2: Podcastserie „Demokratie für Kinder"
Im Rahmen eines weiteren Netzwerkprojektes mit der Schloss-Ardeck-Grundschule aus Gau-Algesheim entdeckten sechs Kinder der Grundschule Bad Münder im Jahr 2018 ihre Leidenschaft für eine Podcastserie, in der die Themenfelder „Demokratie" und „Kinderrechte" amüsant, kindgerecht und mit konkreten Beispielen für die Hörer*innen anschaulich werden. Die jungen Reporter*innen berichteten in ihrer Serie „Demokratie für Kinder" mit vorbereiteten Fragen und umfänglicher Aufnahmetechnik über engagierte Projekte aus dem eigenen schulischen Umfeld und von benachbarten Grundschulen. Es entstanden zum Beispiel Folgen über Umwelt- und Integrationsprojekte, den Aufbau einer Schüler*innenvertretung, den niedersächsischen Schülerfriedenspreis oder die Lernstatt „Demokratie" des Wettbewerbs „Demokratisch Handeln". Nach und nach erhielt die Podcastserie zunehmende Aufmerksamkeit, die schließlich zu Interviewseinladungen mit bedeutenden Persönlichkeiten mündeten: Sowohl der niedersächsische Kultusminister als auch der niedersächsische Ministerpräsident stellten sich für ein Interview mit den jungen Radiomacher*innen zur Verfügung. Weitere Höhepunkte der Serie waren exklusive Berichterstattungen aus Sicht der Kinder über die Tagung der Deutschen Schulakademie „Schule. Macht. Demokratie. Gute Schulen tun was!" im Dezember 2019 in Berlin bzw. die Verleihung des Demokratie Erleben-Preises 2019 der Deutschen Gesellschaft für Demokratiepädagogik in Hamburg. Bis Anfang 2020 erschienen insgesamt 15 Folgen der Serie „Demokratie für Kinder".

Praxisbeispiel 3: Der „Miteinander-Podcast"
Der plötzliche Verlust der Schulgemeinschaft durch die Corona-Pandemie war im März 2020 ausschlaggebender Grund, dass Miteinander der Grundschule Bad Münder zumindest mit der Stimme aufrecht zu erhalten. Die im Rahmen der Notbetreuung verbliebenen drei Kinder und zwei Erwachsenen schufen spontan den „Miteinander-Podcast", in dem sie täglich aus der Schule berichteten, die Kinder zuhause zum Senden von Sprachnachrichten einluden und natürlich über die vielfältigen Aspekte der Einschränkungen aus dem Blickwinkel der Kinder berichteten.
Das „Ohren-Experiment" (Mohs 2020) erlebte von Sendung zu Sendung eine steigende Resonanz und erreichte nicht mehr nur das Umfeld der Schule, sondern Hörer*innen in ganz Deutschland und Teilen der Welt. Mit zunehmender Dauer der Pandemie und der Wiederaufnahme des Wechselunterrichts veränderte sich der Erscheinungsrhythmus (aktuell einmal pro Woche). Ebenso knüpften die Kinder in der Redaktion mehr und mehr an den Themen an, die bislang im Schulprofil eine bedeutsame Rolle gespielt hatten. Insbesondere

die Frage nach den Kinderrechten in der Pandemie beschäftigte die Kinder. In Telefon-Interviews mit Verbandsvertreter*innen oder Verantwortlichen aus Politik und Verwaltung war es den Kindern wichtig zu erfahren, warum elementare Kinderrechte wie zum Beispiel das Recht auf Spiel, Freizeit und Bewegung oder das Recht auf Beteiligung in der Corona-Zeit eine untergeordnete Rolle spielten.

Gezielt unternahm man in dieser Zeit symbolische Aktionen, zum Teil in Zusammenarbeit mit benachbarten Grundschulen, die den Zusammenhalt und die Aufmerksamkeit für die Kinderrechte betonten, z.B. eine Oster-Aktion, die Miteinander-Stadtrallye, die Gestaltung des Sommerferienprogramms der Stadt oder einen Seilsprung-Flashmob unter dem Motto „Open-Air". Diese Aktionen waren wiederum spannende Vorhaben, über die die Kinder in ihrem Miteinander-Podcast berichten konnten. Bis Mitte Juli 2021 entstanden so insgesamt 88 Sendungen. In dieser Zeit haben sich folgende Rubriken fest etabliert: „Erlebnisse vom Miteinander" – Berichte aus dem Schulleben, „Bücherkiste" – Kinder stellen ihre Lieblingsbücher vor, „Rätsel-Ecke", „Wir sind Kinder einer Welt", „Wally" – Comedy mit dem Schulgespenst, „Musikalische Pause" – Kinder stellen ihre Musikinstrumente vor, „Recorvo" – eine Zeitreisen-Hörspielserie mit Quiz, „Wie soll unsere Schule sein?" – Nachdenken über eine Schule nach Corona, „Kindernachrichten" – Aktuelles, was in der Welt für Kinder und deren Rechte von Bedeutung ist, „Witz der Woche" (Grundschule Bad Münder 2021).

Die kontinuierliche Radioarbeit mit den Schüler*innen der Grundschule Bad Münder hat seitdem eine Vielzahl von Anerkennungen erhalten. So werden die von den Kindern produzierten Beiträge inzwischen regelmäßig beim Regionalsender „radio aktiv" im Kinderprogramm gesendet. Dadurch erhalten die Themen und Anliegen eine noch größere Reichweite.

Literatur

Grundschule Bad Münder (2021): Miteinander-Podcast – Konzept. Online: https://www.gs-badmuender.de/pdf-aktuelles_2021/2021-06-18_sendekonzept_miteinander-podcast.pdf (zuletzt: 25.7.2021).

Mohs, Nina (2020): Das Ohren-Experiment. In: Süddeutsche Zeitung, 2./3.5.2020.

Niedersächsisches Ministerium für Soziales, Gesundheit und Gleichstellung (2017). KinderHabenRechtePreis2017. Online: https://www.ms.niedersachsen.de/startseite/jugend_familie/familien_kinder_und_jugendliche/kinder_jugendliche/kinderhabenrechtepreis/preisverleihung_2017/kinderhabenrechtepreis-2017-158971.html (zuletzt: 23.7.2021).

Schieb, Christoph (2018): Auf dem Kinderrechte-Weg. Grundschüler gestalten ein Demokratieprojekt mit digitalen Medien. In: Gemeinsam Lernen. H. 4/2018. S. 24–28.

Theodor-Heuss-Stiftung (2021): Medaillenträger*in 2021. Online: https://www.theodor-heuss-stiftung.de/der-preis/ (zuletzt: 25.7.2021).

CHRISTIANE VON KIRCHBACH

Schule in Zeiten von Corona: Wie können wichtige Kinderrechte gewahrt werden?

Das Homeschoolingkonzept der Erich Kästner Gemeinschaftsschule Barsbüttel

Die 1992 von Deutschland ratifizierte Konvention für die Rechte des Kindes legt in Artikel 28 fest, dass das Recht auf Bildung, Schule und Berufsausbildung eines der Grundrechte eines jeden Kindes ist. Dieses Recht ist für alle Kinder unter dem Maßstab der Chancengleichheit zu gewährleisten.[1]

Dem in Artikel 28 geforderten Anspruch auf qualitativ hochwertige Bildung für alle werden wir in Deutschland schon unter Normalbedingungen in unserem gegliederten Schulsystem nicht wirklich gerecht. Spätestens seit der PISA-Studie aus dem Jahr 2000 wissen wir, dass das deutsche Bildungssystem sozial ungerecht ist und nicht allen Schüler*innen vergleichbare Bildungschancen ermöglicht. Nun wurde während der Corona-Krise zu großen Teilen im sog. Homeschooling, d.h. auf digitalem Wege, unterrichtet und dadurch wurde die Benachteiligung bestimmter Schülergruppen im Durchschnitt sogar noch verschärft.[2]

„Wir sind eine Schule für alle." – So steht es im Leitbild der Erich Kästner Gemeinschaftsschule. In diesem Aufsatz geht es darum, herauszuarbeiten, wie an der Erich Kästner Gemeinschaftsschule während der Corona-Krise versucht wurde, mit dem Homeschoolingkonzept der Heterogenität ihrer Schülerschaft gerecht zu werden. Diese Heterogenität schlägt sich sowohl im Leistungsvermögen der Schüler*innen, in der sehr unterschiedlichen Unterstützung durch die Elternhäuser als auch in der technischen Ausstattung zu Hause nieder. Das „Kinderrecht auf Bildung" sollte für alle unsere Schüler*innen verwirklicht, alle sollten erreicht und bestmöglich unterstützt werden.

---

1 Vgl. Bundesministerium für Familie, Senioren, Frauen und Jugend (BMFSFJ), Übereinkommen über die Rechte des Kindes. VN-Kinderrechtskonvention Artikel 28.
2 Vgl. zum Beispiel: Anger, Christina, Plünnecke, Axel, Homeschooling und Bildungsgerechtigkeit, Institut der deutschen Wirtschaft (IW) Kurzbericht Nr. 44/2020, Köln.

Vorstellung der Erich Kästner Gemeinschaftsschule

Das Schulprofil
Die Erich Kästner Gemeinschaftsschule besteht seit 25 Jahren und hat sich von Dreizügigkeit zur Fünfzügigkeit entwickelt. Sie hat aktuell 952 Schüler*innen. Momentan werden in den Klassen ca. 10% der Schüler*innen mit folgenden Förderschwerpunkten unterrichtet: Hören, Sozial-Emotional, Autismus und Lernen. Das Ziel, Schüler*innen aller Leistungsniveaus anzusprechen und so die Chancengleichheit für alle zu erhöhen, konnten wir im Laufe der letzten sechs Jahre immer stärker verwirklichen. Dies gelang aufgrund der stetig wachsenden Übergangszahlen von den örtlichen Grundschulen. Da wir die Übergangsquote in den letzten sechs Jahren von 55% auf ca. 90% gesteigert haben, konnten wir immer mehr leistungsstarke Schüler*innen gewinnen, die in den Jahren zuvor noch eines der umliegenden Gymnasien besucht haben. Wir bilden so in unserer Schule den sozialen Mikrokosmos der Gemeinde Barsbüttel[3] fast vollständig ab.

Wir verzichten an unserer Schule gezielt auf äußere Differenzierung und praktizieren das längere gemeinsame Lernen aller Schüler*innen. Unserem Leitbild folgend begreifen wir Unterschiedlichkeit als Chance und folgen empirisch untersuchten Modellen, die den Erfolg des inklusiven Lernens dokumentieren. Dies bedeutet, dass in allen Klassen ein sehr heterogenes Leistungsspektrum vorzufinden ist.

Um den besonderen Anforderungen an binnendifferenzierenden Unterricht gerecht zu werden, betreiben wir seit einigen Jahren kollegiumsweite Fortbildungen in den Bereichen Unterrichtsmethodik/-didaktik und Lernen mit digitalen Medien. Das inklusive Konzept wird unterstützt durch viele Zusatzangebote: Ein wichtiger Baustein unserer Fördermaßnahmen für leistungsstarke Schüler*innen ist hierbei das Fach Weltkunde, das bei uns bilingual angeboten wird; ca. 50% aller Schüler*innen der Jahrgänge 5–10 nehmen am bilingualen Zweig teil, die anderen am deutschsprachigen. Leistungsstarke Schüler*innen werden außerdem durch musisch-ästhetische Zusatzangebote, Enrichment-Kurse[4] oder auch außerunterrichtliche AGs wie z.B. Grünes Klassenzimmer, Orchester, die Schülerzeitungs-, Nachhaltigkeits- oder Medienscout-AG ge-

---

3 Die Gemeinde Barsbüttel liegt am Stadtrand von Hamburg. Die Schule wird von der Gemeinde gut – auch finanziell gut – unterstützt und hat sich ihr Ansehen über Jahre erarbeitet.
4 Die Enrichmentkurse sind ein Bestandteil einer schul- und auch schulartübergreifenden Begabtenförderung. Die teilnehmenden Schüler*innen werden von der Schule nominiert. Die Kurse finden an verschiedenen Stützpunktschulen, z.B. der Erich Kästner Gemeinschaftsschule, statt. Es gibt Kurse zu verschiedenen Themenbereichen, die von den beteiligten Schüler*innen gewählt werden können.

fordert. Für weniger leistungsstarke Schüler*innen gibt es Unterrichtsdoppelbesetzungen, zusätzliche Förderkurse im Ganztagsbereich, Vorbereitungskurse für den Ersten Allgemeinen Schulabschluss und den Mittleren Schulabschluss, Kurse in Deutsch als Zweitsprache oder Nachhilfeangebote.

Technische Ausstattung/Digitalkonzept

Die Verwirklichung der Kinderrechte setzte auch während der Corona-Krise den regelmäßigen Kontakt zu allen Schüler*innen voraus. Dies war ohne die notwendigen technischen Voraussetzungen nicht zu bewältigen. Da wir seit 2014 Modellschule für das Lernen mit digitalen Medien sind, waren wir teilweise vorbereitet. Das digitale Konzept ist elementarer Bestandteil unserer Schulentwicklung. Es besteht aus drei Säulen:
(A) Zwei Koordinatoren zum Lernen mit digitalen Medien
(B) Multiplikatoren in Fachschaften (durch interne/externe Fortbildungen)
(C) Fortbildungen und Austausch im gesamten Kollegium.
Die Lehrer*innen besaßen und verwendeten bereits vor der Krise Diensttablets und fast alle Schüler*innen der Mittelstufe ab Klasse 7 besuchten sog. Tabletklassen. Das heißt, dass sie über ein eigenes Gerät verfügen und im Umgang mit diesem Gerät trainiert sind. Das Tablet wird entweder von den Eltern gekauft oder vom Schulträger leihweise zur Verfügung gestellt.[5] Auch im Bereich des Lernens mit digitalen Medien geht es darum, den Schüler*innen, unabhängig von den finanziellen Möglichkeiten der Eltern, gleiche Bildungschancen zu eröffnen. Die jüngeren Schüler*innen waren im Rahmen des Faches MuT (Methoden und Training) in den Umgang mit den digitalen Geräten eingeführt.

Die ganze Schule verfügt im Rahmen einer Schulkommunikationsplattform über ein in sich geschlossenes Mail- und Dateiensystem. Auch Fünftklässler*innen konnten während der Homeschoolingphase problemlos erreicht werden bzw. ihre Klassenkamerad*innen und Lehrer*innen erreichen. Es existiert innerhalb des Systems ein Aufgabentool, in das zu erledigende Aufgaben abgespeichert und Ergebnisse wieder hochgeladen werden können. An sozial schwächer gestellte Familien mit jüngeren Kindern wurden während der Homeschoolingphase einzelne Geräte für die Arbeit zu Hause ausgeliehen,

---

5 Ca. 2–3 Schüler*innen einer Klasse erhalten ein durch den Schulträger finanziertes Leihgerät. Niemand aus der Klasse hat Kenntnis darüber, ob es sich um ein eigenes oder geliehenes Gerät handelt. Alle Geräte sind absolut identisch.

wenn kein Endgerät zur Verfügung stand. Eine Handvoll Schüler*innen, die zu Hause nicht über eine Internetverbindung verfügten, wurden im Rahmen der Notbetreuung in der Schule unterrichtet. So konnten alle Schüler*innen der Schule sowohl erreicht als auch mit Aufgaben versorgt werden.

Das Homeschoolingkonzept der Erich Kästner Gemeinschaftsschule

Zur Entstehung

Bei unseren Überlegungen zum Homeschoolingkonzept hatte die Aufrechterhaltung der regelmäßigen sozialen Interaktion zwischen Schüler*innen und Lehrer*innen von Anfang an Priorität. Die Schüler*innen untereinander und mit ihren Lehrkräften sollten täglich virtuell Kontakt haben. Dies sollte nicht nur der psychosozialen Unterstützung dienen, sondern den Lernprozess als grundsätzlich aktiven, von Menschen für Menschen initiierten Prozess aufrechterhalten.

Die Herausforderungen waren immens: Ein großer Baustein unserer Unterrichtsentwicklung ist auf kooperative Lernformen ausgerichtet. Den unterschiedlichen Leistungsniveaus unserer Schüler*innen werden wir normalerweise im direkten Kontakt gerecht. Wir arbeiten im Präsenzunterricht mit komplexen Aufgabenstellungen, differenzierenden Materialien und zahlreichen Unterstützungsangeboten. Attraktiver Unterricht besteht aus verschiedenen Sozial- und Arbeitsformen. Wir wollten Unterricht durchführen, durften dabei aber nicht die evtl. auftretenden psychosozialen und ökonomischen Notsituationen der Familien aus den Augen verlieren. Die Schulschließung führte dazu, dass unter Berücksichtigung der komplexen Gesamtsituation ein neues Unterrichtskonzept entwickelt werden musste. Ziel sollte es sein, einen „anderen" guten Unterricht auf digitalem Wege in die Haushalte unserer Schüler*innen zu bringen. Das Recht auf Bildung sollte für alle unsere Schüler*innen, unabhängig von ihren Bedingungen in den Elternhäusern, verwirklicht werden. Dabei sollte weiterhin die Beziehungsebene im Mittelpunkt stehen. Aus diesen Grundgedanken wurde mit einer Gruppe bestehend aus Mitgliedern der Schulleitung, der Gemeinde, des Schulelternbeirates ein Konzept entwickelt. Es entstand am Ende des Schuljahres 2019/20 während des ersten Lockdowns. Die Grundstruktur wurde im Laufe des Schuljahres 2020/21 immer weiter verfeinert und an die sich ständig verändernden Rahmenbedingungen angepasst.[6]

---

6 Im Laufe des Schuljahres kam es auf Grund der ständig wechselnden Bedingungen zu unterschiedlichsten Unterrichtsformen: Wechselunterricht, Hybridunterricht, Vorbereitung von Prüfungsgruppen im Präsenzunterricht.

Konkrete Umsetzung

Die Kernideen des Konzepts für die Phase des Homeschoolings lassen sich in folgenden Punkten zusammenfassen:
- Täglicher Kontakt zu allen Schüler*innen durch Klassen- und Fachlehrer*innen über Videokonferenzen
- Orientierung am regulären Stundenplan
- Verwendung eines strukturierten Aufgabentools zum Stellen der Aufgaben und Hochladen der Ergebnisse
- Beteiligung von 100 % der Schülerschaft.

Wie sah nun Unterricht konkret aus? Die Klassenlehrer*innen starteten den Tag um 7.50 Uhr mit einer kurzen Videokonferenz. Bei diesem morgendlichen Meeting sollte die Beziehungsebene aufrechterhalten und die Schüler*innen sollten bei der Strukturierung des Tages unterstützt werden. Der eigentliche Fachunterricht startete im Anschluss um 8.10 Uhr. Die Schüler*innen bekamen hier über das Aufgabentool Aufgaben und Hilfestellungen, zum Beispiel Erklärvideos, Grafiken und Literaturhinweise, und luden ihre Ergebnisse nach Bearbeitung wieder hoch. Zusätzlich hielten die Fachlehrer*innen während ihrer Unterrichtszeit Videokonferenzen für die Klasse oder Kleingruppen ab und standen bei Nachfragen per Videokonferenz, E-Mail oder Chatprogramm zur Verfügung. Durch das direkte Gespräch war für beide Seiten ein Austausch über die Aufgaben und ein Feedback über Lernstand und Lernfortschritt möglich. Die Arbeitsaufträge sollten auf verschiedenen Anforderungsniveaus gestellt und im Anschluss an die Einführungsphase zur selbständigen Bearbeitung geeignet sein. Bei den Ergebnissen wurden je nach Alter der Schüler*innen angefertigte Fotos bzw. direkt am Tablet erstellte digitale Dokumente hochgeladen.

Um die Motivation hochzuhalten und vielseitige Angebote zu machen, sollten für alle Fächer Aufgaben bereitgestellt werden. Es wurden so nicht nur kognitive Bereiche angesprochen, sondern z. B. auch Sporteinheiten abgehalten und Kunstbilder erstellt. Teilweise wurde während der Klassenmeetings auch in sog. Breakoutrooms gearbeitet, um Gruppenarbeitsphasen zu ermöglichen. Die Schüler*innen haben sich außerdem selbstständig, außerhalb des Klassenunterrichts, mithilfe von Videokonferenzen vernetzt.

Zum Lernen und Lehren per Videokonferenz und Aufgabentool

In den fachlich ausgerichteten Videokonferenzen ging es nicht darum, den in der Schule stattfindenden Unterricht 1:1 abzubilden. Die Konferenzen hatten das Ziel, Lernphasen des Unterrichts zu berücksichtigen, die eine hohe Lehrer*innenaktivität benötigen. Die Aufmerksamkeitsspanne von Schüler*innen ist bei Videokonferenzen in großen Gruppen kleiner als bei echten Zusammenkünften. Umgekehrt erhält man weniger einen Eindruck davon, ob die Teilnehmer*innen noch bei der Sache sind, da die Körpersignale überwiegend fehlen. Daher war es wichtig, die Konferenzen kurz zu halten und sparsam einzusetzen, nach unseren Erfahrungen in nicht mehr als einem Viertel der Unterrichtszeit. Die Länge der Konferenz musste an die Aufmerksamkeitsspanne der Lerngruppe angepasst sein.

Im virtuellen Klassenraum konnte in Themengebiete eingeführt werden, komplexere Aufgabenstellungen konnten erläutert sowie Ergebnisse analysiert oder präsentiert werden. Einen Ausgangspunkt für eine ähnliche Lehr-Lernsituation bot das Flipped-Classroom-Modell. Hier erarbeiten Schüler*innen zu Hause vorab ein Thema, oft mit Erklärvideos. Die per Videokonferenz abgehaltene Unterrichtsstunde diente dann dazu, die erarbeiteten Inhalte anzuwenden, zu erklären, nachzufragen und zu vertiefen. Die Aufgaben wurden mithilfe der Lernmaterialien überwiegend selbstständig bearbeitet, der Grad der Selbstständigkeit war abhängig von der Jahrgangsstufe.

Zur differenzierenden Förderung muss die Konferenz nicht unbedingt in der gesamten Gruppe stattfinden. Gerade die virtuelle Situation bietet auf einfache Weise die Chance, mit den Schüler*innen individuell oder in Kleingruppen kurze Gespräche abzuhalten, da dies die Schüler*innenaktivität und -aufmerksamkeit deutlich erhöht. Beispielhaft sehen die Lernphasen folgendermaßen aus:
(1) Einstieg: individuelle Vorbereitung auf die Aufgabenstellung durch Bereitstellung von Lernvideos, ausgewählten Grafiken und Texten
(2) Erarbeitung: individuelle Bearbeitung der Aufgaben durch die Schüler*innen
(3) Sicherungsphasen: Videokonferenzen mit Gruppen oder einzelnen Schüler*innen, ggf. auch interaktive Elemente wie z. B. ein Padlet.

Ob die Schüler*innen während des Homeschoolings gestellte Aufgaben auf Dauer ernst nehmen und regelmäßig bearbeiten, hängt unserer Erfahrung nach unter anderem von der Qualität der Rückmeldungen durch die Lehrer*innen ab. Diese müssen die Schüler*innenergebnisse auf fachliche Richtigkeit überprüfen und wertschätzen, indem sie sie zum Beispiel für die Weiterarbeit verwenden. Nur dann macht es für die Lernenden auf Dauer Sinn, die Aufgaben regelmäßig und qualitativ gut zu bearbeiten. Es gibt verschiedene Möglichkeiten, Rückmeldungen zu erteilen. Sie können individuell über das Aufgabentool, gesammelt als E-Mail oder in einer Videokonferenz gegeben werden.

Feedback und Evaluation

Ein Kinderrecht ist das Recht auf Mitbestimmung.[7] Zur ständigen Weiterentwicklung des Homeschoolingkonzepts wurden sowohl die Schüler- als auch die Elternschaft und natürlich auch das Kollegium um Rückmeldungen gebeten. In diesem Text konzentrieren wir uns jetzt allein auf die Schüler*innen. Es gab es zwei Schüler*innenbefragungen, die hier auszugsweise vorgestellt und analysiert werden sollen.

Die erste Schüler*innenbefragung

Im Zuge der ersten Umfrage wurde nach dem ersten längeren Lockdown im Juni 2020 die Homeschoolingphase an der Erich Kästner Gemeinschaftsschule evaluiert. Ca. die Hälfte unserer 900 Schüler*innen hat sich an der Umfrage beteiligt. Die Umfrage wurde von den digitalen Koordinatoren initiiert. Es ging bei der Befragung um die Einschätzung der Schüler*innen allgemein zur Qualität des Distanzunterrichts und seinen technischen Voraussetzungen:

95 % gaben an, die technische Ausstattung sei ausreichend gewesen, um gut arbeiten zu können; 86 % gaben an, täglich Kontakt zu ihren Lehrer*innen gehabt zu haben; 93 % stimmten zu, hilfreiches Material und Lernvideos von ihren Lehrer*innen erhalten zu haben, 64 % bewerteten das Homeschooling mit „gut" oder „sehr gut".

Außerdem baten wir im Rahmen der ersten Umfrage um verbale Statements. Es war beeindruckend, wie genau die Schüler*innen das Homeschooling analysieren konnten. Sie schätzten das selbstständige, oft ruhigere Arbeiten und waren stolz, die schwierige Situation gemeinsam mit ihrer Schule gemeistert zu haben. Sie mochten die Vielfalt der Aufgabenstellungen und die Organisation über das Aufgabentool. Sie lobten die persönliche Beratung durch die Lehrer*innen. Sie erkannten die guten technischen Möglichkeiten an und fanden es interessant, das Homeschooling zu erleben. Es wurden kaum Ängste formuliert, im Stoff zurückgeblieben zu sein. Auch die Prüfungsvorbereitung wurde von den betroffenen Schüler*innen positiv beurteilt. Insgesamt vermissten alle vor allem die soziale Interaktion mit ihren Freund*innen und Lehrer*innen. Die Ungeduld, endlich wieder „zusammen zu sein", gemeinsam Spaß zu haben, direkte Fragen zu stellen und gemeinsam arbeiten zu können, war das Hauptanliegen, das formuliert wurde.

---

7   Vgl. Bundesministerium für Familie, Senioren, Frauen und Jugend (BMFSF), Übereinkommen über die Rechte des Kindes. VN-Kinderrechtskonvention Artikel 12.

Hier ein Beispiel von einer Achtklässlerin: *„Ich denke, dass es viele unterschiedliche Meinungen und Vor- und Nachteile gibt. Ich finde es gut, dass wir den Tag, wie gewohnt, gemeinsam als Klasse starten und dort Fragen stellen können. Außerdem, dass wir regelmäßig und in unterschiedlichen Fächern ausreichend Aufgaben bekommen und wir trotzdem Referate halten können, sodass die Arbeit präsentiert werden kann. Mir gefällt, dass wir uns die Aufgaben einteilen können und entscheiden können, wann wir welche Aufgaben des jeweiligen Faches bearbeiten möchten. Es lehrt einen auch, Ordnung zu halten und sich selbst zu organisieren. Ich persönlich erstelle mir am Anfang der Woche einen Plan, wo ich mir aufschreibe, was ich zu tun habe und bis wann ich es abschicken muss. Das hilft mir gut dabei, alles im Blick zu behalten. Wenn ich es fertig bearbeitet habe, lade ich es im Aufgabenmodul hoch und hake es von meiner Liste ab. Allerdings finde ich es schwer, sich Themen selbst zu erklären oder manche Aufgaben zu bearbeiten. Es fehlt einem ein wenig die Sicherheit, das vorsichtshalber noch einmal Nachfragen. Es gibt Tage, da ist man mehr, und Tage, da ist man weniger motiviert. Tage, da fällt einem Vieles schwer oder es wird einem zu viel. [...] Ich dachte zuerst, Homeschooling, das kann was werden, kommt man überhaupt mit? Verstehe ich das dann noch? Aber im Nachhinein bin ich froh, dass es überhaupt möglich ist. Man arbeitet an sich selbst und lernt eine Menge dazu. Man entdeckt viele neue Seiten, die man vorher nie von sich gedacht hätte oder vielleicht nicht erwartet hätte, dass man sowas allein schafft. Danke, dass unsere Schule rund um die Uhr für uns da ist und uns dies ermöglicht hat."* [8]

Die zweite Schülerbefragung – durchgeführt durch die Schüler*innenvertretung

Trotz des positiven Feedbacks der Schüler*innen zur ersten Homeschoolingphase stellte sich in der Schüler*innenvertretung während des zweiten Lockdowns[9] das Gefühl ein, dass die psychischen Probleme der Schüler*innen zunahmen und zu einer Verschlechterung der allgemeinen Situation führten:

> *„Von vielen Schüler*innen und Schülern habe ich mitbekommen, dass das selbstorganisierte Arbeiten ohne viele Möglichkeiten eines mündlichen Unterrichtsgespräches super schwer fällt. Daher wollte ich mich erkundigen, ob es nicht sinnvoll wäre, dysfunktionale Arbeitsweisen (wenn man denn überhaupt in der Lage ist zu arbeiten) durch sinnvolle Stressbewältigungsstrategien umzuwandeln. Lernen zu lernen, Hilfe zur Selbsthilfe. Ich habe das Gefühl, dass viele Schüler*innen davon profitieren könnten. [...] Ich könnte auch versuchen, das mit der SV aufzugreifen."*[10]

Unter anderem, um die Situation nicht allein den Lehrer*innen zu überlassen, entstand bei den Schüler*innen die Idee, eine weitere Umfrage durchzuführen, die sich schwerpunktmäßig mit den sozialen Auswirkungen der Krise beschäftigte. Ziel sollte es sein, eine Art von „Leitfaden" als Unterstützungsinstrument von Schüler*innen für Schüler*innen zu entwickeln, auf die Situation hinzuweisen und auch das Verständnis der Lehrer*innen für die Situation zu erhöhen und sich er-

---

8 Schülerin, 8. Jahrgang.
9 Schj. 2020/21: je nach Klassenstufe unterschiedlich lang; bis zu fünf Monate.
10 Auszug aus einer Mail der Schülersprecherin Marina Stroinigg, 12. Jahrgang, an ihre Klassenlehrerin.

gebende Punkte wie z. B. sinnvolle Stressbewältigungsstrategien in den Unterricht mit aufzunehmen.

Die Umfrage enthielt insgesamt 41 Fragen zur häuslichen Situation, zu sozialen Kontakten, zu Einschätzungen zum Spannungsfeld zwischen Freizeit und Schule, zu Hilfsangeboten in Bezug auf die schulischen Aufgaben, zur Quantität/Qualität der Rückmeldungen durch die Lehrer*innen, zur Beteiligung während der Videokonferenzen, zum Perfektionsanspruch an die eigene Arbeit, zur Qualität der Vorbereitung auf Prüfungen, zur Einschätzung hinsichtlich der allgemeinen Motivation und zum Grad der psychischen Belastung. Sie wurde nach verschiedenen Altersgruppen unterteilt, sodass die Ergebnisse der verschiedenen Altersgruppen[11] bei der Auswertung verglichen werden konnten. Es gab in der Regel vier Antwortmöglichkeiten. Außerdem konnten in Freitextfeldern Wünsche, Tipps und eigene Lösungsstrategien formuliert werden.

Zur Illustration hier ein Beispiel zum Thema „Ausgewogenheit zwischen Freizeit und Schule". Die Abbildung stammt aus der Umfrage der Klassenstufen 7 und 8.

Ergebnisse der Schülerbefragung zur Ausgewogenheit zwischen Freizeit und Schule

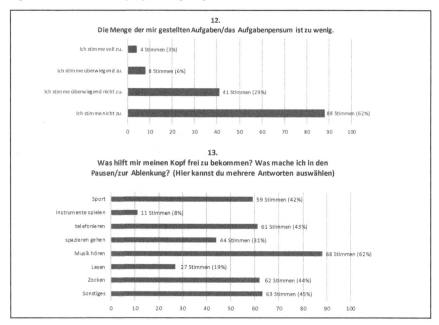

---

11 Gruppen: Jahrgang 5/6, Jahrgang 7/8, Jahrgang 9/10, Jahrgang 11/12 und Jahrgang 13.

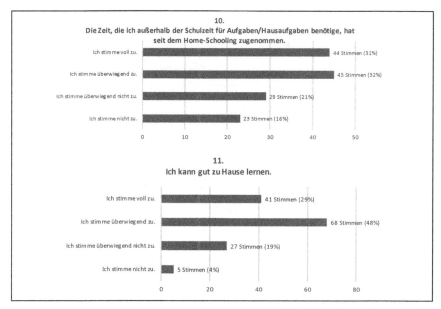

Quelle: Umfrage der Schüler*innenvertretung an der Erich Kästner Gemeinschaftsschule Barsbüttel

Die Umfrage der Schüler*innenvertretung war insgesamt zu umfangreich, um sie hier vollständig darzustellen und auszuwerten. In Absprache mit den beiden hauptverantwortlichen Schüler*innen wurden deshalb einige Punkte ausgewählt:

Frage:	Ergebnis/Interpretation:
1. Ich bin gut mit technischen Geräten und WLAN ausgestattet.	Fast alle Schüler*innen fühlten sich, was die technische Ausstattung anging, gut versorgt.
2. Ich lerne im Homeschooling weniger als im Präsenzunterricht.	Die Mehrheit, ca. 75 % aller beteiligten Schüler*innen, hat angegeben, dass sie im Homeschooling weniger als im Präsenzunterricht gelernt hätte.
3. Ich erhalte von meinen Lehrer*innen ausreichend Rückmeldungen und Unterstützungsangebote.	Hier fiel auf, dass die Qualität der Rückmeldungen und auch Unterstützungsangebote laut Einschätzung der Schüler*innen immer weiter abnahm, je älter die befragten Schüler*innen waren. Während der 5. und 6. Jahrgang mit den Rückmeldungen weitgehend sehr zufrieden waren, zeigten sich die Schüler*innen der Mittelstufe zufrieden, die Oberstufenschüler*innen waren zunehmend unzufriedener.

4. Ich schätze meine Kompetenzen in Bezug auf das Homeschooling positiv ein.	Auch hier fällt die unterschiedliche Einschätzung der Schüler*innen abhängig von ihrer Jahrgangsstufe auf. Die Schüler*innen der Mittelstufe schätzten ihre Kompetenzen mehrheitlich positiv, die der Oberstufe etwas negativer ein. [12]
5. Ich möchte meine Aufgaben gerne perfekt erledigen.	Die Schüler*innen aller Jahrgangsstufen gaben mehrheitlich an, ihre Aufgaben perfekt erledigen zu wollen.
6. Ich leide unter Stress und im Vergleich zum Präsenzunterricht erhöhter psychischer Belastung durch: Abgabefristen, Angst vor der Bewertung der Aufgaben und vor der Bewertung der mündlichen Mitarbeit.	In allen Jahrgängen gaben ca. 75 % der Schüler*innen an, von den Abgabefristen unter Druck gesetzt zu werden. Ca. die Hälfte der Schüler*innen gab an, Angst vor der Bewertung der Aufgaben aus dem Aufgabentool sowie der Bewertung der mündlichen Mitarbeit während der Videokonferenzen zu haben.

Ergänzende Auswertung zu Punkt 6[13]:

---

[12] Wir vermuten, dass die Diskrepanz zwischen jüngeren und älteren Schüler*innen mit der abnehmenden Unterstützung durch die Elternhäuser zusammenhing. Außerdem war es für uns Lehrer*innen schwieriger, qualifizierte und für den Lernprozess hilfreiche Rückmeldungen zu geben.

[13] Die Grafiken drücken durchschnittliche Zustimmungswerte aus. Es gab pro Frage vier Antwortmöglichkeiten. Bei voller Zustimmung wurden 4 Punkte zugrunde gelegt, bei überwiegender 3 Punkte, überwiegend geringer 2 Punkte, ohne Zustimmung 1 Punkt.

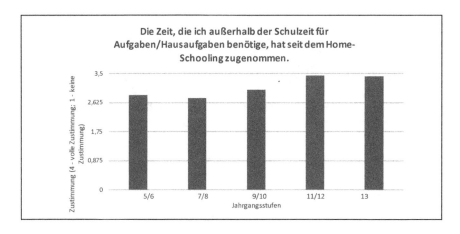

Im Vergleich zur ersten Umfrage fällt auf, dass die Schüler*innen ihre eigenen Kompetenzen in Bezug auf das Homeschooling weiterhin positiv einschätzten. Trotzdem wurde mehrheitlich festgestellt, dass insgesamt weniger als im Präsenzunterricht gelernt wurde (Punkt 2). Dies wurde diagnostiziert, obwohl vor allem die älteren Schüler*innen angaben, sehr viel Zeit und Energie in die Homeschoolingphase investiert zu haben. Sie gaben an, für die Schule mehr Zeit als während des Präsenzunterrichts aufgewendet und die Balance zwischen Schule und Freizeit teilweise verloren zu haben. Sie hätten sich teilweise sehr belastet und gestresst gefühlt (Punkt 6). An diesem Punkt gibt es unserer Meinung nach einen Erklärungsansatz für die mit Dauer der Homeschoolingphase zunehmende Frustration der Schüler*innen. Wer mehr Zeit für die Schule aufwenden muss und trotzdem das Gefühl hat, weniger zu lernen, ist natürlich unzufrieden und kommt zunehmend unter Druck.

Wie den verbalen Statements der Umfrage zu entnehmen war, resultierte der hohe Zeitaufwand während des Homeschoolings nicht nur aus dem Umfang der Aufgaben, sondern auch aus den oft sehr langen Videokonferenzen, die noch zusätzlich zu den gestellten Aufgaben zu erledigen waren. Es wurde von uns Lehrer*innen mehr „Augenmaß" in Bezug auf die Quantität der Aufgaben eingefordert. Die Bedeutung der Rückmeldungen durch die Fachlehrer*innen wurde noch einmal deutlich. Außerdem haben viele Schüler*innen darauf hingewiesen, dass Phasen des gemeinsamen Arbeitens auch im Homeschooling Motivation und Zufriedenheit erhöhten. Als unabhängig von unserem Einflussbereich wurde vor allem die Funktion von Familie, Haustieren, Freunden, Musik und auch Hobbys als Ausgleich für die fehlende soziale Interaktion hervorgehoben.

> *Die Schülervertreterinnen haben folgendes Statement zum Abschluss formuliert: „Wir, die Schülervertretung der Erich Kästner Gemeinschaftsschule, haben auf Grundlage der Umfrageergebnisse Tipps entwickelt, um uns selbst und anderen während des Distanzlernens zu helfen. Beispielsweise ist es wichtig, auf sich zu achten und während der Arbeitsphasen Pausen einzulegen, indem man durch Bewegung, frische Luft o. Ä. den Kopf frei bekommt. Außerdem ist es wichtig, dass Schüler*innen sich bei Problemen oder Fragen trauen, auf die Lehrer*innen zuzugehen. Aus diesem Grund würden wir uns von der Schule wünschen, dass in Zukunft mehr Fokus auf selbstorganisiertes Lernen und auf einen adäquaten Umgang mit Stress gelegt wird.*[14]

Auswertung der Homeschoolingphase

Folgerungen für unsere Unterrichtsentwicklung

Wie von den Schüler*innensprecher*innen dargestellt, war während der Corona-Krise zusätzlich zur kompetenten Unterstützung durch die Lehrer*innen die Fähigkeit des selbständigen Arbeitens zur Verwirklichung des „Kinderrechts auf Bildung" entscheidend. Um das Recht auf Bildung wahrzunehmen, waren die Schüler*innen darauf angewiesen, ihren Lernprozess eigenständig zu organisieren und zu strukturieren.[15]

Obwohl die Mehrheit der Lernenden in der ersten Umfrage angab, dass sie über selbstständige Arbeitsformen verfügten und diese erfolgreich anwenden konnten, haben wir gemerkt, dass die Heterogenität unserer Schülerschaft hier durchaus eine Herausforderung darstellte und diese Kompetenz auch in der Zukunft unablässig trainiert werden muss. Zur Verbesserung der Unterrichtsqualität und somit zur Erhöhung der Chancengleichheit sollten wir außerdem digitale Anteile aus dem Homeschooling während des Präsenzunterrichts beibehalten, d.h. zum Beispiel das Aufgabentool weiterhin nutzen und Formen des Blended Learning[16] stärker in unseren Schulalltag integrieren. Im Homeschooling hat sich gezeigt, dass sich einführende, erklärende Unterrichtssequenzen sehr gut in Form von vorbereiteten Erklärvideos in den Unterricht einbeziehen lassen. Schüler*innen können diese Erklärung in ihrem individuellen Tempo aufnehmen und ggf. wiederholt ansehen und die Lehrkraft gewinnt die Möglichkeit, parallel auf individuelle Fragen und Probleme einzugehen. Die hohe Bedeutung einer guten Feedbackkultur wurde durch die Homeschoolingphase

---

14 Zitat der Schülersprecherinnen vom 7.9.21
15 Die Voraussetzungen wurden im Rahmen unseres Methodenfaches (MuT) gelegt. Das Fach wird mit zwei Wochenstunden von Klasse 5–9 unterrichtet. Ziel dieses Faches ist es, u.a. Methoden der Selbststrukturierung zu lernen und anzuwenden.
16 Online- und Präsenzanteile von Unterricht werden sinnvoll miteinander verknüpft.

noch einmal unterstrichen. Vor allem die älteren Schüler*innen gaben an, dass sie sich hier während des Fernunterrichts allein gelassen fühlten. An diesem Punkt hätte sich die von den Schüler*innen wahrgenommene Diskrepanz zwischen Aufwand und Erfolg der Homeschoolingphase sicherlich verringern lassen. Die Homeschoolingphase hat gezeigt, wie stark erfolgreiches Lernen von guten Rückmeldungen abhängt. Sie müssen offensichtlich im Fern- wie im Präsenzunterricht stattfinden, damit der Lernprozess als Erfolg wahrgenommen wird.

Aufbauend auf diesen Erfahrungen und immer ausgerichtet auf das Ziel, allen unseren Schüler*innen die bestmöglichen Bildungschancen zu ermöglichen, planen wir folgende Schritte hinsichtlich der weiteren Schul- und Unterrichtsentwicklung:

Eine veränderte Aufgabenkultur (komplexe Aufgabenstellungen, hohe Eigenaktivierung),[17] ein verändertes Raumkonzept (Lerninseln, Differenzierungsräume), Weiterentwicklung von MuT zur Selbstlernzeit, weitere Differenzierungsangebote (3. Fremdsprache, Projektkurse), als Gegenpol zum digitalen Angebot: Ausbau des Ästhetikbereichs, Achtsamkeitstraining sowie Möglichkeiten von direkter Naturerfahrung.

Folgerungen für uns als Schulgemeinschaft einer Gemeinschaftsschule
Unabhängig von allen Unzulänglichkeiten haben uns sowohl die Schüler*innen als auch ihre Eltern eine erfolgreiche Homeschoolingphase attestiert. Nur weil es gelang, die Beziehungsebene, den regelmäßigen, zumindest virtuellen Kontakt mit den Schüler*innen und Elternhäusern, zu erhalten, konnte das Homeschooling erfolgreich sein. Wir haben es im Großen und Ganzen geschafft, nicht nur den Lernprozess aufrecht zu erhalten, sondern auch den Schüler*innen jeden Morgen gut gelaunt entgegenzutreten, sie zu trösten, zu motivieren und für ihre Sorgen und Nöte da zu sein.[18]

Unsere Einschätzung zu den Folgen des Distanzunterrichts ist, dass Lücken im Lernstoff zwar vorhanden, aber überschaubar sind und aufgearbeitet werden können. Besonders durch die zweite Umfrage haben wir erfahren, dass trotz aller Bemühungen auch unsere Schüler*innen während der Corona-Zeit zum Teil ge-

---

17 Die genannten Punkte sind aufeinander bezogen, teilweise voneinander abhängig.
18 Wie bereits dargestellt, sollten wir bei vergleichbaren Situationen versuchen, den Fokus noch mehr auf das Thema „Rückmeldungen" zu richten, da dieser Punkt vor allem bei den Älteren als unbefriedigend wahrgenommen wurde.

litten haben. Trotz des täglichen virtuellen Kontakts war es für die meisten eine schwerwiegende Belastungssituation. Die Umfrage der Schüler*innenvertretung hat gezeigt, worauf nach der Pandemie der Fokus zu richten ist. Es geht weniger um verpasste Inhalte. Es geht vor allem darum, die psychosozialen Folgen der Homeschoolingzeit aufzuarbeiten. Die Pandemie hat uns auf deutliche Weise gezeigt, dass soziale Prozesse für psychische Gesundheit und erfolgreiches Lernen unverzichtbar sind. Diese gilt es nun zu stärken, um möglichst schnell zu alter Lebensfreude, Motivation und Leistungsbereitschaft zurückzufinden. Ein Lösungsansatz sind zum Beispiel zwei Klassenlehrer*innentage nach den Ferien, der verstärkte Einsatz kooperativer Unterrichtsmethoden und vor allem ein Schulkonzept, das immer mit einbezieht, dass erfolgreiches Lernen nur an einem lebendigen Ort stattfinden kann, an dem man seine (Kinder-) Rechte gewahrt sieht und sich willkommen und aufgehoben fühlt.

Unserer Meinung nach haben wir die Wahrung der Kinderrechte mit ihrem Recht auf Bildung und Chancengleichheit für alle ernst genommen und konnten unseren Leitsatz „Eine Schule für alle" auf diese besondere Situation übertragen. Die berichteten Erfahrungen zeigen, dass Schüler*innen sich mit wichtiger Rolle am Lern- und Bildungsprozess in ihrer Schule beteiligen können, und zwar bei der Entwicklung und Überarbeitung des Konzepts, bei der praktischen Umsetzung und der begleitenden Evaluierung. Unsere Schule hat die Beteiligungsrechte der Kinder und Jugendlichen respektiert, die Schüler*innen haben sie in Anspruch genommen und dazu beigetragen, dass unter schwierigen Bedingungen das Lernen weitergeführt werden konnte und viele Schüler*innen die Homeschoolingphase zwar als herausfordernd, aber letztendlich doch auch als kompetenzerweiternd wahrnahmen.

Folgerungen bezogen auf die Schullandschaft in Deutschland

Die Ausnahmesituation des Homeschooling hat außerdem deutlich gemacht, dass die technische und räumliche Ausstattung einer Schule eine notwendige Voraussetzung dafür darstellt, dass Schulen ihren Auftrag zur Wahrung der Kinderrechte in Corona-Zeiten und natürlich auch sonst erfüllen können. Viele Schulen mussten scheitern, da ihnen und auch ihren Schüler*innen die nötigen Ressourcen für diese Notsituation nicht zur Verfügung standen. Eine angemessene und besonders auch digitale Ausstattung kann und darf nicht vom Etat des Schulträgers und der Eltern abhängen, sie ist eine bildungspolitische Verantwortung und sollte allen Schüler*innen in Deutschland zugänglich gemacht werden.

Die in Artikel 28 der UN-Kinderrechtskonvention geforderte Chancengleichheit ist durch das auf Selektion angelegte Schulsystem nicht gegeben.[19] Um das Kinderrecht auf Bildung für alle Gesellschaftsschichten gleichberechtigt umzusetzen, sollte der Bildungsweg länger offengehalten werden und weniger durch fehlende familiäre Unterstützungssysteme eingeschränkt sein. Gemeinschaftsschulen können nicht als „Restschulen", sondern nur mit einer „gesunden Heterogenität" für alle Schüler*innen gute Schulen sein, das heißt, wenn die Mischung innerhalb der Schülerschaft stimmt, wenn leistungsstarke und leistungsschwächere Schüler*innen zusammen unterrichtet werden und so voneinander profitieren. Die Corona-Krise hat diese Problematik des mehrgliedrigen Schulsystems nicht geschaffen, aber den Fokus darauf gelegt, welche Bedingungen gegeben sein müssen, damit das Recht auf Bildung und Chancengleichheit für alle gesellschaftlichen Schichten gleichermaßen erfüllt werden kann.

Wir konnten mit unsere Homeschoolingkonzept nicht nur deshalb erfolgreich sein, weil alle unserer Schüler*innen, unabhängig von ihrer häuslichen Situation, mit digitalen Geräten ausgestattet waren, sondern vor allem aus dem Grund, weil die „gesunde" Mischung der Schülerschaft dazu geführt hat, dass die sozialen Probleme überschaubar blieben und von den Schüler*innen mithilfe ihrer Lehrer*innen in der Regel bewältigt werden konnten.

Wir danken, in diesem Zusammenhang allen Mitgliedern unserer Schulgemeinschaft, die sich tagtäglich für unsere Schule einsetzen.[20] Zwei Gruppen möchten wir in diesem Zusammenhang besonders hervorheben: Zum einen die Eltern, die durch ihr Vertrauen in unsere Schule und ihre stets aktive Mitgestaltung unserer Schule dazu beitragen, dass wir eine „richtige Gemeinschaftsschule" mit Schüler*innen aller Leistungsniveaus sein können. Außerdem unsere tollen Schüler*innen, die mit Engagement ihr Recht auf Mitbestimmung wahrnehmen und mit ihrer solidarischen Haltung zueinander die „Schule für alle" erst möglich machen. Als Autorin dieses Aufsatzes bedanke ich mich speziell bei Anna Sönnichsen und Marina Stroinigg, die als Mitglieder der Schüler*innenvertretung sowohl die zweite Umfrage initiiert als auch die Erstellung dieses Aufsatzes kritisch begleitet haben.

---

19 Vgl. Bundesministerium für Familie, Senioren, Frauen und Jugend (BMFSFJ), Übereinkommen über die Rechte des Kindes. VN-Kinderrechtskonvention Artikel 28.
20 Eltern, Schulträger, Kollegium, Schulleitung, Schüler*innen

Literatur

Anger, Christina, Plünnecke, Axel, Homeschooling und Bildungsgerechtigkeit, Institut der deutschen Wirtschaft (IW) Kurzbericht Nr. 44/2020, Köln.

Bundesministerium für Familie, Senioren, Frauen und Jugend (BMFSFJ), Übereinkommen über die Rechte des Kindes. VN-Kinderrechtskonvention; Online: https://www.bmfsfj.de/resource/blob/931 40/78b9572c1bffdda3345d8d393acbbfe8/uebereinkommen-ueber-die-rechte-des-kindes-data.pdf

Kinderrechtepraxis:
Projekte über die Schule hinaus

MARTIN SPÄTLING SOWIE EIN SCHÜLERINTERVIEW MIT
FABIO BEIJ, LILLI FOURNÉ (JG. 8), JONAH NOWACK, POLLY
ZOWORKA, ELENA LANCÉ (JG. 9)

Lernkonzept, Kinderrechte und Global Goals an der 4. Gesamtschule Aachen

Die Schule und ihr Lernkonzept

Die 4. Gesamtschule Aachen ist 2011 in der Nachfolge einer auslaufenden Realschule gegründet worden. Sie hat aktuell ca. 830 Schüler*innen der Jahrgangsstufen 5–13, etwa 75 Lehrkräfte sowie 3 Schulsozialarbeiter*innen und weiteres Personal (Sekretärinnen, Hausmeister, das Multiprofessionelle Team (MPT), Künstler*innen). Mit den Erfahrungen aus dem Gründungsjahr wurde schnell klar, dass die Schule sich systemisch anders aufstellen wollte, um den Bedarfen von Bildung im 21. Jahrhundert genügen zu können. Ab dem zweiten Jahr wurde auf ein Lernkonzept umgestellt, dass Individualität und Selbstständigkeit durchgängig fordert und fördert. Grundlegend für die nachhaltige Umsetzung dieses Konzepts waren Haltung und Struktur.

Haltung
Grundlegend soll allen Schüler*innen Verantwortung für ihr Lernen zugetraut werden und die Lehrer*innen verstehen sich verstärkt als Lernbegleiter*innen. Schwerpunktaufgabe der Lehrkräfte sind entsprechend neben dem Erstellen und Überarbeiten der Lernmaterialien und der Durchsicht der Schülerarbeiten die Beratung und Leistungsrückmeldung an die Schüler*innen. Als Schule im Aufbau hatte die 4. Gesamtschule die Möglichkeit, durch die schulische Auswahlkommission die Lehrereinstellung beeinflussen zu können und jeder Bewerberin/ jedem Bewerber klar zu machen, welche pädagogischen und didaktischen Grundsätze für die Lehrkräfte verbindlich sind und welche Strukturen von Stundenplan, Lerngruppenbildung und Lehrerkooperation gelten. Das hatte zur Konsequenz, dass Lehrkräfte zunehmend im Sinne der pädagogischen Geschlossenheit an einem Strang ziehen und dies auch von den Schüler*innen so wahrgenommen wird.

Struktur
Jeder Schultag beginnt mit dem Gemeinsamen Anfang im Klassenverband mit der Tutorin oder dem Tutor. Dabei werden Vorhaben und Klassenangelegenheiten besprochen, wo nötig Konflikte geklärt sowie der Blick auf den anstehenden Tag und die anstehende Woche geworfen. Neben den traditionellen Unterrichtsformaten sind für das Lernkonzept der 4. Gesamtschule drei Lernsäulen grundlegend:
- Die vierstündigen **Werkstätten** aus den Bereichen Kultur, Gesellschaft und Arbeitslehre werden von den Schüler*innen halbjährlich nach Neigung und Interesse gewählt. Fächerübergreifendes Arbeiten und Produktorientierung sowie Jahrgangsmischung sind zentrale Elemente dieses Formates.
- In den **Projektzeiten** – vierstündig in jeder Jahrgangsstufe – wird von den Schüler*innen verlangt, sich aus vorgegebenen Oberthemen aus den Naturwissenschaften und der Gesellschaftslehre selbst ein Schwerpunktthema zu suchen, andere davon zu überzeugen, damit sie sich dem Team anschließen, das das Thema bearbeitet, und die Ergebnisse in einer Präsentation der Klasse vorzustellen. Im Projektabschnitt, i.d.R. ca. 6 Wochen, sind Meilensteinsitzungen fest eingeplant, in denen die Gruppen gefordert sind, ihren eigenen Arbeitsprozess zu reflektieren, Hindernisse zu identifizieren und Lösungen zu effektiverem Arbeiten zu finden. In diesem Format wird ganz besonders erwartet, dass externer Sachverstand eingeholt wird: Unter vorgegebenen Regeln dürfen und sollen die Gruppen die Schule verlassen und Kontakt mit Fachleuten aufnehmen, dessen Ergebnisse in die abschließende Präsentation fließen. Lehrer*innen begleiten die Teamarbeit, sind aber eben nicht Taktgeber bzw. Belehrende.

- Das Lernbüro ist ein individualisierter Prozess, ein reiner Ich-Prozess: Jeden Tag bestimmt der/die Schüler*in, in welches Lernbüro (Deutsch, Mathematik, Naturwissenschaften, Englisch, Gesellschaftslehre) er bzw. sie geht. Dort erwartet die Schüler*innen ein Fachraum mit Bausteinen, die aus Lernmaterialien und Aufgabenstellungen bestehen. Sie sind didaktisch auf drei unterschiedlichen Niveaustufen ausgearbeitet, sodass alle Schüler*innen mit ihren heterogenen fachlichen Fähigkeiten „andocken" können. Bausteine schließen i.d.R. mit einem Test ab, den die Schüler*innen dann schreiben, wenn sie den Baustein vollständig bearbeitet haben.
- Im Logbuch halten die Schüler*innen fest, woran sie gearbeitet, welche Aufgaben sie erledigt und was sie gelernt haben. Es ist die Grundlage für die Lern- und Entwicklungsberatung der Schüler*innen, für die drei Mal die Woche beide Tutor*innen eine Zeitstunde in ihrer Klasse sind und jeweils ca. 14 Schüler*innen beraten. Zudem hilft das Logbuch enorm als Dokumentation und Orientierungshilfe im kommunikativen Dreieck Schüler*innen – Eltern – Lehrer*innen.

Wichtig: Die 4. Gesamtschule ist eine ganz „normale" öffentliche Schule. Schulträger ist die Stadt Aachen, als Schulaufsicht ist die Bezirksregierung Köln zuständig. Die Struktur von Lernbüro, Projektzeiten und Werkstätten wurde in der Planungsphase zwischen der (designierten) Schulleitung und der Schulaufsicht ausgehandelt, indem die Schule genau nachwies, wie in diesem Konzept die vorgesehene Stundentafel abgedeckt und wie bei fachübergreifendem Lernen die Fachlehrpläne berücksichtigt und umgesetzt werden. Da gab es auf Seiten der Schulaufsicht durchaus Misstrauen, aber das beruhigte sich, als die ersten zentralen Lernstandserhebungen zeigten, dass die Schüler*innen überdurchschnittliche Leistungsergebnisse vorlegten.

Was kommt bei den Schüler*innen an?

Schulische Konzepte und Strukturen sind wichtig. Sie sorgen dafür, dass die Lehrer*innen gleichsinnig arbeiten und die Schüler*innen wissen, woran sie sind, was von ihnen erwartet wird und was sie von der Schule erwarten können. Entscheidend ist aber nicht das Konzept, sondern das, was bei den Schüler*innen ankommt.

Dazu Äußerungen von Schüler*innen, die Mitglieder der Global-Goals-Gruppe sind, im Interview:

- Für sie ist das Wichtigste Vertrauen: Das Vertrauen der Lehrer*innen darauf, dass die Schüler*innen lernen und Verantwortung für ihr Lernen und ihre Entwicklung übernehmen wollen.
- Dieses Vertrauen und das Gefühl, dass einem Respekt und Anerkennung entgegengebracht wird, sind auch die Basis dafür, die individuell bestmöglichen Leistungen zu bringen. Der Schlüssel dafür: kein Druck, sondern Zutrauen.
- Als Zeichen des Vertrauens erleben sie auch, dass das Lehrerzimmer eine Glaswand hat, also alle, auch die Schüler*innen, Einblick nehmen können, während man an anderen Schulen den Eindruck haben kann, das Lehrerzimmer sei ein Geheimkabinett.
- Dieses Vertrauen ermöglicht, dass den Schüler*innen Selbstständigkeit zugetraut wird und sie in einem klar strukturierten und zugleich offenen Raum selbst Entscheidungen treffen können.
- Die Folge: Jede*r Schüler*in muss sich selbst organisieren. Ein Beispiel: Es gibt keine Schulklingel und jede*r muss selbst darauf achten, nach Pausen wieder rechtzeitig im Unterricht zu sein.
- Die Lehrer*innen helfen, wenn Schüler*innen Hilfe brauchen, und beraten, ohne die Beratung aufzuzwingen. Hilfreich ist dabei vor allem, dass die Beratung individuell an die einzelnen Schüler*innen und ihren Beratungsbedarf angepasst ist.
- Bei den Bausteinen im Lernbüro können sich die Schüler*innen Sachen auch wechselseitig beibringen. Das fördert das Lernen. Denn Mitschüler*innen können manchmal besser erklären, weil sie die Lernschwierigkeit ihrer Mitschüler*innen besser verstehen, sie vielleicht selbst erlebt haben und sich besser in die Mitschüler*innen hineinversetzen können.
- Das Lernbüro ermöglicht, das Lernen an der eigenen Motivation und nicht am vorgegebenen Stundenplan zu orientieren. Zugleich gibt es eine rahmende Struktur durch die Aufgaben und die Fristen, bis zu denen Aufgaben bearbeitet sein sollen. So viel Freiraum wie möglich und so wenig Vorgaben wie nötig.
- Die unterschiedlichen klassen- und jahrgangsübergreifenden Lerngruppen bieten die Möglichkeit zusätzlicher, über die eigene Klasse und den eigenen Jahrgang hinausgehender Beziehungen. Das fördert die Menschenkenntnis und hilft beim Umgang mit Menschen im Alltag und später im Leben und im Beruf. Das führt auch zu einem Gefühl enger Verbundenheit mit den Mitschüler*innen. So gibt es eine gute Balance zwischen Individualität und Zusammenhalt und durch diese Balance fördert die Schule auch die Persönlichkeitsentwicklung.

- Positiv ist hier auch, dass jüngere Schüler*innen von den älteren lernen können, wenn diese ihre Erfahrungen, wie man lernt und Probleme löst, an sie weitergeben.
- Der Zusammenhalt und die Persönlichkeitsentwicklung werden zudem durch gezieltes Sozialtraining, vor allem in den Jahrgangsstufen 5 und 7, gefördert.
- Da das Lernen an außerschulischen Lernorten und mit außerschulischen Kooperationspartnern selbstverständlicher Bestandteil des schulischen Lernangebots ist, kann man ebenso wie durch schulische Aktionen und Projekte konkrete Folgen und Ergebnisse des eigenen Handelns erleben. Das ist als Rückmeldung wichtiger als Noten.
- Solche Aktionen sind auch Erlebnisse, die mit positiven Emotionen verbunden sind, und das trägt zur Nachhaltigkeit des Lernens bei.
- Bei schlechten Noten, die es natürlich auch gibt, werden Schüler*innen beraten, aber es wird kein Druck ausgeübt. Nach jedem Test gibt es eine Rückmeldung, was man besser machen kann. Im Einzelfall werden auch mal andere Aufgaben gestellt. Aber auch bei guten Leistungen gibt es eine Rückmeldung, was warum gut war und wo die Schülerin/der Schüler sich noch verbessern kann.

Fazit nach Aussage der Schüler*innen:
Jede*r kann an der 4. Gesamtschule seinen/ihren eigenen Weg mit dem für sie oder ihn passenden Lerntempo gehen und niemand wird abgehängt. Jede*r kommt zu seinem Ziel, aber auf unterschiedlichen Wegen. „Wir werden an dieser Schule super auf das vorbereitet, was später im Beruf von uns erwartet wird und was wir für die Bewältigung der Aufgaben brauchen, die das Leben stellt."

Die Kinderrechte an der 4. Gesamtschule

Das Lernkonzept der 4. Gesamtschule orientiert sich an den wesentlichen Kinderrechten gemäß der UN-Kinderrechtskonvention, insbesondere an dem Grundgedanken, dass Kinder nicht (nur) Objekte von Fürsorge und Förderung, sondern Subjekte mit eigenen, ihnen als Kindern innewohnenden Rechten sind. In diesem Sinne achtet die Schule die Autonomie der Kinder. Sie wählen aus, woran sie arbeiten und was sie lernen wollen, und sie übernehmen auf diese Weise Verantwortung für ihr eigenes Lernen. Das Logbuch macht dabei deutlich, was die Anforderungen in den einzelnen Fächern sind, und damit auch, dass es nachteilige Konsequenzen haben kann, wenn einzelne Fächer und Aufgaben zu sehr vernachlässigt werden. Dazu dient auch die Beratung durch die Tutor*innen. Sie fördert die Autonomie, indem sie Anregungen gibt und die Schüler*innen auf mögliche Konsequenzen der Lernwege und -entscheidungen hinweist, aber ihnen nicht die Entscheidung abnimmt und eigene Vorgaben aufzwingt.

Zugleich richtet sich der Blick der Schule und der Schüler*innen auf die Kinder in aller Welt, insbesondere in armen Ländern. Dazu haben 2016 drei Schüler*innen nach einem sehr intensiven Workshop-Wochenende mit Terre des Hommes in Osnabrück das Kinderrechte-Team Ayudamos gebildet. Diese Workshops sind inzwischen gute Tradition und jedes Jahr nehmen Schüler*innen daran teilen.

Zu ihrer Arbeit und ihren Aktionen schrieben die Schüler*innen des Teams:
„Bei den regelmäßigen Treffen in den Pausen und in der Weltretter AG beschäftigen wir uns […] mit den Kinderrechten und planen Aktionen, um hier in der Schule und in der Stadt auf die zum Teil sehr schwierige Situation von Kindern weltweit aufmerksam zu machen.

Hier sind einige wenige Beispiele unserer Aktionen:
- Wir haben in Burtscheid, einem Aachener Stadtteil, Spenden gesammelt, indem wir auf dem Markt kleine Dienste übernommen haben. Und bei Terre des Hommes wissen wir, dass die Spenden auch richtig ankommen.
- Wir schlüpfen jedes Jahr einmal in die Rolle von Straßenkindern, informieren in der Stadt über Projekte von Terre des Hommes und sammeln Spenden für diese Projekte.
- Als 2016 die Situation in den Flüchtlingsunterkünften vor allem für die Kinder problematisch war, organisierten wir Besuche dort, sammelten Kleidung, Schulmaterial und Spielzeug. Direkt vor Ort verbrachten wir einige Zeit in einer Unterkunft mit Spielen, gegenseitigem Kennenlernen und einem Fahrrad-Parcours.
- Da uns auch das Recht der Kinder auf eine saubere und gesunde Umwelt sehr am Herzen liegt, haben wir in der Stadt Müll gesammelt und in unserer Schule das Thema „Mülltrennung" mit einem Wettbewerb wieder neu in das Bewusstsein der Schulgemeinschaft gebracht.
- Wir fühlen uns den Global Goals sehr verbunden und versuchen unsere Projekte und Ideen mit denen der Global-Goals-Gruppe zu verbinden."

Die Global Goals und ihre Bedeutung an der 4. Gesamtschule

Die 17 Nachhaltigkeitsziele der UN im Rahmen der Agenda 2030 wurden 2017 an der Schule zum Thema. Ein Aachener Künstler stellte in einer Schülervollversammlung sein partizipatives Kunstprojekt vor, durch das diese Ziele in der Schule und auf dem Schulgelände nach innen und nach außen sichtbar werden sollten. Für dieses Projekt wurden die Schüler*innen für zwei Wochen vom Unterricht freigestellt. Voraussetzung war eine schriftliche Bewerbung, in der die Schüler*innen erläutern mussten, warum ihnen die Global Goals wichtig sind und wie sie zum Projekt beitragen können und wollen. Die Bewerbung war die Grundlage für die Auswahl, weil es in diesem Projekt mehr Anmeldungen als Plätze gab. Als Projektergebnis wurden die 17 Ziele auf einem großen Wandbild an einer zur Straße hin gelegenen Außenwand der Schule, aber auch auf einem Bodenmosaik und in anderen Bildern dargestellt. Zudem sind die 17 Ziele für alle an der Schule Beteiligten und für die Besucher*innen durch den Aushang von Tafeln im gesamten (Zentral-) Gebäude und dort auf allen Fluren präsent. Auf jeder Tafel ist jeweils eins der Ziele notiert.

Inzwischen sind die Kenntnis und die Orientierung an den 17 Nachhaltigkeitszielen ein zentraler Teil dessen, was die Schule ausmacht und was die Schüler*innen berührt und begeistert. Die Ziele werden jedem neuen 5. Jahrgang vorgestellt und alle wissen, dass es die Global Goals-Gruppe gibt und dass jede*r Schüler*in an ihr teilnehmen kann.

Der Schule geht es dabei darum, die Schüler*innen auf die absehbaren zentralen Herausforderungen für die Menschheit vorzubereiten. Dafür benötigen sie grundlegende Kompetenzen für eine zukunftsfähige Gestaltung ihres eigenen Lebens und des Miteinanders. Das hierfür benötigte Wissen, entsprechende Fertigkeiten und eine Haltung der Verantwortung und Empathie will die 4. Gesamtschule – durch die Auseinandersetzung mit den Global Goals, aber auch durch ihr Lernkonzept – vermitteln. Denn je drohender die Herausforderungen der Zukunft, umso größer die Verantwortung der Schule, für die Bewältigung dieser Herausforderungen zu qualifizieren. Deshalb stellt die 4. Gesamtschule die Nachhaltigkeitsziele der UN in den Mittelpunkt des Schullebens und -lernens.

Das geschieht dadurch, dass die 17 globalen Ziele für nachhaltige Entwicklung fest in das schulinterne Curriculum, insbesondere in die Werkstätten und die Projektzeit, integriert werden:
- Ein Quartal der Projektzeit ist in jeder Stufe einem der 17 Ziele gewidmet. Alle Schülerinnen und Schüler forschen zu den Hintergründen, suchen

nach Lösungen, erleben ganz praktisch, wie Menschen in Aachen versuchen, sich für dieses Ziel einzusetzen, und mischen sich selbst mit ihren Ideen ein.

- Viele Werkstätten werden mit außerschulischen Künstlern und Künstlerinnen durchgeführt, die mit den Schüler*innen einüben, wie eine Idee Gestalt annehmen kann – ein wichtiger Schritt, um Verantwortung wahrzunehmen.
- Seit Frühjahr 2018 wohnen zwei Bienenvölker auf dem Schulgelände.
- Ein Teil der Grünflächen auf dem Schulgelände wird nicht mehr von der Stadt gemäht, sondern wird zur Wiese mit Wildblumen und Obstbäumen.
- Gemeinsam mit der Gemüse-Ackerdemie bearbeiten Schüler*innen einen Acker auf dem Schulgelände.
- Die Schule hat ihre Mensa auf Bio-Produkte umgestellt – auch das eine Folge einer Initiative aus der Global-Goals-Gruppe.
- Die eigene Praxis wird – z.B. im Hinblick auf den Energie- oder Papierverbrauch – auf die Vereinbarkeit mit den Nachhaltigkeitszielen überprüft. Da ist z.B. der hohe Papierverbrauch – insbesondere für Arbeitsblätter bei den Bausteinen – zu hinterfragen. Könnte man – so die Frage eines Schülers aus der Global-Goals-Gruppe – hier nicht die Digitalisierung nutzen, jeder Schülerin und jedem Schüler ein Laptop oder Tablet zur Verfügung stellen, mit dem die Aufgaben bearbeitet, versandt und korrigiert zurückgeschickt werden können?

Hinzu kommen besondere Lernangebote, die das Verständnis für globale Zusammenhänge vertiefen, z.B. der Globale Supermarkt – eine interaktive Lernstation des Eine-Welt-Forums Aachen e.V., der regelmäßig für mehrere Tage an der Schule ist. Aus insgesamt 150 Produkten können die Schüler*innen und Schüler einkaufen und dann an der Kasse erfahren, was ihr Kauf wirklich kostet: Wie viel an Rohstoffen, Wasser und Fläche bei der Herstellung des ausgewählten Produkts gebraucht wurde, wie viel CO_2 dafür ausgestoßen wurde und welchen Einfluss dies auf die Lebensbedingungen der Menschen hat, die an der Herstellung des Produktes beteiligt waren.

Alle Nachhaltigkeitsziele sind wichtig, aber zwei heben die Schüler*innen aus der Global-Goals-Gruppe besonders hervor:

- Das Ziel 12: Nachhaltig produzieren und konsumieren

Denn darauf bauen alle anderen Ziele auf und dieses Ziel macht die eigene Verantwortung bewusst.

- Das Ziel 17: Die globale Partnerschaft

Denn Partnerschaft und Kooperation sind eine grundlegende Bedingung dafür, die 17 Ziele erreichen zu können.

Das zeigt auch die eigene Erfahrung: Allein kann man kaum was machen. Das Team an der Schule gibt Kraft und das ist vor allem dann wichtig, wenn es mal Widerstände und Schwierigkeiten gibt und die individuelle Motivation daran zerbrechen könnte.

Ein Beispiel dafür ist die Baumpflanzgruppe. Da in Aachen viele Bäume gefällt werden, hatte sie die Idee, dass im Sinne der Nachhaltigkeit für die gefällten Bäume neue gepflanzt werden sollten. Für diesen Zweck führte die Gruppe eine Spendenaktion durch, die 1000,- € erbrachte. Dann wandte sie sich an die Stadtverwaltung mit der Bitte um Genehmigung und Unterstützung. Die Reaktion haben die Schüler*innen als demotivierend erlebt. Sie fühlten sich als Kinder behandelt, die keine Ahnung haben und nicht ernst zu nehmen sind. Statt Unterstützung zu finden, hatten sie das Gefühl, ausgebremst zu werden. Weil sich aber alle in der Gruppe wechselseitig darin bestärkten, ihr Ziel erreichen zu wollen, ließen sie sich nicht abwimmeln, telefonierten erneut und führten erneut Gespräche, bis die Verwaltung endlich mit den Plänen des Schulgeländes zu einem Treffen in die Schule kam und man vereinbart hat, an welchen Stellen und wann die Bäume gepflanzt werden können.

Für die Schüler*innen war dabei auch die Erfahrung wichtig, dass die Lehrkräfte sie einerseits nicht allein gelassen und sie beraten (haben), dass sie aber andererseits nicht die Probleme für sie gelöst haben. Und das gilt auch sonst: Die Lehrer*innen räumen ihnen nicht den Weg frei, sie legen ihnen aber auch keine Steine in den Weg. In diesem Sinne haben die Schüler*innen auch Verständnis, dass die Schulleitung ihnen offiziell nicht für die Demonstrationen von Fridays for Future in Aachen frei gegeben hat. Sie müsse sich ja an die Vorschriften halten und die Schüler*innen müssten selbst entscheiden, ob ihnen die Demonstration während der Unterrichtszeit so wichtig ist, dass sie den Vermerk als unentschuldigtes Fehlen in Kauf nehmen. Wichtig war dann aber, dass die Schule keinen Druck mit der Androhung von Sanktionen ausgeübt habe. Wer teilgenommen hat, hat dies der Lehrkraft mitgeteilt, damit die Schule Bescheid weiß. Und die Schule hat sich in einem Brief auf die Seite der teilnehmenden Schüler*innen gestellt (vgl. den Brief an die Schulministerin S. 124).

Deshalb sieht auch die Lehrerin, die die Global-Goals-Gruppe betreut, ihre Aufgabe nicht darin, ihnen vorzuschlagen oder gar vorzuschreiben, was sie machen sollen oder können, sondern darin, sie dabei zu unterstützen, ihre eigenen Ideen zu verwirklichen. Die Ideen gehen immer von der Gruppe aus. Wer eine Idee verwirklichen will, kann dazu andere gewinnen und eine Untergruppe bilden, die dann auch von den Initiator*innen geleitet wird. Was aus dieser Gruppe wird und was die Gruppe schafft und erreicht, dass bestimmt die Gruppe.

Dabei machen die Schüler*innen die Erfahrung, dass sie etwas bewirken können und dass sie – im Sinne der Kinderrechte – angehört und ernst genommen werden. So haben die Schüler*innen einen Sternmarsch zum Rathaus durchgeführt und in der Kundgebung auf dem Rathausplatz auf ihre Nachhaltigkeitsforderungen mit öffentlicher Resonanz aufmerksam gemacht. In den Folgejahren haben sich weitere Schulen, inzwischen elf Aachener Schulen, angeschlossen und dieser Sternmarsch findet jetzt an jedem Schuljahresende statt. Eine Schülerdelegation diskutiert dann mit Kommunalpolitiker*innen einschließlich dem oder aktuell der Oberbürgermeister*in die Schülerforderungen – mit der Zusage, dass ihre Forderungen an die zuständigen Ausschüsse weitergeleitet werden und diese verpflichtet sind, sie zu beraten. So z.B. die Forderung, dass die Putzkräfte mehr Zeit bekommen müssen, um die Müllvermeidung und die Mülltrennung an der Schule unterstützen zu können und nicht den getrennten Müll – wie die Schüler*innen beobachteten – zusammen in einen großen Sack zu werfen.

Mancher Erwachsene wird vielleicht nicht glauben, dass Schüler*innen aus eigenem Antrieb lernen und sich für Nachhaltigkeitsziele einsetzen. Die Antwort der Schüler*innen im Interview:

„Unsere Schule indoktriniert und manipuliert nicht, unsere Schule inspiriert."

*Das Gespräch mit den Schüler*innen führte Adolf Bartz.*

Brief der 4. Gesamtschule an die Schulministerin von Nordrhein-Westfalen

Sehr geehrte Frau Schulministerin Gebauer,
mit diesem Brief möchten wir deutlich machen, wie schwer es für uns ist, glaubwürdig zu bleiben in unserem pädagogischen Handeln, wenn wir Ihre Verordnungen zur Teilnahme von Schüler*innen an Fridays for Future-Demonstrationen beachten.
Wir versuchen an unserer Schule umzusetzen, wozu sich Deutschland in der Agenda 2030 im internationalen Kontext verpflichtet hat und was seit 2017 im Nationalen Aktionsplan Bildung für Nachhaltige Entwicklung als gemeinschaftliche Aufgabe von Politik und Zivilgesellschaft definiert ist.

„Die 4. Aachener Gesamtschule stellt die 17 Ziele für nachhaltige Entwicklung, die die Weltgemeinschaft 2015 als die drängendsten für unseren Planeten definiert hat,

in die Mitte des Schullebens und -lernens. Wir orientieren uns an diesen zentralen Herausforderungen für die Menschheit, denn es erscheint uns entscheidend, dass wir die nächste Generation genau auf diese vorbereiten: Unsere Schülerinnen und Schüler benötigen grundlegende Kompetenzen für eine zukunftsfähige Gestaltung ihres eigenen Lebens und des Miteinanders. Das hierfür benötigte Wissen, entsprechende Fertigkeiten und eine Haltung der Verantwortung und Empathie wollen wir an unserer Schule vermitteln. Nur so werden unsere Kinder in Zukunft zufrieden leben können." – So unser Schulkonzept.

Unterricht und Schulleben sind geprägt von dieser Haltung der Verantwortung für ein nachhaltiges und friedliches Zusammenleben. In Projekten erforschen die Jugendlichen die naturwissenschaftlichen und gesellschaftlichen Zusammenhänge und wir leiten sie dazu an, Probleme, die sie erkannt haben, nicht nur in Klassenarbeiten schlüssig darzulegen, sondern mit ihrer Verantwortung ernst zu machen und zu handeln, wo immer das möglich ist.
So wurden allein im letzten Schuljahr auf Initiative unserer Schüler*innen Bäume gepflanzt, die Wiese rund um unseren Schulhof nicht mehr von der Stadt gemäht, damit Wildblumen wachsen können, die schuleigenen Bienen werden versorgt, Schüler*innen setzen sich für eine biologische und regionale Küche in der Mensa ein, andere laden zuständige Mitglieder der Stadtverwaltung ein, um zu erarbeiten, wie wir unsere Dächer für Solarenergie nutzen können. Ein Gang zum Rathaus wurde organisiert, um die 17 Global Goals in der Stadt bekannter zu machen, Handys werden gesammelt und recycelt u.v.m.
Bei all dem versuchen wir immer Wissen und Handeln miteinander zu verknüpfen. Wer die Dinge nicht ausreichend verstanden hat, läuft Gefahr, populistischen Thesen hinterher zu laufen. Aber wer erst alles verstehen will, wird zu spät dran sein, wenn es darum geht, das Ruder auf unserem Planeten herumzureißen. Mündig ist man nicht plötzlich am Ende seiner Schulzeit – so unsere Auffassung –, sondern mündig wird man Stück für Stück, indem man mehr und mehr Verantwortung übernimmt für das eigene Leben und das seiner Mit- und Umwelt.
Wenn nun Teile unserer Schülerschaft zu der Ansicht gelangen, dass es Zeit ist, deutliche Zeichen zu setzen, damit die Politik auf die Warnungen aller ernst zu nehmenden Wissenschaftler*innen hört und die Reduzierung der Treibhausgase zu einem ihrer obersten Ziele macht, und wenn sie dabei auch Formen ausprobieren und nutzen, die effektiv sind, gerade weil sie „business as usual" stören, tun sie eigentlich genau das, was wir uns grundsätzlich als Ziel unserer pädagogischen Bemühungen wünschen: Sie nehmen ihre gesell-

schaftliche Verantwortung ernst und nutzen den Wirkraum, den sie als junge Menschen haben, um die Aufmerksamkeit für ihre Anliegen zu erhalten.
Sicherlich mag unter den Streikenden auch der ein oder die andere sein, der/die die Aktion nutzt, um sich vor Schule zu drücken. Aber der Großteil derer, die zu den Demonstrationen gehen, wägt sehr gewissenhaft ab, geht demonstrieren und arbeitet bereitwillig nach, was in der Zeit an Unterricht versäumt wurde.
Wir meinen, dass es für eine demokratische, freie, gerechte Gesellschaft, die ihre eigenen Lebensgrundlagen schont, von großer Bedeutung ist, Schulen zu haben, in denen junge Menschen in diesem Sinne zu mündigen und verantwortungsbewussten Bürger*innen heranwachsen können.
In Ihrem Schreiben vom 13.2.2019 erinnern Sie uns an unsere Aufgabe, den Schüler*innen ihre Schulpflicht bewusst zu machen und diesbezügliches Fehlverhalten zu ahnden. Das beachten wir. Zugleich bleibt unser vorrangiges Anliegen, dem viel weitreichenderen pädagogischen und gesellschaftlichen Auftrag im oben dargestellten Sinne gerecht zu werden.

Mit freundlichen Grüßen
Die Schulgemeinschaft der 4. Aachener Gesamtschule

MALTE KREYER

Wir Kinder können was bewirken

Aus der Arbeit des Schulsprecher*innen-Teams am Kaiser-Friedrich-Ufer Gymnasium Hamburg

Kinder sind die Zukunft. Das ist ein Fakt, der sich nicht bestreiten lässt. Kinder werden die Zukunft gestalten. Kinder werden die Zukunft leben. Die Vorbilder von morgen sind die Kinder von heute. Und schon heute müssen die Kinder gehört werden, denn auch sie haben etwas zu sagen.

Ich bin ein 17-jähriger Schüler aus Hamburg, besuche das Kaiser-Friedrich-Ufer Gymnasium und bin schon seit einigen Jahren schulpolitisch aktiv. Schulpolitisch aktiv heißt in meinem Fall: Seit 7 Jahren Klassensprecher, seit 3 Jahren im Kreisschüler*innen Rat Hamburg-Eimsbüttel und in der Schulkonferenz. Seit 2 Jahren in der Schüler*innenkammer Hamburg und ebenfalls seit 2 Jahren im Schulsprecher*innen-Team meiner Schule, außerdem seit mehreren Monaten im Landesvorstand der Schüler*innenkammer Hamburg. Für alle, die sich jetzt fragen, was das alles ist: Keine Sorge, ich werde es erklären.

Ich konnte schon einiges an Erfahrung sammeln und möchte erzählen. Ich möchte erzählen über unsere Rechte als Schüler*innen und wie wir sie nutzen können. Denn da gibt es mehr, als die meisten vielleicht denken.

Zuerst werde ich euch einen kleinen Überblick über die Mitbestimmungsgremien hier in Hamburg geben, sowohl über die schulinternen auch als über die hamburgweiten.

Danach möchte ich anhand von drei Beispielen zeigen, wie man als Schüler*in in der Schule etwas bewirken kann. Im letzten Teil werde ich noch ein paar Fragen klären und Tipps für die konkrete Arbeit geben.

Mein Ziel ist es, euch mit diesem Beitrag die Möglichkeiten aufzuzeigen, die wir Kinder in der Schule haben, um mitzuwirken und etwas zu verändern. Ich möchte hiermit andere Schüler*innen motivieren, die Schulleitungen und Lehrkräfte zur Unterstützung aufrufen und allen Interessierten einen Einblick in unsere Arbeit geben. Also, fangen wir an.

Die Gremien der Schüler*innen-Vertretung – Mitbestimmung im Überblick

Es geht schon im denkbar Kleinen los. Bei der Klassensprecher*innen-Wahl. Erst einmal ist es ein Amt, dessen Wahl von Klasse zu Klasse, von Schule zu Schule sehr unterschiedlich gehandhabt wird. So werden in einigen Klassen einfach die „Coolen" oder die „Lustigen" gewählt, in anderen wird mit mehr Ernsthaftigkeit an die Sache herangegangen. Es gibt auch Klassen, in denen sich alle zur Wahl aufstellen lassen wollen, wohingegen in anderen wiederum die Lehrkräfte händeringend nach Leuten suchen, die diesen Job übernehmen können. Ich denke, der Grund, warum diese Wahl teilweise nicht so ernst genommen wird, ist, dass dieses Amt von vielen eher belächelt wird. Dabei gibt es dafür keinen Grund. Dieses Amt ist der Anfang einer Struktur voll von politischer Teilhabe. Alle Klassensprecher*innen einer Schule bilden den Schüler*innen Rat, auch abgekürzt als SR.

Dieser Schülerrat ist unsere Möglichkeit, als Schüler*innen an unserer Schule Stellung zu beziehen. Und das kann, wenn man es richtig einsetzt, eine ziemlich große Wirkung haben.

Aus dem SR werden in Hamburg 5 Vertreter*innen für die Schulkonferenz gewählt. Die Schulkonferenz besteht aus 5 Lehrkräften, 5 Eltern, 5 Schüler*innen und der Schulleitung. Es ist ein Gremium, welches an Schulen einiges beschließen kann. So haben wir zum Beispiel erfolgreich einen Antrag gestellt, um auf unserem Schulturm eine Regenbogenflagge zu hissen. In so einem Gremium wie der Schulkonferenz 5 Schüler*innen sitzen zu haben, die mitreden und abstimmen können, ist gut und wichtig. Denn eine Schule besteht schließlich zum Großteil aus uns Schüler*innen.

Kommen wir aber nochmal zurück zum Schüler*innenrat, zum SR. Der SR wählt nicht nur Mitglieder für die Schulkonferenz, sondern auch Delegierte für die Kreisschüler*innen-Räte, auch KSR genannt.

Diese KSR's gibt es in Hamburg in jedem Stadtteil. Im KSR können sich die verschiedenen Schulen austauschen und Anträge verfassen. Jeder KSR wählt dann noch mal Vertreter*innen für die Schüler*innen-Kammer Hamburg, kurz SKH.

Die SKH ist letztendlich das Gremium, welches die Schüler*innen Hamburg vor der Behörde vertritt. Die SKH leitet Anträge der Schüler*innen weiter und kann Stellung beziehen. Dieses Gremium ist eine riesige Chance für uns Schüler*innen, gehört zu werden. Ein Beispiel für eine erfolgreiche Mitsprache sind zum Beispiel die Erleichterungen für das Abi 2021, da dieser Jahrgang massiv unter Corona gelitten hat.

So viel zu den einzelnen Gremien. Doch möchte ich mich hier in meinem Beitrag eher auf die Schulsprecher*innen-Teams beziehen. Schulsprecher*innen-Teams oder, wie ich sie abkürze, SPT oder auch SP-Team, werden direkt von den Schüler*innen der jeweiligen Schule gewählt. Der Ablauf der Wahl (so ist es zumindest an meiner Schule, die Verfahren können an anderen Schulen anders gehandhabt werden) sieht folgendermaßen aus: Am Anfang des Schuljahres sammeln sich verschiedene interessierte Leute und finden sich in Teams zusammen. Sie setzen sich Ziele und halten diese in einem Wahlprogramm fest. Daraufhin beginnt der Wahlkampf. Es gibt große Veranstaltungen mit allen Schüler*innen, bei denen sich die Teams vorstellen. Daraufhin besprechen die Schüler*innen in ihren Klassen die Vorhaben der einzelnen Teams und am Ende können dann alle anonym wählen. Es ist jedes Jahr aufs Neue ein spannendes Unterfangen, nur kann es leider auch vorkommen, dass sich nur ein Team aufstellen lässt. In diesem Fall können die Schüler*innen natürlich nur mit Ja, Nein oder Enthaltung stimmen. Die gewählten Teams können einiges bewirken. Sie können Projekte angehen und leiten im besten Fall den Schülerrat, doch dazu gleich mehr.

Wenn man es so betrachtet, sind die Chancen auf Mitbestimmung eigentlich gar nicht so klein. Doch müssen wir sie auch nutzen. In den seltensten Fällen werden diese Strukturen mit ihren ganzen Möglichkeiten ausgeschöpft. Ich möchte von einzelnen Projekten an unserer Schule berichten und hoffe, ihr könnt daraus etwas mitnehmen.

Drei wichtige Projekte aus der letzten Zeit

Unser LGBTQ+Projekt – Projekte können dauern

Fangen wir an mit unserm LGBTQ+Projekt. LGBTQ+ ist eine Abkürzung für L=Lesbian, G=Gay, B=Bi, Q=Queer, +=vieles mehr.

Leider ist das Wort „schwul" an unserer Schule immer noch eine gängige Beleidigung. Wir wussten, dass es an unserer Schule immer noch Menschen gibt, die andere Menschen aufgrund ihrer sexuellen Identität oder sexuellen Orientierung diskriminieren. Dies ist unglaublich traurig und wir wollten dem entgegenwirken. Zusätzlich war es uns wichtig, denen, die sich in ihrer Selbstfindungsphase befanden, zur Seite zu stehen.

Was machen wir nun? Wie kann man ein solches Projekt angehen?

Uns war wichtig, dass zumindest ein Großteil der Schüler*innenschaft hinter einem solchen Projekt steht. Das ist immer wichtig. Denn der Job eines

SP-Teams ist es nicht, den Schüler*innen etwas aufzuzwingen. Das SP-Team ist nicht höher gestellt als die anderen, es sind nur die, die versuchen, Veränderungen anzuleiten und Mitsprache zu garantieren.

Wir wollten also einen Beschluss vom SR. Einen Beschluss, der sagt, dass wir als SP-Team uns der Sache annehmen sollen und dieses Projekt im Namen der Schüler*innenschaft in die Wege leiten dürfen. Mit einem solchem Beschluss ist man immer gut abgesichert und man hat viel mehr Kraft. Denn man spricht jetzt im Namen der Schüler*innen.

Doch kann man nicht einfach so abstimmen. Das haben wir bei diesem Projekt gelernt. Als erstes ist es wichtig, dass alle auf einem ausreichenden Wissensstand sind. In unserem Fall wussten zum Beispiel viele jüngere Schüler*innen nicht genau, was LGBTQ+ ist. Wir haben diesen wichtigen Hinweis von unser Schulleitung bekommen und so haben wir uns daran gemacht, ein Handout auszuarbeiten.

Doch so einfach sollte es nicht sein. Als wir unser Handout auf der nächsten Sitzung verteilen wollten, gab es wieder ein Problem. Eltern hatten sich beschwert. Sie wollten nicht, dass ihre Kinder zum Thema LGBTQ+ aufgeklärt werden. Für uns war das zwar absurd und absolut unverständlich, doch es hat ein Bewusstsein bei uns geschaffen. Bewusstsein dafür, dass Sachen, die wir für selbstverständlich halten, nicht allen gefallen werden.

Wir wussten also, dass wir in der Elternschaft politische Gegner*innen hatten. Wir wollten nicht, dass unser Projekt auf einer wackeligen Grundlage gebaut wird. Wir wollten Sicherheit und so haben wir entschieden, unser Projekt im Elternrat (kurz ER) vorzustellen. Mit diesem Schritt konnten wir sicherstellen, dass wir weniger angreifbar sind. So konnte man uns nicht mehr vorwerfen, wir hätten nicht abgesprochen gehandelt oder hätten uns nicht der Kritik gestellt.

Nachdem wir also im ER waren, konnten wir endlich unser Handout verteilen. Die aufgeklärten Schüler*innen haben sich daraufhin in ihren Klassen beraten. Als dies getan war, konnten wir endlich in unserem SR abstimmen, ob wir als SP-Team dieses Projekt übernehmen dürfen.

Wir durften und so entschlossen wir uns, eine AG zu bilden, in der alle mitarbeiten können. So eine AG ist super, denn es dürfen, wie gesagt, alle mitarbeiten. Man hat also viel mehr Menschen, die wirklich Lust haben, an diesem Projekt zu arbeiten. Außerdem ermöglichen solche AGs eine noch bessere Beteiligung von Schüler*innen.

Ein halbes Schuljahr war schon vergangen und wir hatten gerade mal geschafft, eine AG zu bilden. Wir haben gelernt, dass solche Prozesse unglaublich lange dauern können. Da sich die Klassensprecher*innen, bevor sie über etwas abstimmen, noch mit ihrer Klasse besprechen müssen, sollte man sehr viel Zeit einplanen und früh anfangen.

Aber ok, wir sind also in unserer AG. Wie können wir nun unsere Themen voranbringen?

Wir wussten aus vorherigen Projekten, dass es immer gut ist, Eltern und Lehrer*innen auf seiner Seite zu haben, wenn man versucht, bei der Schulleitung etwas durchzubringen. Deshalb war es uns sehr wichtig, in der Lehrer*innen-Konferenz (kurz LK) und im ER unsere Vorhaben vorzustellen und auf Unterstützung zu hoffen.

Doch so schnell geht das alles nicht. Auch hier wollten wir zu kurzfristig handeln. Die Eltern hatten ihre Sitzungen schon so voll mit Themen, dass wir erst auf der übernächsten sprechen konnten, und bei den Lehrer*innen hieß es, man habe keine Zeit für unser Thema. Deshalb konnten wir uns bei den Lehrer*innen auch nur über einen Brief vorstellen.

Doch war klar, dass wir uns innerhalb des nächsten Monats bei den Eltern vorstellen würden. Also erst einmal warten. Wir konnten die Zeit aber schon nutzen, um uns in Untergruppen aufzuteilen. Wir wollten zu jedem Punkt eine Gruppe bilden und dann Lehrer*innen und Eltern in diese hinzuholen.

Doch als wir uns dann endlich bei den Eltern vorgestellt hatten, kam es anders. Wir hatten zwar die Unterstützung und das war auch gut und wichtig. Doch wollte niemand von den Erwachsenen in unserer AG mitarbeiten.

Das war schade, aber daran konnten wir nichts mehr ändern. Der Juni rückte näher und im Juni sollte unsere Aktion sein.

Was wollen wir also konkret machen? Welche Aktionen wollen wir konkret umsetzen? Das waren die Fragen, die wir uns gestellt hatten, und nachdem wir uns auf insgesamt vier Aktionen festgelegt hatten, ging es an die Arbeit.

Bei solchen Sachen ist es immer wichtig, eine Person pro Projekt/Aktion zu haben, die sich dafür verantwortlich fühlt, dass es vorrangeht. Denn sonst können solche Vorhaben schnell einschlafen und in Vergessenheit geraten. Doch wir hatten für jede Aktion Leute, die das Projekt am Laufen gehalten haben, und so konnten wir Folgendes umsetzen:

Kunstausstellung

Wir haben dazu aufgerufen, uns Kunstwerke zu schicken, in denen man sich mit dem Thema Pride und LGBTQ+ auseinandersetzt. Wir haben viel Material bekommen, Fotos, Gemälde, Gedichte und Filme. Und alles haben wir in unserer Schule ausgestellt. So haben wir Präsenz geschaffen. Präsenz für das

Thema LGBTQ+ – und zwar nicht einfach irgendwie, sondern mit den eigenen Kunstwerken der Schüler*innen.

Das Buch
Unsere zweite Aktion war ein Buch. Ein großes DIN A4-Buch mit leeren Seiten, welches wir bunt geschmückt in unsere Eingangshalle gelegt haben. In dieses Buch konnten alle schreiben. Mit Fragen wie „Was ist für dich Liebe?" oder „Welches ist dein Lieblings LGBTQ+ Film?" haben wir das Buch moderiert und die Schüler*innen zum Nachdenken angeregt.

Es sollte ein Ort des Austausches und der Begegnung werden und das haben wir auch geschafft. Auch damit wurde Präsenz für LGBTQ+ geschaffen und eine Auseinandersetzung mit dem Thema gefördert

Die Regenbogenflagge
Wir haben außerdem durch einen Schulkonferenzbeschluss die Regenbogenflagge auf unserem Schulturm gehisst. Das Zeichen war klar: Wir sind eine Schule mit Vielfalt und darauf sind wir stolz. Wir akzeptieren alle, egal, welche sexuelle Orientierung oder welches Geschlecht sie haben. Wir unterstützen einander.

Die Infoplakate
In unserer letzten Aktion haben wir Infoplakate erstellt, in denen wir Begriffe rund um das Thema LGBTQ+ erklärt haben. Wir haben diese Plakate in jeder Klasse vorgestellt und aufgehängt. Auch wenn es vielleicht nicht alle interessiert hat, war das nicht schlimm. Es war ja niemand gezwungen, sich das durchzulesen. Außerdem freuen sich eigentlich die meisten, anstatt von zehn Minuten Unterricht eine Mini-Präsentation zu bekommen. Bei dieser Aktion ging es gar nicht primär darum, allen etwas beizubringen. Wir wollten vor allem Kontaktpunkte mit dem Thema LGBTQ+ schaffen. Wir wollten besonders den Kindern, die in ihren Klassen nicht akzeptiert werden, weil sie nicht dem entsprechen, was die anderen als „normal" empfinden, zeigen, dass sie nicht alleine sind und dass es unglaublich viele Menschen gibt, die sie unterstützen.

Wir haben gelernt, dass solche Projekte Zeit in Anspruch nehmen können, viel Zeit. Man sollte früh anfangen und immer dranbleiben. Doch es ist ok, auch wenn es lange dauert, ist es ok. Denn wenn du dann am Ende deiner Reise siehst, dass du umsetzen konntest, was anfangs nur eine Idee war, ist das ein wirklich sehr schönes Gefühl.

Unser Klima Projekt – Wir lassen uns nicht einschüchtern

Wir haben jetzt schon gesehen, wie schulische Projekte ablaufen können. Doch was ist, wenn auf einmal politische Gegner*innen ins Spiel kommen? Die wichtige Botschaft, die wir hier gelernt haben, ist: Lasst euch nicht einschüchtern!

Es fing alles mit einer Demonstration an. Mit einer Demonstration, die zu dem Zeitpunkt, als das Ganze losging, noch nicht einmal stattgefunden hatte. Die Fridays for Future (kurz: FFF) Demo am 20.9.2020. Wir als Schulsprecher*innen Team fanden es wichtig, für diese Demo zu werben. Der Klimawandel ist mit das größte und gefährlichste Problem unserer Zeit und es ist unglaublich wichtig, Maßnahmen zu ergreifen und auf die Wissenschaft zu hören.

Wir hängten also Plakate in unserer Schule auf. Eine Menge Plakate. Und die Rechnung ging auch auf, die Demo wurde riesig und auch von unserer Schule waren sehr viele Schüler*innen dabei.

Doch das hat der AfD anscheinend nicht gepasst. Also hat sie eine kleine Anfrage in der Bürgerschaft gestellt. Eine kleine Anfrage ist erst mal ein legitimes Mittel, welches in der Politik der Opposition eine gewisse Kontrollmöglichkeit gibt. In so einer kleinen Anfrage stehen dann Fragen an die Bürgerschaft, die geprüft und beantwortet werden müssen. So ist es dann möglich, Transparenz zu schaffen. Doch die Art und Weise, in der die AfD hier diese Anfrage gestellt hat, war für uns ein klarer Einschüchterungsversuch.

Die AfD hat nämlich nicht nur wie üblich Fragen gestellt, die von der Behörde beantwortet werden sollen, sondern hat auch eine Reihe von Fotos aufgenommen, zu denen dann Stellung bezogen werden sollte. Die Fotos zeigten Innenräume aus unserem Schulgebäude. Das zu sehen war für uns schockierend. Die Schule ist ein geschützter Raum, zu dem Fremde eigentlich keinen Zutritt haben und in dem man schon gar nicht Fotos machen darf. Die Vorstellung, dass jemand von der AfD oder im Namen der AfD systematisch durch unser Schulgebäude läuft und Fotos macht, ist gruselig. Wer fotografiert unsere Räume? Werden unsere Aktivitäten in der Schule fotografiert? Muss ich jetzt Angst haben, mit einem Fridays for Future-T-Shirt in der Schule rumzulaufen, weil ich fotografiert werden könnte? Es ist eine unakzeptable Grenzüberschreitung, in den geschützten Raum von Kindern und Jugendlichen einzubrechen. Für uns war das ein klarer Einschüchterungsversuch. Doch was für uns ebenfalls klar war: Wir lassen uns nicht einschüchtern!

Also haben wir uns mit Fridays for Future zusammengesetzt und eine Demo organisiert. Die Demo ging genau an unserer Schule entlang. Sie hat uns

Kraft gegeben. Denn wir sind zwar noch Kinder, aber wir lassen uns nicht einschüchtern und wir werden weiter für unsere Sache einstehen.

Rückblickend denke ich, wir hätten mehr Pressearbeit zu dieser Angelegenheit machen sollen. Als Kinder und Jugendliche werden wir oft nicht ernst genommen und es ist ungewöhnlich, wenn sich Kinder in dieser Form politisch äußern. Damit hätten wir bestimmt Aufmerksamkeit in der Presse erzeugen und unsere Message noch weiterverbreiten können.

Als abschließende Worte zu diesem Thema möchte ich noch einmal alle Kinder und Jugendliche ermutigen. Wenn euch etwas nicht passt, sagt es. Wenn da etwas gewaltig schief läuft, schaut nicht weg. Auch wenn wir noch jung sind. Wir sind genauso ein Teil der Gesellschaft wie alle anderen. Wir können uns wehren, und wie wir das können! Wir Kinder haben es geschafft, weltweit Klimademonstrationen mit mehreren Millionen Menschen zu veranstalten. Wir können etwas bewirken und deshalb sollten wir unsere Chancen nutzen. Lasst euch nicht einschüchtern, gemeinsam sind wir viel größer, als die meisten Erwachsenen sich das vorstellen können.

Und an alle Erwachsenen: Unterstützt uns Kinder! Gebt uns gerne Tipps. Helft uns, wenn wir Hilfe benötigen. Aber unterschätzt uns nicht.

Solidarität mit der jüdischen Gemeinde – Wir treten eine Videolawine los

Ich habe ja schon erzählt, dass viele Projekte sehr lange dauern und einiges an Zeit in Anspruch nehmen. Hier ist nun ein Beispiel, das zeigt, dass man auf aktuelle Geschehnisse auch sehr schnell reagieren kann.

Am 4.10.2020 ist in der Nähe meiner Schule etwas Schreckliches passiert. Ein jüdischer Student wurde direkt vor einer Synagoge angegriffen. Dieser antisemitische Angriff hat meine Mitschüler*innen und mich sehr geschockt. Man hört immer nur in den Nachrichten, dass es schon wieder einen Anschlag gab, und es ist jedes Mal unglaublich schlimm. Nun war dieser Angriff in der eigenen Nachbarschaft, an einem Ort, an dem viele Schüler*innen auf dem Weg zur Schule vorbeikommen. Das machte uns deutlich, dass so etwas wirklich überall passieren kann. Es zeigt, wie real Antisemitismus ist.

Ein Lehrer unserer Schule ist nach diesem Angriff auf uns als Schulsprecher*innen-Team zu gekommen und hat uns gefragt, ob wir nicht ein Video von und mit der Schule erstellen wollen, um Stellung zu beziehen und Solidarität zu zeigen.

Die Idee war super und so fingen wir sofort an. Wir haben einen Aufruf an all unsere Schüler*innen und Lehrkräfte geschickt. Der Aufruf war sehr simpel. Alle, die wollten, konnten innerhalb von ein paar Tagen Videos von sich aufnehmen, als Gruppe oder auch als Einzelperson, und uns diese dann schicken. Die Videos hatten keinerlei Vorgaben, es sollte nur darum gehen, in irgendeiner Art und Weise Stellung zu diesem Anschlag zu beziehen und Solidarität zu zeigen.

Was dann passiert ist, hat selbst uns überrascht. In wenigen Tagen erreichten mich unglaublich viele Videos, eines berührender als das nächste. Von Kindern, die auf unserem Schulhof ein riesiges Peace-Zeichen gebildet hatten, über Schüler*innen, die sich auf verschiedensten Sprachen gegen Antisemitismus und für Vielfalt ausgesprochen haben, und vieles mehr. Wir haben dann auch erfahren, dass viele Lehrer*innen in ihrem Unterricht Zeit gegeben haben, damit die Klassen besser überlegen konnten, wie man am besten Solidarität zeigen kann.

Aus diesen vielen Videos habe ich einen zusammenhängenden Film geschnitten, welchen wir daraufhin den Vertreter*innen der jüdischen Gemeinde überreicht haben.

Es war unglaublich berührend und kraftvoll zu sehen, wie eine Schule in so kurzer Zeit zusammenfindet und gemeinsam ein so wichtiges Zeichen gegen Antisemitismus setzen kann. So etwas gibt viel Kraft und ganz viel Hoffnung.

Doch das Ganze war noch nicht vorbei. So haben wir uns mit unserm Film beim Bertini-Preis beworben und durften ihn am Ende sogar gewinnen. Damit hatten wir auf einmal auch mediale Aufmerksamkeit. Wir haben Interviews mit der Zeitung und dem Fernsehen geführt und konnten so unsere Message noch weiter verbreiten.

Letztendlich zeigt dieses Projekt vor allem: Egal, wer du bist, egal, wie alt oder jung, auch du kannst einen Unterschied machen. Wir sind noch jung, aber wir können etwas bewirken, vergesst das nicht.

Das will ich noch sagen

Ich will noch mal ein bisschen zusammenfassen, ein paar gebündelte Tipps geben. Denn letztendlich lassen sich solche Projekte immer auf die gleichen Prozesse herunterbrechen.

Projekte können dauern, ist leider so. Wenn du diese eine coole Idee hast, dieses eine Projekt, das bestimmt richtig gut werden könnte, dann warte nicht. Fang einfach an. Besser schon zu früh die Grundlagen legen und auf Probleme aufmerksam werden, als das Projekt aus Zeitgründen nicht mehr umsetzen zu können. Was man oft unterschätzt: Wie lange es dauern kann, bis man seine Idee bei den einzelnen Gremien vorgestellt hat. Wie viel früher man der Schulleitung Bescheid sagen muss, da das Projekt sonst nicht in die Jahresplanung passt. Also – anfangen!

Es gibt viele Möglichkeiten, sein Ziel zu erreichen, hier habe ich euch noch mal die gängigsten zusammengefasst

Wie nutze ich eine Schüler*innen Rat richtig?

Der SR ist ein wichtiges Gremium, in dem sich die Schüler*innen untereinander austauschen und Stellung beziehen können. Ein guter SR lebt von regelmäßigen Sitzungen. Denn nur durch regelmäßige Treffen ist es möglich, gemeinsam an Projekten zu arbeiten oder sich zu beraten. Auch macht es Sinn, auf solchen Sitzungen Mandate abzustimmen. Was meine ich mit Mandaten? Wenn ich als Schüler*in gerne ein Projekt machen möchte, kann ich den SR fragen, ob ich dafür ein Mandat bekomme. Das heißt also, die offizielle Unterstützung der Schüler*innenschaft. So können Projekte im Namen der Schüler*innen umgesetzt werden.

Arbeitsgruppen (AGs)

Arbeitsgruppen zu bilden kann ein sinnvoller Schritt sein, um Projekte umzusetzen. Wenn ihr an eurer Schule eine AG bildet, ermöglicht ihr so eurer gesamten Schüler*innenschaft, sich einzubringen. Gründet also auf einer SR-Sitzung eine AG für euer Projekt und sagt den Klassensprecher*innen, ihre Klassen zu informieren, dass man eurer AG beitreten kann. So habt ihr eine noch bessere Beteiligung der Schüler*innen und viele Leute, die richtig Lust auf das Thema haben.

Vollversammlungen

Schulsprecher*innen-Teams haben in Hamburg das Recht, Schüler*innen ihrer Schule für Vollversammlungen freizustellen. Das heißt, wir Schüler*innen können eine Veranstaltung während des Unterrichts organisieren und alle Schüler*innen dürfen kommen (außer sie schreiben eine Klausur). Dies ist ein sehr praktisches, gutes und sinnvolles Recht, welches wir haben. Denn wir können zu solchen Veranstaltungen Leute einladen, die Vorträge halten oder auch Diskussionen führen.

Wir haben beispielsweise eine Vollversammlung zum Thema vegetarische Cafeteria abgehalten. Wir hatten eine Expertin eingeladen und unser Ziel war es, dadurch uns Schüler*innen auf einen guten Wissensstand zu bringen, sodass wir danach abstimmen konnten, ob wir eine vegetarische Cafeteria haben wollen oder nicht.

Es kann also durchaus ein wichtiges und wirksames Mittel für uns Schüler*innen sein, um unsere Themen und Projekte voran zu bringen.

Kreisschüler*innen-Räte und Schüler*innen-Kammer Hamburg

Die Kreisschüler*innen-Räte und die Hamburger Schüler*innen-Kammer sind sehr wichtige Gremien in der Beteiligung der Schüler*innen. In Hamburg gibt es KSRs in jedem Bezirk. In diesen Räten sitzen Schüler*innen aus jeder staatlichen Schule in Hamburg. Sie können Stellung beziehen, Projekte planen und Anträge schreiben. Wenn ihr also in eurer Schule ein Anliegen habt, dass nicht nur euch, sondern auch andere Schulen betrifft, sind die KSRs die richtige Adresse. Wenn ihr einen Antrag schreibt, wird der von den KSRs sogar an die SKH weitergegeben. Die besprechen den dann und geben den gegebenenfalls an die Schulbehörde weiter. Die Schulbehörde muss sich daraufhin mit diesem Antrag auseinandersetzen. Es ist also eine gute Chance, die man nutzen sollte.

Wir Kinder haben Rechte, wir Kinder können laut sein, wir Kinder können etwas bewirken. Doch um das zu tun, müssen wir unsere Rechte nutzen.

Wir sollten als Gesellschaft darauf achten, dass wir die Kinder stärken. Man kann es nicht oft genug sagen, wenn wir die Kinder stärken, ihnen Selbstbestimmung und Mitsprache beibringen, erwartet uns in der Zukunft eine sehr kompetente Generation und das kann nur gut für uns sein.

Schulpolitische Arbeit sollte noch fester zum Schultag dazu gehören. Es kann nicht sein, dass es Schulen gibt, die diese grundlegenden demokratischen Prozesse nicht nutzen. Beteiligung sollte Alltag sein. Es muss normal werden, bei Entscheidungen, die die Kinder betreffen, auch die Kinder zu fragen.

Die Vorbilder von morgen sind die Kinder von heute. Lasst uns diesen Vorbildern Demokratie nahebringen. Es wird sich lohnen.

Diskriminierung und Inklusion

NIKOLA PRKAČIN

Achtung der Kindesrechte an der Gesamtschule Münster Mitte

Wie wir Rassismus und Diskriminierung entgegenwirken

„Die Vertragsstaaten achten die in diesem Übereinkommen festgelegten Rechte und gewährleisten sie jedem ihrer Hoheitsgewalt unterstehenden Kind ohne jede Diskriminierung unabhängig von der „Rasse", der Hautfarbe, dem Geschlecht, der Sprache, der Religion, der politischen oder sonstigen Anschauung, der nationalen, ethnischen oder sozialen Herkunft, des Vermögens, einer Behinderung, der Geburt oder des sonstigen Status des Kindes, seiner Eltern oder seines Vormunds.
Die Vertragsstaaten treffen alle geeigneten Maßnahmen, um sicherzustellen, dass das Kind vor allen Formen der Diskriminierung oder Bestrafung wegen des Status, der Tätigkeiten, der Meinungsäußerungen oder der Weltanschauung seiner Eltern, seines Vormunds oder seiner Familienangehörigen geschützt wird."
(UN-Kinderrechtskonvention Artikel 2 – Achtung der Kindesrechte; Diskriminierungsverbot)
Zu Beginn dieses Artikels ist es dem Autor und den Verantwortlichen an der Gesamtschule Münster Mitte wichtig, grundsätzlich festzustellen, dass es mit dem Blick auf Menschen keine Rassen gibt! Damit einhergehend ist es uns auch wichtig, deutlich zu machen, dass der Rassebegriff grundsätzlich abgelehnt wird!

Deshalb setzen wir diesen Begriff im Artikel 2 der UN-Kinderrechtskonvention in Anführungszeichen.

Die in diesem Artikel dargelegten Gedanken sollen als Anregungen verstanden werden und bieten sicherlich keine erschöpfende wissenschaftliche Betrachtung oder gar ein Musterkonzept, welches einfach implementiert werden kann.

Wichtig erscheint es, die Leser*innen, hoffentlich nicht nur aus dem Praxisfeld Schule, zu motivieren, sich mit den unterschiedlichen Formen von Rassismus und Diskriminierung auseinanderzusetzen, um aktiv Strukturen ihrer Bekämpfung zu schaffen. Dazu ist die Schaffung eines Klimas wichtig, in dem Diskriminierung und Rassismus angesprochen und reflektiert werden dürfen, ohne sich darin zu erschöpfen. Denn damit einhergehend ist es wichtig, dass an der Schule eine Kultur des Hinschauens, Ansprechens und der Veränderung gelebt werden kann. Oder wie es eine in diesem Bereich stark engagierte Person für den Kontext unserer schulischen Aktionen formulierte: „Endlich darf man aussprechen, dass es Diskriminierung und Rassismus gibt." Dieses Zur-Sprache-bringen kann Energien freisetzen, um das Themenfeld aktiv anzugehen. Dazu bedarf es aber auch struktureller Veränderungen.

In unserer Auseinandersetzung und in vielen Gesprächen haben wir festgestellt, dass sich Schulen allzu oft nicht trauen, aktiv sowie in der inhaltlichen und praktischen Tiefe an die Themen Rassismus und Diskriminierung heranzugehen. Grundsätzlich behaupten die meisten Akteur*innen in Schule, sie seien keine Rassist*innen, und neigen in ihren Selbstbeschreibungen dazu, sich als offen und tolerant zu beschreiben. Doch Studien, mit denen wir uns im Rahmen unserer Projekte und Arbeit auseinandergesetzt haben, kommen zu dem Schluss, dass Rassismus in der Mitte unserer Gesellschaft angekommen ist und sich viele Formen der Diskriminierung finden, die nicht so recht zu den Lippenbekenntnissen passen, man engagiere sich dagegen.[1]

Vor diesem Hintergrund ist dieser Beitrag als Einladung zu begreifen, sich in dieses Spannungsfeld hinein zu begeben und bildlich gesprochen nicht mit dem Regenschirm unter die Dusche zu gehen.

Dazu soll zunächst die Gesamtschule Münster Mitte mit ihrem Grundverständnis und Konzept, welche partizipativ angelegt sind und sich im Fairnetz(t) (vgl. Abbildung S. 141) widerspiegeln, beschrieben werden. Dieses Konzept bildet die Grundlage der gesamten Arbeit, durch die der Diskriminierung an der Gesamtschule Münster Mitte und darüber hinaus kein Raum gegeben werden

---

1 Vgl. dazu: Fereidooni, Karim: https://www.youtube.com/watch?v=rsMaiQ_JNRA (Zuletzt aufgerufen am 22.9.2021).

soll. Im Anschluss daran soll die darauf basierende, in den letzten Jahren entwickelte und durch die Antidiskriminierungsstelle des Bundes und den Cornelsen-Verlag prämierte (Wettbewerb: fair@school) Antidiskriminierungs- und Antirassismusarbeit inhaltlich und prozessbasiert dargelegt werden.

Mit dem Kapitel „Verstehen und Handeln" sollen darüber hinaus inhaltliche Impulse und Anregungen – unter dem Leitgedanken „Bilder im Kopf" – für Schulen zur Auseinandersetzung mit dem Themenfeld gegeben sowie Handlungskonsequenzen formuliert werden. Die dazugehörige Checkliste kann helfen, Prozesse zur Verwirklichung des Artikels 2 in schulischen Praxisfeldern umzusetzen. Dazu werden Schlagworte und Leitfragen formuliert. Letztlich folgt eine perspektivische Betrachtung des an der Gesamtschule Münster Mitte initiierten Prozesses zur Umsetzung des Artikels 2 der UN-Konvention bzw. der Antidiskriminierungs- und Antirassismusarbeit.

1. Gesamtschule Münster Mitte (GeMM) – Gemeinsam erreicht man mehr!

Die Gesamtschule Münster Mitte ist als Schule in Neugründung seit dem Schuljahr 2020/21 vollständig aufgebaut. Als im Schuljahr 2012/13 in Münster neu gegründete Schule hat sie sich mit einem positiven Weltbild die Fairness quasi ins Stammbuch geschrieben. Denn zunächst lässt sich festhalten, dass die Gesamtschule Münster Mitte in einer eher konservativen Schullandschaft auf der Grundlage eines starken Elternwillens nach längerem gemeinsamen Lernen, das Kinder in ihrer Ganzheit sieht und ihnen Zeit für die Entwicklung ihrer Fähigkeiten und Talente über Schulformgrenzen hinweg gibt, entstanden ist. Damit war auch der Grundstein für eine Schule gelegt, der Inklusion in Wort und Tat ein zentrales Anliegen ist und die auf eine hohe Partizipation aller Beteiligten und damit auch den Fokus auf die Bedürfnisse aller setzt. So ist eine Schule entstanden, in der sich auf der Grundlage gemeinsamer Überlegungen und Entscheidungen ein Lebensraum gebildet hat, in dem sich alle Beteiligten wohlfühlen und voneinander getragen sind. Somit ist auch eine perfekte Basis für gelingendes Lernen gelegt.

Ihrem Leitspruch und Akronym „Gemeinsam erreicht man mehr! GeMM/Gesamtschule Münster Mitte" entsprechend finden sich die Grundvollzüge von Fairness im Querschnitt aller Aktivitäten und können als Netz gesehen werden, das alles zusammenhält, eben „Fairnetz(t)", wie in der nächsten Abbildung visualisiert wird. „Fairnetzt" sind dabei die grundlegenden Säulen der

Arbeit: (1) Fairantworten/Fairständnis; mit Bezug auf Grundsätze, (2) Fairhalten; mit Bezug auf das gemeinsame Verhalten und die gemeinsame Interaktion, sowie (3) Fairstehen mit Bezug auf Lernen. Diese Arbeit wird durch besondere „Highlights" unterstützt, mit denen Einzelne und die Gemeinschaft bereichert werden, aber auf dieser Grundlage soll auch für die Bereiche „Umwelt" und „Gesellschaftlich und global" das Netz weiter ausgespannt und die Vorstellungen von gelingender Gemeinschaft, die auf Fairness setzt, auch auf weitere Lebensbereiche übertragen werden. Damit will die Schulgemeinschaft auch aktiv „Fairantwortung" übernehmen.

Schulprogramm

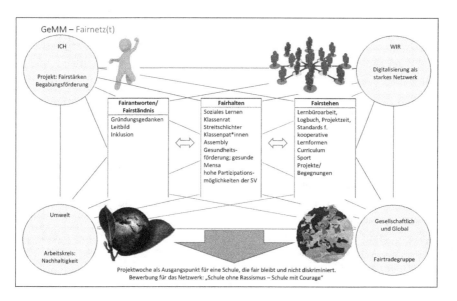

2. Die Antirassismus-/Antidiskriminierungsarbeit

Auf der Grundlage der Arbeit an unserer Schule ist seitens der SV (Schüler*innenvertretung) unserer Schule, die sich bereits seit 2018 in verschiedenen Formaten mit dem Thema „Rassismus und Diskriminierung" auseinandersetzt, die Idee entstanden, sich gerade auch durch die derzeit öffentlich neu angestoßene Diskussion stärker gegen Rassismus und Diskriminierung einzusetzen und somit auch die an unserer Schule gelebten Werte Respekt, Toleranz und Offenheit nach innen weiter zu stärken, aber auch nach außen zu tragen. In diesem Zusammenhang wurde vorgeschlagen, eine Projektwoche zu gestalten sowie sich dem Netzwerk „Schule ohne Rassismus – Schule mit Courage", einer europäischen Initiative, anzuschließen. Die Entscheidung, dem Netzwerk beizutreten, beinhaltete zunächst nur eine Absichtserklärung. Um sie auf eine breite Grundlage zu stellen, sollte durch die Projektwoche, aber auch darüber hinaus durch verschiedene Aktionen und Veranstaltungen eine Wissensgrundlage geschaffen werden sowie eine Sensibilisierung stattfinden. Damit sollte eine inhaltlich fundierte und von allen Akteur*innen ernstgemeinte Entscheidung getroffen werden.

Folglich hat im laufenden Schuljahr eine Projektwoche stattgefunden, organisiert von der SV und der Steuergruppe der Schule, auch mit Aktionen im Schuljahr, und mit Unterstützung verschiedener Kooperationspartner*innen, wie beispielsweise auch der Stadt Münster innerhalb der „Münsteraner Wochen gegen Rassismus". In der Projektwoche und darüber hinaus hat sich die gesamte Schulgemeinschaft mit den Themenfeldern „Rassismus", „Diskriminierung", „Sexismus und Diskriminierung gegen LGBTQI+", „Antisemitismus", „Antiziganismus" sowie jeglichen Formen von Diskriminierung und Gewalt auseinandergesetzt. Dabei wurde ein Prozess angestoßen, der sich mehrdimensional auf das Schulleben ausgewirkt hat, um eine hohe Nachhaltigkeit des Projekts zu gewährleisten und gerade auch für latent diskriminierendes Verhalten und Denken im System Schule zu sensibilisieren. Zusätzlich hat dafür nach Rücksprache mit Phoenix e.V., einem Verein, der Anti-Rassismustrainings für Erwachsene durchführt, zunächst nur für Erwachsene (Lehrer*innen, Sozialpädagog*innen, Schulbegleitung) ein Anti- Rassismustraining als Multiplikator*innentraining stattgefunden, damit in einem zweiten Schritt von den Teilnehmer*innen ein Training für Schüler*innen konzipiert und durchgeführt wird. Das Antirassismustraining für die Schüler*innen wurde letztlich durch i-PÄD-Berlin durchgeführt. Die Planung von zusätzlichen Einzelprojekten durch Kolleg*innen, Schüler*innen und Eltern aller Jahrgangsteams für die Projektwoche wurde von allen Teilnehmenden getragen. Die Durchführung der Projektwoche wurde als Querschnittsaufgabe verstanden, der sich alle Beteiligten gewidmet haben und für die laut Konferenzbeschluss auch einstimmig votiert wurde.

Zum Ablauf:
I. Vorbereitung
» Im Klassenrat wurde die Kampagne vorgestellt und aus der SV berichtet: Informationen zur Kampagne „Was ist Rassismus?", Erfahrungen von Ausgrenzung.
» Alle Fachkonferenzen prüf(t)en die Lehrpläne und Lernmaterialien diskriminierungs- und rassismuskritisch, auch im Hinblick auf Sprache.
» Multiplikator*innenschulung im Kollegium (Lehrer*innen, Sozialpädagog*innen, Schulbegleitung) sollen durchgeführt werden.
» Planung von zusätzlichen Einzelprojekten durch Kolleg*innen, Schüler*innen und Eltern aller Jahrgangsteams, auch in Kooperation mit den unten aufgeführten Projektpartner*innen für die Projektwoche.

II. Projekte/Projektwochen
Die Projektaktionen fanden aus organisatorischen Gründen für drei Jahrgangsstufen während der „Münsteraner Wochen gegen Rassismus" im März 2021 statt. Zusätzlich gab es eine Veranstaltung für die Schulgemeinschaft, das Zentrum für schulpraktische Lehrer*innenausbildung Münster und eine breite Öffentlichkeit in Form eines digitalen Vortrags von Prof. Dr. Karim Fereidooni mit Titel „Rassismus(kritik) in Schule und Gesellschaft". Für alle anderen Jahrgangsstufen und auch die gesamte Schulgemeinschaft fand eine Projektwoche im Juni 2021 statt.
Neben den Projektwochen gab es auch ein Geschichtsprojekt zum Thema „Antiziganismus" mit regionalem Bezug und einer Beteiligung an der Aktion „Stolpersteine" mit Verlegung von 18 Stolpersteinen zum Gedenken an Sinti-Familien. Zudem wurde zusätzlich ein E-Twinningprojekt (Initiative der Europäischen Kommission zur Vernetzung europäischer Schulen) mit europäischen Auslandsschulen in Spanien, Italien und Türkei zum Thema „Menschsein und Rassismus" über das TwinSpace (Lernplattform von E-Twinning) durchgeführt.

III. Nachbereitung
» Dokumentation der Projektergebnisse und Vorstellung selbiger als Ausstellung am Ende der Projektwoche und während der „Münsteraner Wochen gegen Rassismus 2022"
» Webseitendokumentation bzw. Berichte einzelner Workshops,
» Archivierung der Materialien zur Weiterverwendung,
» die Fachkonferenzen prüfen erneut die Lehrpläne, und zwar sowohl die fachlichen als auch die allgemein pädagogischen Curricula,

> Implementation bestimmter Projekte oder Themenfelder in bestehende Unterrichtsreihen/die Bildungsarbeit der Schule; Integration der Workshops verschiedener Kooperationspartner*innen in die Bildungsarbeit der Schule als fester Bestandteil für die nächsten Jahre, beispielsweise „Schlau NRW-Workshop" in Jahrgang 7,
> Einrichtung einer Anlaufstelle in der Schule bestehend aus Schüler*innen und Sozialpädagog*innen zur Verhinderung von Diskriminierung; Erarbeitung eines eigenen Konzepts,
> im Sinne der Multiplikator*innenschulung: Ausbildung/Fortbildung zukünftiger SV-Mitglieder/Kollegium,
> Evaluation/Befragung der Schüler*innen und Lehrer*innen mit dem digitalen Evaluationstool „Edkimo" sowie Gespräche mit den Projektpartner*innen,
> Reflexion der Kampagne „Schule ohne Rassismus – Schule mit Courage" durch die SV in den Klassenräten,
> Einrichtung einer Empowermentgruppe für Schüler*innen, die zur Gruppe der „People of Color" (PoC) gehören,
> Einrichtung einer Critical-Whiteness-Gruppe,
> Planung weiterer Aktionen.

Beteiligte Projektpartner*innen und Personen/Gäste:
Phoenix e.V./Netzwerk für Demokratie und Courage (NDC)/Landesnetzwerk Schlau NRW, KCM Schwulenzentrum Münster e.V./SC Preußen 06 e.V. (Sportclub) und Outlaw Kinder- und Jugendhilfe gGmbH(sozialpädagogisches Fanprojekt FANport)/Stadt Münster – Kommunales Integrationszentrum/i-PÄD-Berlin (Initiative Intersektionale Pädagogik)/E-Twinning Netzwerk (digitale Plattform; ERASMUS+), Kooperationsschulen/Zentrum für schulpraktische Lehrerausbildung Münster/Geschichtsort der Stadt Münster „Villa ten Hompel", Akademie Franz-Hitze-Haus/Sharon Dodua Otoo (Autorin)/Prof. Dr. Karim Fereidooni (Ruhr-Universität Bochum)

*Imagefilm mit Schüler*innen zum Projekt anlässlich des fair@school-Preises*

3. Verstehen und Handeln: Bilder im Kopf

Bei sich anfangen
Das Antirassismustraining für die Lehrenden, die Sozialpädagog*innen und Schulbegleiter*innen sollte entsprechend unserem Verständnis von Gemeinschaft und Partizipation ursprünglich gemeinsam mit den Schüler*innen durchgeführt werden. Auf Anraten von Phoenix e.V. wurde das Training zunächst nur für die oben benannte Zielgruppe durchgeführt. Zunächst erschien den Teilnehmer*innen dieses Vorgehen etwas unverständlich, aber im Laufe des Trainings wurde die Intention verstanden. Denn zunächst stand in einem zweitägigen Training die Auseinandersetzung mit eigenen „Bildern im Kopf" und eigenem „Rassismus" im Vordergrund. Dabei wurde ein auch biografischer Reflexionsprozess angestoßen, sodass über die Analyse und Reflexion von Kinder- und Jugendliteratur hinaus auch nach unbewussten Bildern und Mustern im eigenen Denken und Handeln gefragt wurde. Die Teilnehmer*innen haben gelernt, dass Rassismus als Konstruktion, die erlernt wurde, leider Teil unserer Gesellschaft ist und gerade auch dann gefährlich ist, wenn keine reflektierte Auseinandersetzung – auch biografisch – mit Vorurteilen, Diskriminierung und Rassismus erfolgt.

Die Auseinandersetzung mit *Critical-Whiteness*-Ansätzen spielte für die Reflexion sicherlich eine besondere Rolle, da ein entscheidender Aspekt einer kritischen Auseinandersetzung mit sich selbst und seinen Innensichten die Sichtung und Reflexion sogenannter Privilegien beinhaltet, derer man sich in seinem „Weiß-Sein"[2] nicht bewusst ist.

---

2 Mit Verweis auf Ursula Wachendorfers Artikel: Weiß-Sein in Deutschland. Zur Unsichtbarkeit einer herrschenden Normalität, in: AfrikaBilder hg. v. Susan Arndt, Münster 2006, soll darauf hingewiesen werden: „Die Großschreibung der Begriffe Weiß und Schwarz soll darauf aufmerksam machen, dass nicht von der Vorstellung einer Einteilung der Menschen nach phänotypischen Merkmalen im Sinne biologischer Entitäten ausgegangen wird, sondern dass die Begriffe als soziale Konstruktionen verstanden werden. Sie weisen auf soziale Praxen und symbolische Ordnungen in gesellschaftlichen Machtverhältnissen hin und interagieren je nach Kontext immer mit anderen sozialen Konstruktionen, wie z.B. Klasse, Geschlecht, sexuelle, religiöse Orientierung. Diese sozialen Konstruktionen sind dichotom organisiert und verweisen auf den Exklusivanspruch in der Selbstdefinition von Weißen. Die Verwendung der Begriffe im Text entsprechend dieser Konstruktion bergen ein grundsätzliches Dilemma, nämlich diese als Stereotypen festzuschreiben, während sie ja gerade durch die Analyse dekonstruiert werden sollen."

Wie in der Einleitung zu diesem Beitrag bereits dargelegt wurde, ist das Ziel dieser Ausführungen nicht eine umfassende wissenschaftstheoretische Diskussion einzelner Begrifflichkeiten; auch können diese Ausführungen kein Antirassismustraining ersetzen, doch sollen an dieser Stelle Ausführungen von *Ursula Wachendorfer* zum Begriff „Weiß-Sein",[3] die im Antirassismustraining erarbeitet wurden, dargelegt werden, um eine Einstiegshilfe zur Auseinandersetzung mit der Thematik, gerade auch zum Begriff „Weiß-Sein" zu geben. Wachendorfer nähert sich diesem Phänomen in ihrem Artikel *„Weiß-Sein in Deutschland – Zur Unsichtbarkeit einer herrschenden Normalität"*[4] anhand der „Frage, warum Weiß-Sein in der Regel den deutschen Mehrheitsangehörigen nicht bewusst und dennoch als Selbstkonzept wirksam ist".[5] Bezugnehmend auf die Soziologin *Ruth Frankenberg* greift Wachendorfer drei Thesen aus Frankenbergs Veröffentlichung *„White Women, Race Matters: The social construction of whiteness"*[6] auf:

„Weiß Sein ist ein Ort, [...] „ein Standpunkt", von dem aus Weiße Leute sich selbst, andere und die Gesellschaft betrachten und bestimmen; [...]ein Ort, der selbst unsichtbar, unbenannt, unmarkiert ist und dennoch Normen setzt; [...] ein Ort struktureller Vorteile und Privilegien."[7]

Dabei stellt Wachendorfer fest:

„Weiß-Sein erscheint in diesen Thesen nicht als etwas, das qua Natur definiert und auf die Hautfarbe beschränkt ist – als ein wissenschaftliches oder gar wertneutrales Konzept –, sondern als ein soziales Konstrukt; d.h. Weiß-Sein ist nicht etwas objektiv Vorgegebenes, das man nur lange genug beforschen muss, um es zu erkennen, sondern es wird durch die unterschiedlichen gesellschaftlichen Praxen erst hergestellt. Es symbolisiert ein Machtsystem, beschreibt die Linien von Ausgrenzung und ist auch mit anderen sozialen und politischen Konstruktionen wie Klasse, Geschlecht, Nation, Religion etc. verknüpft."[8]

Für den Kontext Schule bedeutet dies zunächst, seine eigenen „Bilder im Kopf", seine Konstruktionen zu hinterfragen oder, mit den Worten *Tupoka Ogettes*,

---

3 Vgl.: Wachendorfer, Ursula: Weiß-Sein in Deutschland. Zur Unsichtbarkeit einer herrschenden Normalität, in: AfrikaBilder hg. v. Susan Arndt, Münster 2006.
4 Vgl. ebd.
5 Ebd. S. 57.
6 Vgl.: Frankenberg, Ruth: White Women, Race Matters: The Social Construction of Whiteness, Minneapolis 1993.
7 Wachendorfer, Ursula: Weiß-Sein in Deutschland. Zur Unsichtbarkeit einer herrschenden Normalität, S. 57.
8 Ebd.

„*Happyland*"⁹ zu verlassen und dann die herrschenden Praxen zu befragen, um sie in einem weiteren Schritt dekonstruktiv zu verbessern.

Dabei haben sicherlich alle verantwortlichen Akteur*innen gerade auch in einem partizipativ angelegten System Schule eine besondere Bedeutung, damit Diskriminierung und Rassismus entlarvt und durchbrochen werden sowie eine Umsetzung des Artikels 2 der UN-Kinderrechtskonvention erfolgen kann. Trotzdem sollten sich Lehrkräfte ihrer Macht hinsichtlich der Gestaltung von Unterricht und Curricula bewusst sein, auch wenn es Beteiligungsstrukturen in der Entwicklung von Curricula und der Entscheidung zur Auswahl von Lehrbüchern auch für Eltern und Schüler*innen sowie etwaige Feedback-/Beschwerdemöglichkeiten durch Schüler*innenvertretungen, Sozialpädagogik, Evaluation etc. gibt. Denn Lehrkräften kommt in der Planung ihres Unterrichts und des Unterrichtsgeschehens selbst große Verantwortung zu.

Curricula/Unterrichtsmaterialien sichten

Ausgehend von der Verantwortung der einzelnen Akteur*innen im System Schule haben wir Lehrkräfte es uns unter anderem zur Aufgabe gemacht, unsere Unterrichtsmaterialien zu überprüfen. Gerade weil unser System sehr partizipativ angelegt ist, haben wir, ausgehend von der Erkenntnis, dass wir hinsichtlich einer möglichen Reproduktion herrschender Praxen Verantwortung tragen, besondere Möglichkeiten, diese zu hinterfragen und zu durchbrechen. Denn in unserem Kollegium vereinbaren wir nicht nur ein schulinternes Curriculum auf der Grundlage der Kernlehrpläne des Landes, sondern wir arbeiten auch mit gleichen differenzierenden Materialien in Form von Lernplänen. Diese Lernpläne mit den dazugehörigen Materialien bilden die Unterrichtsgrundlage für die Lernenden. Sie werden in jeder Jahrgangsstufe von den dort unterrichtenden Fachlehrkräften gemeinsam erarbeitet und verwendet. Dabei kann hinsichtlich der Erarbeitung auf Lernpläne der vorherigen Schuljahre in Form eines Datenpools mit Erfahrungsreflexion zurückgegriffen werden.

Dementsprechend haben wir in einem ersten Schritt in die Curricula der einzelnen Fächer geschaut und uns gefragt, an welcher Stelle die Themenfelder „Rassismus und Diskriminierung" behandelt werden können. Gleichzeitig haben wir unsere Lernpläne und Materialien im Hinblick auf Konstruktionen von Rassismus und Diskriminierung untersucht. Dabei stand auch die Frage im Mittelpunkt, welche Konstruktionen in Form einer bestimmten Darstellung von Personengruppen finden sich, z.B.: Wie werden People of Color

---

9 Vgl.: Ogette, Tupoka: exit RACISM, 7. Aufl., Münster 2020.

(PoC) dargestellt? Werden PoC in gesellschaftlich relevanten, sogenannten Schlüsselpositionen dargestellt, beispielsweise als Unternehmenschef*in oder Klinikdirektor*in, oder immer nur marginalisiert? Oder auch: Welche Afrikadarstellungen finden sich in den Büchern und wie wird Weiß-Sein dazu in Beziehung gesetzt? Zugespitzt formuliert: Werden PoC als arme Kinder in Afrika dargestellt und taucht dazu Weiß-Sein im Sinne eines White-Saviour-Motivs auf und was macht das mit der Unterrichtssituation? Dargestellte Personen in Arbeitsmaterialien bieten auch immer eine Identifikationsfläche. In diesem Zusammenhang werden gerade auch für die Unterrichtssituation Fragen danach bedeutsam, ob alle Schüler*innen sich in den Materialien wiederfinden können und vor allem in welcher Form, damit Diskriminierung und Rassismus nicht reproduziert und für alle positive Identifikationsmöglichkeiten geschaffen werden bzw. auch bestimmte Konstruktionen nicht unreflektiert bleiben. Demnach wurden Unterrichtsmaterialien angepasst bzw. verändert. Der Antizipation des Unterrichtsgeschehens, zu der neben der hier beschriebenen Materialauswahl auch die genaue Analyse der Lerngruppe gehört, kommt demnach besondere Bedeutung zu, aber schließlich auch der Unterrichtssituation konkret. In dieser sollte beobachtet werden, was in der Interaktion zur Sprache kommt und wie, um entsprechend nachzusteuern. Dies bedarf besonderer Sensibilität. Weitere Gedanken und Erkenntnisse dazu sollen noch einmal im nächsten Aspekt „Begegnung überdenken" dargelegt werden.

Neben der Prüfung des Unterrichtsmaterials haben wir auch verschiedene Veranstaltungen und Trainings wie beispielsweise ein Antirassismustraining für Schüler*innen, auch durch externe Kooperationspartner*innen, im allgemeinen pädagogischen Curriculum für unterschiedliche Jahrgangsstufen verankert, sodass auch zukünftig für die gesamte Schulgemeinschaft ein gemeinsames Plateau der Auseinandersetzung geschaffen wird.

Begegnung überdenken

In der Auseinandersetzung mit der Frage nach Unterrichtsmaterialien bzw. nach Unterrichtssituationen, in denen nicht nur selbige zum Einsatz kommen, sondern auch Begegnungen stattfinden, sind wir nach dem Antirassismustraining, aber auch anderen Veranstaltungen und Materialien, mit denen wir uns während unserer schulischen Auseinandersetzung beschäftigten, besonders sensibel geworden. So wurden bestimmte Muster und Verhaltensweisen, die direkt oder indirekt zu einem *Othering* führen, also dazu, bestimmte Personengruppen – auch unbeabsichtigt – auf Grund von Zuschreibungen auszugrenzen, neu hinterfragt. Im schulischen Zusammenhang können bestimmte Zuschreibungen, die nicht hinterfragt werden, zu Diskriminierung führen, beispielsweise, wenn Kinder oder Jugendliche mit Zuwanderungsgeschichte oder PoC auf die Frage „Woher kommst du?" „Deutschland." antworten und im Anschluss weiter nach der Herkunft gefragt wird. Ursula Wachendorfer macht die Brisanz solcher Mechanismen deutlich:

„Für Weiße ist Weiß-Sein in der Regel kein Thema. Mit großer Wahrscheinlichkeit kann man die Aussagen, die Terry über die US-amerikanische Gesellschaft gemacht hat,[10] *auch auf die deutsche anwenden: „Außer für hart gesottene Rassisten bedeutet Weiß-Sein die Wahl zu haben, sich mit dem eigenen Weiß-Sein auseinander zu setzen oder es zu ignorieren."*[11]
Das ist Schwarzen nicht möglich. Für sie ist sowohl Weiß-Sein als auch Schwarz-Sein ein Thema, weil Diskriminierungs- und Rassismuserfahrungen ihr Leben prägen.[12]
[...]
Darüber hinaus genießen sie [Weiße] im Alltag den Schutz der Anonymität. Die Aufmerksamkeit ist nicht ständig auf sie gerichtet. Weil sie das Recht haben dazuzugehören, ist ihre Zugehörigkeit selbstverständlich.

Auch haben sie die Möglichkeit, selbst zu bestimmen, wie weit sie sich anderen gegenüber öffnen wollen. Schwarzen hingegen passiert es häufig, dass sie von völlig unbekannten Personen über ihre Herkunft ausgefragt werden. Sie müssen ihren Namen erklären, u.U. das Heiratsverhalten ihrer Eltern und womöglich noch die Reaktionen der Großeltern darauf erläutern. Demgegenüber haben Weiße viel eher die Kontrolle darüber, wann sie über persönliche, Ich-nahe Themen reden möchten.

Gerade dieses letzte Beispiel macht deutlich, dass es nicht einfach ist, die eigene Privilegierung als Weiße überhaupt wahrzunehmen, wenn man nicht die Situation der Schwarzen kennt, denn vielfach wird erst in der Diskriminierung der Schwarzen die Privilegierung der Weißen sichtbar."[13]

Weiter beschreibt Wachendorfer am Beispiel eines Seminarbesuchs einer Schwarzen Studentin eine Spannung, die auch im schulischen Kontext von Bedeutung sein kann:

---

10 Fußnote von Wachendorfer: Terry, Robert W.: For Whites Only. Grand Rapids 1975.
11 Terry, zitiert nach Wachendorfer.
12 Wachendorfer, Ursula: Weiß-Sein in Deutschland. Zur Unsichtbarkeit einer herrschenden Normalität, S. 58.
13 Ebd. S. 61.

„Und was die Situation in dem gemeinsam besuchten Seminar anbelangt, können sowohl negative als auch positive Reaktionen von Seiten der Weißen Student*innen und Dozent*innen für die Schwarze Studentin zu einem Problem werden. So kann eine negative Reaktion sie vor die Frage stellen: Geht es hier jetzt um Diskriminierung und Vorurteile, oder aber ist das eine adäquate Reaktion z. B. auf den eigenen Beitrag. Und selbst eine positive Reaktion muss für sie nicht eindeutig sein, sondern kann für sie Fragen aufwerfen wie: Kann ich sie meinen Fähigkeiten zuschreiben, will man mich als Schwarze Studentin stützen, oder will man vorurteilsfrei erscheinen. Diese Form von Verunsicherung wird in der angloamerikanischen Literatur als attributionale Ambiguität beschrieben.
Diese Schwierigkeit, die Situation „richtig" zu entschlüsseln, wird die Weiße Studentin nicht haben. Ihr Dasein [der Schwarzen Studentin] kann ständig befragt und in Frage gestellt werden. Häufig gerät sie in die Position, Expertin für „Schwarze" Themen zu sein. Doch auch die ist ihr nicht sicher, denn leicht wird ihr auch hier wieder zu viel Betroffenheit unterstellt."[14]

Die Frage nach der Entschlüsselung von beispielsweise Aussagen oder Urteilen des Gegenübers oder die Frage, ob in einer bestimmten Weise mit einer Person gesprochen wird, weil sie PoC ist, offenbart sich auch in der schulischen Praxis als bedeutsam. Damit verbunden auch die Frage, ob das Gegenüber in der gleichen Weise sprechen würde, wenn die angesprochene Person nicht PoC wäre.

Dieses Wissen um so etwas wie eine attributionale Ambiguität sowie andere Erfahrungen haben uns dazu bewogen, neben dem Antirassismustraining an unserer Schule auch Empowermentkurse in Kooperation mit dem Kommunalen Integrationszentrum der Stadt Münster anzubieten sowie in Form eines Beschwerdeverfahrens Möglichkeiten für Protest gegenüber übergriffigem Verhalten zu schaffen. Denn allzu oft findet in Schulen in scheinbar guter Absicht Diskriminierung statt, wie auch in Tupoka Ogettes Fallbeispielen im achten Kapitel ihrer Veröffentlichung „Exit Racism"[15] deutlich wird. Grundsätzlich sollen an unserer Schule aber der Dialog und die Sensibilität im Fokus stehen, wofür es verschiedene Räume wie beispielsweise den Klassenrat gibt.

---

14 Ebd. S. 62.
15 Ogette, Tupoka: exit RACISM, 7. Aufl., Münster 2020.

4. Perspektiven – Fazit

Unserem ursprünglichen Bestreben, uns dem Netzwerk „Schule ohne Rassismus – Schule mit Courage" anzuschließen, verdanken wir den Beginn eines umfangreichen Prozesses, der unser Schulleben und das soziale Klima nachhaltig weiter positiv stärkt, ohne dass dieser Prozess abgeschlossen ist. Als Konsequenz aus dem neu erworbenen Wissen sind wir zu einem zunächst paradox erscheinenden Entschluss gekommen: Wir wollen uns dem Netzwerk vorerst nicht anschließen. Dieser Entschluss resultiert aus einem Ernstnehmen der neu erworbenen Erkenntnis, dass bei Betrachtung der tief verwurzelten gesellschaftlichen Konstruktion von Rassismus die Frage bleibt, ob es gegenwärtig überhaupt „Schulen ohne Rassismus" geben kann. Demzufolge stoßen wir uns daran, ein Siegel an den Eingang unserer Schule zu hängen, das suggeriert, an dieser Schule gäbe es keinen Rassismus und keine Diskriminierung. Sicherlich ist das wünschenswert und wie die Darlegung unserer Arbeit hoffentlich gezeigt hat, wollen wir eine „Schule GEGEN Rassismus" sein, mit unserem intensiven Engagement gegen Rassismus und Diskriminierung. Doch bleibt es schwierig, wenn Schüler*innen auch an Schulen mit diesem Siegel – in der Regel unbeabsichtigten – Rassismus erleben – und dass das passiert, haben uns viele Erfahrungsberichte von „*Betroffenen*" aus anderen Schulen, die dieses Siegel tragen, gezeigt. Wenn sie dann auch an einer Siegel-Schule diese Erfahrungen machen, ist das Siegel für sie ein herber Schlag und eine besondere Enttäuschung.

Ein weiteres damit zusammenhängendes Problem stellen auch die aus unserer Sicht optimierungsbedürftigen Qualitätsstandards des Netzwerks dar. Bei allem Verständnis dafür, dass es sich zunächst „nur" um eine Absichtserklärung der Mehrheit der Schulgemeinschaft handelt, bleibt die Frage nach den konkretisierten Handlungszielen im Anschluss. Zusammenhängend damit auch die Frage, ob das Aufhängen eines Siegels zu Beginn eines Prozesses die Motivation fördert, das Thema weiter anzugehen, oder ob das Projekt einer nachhaltigen Veränderung der Schulkultur danach vertagt wird. In uns bekannten Fällen dient das Siegel leider oftmals nur einem *Windowdressing*, also dafür, dem guten Ruf der Schule dienlich zu sein, ohne dass im Nachgang noch viel inhaltlich und strukturell passiert. In einigen Fällen ist auch, vorsichtig formuliert, eine Unsicherheit im Raum, sich einer echten Auseinandersetzung zu stellen, die eventuell das eigene Weltbild ins Wanken bringt, und auf anderer Ebene die Angst, der Ruf der Schule könnte gefährdet werden, wenn man zugibt, dass in der Schule Diskriminierung und Rassismus existieren. Zusammenfassend: Eine „Schule ohne Rassismus" wird aus unserer Sicht durch reine Absichtserklärungen und einen Projekttag nicht geschaffen. Diese Einsicht verdanken wir unseren Kooperationspartner*innen und Gästen, die unseren Horizont erweitert haben, uns in diesem Prozess begleitet haben und weiterhin unterstützen. An dieser Stelle gilt unser Dank ganz besonders den Mitarbeiter*innen des Kommunalen Integrationszentrums der Stadt Münster, Phoenix e.V., i-Päd-Berlin und Sharon Dodua Otoo.

Mit diesem Beitrag soll den Leser*innen in jedem Fall die Notwendigkeit aufgezeigt werden, sich in ihrem Prozess durch Expert*innen begleiten zu lassen. Gleichzeitig möchten wir darauf hinweisen, dass die inhaltlich vertiefte und nachhaltige Auseinandersetzung mit Rassismus und Diskriminierung bei allen Akteur*innen zu Widerständen führen kann. Eine Erklärung dafür kann sein, dass die beschriebene Auseinandersetzung immer auch sehr biografisch ist und beispielsweise das Verständnis von Critical-Whiteness-Ansätzen Zeit benötigt, wie im Kapitel „Verstehen und Handeln: Bilder im Kopf" ansatzweise dargelegt wurde. In der Auseinandersetzung mit den Inhalten sollte deswegen durchaus auch eine gewisse Frustrationstoleranz mitgebracht werden. Letztlich sollten konkrete Ziele formuliert, Inhalte implementiert und Strukturen etabliert werden. Für unsere Schule wurde ein Arbeitskreis eingerichtet, der in Zusammenarbeit mit den Fachteams alle Curricula und Arbeitsmaterialien überprüft und optimiert. Zudem sollen außercurriculare Trainings und Projekte, die bereits in den Projektwochen stattgefunden haben, für verschiedene Jahrgänge fest implementiert werden. Innerhalb der Sozialpädagogik soll eine Antidiskriminierungsstelle als Anlaufstelle eingerichtet werden, an die sich Schüler*innen und auch Eltern wenden können; die SV will weitere Projekte sichten und in ihre Arbeit integrieren. Zusätzlich zu den Antirassismustrainings für alle sollen Empowermentkurse für PoC u.a. angeboten werden. Vor allem möchten wir aber *im Prozess* bleiben, denn dieser Prozess endet nicht. Er gehört zur Realität und zum Auftrag unserer Schule.

SABINA SALIMOVSKA

Kinderrechte in Willkommensklassen

Schulmediation und das Recht auf Bildung der Roma-Kinder und -Jugendlichen

Wenn ich über meine Arbeit als Schulmediatorin berichten soll, kann ich viele Beispiele aus dem Schultag nennen. Leider sind das oft unangenehme Erfahrungen, die die Kinder machen. Es ist nicht möglich, die schlechten Erfahrungen nicht zu erwähnen. Es ist wichtig, sie zu benennen, damit Verbesserungsvorschläge gemacht werden können. Ich könnte über so viele Fälle und Situationen berichten, wo die Kinderrechte leider verletzt wurden. Wenn ich aber gefragt werde, ein positives Beispiel zu nennen, wo ich zufrieden bin, wo ich den Sinn meiner Arbeit sehe, muss ich immer lange nachdenken und mir fällt nichts ein. Das ist schade.

Das ist mir auch beim Schreiben dieses Textes passiert. Vor Kurzem habe ich eine Frau vor der Schule getroffen, eine Mutter von zwei Schülerinnen, die früher die Willkommensklassen besuchten. Damals, im Schuljahr 2015/2016, kannten sie kein Wort Deutsch. Sie haben keinen in der Schule gekannt, konnten keine Freundschaften schließen, weil alle Kinder andere Sprachen gesprochen haben. Damals waren sie verängstigt und ziemlich schüchtern. Die Sprache war ein großes Hindernis für sie. Derzeit besuchen sie die Regelklassen. Ihre Mutter erzählte mir, dass die ältere Tochter die 10. Klasse besucht und eine Eins in Französisch hat. Sie will Abitur machen, studieren und Übersetzerin werden, denn sie will Menschen, die kein Deutsch sprechen, unterstützen, so wie ich sie und ihre Schwester damals in der Schule unterstützt habe. Meine Augen waren voll mit Freudentränen und ich war so stolz auf sie! Auch die jüngere Schwester, die sehr schüchtern ist, hat ihren Platz in ihrer Schule, einer Grundschule, gefunden, Freundschaften geschlossen und ist jetzt glücklich. In dem Moment dachte ich schweigend: „Das ist doch Erfolg!" Tatsächlich gibt es noch viele weitere positive Beispiele, die meiner Meinung nach eine Kleinigkeit sind, aber für die Kinder einen großen Unterschied in ihrem Leben machen.

Sinn meiner Arbeit ist es, um Kinderrechte zu kämpfen, besonders um das Recht auf Bildung der Roma und neu zugewanderten Kinder ohne oder mit geringen Deutschkenntnissen an Berliner Schulen, um ihnen die Chance auf Bildung zu ermöglichen, die ihnen zusteht.

Ihre Erst(Mutter)sprachen sind kein Hindernis, sondern ein großer Vorteil. Ihre Sprachkompetenzen müssen wertgeschätzt werden, damit Kinder darauf stolz sein können. Außerdem sind sie eine Bereicherung für jede Schule und kein „Problem" (Erkurt, 2019). Kinder müssen sich nicht schämen, anders zu sein und eine andere Sprache zu sprechen. Die zwei Schwestern, über die ich vorher berichtet habe, hätten es in ihren Schulen einfacher gehabt, wenn sie sich nicht hätten schämen oder verheimlichen müssen, dass sie Roma sind und Romanes und Serbisch sprechen. Jedem Kind, unabhängig von seiner Herkunft, Sprache, Religion, Hautfarbe, Geschlecht oder sonstigem Status, stehen alle Rechte der Kinderrechtskonvention zu (BMFSFJ, o.D.). Schüler*innen sollen in der Schule frei von Ängsten sein und keine Diskriminierungserfahrungen machen. Die UN-Kinderrechtskonvention spricht unter anderem ein Diskriminierungsverbot (Art. 2) sowie ein Recht auf Bildung (Art.28 und 29) aus.

Die neu zugewanderten Kinder ohne Deutschkenntnisse werden in den Berliner Willkommensklassen aufgenommen und gesondert von Regelklassen beschult, „*da sie in einer Regelklasse wegen fehlender Deutschkenntnisse nicht ausreichend gefördert werden können*" (Bildungsserver Berlin-Brandenburg o.D.). Eigentlich sollte man sich mehr auf die Frage konzentrieren, warum neu zugewanderte und geflüchtete Kinder und Jugendliche in den Regelklassen nicht ausreichend gefördert werden können, und sich weniger damit beschäftigen, dass die geringen Sprachkompetenzen der Kinder in den Regelklassen ein „Problem" darstellen (Erkurt, 2019). Das Problem liegt nicht bei den Kindern und der Mehrsprachigkeit, sondern es ist ein strukturelles Problem. Die Mehrsprachigkeit bei den Kindern steht öfter in Zusammenhang mit der Einwanderung, obwohl es in Deutschland Familien der Minderheiten gibt, z.B. die Sinti*zze, die in Deutschland seit 600 Jahren leben und Romanes und Deutsch sprechen (Neumann 2003, S. 2). Mehrsprachigkeit sollte als Ressource angenommen werden und in diesem Zusammenhang sollten Kinder in den Schulen gefördert und in ihrer vollen Entwicklung unterstützt werden, wie es Artikel 29 der UN-Kinderrechtskonvention verlangt (Neumann 2003, S. 9–10).

Für Roma- und Sinti-Kinder, die meistens bilingual aufwachsen und als Erstsprachen Romanes und gleichzeitig die Sprache des Landes sprechen und im Laufe ihrer Entwicklung noch eine oder mehrere Fremdsprachen dazu lernen (Kyuchukov 2000, S. 273; RomnoKher 2021, S. 22–25), können die geringen Deutschsprachkenntnisse nicht als „Problem" (Erkurt, 2019) empfunden werden. Jedes Kind und auch jeder Erwachsene benötigen Zeit, um eine neue Sprache zu lernen. Wie schnell man eine Fremdsprache lernt, hängt von unterschiedlichen Kriterien ab. Jedes Kind ist einzigartig und hat andere Fähigkeiten und Interessen. Die Fähigkeiten und Interessen der Kinder können sowohl in einer Willkommensklasse als auch in einer Regelklasse bei Unterstützung von ausreichendem pädagogischem Personal gefördert werden. Wenn ein Kind unmittelbar in eine Regelklasse aufgenommen wird, wird es wie jedes Kind in die Schule aufgenommen und erlebt nicht das Schicksal der Trennung.

Gesonderte Beschulung der Roma-Kinder sowie geflüchteter und migrierter Kinder in Willkommensklassen

Schule ist ein Ort, an dem Kinder fast den halben Tag ihrer Zeit verbringen. Sie lernen, spielen, lachen und weinen, streiten und versöhnen sich. Es ist ein Ort, an dem Sozialisation stattfindet, Freundschaften geschlossen und gute und/oder schlechte Erfahrungen gemacht werden. Manchmal bleiben die schlechten Erfahrungen und Ängste für immer im Gedächtnis und werden transgenerational weitergegeben (Deutscher Bundestag 2021, S. 155). *„Ab dem Schuljahr 2011/12 wurden wieder gesonderte Klassen gemäß § 15 Abs. 2 SchulG eingerichtet, die sogenannten „Willkommensklassen", die heute offiziell „Lerngruppen für Neuzugänge ohne Deutschkenntnisse" heißen"* (SenBJW 2014, S. 1).

Die Beschulung der neu eingewanderten Roma-Kinder und -Jugendlichen aus Rumänien und Bulgarien wird vom Senat von Berlin im Berliner Aktionsplan zur Einbeziehung ausländischer Roma als „besondere Aufgabe" beschrieben (Berliner Abgeordnetenhaus 2013, S. 7). Als „Schwierigkeiten" werden unter anderem „fehlende Deutschkenntnisse" aufgelistet und als Lösung die gesonderte Beschulung der Kinder in Lerngruppen für Neuzugänge ohne Deutschkenntnisse eingerichtet (Abgeordnetenhaus von Berlin 2013, S. 8; Neumann u. a. 2019, S. 6). Schüler*innen müssen jedoch nicht gesondert werden, um eine Fremdsprache zu lernen. Diese Art von Schulbildung führt nicht zur Inklusion in der Gesellschaft und zur Gleichbehandlung. Im Schuljahr 2015/2016 stieg die Zahl der Schüler*innen in den Willkommensklassen mit der Zahl der geflüchteten Kinder und Jugendlichen.

Die Schulen haben sich am „Leitfaden zur Integration von neu zugewanderten Kindern und Jugendlichen in die Kindertagesförderung und die Schule" der Senatsverwaltung für Bildung, Jugend und Familie zu orientieren (SenBJF 2018). Das hat zur Folge, dass die neu zugewanderten und geflüchteten Kinder und Jugendlichen weiterhin separiert bleiben, ohne dass es ein Curriculum und Vorgaben für die Organisation gibt (Karakayali u. a. 2017).

Die Lehrkräfte entscheiden selbst, welche Themen sie unterrichten und mit welchen Materialien sie arbeiten wollen (Karakayali u.a. 2016, S. 5.). Schüler*innen in Willkommensklassen nehmen selten am Entscheidungsprozess über Dinge teil, die ihnen wichtig sind oder sie betreffen. Adultismus ist immer noch präsent in unseren Bildungseinrichtungen (Bordo Benavides 2018). Da es keine vorgegebenen Lehrpläne gibt und die Lehrkräfte die komplette Entscheidung darüber treffen, was wann unterrichtet wird, können Kinder auch an diesen Entscheidungen beteiligt werden. Man könnte versuchen, die Kinder in die Gestaltung der Unterrichtseinheiten einzubeziehen. Was möchten sie lernen? Was sind ihre Interessen? Für die Lehrkräfte heißt das: Lernen sie von den Kindern, was ihnen Schwierigkeiten bereitet und was ihnen leichtfällt? Überlegen sie, wie sie den Unterricht gemeinsam gestalten können, damit neben dem Spracherwerb auch die Ideen der Kinder einfließen. Dafür werden keine Extrazeit und Ressourcen gebraucht, sondern dies lässt sich im Rahmen des Unterrichts organisieren. Es darf nicht vergessen werden, dass Partizipation ein Kinderrecht ist und wir als Erwachsene für die Umsetzung verantwortlich sind.

Recht auf Bildung während der Corona – Pandemie

Alle ausländischen Kinder, die in Berlin wohnen, einen Aufenthalt haben oder sich im Asylverfahren befinden und geduldet sind, unterliegen gemäß § 41 Absatz 2 Schulgesetz der Schulpflicht (SenBJF 2018, S. 12). Neben der Schulpflicht haben Kinder nach der Kinderrechtskonvention und vielen anderen Menschenrechtsdokumenten auch das Recht auf Bildung. Auch Roma-Kindern steht dieses Recht zu und auch für sie gilt die Schulpflicht. Damit das Recht auf Bildung der Roma-Kinder und -Jugendlichen gewährleistet ist, wurde 2011 das ROMED1-Programm des Europarats ins Leben gerufen, dessen Ziel es ist, Roma-Mediator*innen in Europa auszubilden, die die Kommunikation und Zusammenarbeit zwischen Rom*nja und öffentlichen Einrichtungen wie Schulen, Gesundheitseinrichtungen, aber auch lokalen und regionalen Verwaltungen verbessern oder herstellen sollen (Council of Europe o.D.). Im Jahr 2012 wurde auch die *Empfehlung CM/REC (2012)9 an die Mitgliedstaaten zur Mediation als wirksames Instrument zur Förderung der Achtung der Menschenrechte und der sozialen Inklusion der Rom*nja* vom Ministerkomitee des Europarats verabschiedet (Council of Europe o.D.).

Trotz Schulgesetz und Menschenrechtsdokumenten, die das Recht auf Bildung für jedes Kind garantieren, gibt es dennoch viele Kinder, die keine Schule besuchen. Die Corona-Pandemie hat zu Schulabbrüchen und langem Warten auf einen Schulplatz geführt. Einige Schüler*innen mussten zwischen 6 und 9 Monate warten, um einen Schulplatz zu bekommen und in eine Regelklasse zu wechseln. Andere wurden von Schulen mit dem Argument abgelehnt, dass sie die deutsche Sprache nicht gut genug sprechen. Der persönliche Kontakt zwischen Familien und Einrichtungen war auf einmal unmöglich. Es sollte Abstand gehalten und Kontakte sollten reduziert werden. Der Lockdown war da.

Die Corona-Pandemie hat viele Herausforderungen gebracht. Die Behörden konnten nur per E-Mail oder telefonisch erreicht werden. Aus unterschiedlichen Gründen haben es viele Familien nicht geschafft, diesen Kontakt herzustellen. Sie sind mit ihren Problemen allein geblieben und haben verzweifelt nach Hilfe gesucht. Kinder sollten am Homeschooling teilnehmen und ohne vorherige Medienbildung mit Tablets arbeiten. Zwar lässt sich sagen, dass Kinder noch besser mit einem Handy oder Tablet vertraut sind als Erwachsene. Daran habe ich keinen Zweifel. Ich möchte aber darauf hinweisen, dass es den Schüler*innen an Medienkompetenz mangelt, denn in Willkommensklassen findet keine oder wenig Medienbildung statt. Das hängt von der Schule oder der Lehrkaft ab. Für viele Kinder war es schwierig, sich mit dem Herunterladen, Hochladen oder Versenden von Hausaufgaben auseinanderzusetzen, um am Digitalunterricht teilnehmen zu können, besonders für Kinder, die zu Hause keinen Internetzugang hatten und nicht wirklich mit digitalen Medien lernen konnten.

Schulmediator*innen bemühten sich, Roma-Kinder während der Pandemie im Schulsystem zu halten. Um mit den Kindern und ihren Familien in Kontakt zu bleiben, führten die Schulmediator*innen intensive Telefonate, denn Hausbesuche waren zu vermeiden. Auf diese Weise wurde auch die Kommunikation zwischen Schule und Familie unterstützt. Da viele Eltern ihre Kinder bei den Homeschooling-Aufgaben nicht unterstützen konnten, war es sehr wichtig, die Kinder über die Schule, Aufgaben, Schulpläne und Hausaufgaben zu informieren und das Schulmaterial sowie die Hausaufgaben zu erklären. Auf diese Weise konnten auch Roma-Kinder, einige mehr, andere weniger, am Homeschooling teilnehmen.

Roma-Schulmediation der RAA Berlin

Im Jahr 2000 wurde die Roma-Schulmediation von der RAA Berlin (Regionale Arbeitsstellen für Bildung, Integration und Demokratie) an den Berliner

Schulen eingeführt (RAA e.V. 2014, S. 26). Es ist ein Programm, dessen Ziel die Verbesserung der Bildungschancen der Roma-Kinder ist – explizit, aber nicht exklusiv. Das bedeutet, dass auch Nicht-Roma-Kinder, die Unterstützung benötigen, angemessen unterstützt werden. In einer Willkommensklasse gibt es Kinder aus vielen Ländern, die auch beim Deutschlernen, Schreiben, Lesen oder Rechnen Unterstützung brauchen. Die Schulmediator*innen schließen die Kinder nicht nach ethnischer Zugehörigkeit aus, denn sie wissen am besten, wie es sich anfühlt, als Minderheit in der Gesellschaft ausgegrenzt zu werden. Die Roma-Schulmediation erstrebt eine langfristige Inklusion aller Kinder und Jugendlichen in der Bildung, mit gleichberechtigtem Zugang und gleichberechtigter Teilhabe. Das Kind steht in der Schulmediation an erster Stelle (RAA Berlin, o.D.). Es wird auf die Bedürfnisse eines Kindes eingegangen und in Zusammenarbeit mit Schule und Familie entsprechend gehandelt. Die Schulmediator*innen unterstützen die Kommunikation zwischen Kindern, Eltern und Schule bzw. Behörden und sind Ansprechpartner für alle, die am Bildungsprozess eines Kindes beteiligt sind.

Bevor die Roma-Schulmediation in den Berliner Schulen installiert wurde, beschwerten sich viele Schulen, dass Roma-Eltern nicht an den Elternversammlungen teilnehmen, kein Interesse an der Bildung ihrer Kinder haben und „bildungsfern" sind (Hasenjürgen u.a. 2014). Dies ist die einseitige Sichtweise einiger Lehrkräfte, die in der Regel der Realität widerspricht. Viele Roma-Eltern trauen sich nicht, Elternversammlungen in der Schule zu besuchen, weil sie selbst schlechte Erfahrungen mit der Institution Schule gemacht haben. Zum Beispiel wurde ein Vater von einer Lehrkraft angeschrien, aus dem Klassenraum herausgeworfen und es wurde ihm mit der Polizei gedroht, wenn er störe und die Schule nicht verlasse. Der Grund dafür war, dass er während des Unterrichts an die Tür geklopft hatte und seiner Tochter die Brotbüchse mitgeben wollte, die sie zu Hause vergessen hatte. Infolgedessen wollte er nicht wieder zur Schule gehen, aus Angst, etwas falsch zu machen und dadurch die Schulsituation seiner Tochter zu gefährden. Außerdem fühlte sich seine Tochter nicht wohl, dass ihr Vater an Elternversammlungen teilnimmt, weil sie vermeiden wollte, vor anderen Eltern beschuldigt und beschämt zu werden.

Ein weiterer Grund dafür, nicht an Elterngesprächen teilzunehmen, sind die Sprachbarriere und das Unbehagen, nicht zu verstehen, was die Lehrkraft sagen oder fragen wird. Die Schulmediator*innen unterstützen in solchen Fällen die Eltern und Kinder in ihrer Muttersprache, klären sie über das Bildungssystem in Berlin auf und begleiten sie bei Elterngesprächen. Den Kindern und Eltern wird Mut gemacht, sich am Gespräch zu beteiligen, weil das ihr Recht ist. Die Schulmediator*innen werden oft als Dolmetscher angesehen, wobei das Dolmetschen nur eine ihrer Aufgaben ist. Die Aufgaben eines Mediators gehen über das Dolmetschen weit hinaus.

Die Schulmediator*innen sind meistens selbst Rom*nja, sprechen Romanes und andere Sprachen. Das ist eine gute Grundlage, um Vertrauen aufzubauen, da eine vertrauensvolle Kommunikation zwischen allen Beteiligten sehr wichtig ist. Es wird Kindern und Eltern ermöglicht, ein Gespräch nicht nur auf Deutsch passiv zu verstehen, sondern gleichzeitig aktiv am Gespräch teilzunehmen und ihre Meinung zu äußern. Insbesondere werden Kinder in ihrem Recht auf freie Meinungsäußerung (Artikel 13 UN-Kinderrechtskonvention) gestärkt und bei der Ausübung ihrer Rechte unterstützt. Die Schulmediator*innen sind bei Lehrerversammlungen anwesend, machen Unterrichtsbegleitungen, Familienbesuche und begleiten Schulkinder und ihre Eltern zur Schule und anderen Behörden.

Viele Roma-Eltern und -Schüler*innen geben nicht zu, dass sie Rom*nja sind und Romanes sprechen, weil sie sich vor Diskriminierung an Schulen fürchten. Mehrere Studien belegen die Benachteiligung von Rom*nja und Sinti*zze im deutschen Bildungssystem (RomnoKher2021, S. 13; Jonuz/Weiß, 2020). Meines Erachtens bleiben manche Kinder in den Schulen lieber unbemerkt. Sie sind unsicher und schüchtern, etwas auf Deutsch zu sagen, damit sie von ihren Mitschüler*innen nicht ausgelacht werden und nicht in Konflikte, Streit, Gewalt geraten oder gemobbt werden (Erkurt, 2019; Schäfer et al. 2020, S. 10–11). Solche Erfahrungen machen viele Schüler*innen aufgrund ihrer ethnischen Herkunft. Auch die Antidiskriminierungsstelle des Bundes (2013, S. 52; 2019, S. 7–10) berichtet über Diskriminierungsfälle aufgrund der Sprache, Hautfarbe, des Aufenthaltsstatus oder der Religion und über Beschwerden aufgrund von Mobbing und Beleidigungen im Bereich Bildung.

Bei Diskriminierung an den Schulen werden Roma-Schüler*innen von den Schulmediator*innen unterstützt. Sie agieren als Anwälte für die Kinder und ihre Eltern, beraten und klären sie über ihre Rechte auf. Auf der anderen Seite wird das Schulpersonal über das Thema Rassismus gegenüber Rom*nja und Sinti*zze durch Gespräche, Workshops oder Fortbildungen von der RAA Berlin sensibilisiert.

Eine andere wichtige Aufgabe der Schulmediator*innen ist, die Roma-Eltern und -Kinder bei der Suche nach Schulplätzen zu unterstützen. Natürlich werden dabei nicht nur Roma-Eltern unterstützt, sondern auch andere Eltern und Kinder, die sich mit den Schulmediator*innen in irgendeiner Sprache verständigen können. Die Schulmediator*innen nehmen den Kontakt mit den zuständigen Schulämtern und gleichzeitig mit der Familie auf. Sobald ein Schulplatz gefunden ist, begleiten die Schulmediator*innen das Kind und die Eltern in der neuen Schule, falls sie dort Unterstützung brauchen. Nachdem das Kind in einer Schule angemeldet ist, bleiben die Schulmediator*innen als Kontaktperson für die Familie und Schule weiter bestehen.

Einige Beispiele mit positiven Erfahrungen

Kinderrechte in Willkommensklassen

Die Idee, eine Kinderrechte-AG in den Willkommensklassen einzurichten, entstand aus der Tatsache, dass Kinder über ihre Rechte in Schulen erfahren und lernen sollen, egal ob sie eine Regelklasse oder eine Willkommensklasse besuchen, ob sie Deutsch sprechen oder nicht. Seit 1992 gilt die Kinderrechtskonvention in Deutschland und damit sind der Staat sowie die Institutionen, die für Kinder und Jugendliche verantwortlich sind, verpflichtet, die Kinderrechte bekannt zu machen (Art. 42 UN-Kinderrechtskonvention). Es ist die Pflicht der Erwachsenen, dafür zu sorgen, dass Kinder und Jugendliche ihre Rechte kennenlernen und genießen. Da das Ziel der Willkommensklassen darin besteht, Kindern die deutsche Sprache zu vermitteln und sie auf den regulären Unterricht vorzubereiten, kommt das Thema Kinderrechte nicht oder nur selten vor.

Auf der einen Seite stellt sich die Frage, wie es gehen soll, Kinderrechte in einer Klasse zu unterrichten, wo Kinder kein Deutsch verstehen, und auf der anderen Seite ist Wissen über die Kinderrechte notwendig, um sie vermitteln zu können. Oft wird davon ausgegangen, dass Schulen mit Kinderrechten vertraut sind, aber eine gute Vorbereitung des Themas, die Teilnahme an Fortbildungen oder sogar Einladungen von Expert*innen zu Kinderrechten in Schulen würden nicht schaden. Hilfreich für den Anfang können die unterschiedlichen mehrsprachigen Materialien sein. Damit Kinder ihren Wortschatz erweitern können, kann man über die Kinderrechte auch auf Deutsch informieren.

Auf der anderen Seite sollen Kinderrechte nicht nur als Thema im Unterricht auftauchen, sondern Kinderrechte müssen in Schulen gelebt werden. Das bedeutet, Schulen sollen ein Ort sein, an dem Vielfalt, Respekt und Partizipation gepflegt werden, Anti-Rassismus und Antidiskriminierungsstrategien erarbeitet werden, die Meinung der Schüler*innen wertgeschätzt wird und mit den Erwachsenen zusammen Konzepte für die Verbesserung des Klimas in den Schulen entwickelt werden. Kinderrechte sollten selbstverständlich sein.

Obwohl neu zugezogene Rom*nja, geflüchtete und migrierte Kinder Fluchterfahrungen gemacht haben, aus ihren Ländern vertrieben worden sind, täglich Rassismus erleben und am Rande der Gesellschaft leben, bleiben sie trotzdem stark und resilient. Wir Erwachsene können vieles von den Kindern lernen. Ich habe das Glück, an Schulen mit Kindern und Jugendlichen zu arbeiten, von denen ich täglich etwas Neues lernen und durch die ich meine Arbeits- und Lebenserfahrung bereichern kann.

In der Kinderrechte-AG haben wir uns damit beschäftigt, was Rechte überhaupt sind. Sobald der Unterschied zwischen Bedürfnissen und Wünschen mithilfe von Bildkarten verstanden ist, wurde der Link zwischen Rechten und Bedürfnissen gemacht. So haben die Kinder die Bedeutung ihrer Rechte verstanden. Es wurde über die Kinderrechte diskutiert, sie wurden meistens spielerisch vorgestellt und gleichzeitig mit Beispielen aus der Realität (be)greifbar gemacht. Kinder haben voneinander verschiedene neue Spiele gelernt, aber auch erfahren, welche Spiele universal sind und dass sie auch in Syrien, Rumänien, Serbien, Afghanistan und im Irak gespielt werden.

Über das Recht auf Nichtdiskriminierung sowie das Recht auf Schutz auf der Flucht haben die Kinder am meisten diskutiert und die Kinderrechte mit ihren Erfahrungen verglichen. Das zeigt nochmal, wie wichtig es ist, Kindern Räume zu geben, um ihre Meinung zu äußern. Außerdem haben sie bei verschiedenen Kinderrechte-Kampagnen mitgemacht, Wandertage initiiert und organisiert, sie wurden von UNICEF und den Studierenden des Masterprogramms Kinderrechte (FH Potsdam) besucht und haben die Studierenden auch an ihrer Hochschule besucht. Viele andere Ideen der Kinder wurden mit Unterstützung einer engagierten Lehrerin und einer Sozialpädagogin in enger Zusammenarbeit mit mir als Schulmediatorin durchgeführt. Hier ist sehr wichtig, die Zusammenarbeit zu erwähnen, denn nur als Team in einer Schule kann man agieren und Sachen verändern. Neben diesen einmaligen Erfahrungen, die Kinder gemacht haben, ist das Wichtigste, dass diese Schüler*innen heute die Regelklassen besuchen, empowert sind, um ihre Rechte wissen und gegen Rassismus und Diskriminierung in den Schulen kämpfen. Das erfahren wir durch Gespräche mit ihnen und darauf kann man nur stolz sein!

Workshops mit Schüler*innen über Rassismus gegen Rom*nja und Sinti*zze

An Orten, wo Kinderrechte nicht gelebt werden, ist es kein Wunder, wenn sich Kinder gegenseitig rassistisch beleidigen. In meiner Arbeit habe ich erlebt, wie Roma-Schüler*innen aus den Willkommensklassen rassistisch beleidigt wurden.

Lehrkräfte, Sozialpädagog*innen und ich als Schulmediatorin schlichten häufig Streit und einige von uns kämpfen gegen rassistische Beleidigungen. Häufig werden die Konflikte zwischen den Schüler*innen für den Moment geschlichtet, aber das Problem Rassismus wird nicht grundsätzlich gelöst. Einen Einfluss auf rassistische Beleidigungen und gewalttätige Situationen hat unter anderem die getrennte Beschulung der Kinder, denn sie hat Vorurteile und Ausgrenzungen zur Folge, was wiederum zu Rassismus führt.

Dass Rassismus und Gewalt aufhören müssen, war für mich selbstverständlich. In Zusammenarbeit mit der Sozialarbeiterin einer Berliner Schule haben wir eine Reihe von Workshops konzipiert und den Kindern angeboten. In diesen Workshops ging es um Diversität, gegenseitigen Respekt, Toleranz und Kinderrechte. Was Rassismus mit Menschen macht, wie er sich auswirkt und was Gleichbehandlung als Recht jeder Person bedeutet, waren Themen, über die die Schüler*innen offen diskutiert und mit denen sie sich auseinandergesetzt haben. Zum ersten Mal zeigten Nicht-Roma-Schüler*innen Interesse daran, wer Rom*nja sind, was ihre Sprache ist, woher sie kommen, usw. Die Antworten auf diese Fragen haben meistens die Roma-Schüler*innen gegeben, die von der Schulmediatorin ergänzt wurden. Die überraschten Gesichter der Kinder waren nicht zu übersehen. „Echt? Dein Vater arbeitet? Und stiehlt nicht?" Die Vorurteile saßen fest im Kopf.

Auch wenn es nur Workshops waren, ist erst mal Raum für diese Themen und für die Kinder geschaffen worden. Dennoch sollte nicht nur ab und zu das Thema Gleichbehandlung in Schulen aufgearbeitet werden und nicht nur dann, wenn Probleme auftauchen. Neben den Erziehungsmaßnahmen an Schulen sollten Themen wie Kinderrechte, Diversität und Antidiskriminierungsarbeit auf der schulischen Agenda stehen. So lernen die Schüler*innen voneinander, Vielfalt wird unanfechtbar und Respekt breitet sich ebenso aus wie die Gleichbehandlung aller.

Was haben Rom*nja und Menschenrechte in Schulen gemeinsam? Im Unterricht wird die Geschichte der Rom*nja und Sinti*zze fast nie thematisiert (Rosenberg & Měto, 2010, S. 10–33; Schneider, 2021). Rom*nja werden nie positiv dargestellt. Auch die Menschenrechte als Thema werden selten, in manchen Schulen nie thematisiert. Das muss unbedingt geändert werden. Das Ergebnis dieser Workshops war, dass die Kinder sich wichtig und geehrt gefühlt haben, bei den Workshops mitmachen zu dürfen, viel über sich zu lernen und als neue Kinder die Workshops zu verlassen. Ihr Wunsch am Ende war, diese Workshops weiter zu besuchen oder sich öfters im Unterricht mit diesen Themen auseinanderzusetzen. Rassistische Vorfälle in der Schule sind unter diesen Kindern nicht wieder passiert.

Einschulung eines Kindes – „Mama, ich spreche doch auch Romanes"

Wie schon früher im Text erwähnt, fürchten sich viele Roma-Eltern, bei der Einschulung ihrer Kinder zuzugeben, dass sie Rom*nja sind und Romanes sprechen, um Diskriminierung und Ausgrenzung zu vermeiden. Was ihnen aber Mut macht, ist, Angehörige der Minderheit an Schulen arbeiten zu sehen. Für Kinder sind sie Vorbilder und Inspiration. Bei der Anmeldung eines Kindes in der Schule habe ich das Gespräch begleitet. Beim Ausfüllen des Fragebogens wurde gefragt, welche Sprachen das Kind spricht. Die Mutter erwähnte zwei Sprachen, unter denen nicht Romanes war. So wurde es auch notiert. Dann äußerte sich das Kind und sagte zu ihrer Mutter auf Romanes: *„Mama, ich spreche doch auch Romanes. Das sind dann drei Sprachen."* Bis dahin hatten wir uns auf Serbisch unterhalten, aber dann habe ich angefangen, mich mit ihnen auf Romanes zu unterhalten, bis der Mutter aufgefallen ist, dass wir uns auf Romanes unterhalten. Einerseits freute sie sich darüber und andererseits hatte sie Angst um ihr Kind. Sie bat mich darum, nicht zu erwähnen, dass sie Rom*nja sind, damit ihr Kind in der Schule nicht ausgeschlossen, diskriminiert oder geschlagen wird.

Natürlich habe ich dafür Verständnis, wenn jemand seine Romani-Zugehörigkeit nicht zugeben will, weil mir die schlechten Erfahrungen der Roma-Kinder an Schulen bekannt sind. Trotzdem habe ich die Mutter informiert, dass auch wir Rom*nja Rechte haben und gleichbehandelt werden sollen. Roma-Kinder haben wie alle anderen Kinder das Recht, in die Schule zu gehen. Die Entscheidung, ob sie sich als Rom*nja zu erkennen geben wollen, überlasse ich aber der Mutter und dem Kind. Das Kind war von meinen Sprachkenntnissen begeistert, wollte so wie ich sein und sagte zu seiner Mutter: *„Siehst du, dass sie auch Romni ist und in der Schule arbeitet? Dann kann ich das auch! Ich kann jetzt drei Sprachen sprechen und Deutsch wird die vierte sein."* Sie bat mich, die Schulleitung zu informieren, dass sie insgesamt drei Sprachen spricht, unter anderem auch Romanes. Mit dem Einverständnis der Mutter habe ich es auch gemacht.

Zusammenfassung: Vorbilder, die Mut machen!

Schulmediator*innen wirken auf Roma-Schüler*innen als Vorbilder. Nicht nur, dass sie ihren Zugang zur Bildung und ihr Recht auf Bildung unterstützen, sondern sie sind für die Kinder und ihre Familien da, wenn sie gebraucht werden. Sie klären sie über ihre Rechte auf, machen ihnen Mut, wenn sie ihn nicht haben, geben ihnen Hoffnung und empowern sie, damit sie es genauso wie andere Kinder schaffen und stolz auf ihre Identität sein können. Sie stärken sie und bringen ihnen bei, wie sie sich vor Diskriminierung in Schulen schützen können, vermitteln Beratung und begleiten sie zu Beratungs- oder Antidiskriminierungsstellen. Außerdem sind sie ihre Ansprechpartner*innen in der Schule. Sind Hausaufgaben unklar oder ist das Schulmaterial unverständlich, sind die Schulmediator*innen da, um den Schüler*innen Hilfe durch Begleitung im Unterricht anzubieten und bei Schulabsenz zu intervenieren. Gleichlaufend bieten sie Unterstützung für die Eltern, informieren über das Bildungssystem, begleiten sie bei Eltern-Lehrer -Gesprächen und klären, wenn Eltern Sachverhalte unverständlich sind. Ein wichtiger Aspekt der Arbeit ist der Transfer von Informationen von Eltern in die Schule und von der Schule an die Eltern. Für die Bildung eines Kindes sind alle Beteiligten zuständig. Das heißt, eine gute Zusammenarbeit zwischen Schule, Familie und Roma-Schulmediator*innen bringt positive Erfolge.

Es wird von Schulmediator*innen öfter erwartet, dass sie die Probleme alleine mit der Familie oder mit dem Kind lösen, nur weil sie derselben ethnischen Herkunft angehören. Ja, die Sprache macht es einfacher, sich zu verständigen, aber das bedeutet nicht, dass die anderen Beteiligten sich nicht angesprochen fühlen sollen. Viele Kinder machen nach dem Übergang in eine Regelklasse schlechte Erfahrungen. Sie fühlen sich ausgeschlossen und diskriminiert. Sie werden wegen ihrer mangelnden Sprachkenntnisse ausgelacht, was sie früher in einer Willkommensklasse nicht erfahren haben, da sie alle die deutsche Sprache wenig gekannt haben. Das ist wiederum ein Hinweis, Kinder von Anfang an in Regelklassen und nicht separat zu beschulen, weil das schlimme Folgen hat.

Lassen Sie uns versuchen, Kinderrechte für alle Kinder, egal welcher Herkunft und Sprache, zu einer tragenden Säule jeder Schule zu machen.

Literatur

Abgeordnetenhaus von Berlin (2013). *Berliner Aktionsplan zur Einbeziehung ausländischer Roma*. Drucksache 17/1094. 19.7.2013. Online: https://www.parlament-berlin.de/ados/17/IIIPlen/vorgang/d17-1094.pdf

Antidiskriminierungsstelle des Bundes (2013). *Diskriminierung im Bildungsbereich und im Arbeitsleben* (Zweiter Gemeinsamer Bericht der Antidiskriminierungsstelle des Bundes und der in ihrem Zuständigkeitsbereich betroffenen Beauftragten der Bundesregierung und des Deutschen Bundestages). Online: https://www.antidiskriminierungsstelle.de/SharedDocs/downloads/DE/publikationen/BT_Bericht/gemeinsamer_bericht_zweiter_2013.pdf?__blob=publicationFile&v=4

Antidiskriminierungsstelle des *Bundes* (2019): *Diskriminierung an Schulen erkennen und vermeiden. Praxisleitfaden zum Abbau von Diskriminierung in der Schuler*. (4. Auflage). (2019).

Antidiskriminierungsstelle des Bundes. https://www.antidiskriminierungsstelle.de/SharedDocs/downloads/DE/publikationen/Leitfaeden/leitfaden_diskriminierung_an_schulen_erkennen_u_vermeiden.pdf?__blob=publicationFile&v=4#%5B%7B%22num%22%3A38%2C%22gen%22%3A0%7D%2C%7B%22name%22%3A%22Fit%22%7D%5D

Bildungsserver Berlin-Brandenburg. (o. D.). *Neuzugänge ohne Deutschkenntnisse.* Bildungsserver. Abgerufen am 10. September 2021, von https://bildungsserver.berlin-brandenburg.de/sprachbildung-neuzugaenge#top

BMFSFJ (Bundesministerium für Familie, Senioren, Frauen und Jugend) (o.D.): Übereinkommen über die Rechte des Kindes. VN-Kinderrechtskonvention im Wortlaut mit Materialien. https://www.bmfsfj.de/bmfsfj/service/publikationen/uebereinkommen-ueber-die-rechte-des-kindes-86530

Bordo Benavides, Olenka (2018): Adultismus als Strukturprinzip in Bildungseinrichtungen. In: Institut für den Situationsansatz/Fachstelle Kinderwelten (Hg.): Lernprozesse zur Vorurteilsbewussten Bildung und Erziehung begleiten. Ein Methodenhandbuch. Band 6: Inklusion in der Fortbildungspraxis. Verlag Was mit Kindern GmbH (Wamiki). Berlin

Council of Europe (o.D.): Recommendation CM/REC (2012)9 to Member States on mediation as an effective tool for promoting respect for human rights and social inclusion of Roma. https://coe-romed.org/romed1

Deutscher Bundestag. (2021, Mai). *Bericht der Unabhängigen Kommission Antiziganismus Perspektivwechsel – Nachholende Gerechtigkeit – Partizipation* (Drucksache 19/30310). https://dserver.bundestag.de/btd/19/303/1930310.pdf

Erkurt, Melisa (2019): Sprachbarrieren an Schulen: Sprechen und zuhören lernen. *TAZ Verlags- und Vertriebs GmbH.* https://taz.de/Sprachbarrieren-an-Schulen/!5619528/

Hasenjürgen, Brigitte/Genenger-Stricker, Marianne/Schmidt-Koddenberg, Angelika (2014): Zur Bildungssituation von eingewanderten „Roma". In: *Migration und Soziale Arbeit, 36* (2), 150–157. https://doi.org/10.3262/MIG1402158

Jonuz, Elizabeta/Weiß, Jane (2020). *(Un-)Sichtbare Erfolge: Bildungswege von Romnja und Sintize in Deutschland (Interkulturelle Studien).* Springer VS. https://doi.org/10.1007/978-3-658-27967-7

Karakayali, Juliane/zur Nieden, Birgit/Kahveci, Çağrı/Groß, Sophie/Heller, Mereike/Güleryüz, Tutku (2016):*"Willkommensklassen" in Berlin. Mit Segregation zur Inklusion?* Berlin: Mediendienst Integration. Online: https://mediendienst integration.de/fileadmin/Dateien/Expertise_Willkommensklassen.pdf

Karakayali, Juliane/zur Nieden, Birgit/Kahveci, Çağrı/Groß, Sophie/Heller, Mereike (2017): Die Kontinuität der Separation. Vorbereitungsklassen für neu zugewanderte Kinder und Jugendliche im Kontext historischer Formen separierter Beschulung. Die Deutsche Schule, 109 (3), 223–235. Online: https://www.waxmann.com/index.php?eID=download&id_artikel=ART102186&uid=frei

Kyuchukov, Hristo (2000): Transformative education for Roma (Gypsy) children: An insider's view, Intercultural Education, 11:3, 273–280, DOI: 10.1080/14675980020002420.

Neumann, Marko/Haas, Elena-Christin/Maaz, Kai (2019): *WiKo-Studie Evaluation der Willkommensklassen in Berlin. Ergebnisbericht zur ersten Schulleitungsbefragung.* DIPF. Leibniz-Institut für Bildungsforschung und Bildungsinformation. https://www.dipf.de/de/forschung/aktuelle-projekte/pdf/steubis/wiko-studie-zwischenbericht-zur-ersten-schulleitungsbefragung

Neumann, Ursula (2003): *Mehrsprachigkeit als Ressource: Plädoyer für eine Umorientierung der Schule.* In: Kerner, H.-J.; Marks, E. (Hg.): Internetdokumentation Deutscher Präventionstag. Hannover. Online: https://www.praeventionstag.de/html/GetDokumentation.cms?XID=42.html

RAA Berlin (o.D.): *Projekte.* https://raa-berlin.de/service/angebote-und-projekte/

RAA e.V. (2014): *Bildungsaufbruch! Für die gleichberechtigte Teilhabe von Sinti und Roma in Deutschland.* RAA e.V. (Hg.). Online: https://raa-berlin.de/wpcontent/uploads/2014/11/bildungsaufbruch.pdf

RomnoKher (2021): *RomnoKher-Studie 2021: Ungleiche Teilhabe. Zur Lage der Sinti und Roma in Deutschland.* Online: https://mediendienst-integration.de/fileadmin/Dateien/2021_RomnoKher_Ungleiche_Teilhabe.pdf

Rosenberg, Petra/Měto, Nowak (2010): *Deutsche Sinti und Roma. Eine Brandenburger Minderheit und ihre Thematisierung im Unterricht.* Zentrum für Lehrerbildung an der Universität Potsdam (Hg.). Online: https://publishup.uni-potsdam.de/opus4-ubp/frontdoor/deliver/index/docId/4717/file/zfl_sinti_und_roma.pdf

Schäfer, Manuela/Wacker, Christina/Stadtmüller, Sven (2020): Mobbingerfahrungen von Kindern und Jugendlichen im Schulalltag. (FZDW-Kurzberichte, 11). Frankfurt/M.: Frankfurt University of Applied Sciences, Forschungszentrum Demografischer Wandel (FZDW). Online: https://nbn-resolving.org/urn:nbn:de:0168-ssoar-70157-4

Schneider, Daniel (2021): *Sinti & Roma. Unterrichtsmaterial für die Schule.* In: Sonntagsblatt. Online: https://www.sonntagsblatt.de/unterrichtsmaterial-sinti-roma-ziganismus-schule

SchulG Berlin vom 26. Januar 2004 (GVBl. S. 26) – Teil IV – Schulpflicht (2004): Schulgesetz Berlin. Online: https://www.schulgesetz-berlin.de/berlin/schulgesetz/teil-iv-schulpflicht.php

SenBJW (Senatsverwaltung für Bildung, Jugend und Wissenschaft) (2014): „Willkommensklassen" an Berliner Schulen. Kleine Anfrage der Abgeordneten Fabio Reinhard und Martin Delius (PIRATEN). Drucksache 17-13008. 4.2.2014. Berlin: Abgeordnetenhaus Berlin. Online: https://kleineanfragen.de/berlin/17/13008-willkommensklassen-an-berliner-schulen

SenBJF (Senatsverwaltung für Bildung, Jugend und Familie) (2018): *Leitfaden zur Integration von neu zugewanderten Kindern und Jugendlichen in die Kindertagesförderung und die Schule* (Überarbeitete Fassung). Online: http://www.fluechtlingsinfo-berlin.de/fr/pdf/Leitfaden_SenBJW_2016_Kita_Schule.pdf

OLENKA BORDO BENAVIDES

Kinderrechte in pädagogischen Kontexten: Miteinander und voneinander lernen, um sich selbstbewusst gegen Diskriminierung zu behaupten

Der vorliegende Beitrag greift das Thema Kinderrechte in der Arbeit mit jungen Menschen auf und legt konkrete widerständige Handlungsstrategien dar, in denen junge Menschen ihre Rechte einfordern und sich selbstbewusst gegen Diskriminierungen und Rassismus behaupten.[1] Ausgangspunkt hierfür ist meine Zusammenarbeit mit jungen Menschen im Rahmen meiner pädagogisch-aktivistischen Tätigkeit.[2] Dabei wird eine Perspektive von machtkritischer, politischer Bildung mit Kindern unter Beachtung von Diversität dargelegt. Kinderrechte werden darin als bedeutende Basis eines gleichberechtigten Miteinanders verstanden und daher als erheblicher Bestandteil der Begleitung und Förderung von jungen Menschen im schulischen und außerschulischen Bereich anerkannt. Kennzeichen dieses Miteinanders sind u. a. das Teilen von widerständigem Wissen sowie die Förderung von kritischem Denken, das Erleben von Partizipation und nicht zuletzt die Wahrung von Grundrechten. Grundlage ist auch eine kritische Betrachtung von pädagogischen Kontexten, in denen Diskriminierungen und Rassismus als strukturimmanente, soziale Wirklichkeiten bestehen, die durch Rahmenbedingungen und Handlungen und von Akteur*innen, bewusst oder unbewusst, reproduziert werden.

---

1 Im Text werden Formulierungen wie „Diskriminierungen und Rassismus" oder „Rassismus- und Diskriminierungskritik" benutzt. Rassismus wird explizit benannt, weil im Bildungsbereich rassistische Situationen und Rassismuserfahrungen allzu oft nicht erkannt oder relativiert werden. Mit der expliziten Benennung wird auf diese Schieflage, die in Deutschland eine historische Kontinuität hat, hingewiesen. Zum Verständnis vom Rassismus siehe Auma 2018.
2 Ich bin im Bereich der Antidiskriminierungsberatung und der fachlichen Begleitung u.a. zum Themenkomplex Rassismus- und Diskriminierungskritik im Bildungsbereich tätig. Seit 2020 arbeite ich in der Antidiskriminierungsstelle Friedrichshain-Kreuzberg in Berlin. Ebenso bin ich im Bereich der dekolonialen und machtkritischen (pädagogischen) Praxis in verschiedenen Räumen aktiv, mit einer intersektionalen Perspektive.

1. Machtkritische Betrachtungen

Pädagogische Kontexte sind nicht nur ein Abbild der Gesellschaft, sondern sie spielen eine wichtige Rolle für ihre Gestaltung. Sie sind Räume, in denen sich unterschiedliche Menschen begegnen und Erfahrungen machen können, die ihr Leben, ihre Lebensverläufe und ihre Lebenswirklichkeiten langwirkend beeinflussen: sie sind wirkmächtige Orte. In ihnen können z.B. Erfahrungen gemacht bzw. ermöglicht werden, Handlungsstrategien (gemeinsam) entwickelt, Interaktionen erlebt und Beziehungen aufgebaut werden. Darin können Menschen auch Anerkennung bzw. Weitergabe von Wissen erleben, aber auch Aberkennung und Ungleichheiten.

In pädagogischen Räumen agieren verschiedene Individuen mit unterschiedlichen gesellschaftlichen Positionierungen, Erfahrungen und Wissensständen. Gleichfalls werden dort, bei allen Gleichberechtigungsansprüchen und -bemühungen, Diskriminierungen und Rassismen reproduziert. Kritische pädagogische Akteur*innen weisen deshalb darauf hin, dass eine Notwendigkeit besteht, in pädagogischen Kontexten die Themen Diskriminierungen und Rassismus sowie Kinderrechte mit all ihren Beeinflussungen und Verschränkungen kritisch zu behandeln. Bildungspolitiken haben auch Defizite und Leerstellen, die wirkmächtig für das Leben vulnerabler Gruppen sind, wie die soziale Gruppe der (rassismus- und diskriminierungserfahrenen) Kinder. Pädagogische Konzepte und Kontexte können daher nicht entpolitisiert betrachtet, sondern sie müssen machtkritisch diskutiert werden, da sie meist normative Muster beinhalten, die mit bestimmten Auffassungen und Aufträgen einhergehen.

2. Antidiskriminierung und Schutz vor Diskriminierungen

UN-Kinderrechtskonvention (KRK): Artikel 2 [Achtung der Kindesrechte; Diskriminierungsverbot]
Junge Menschen verstehen im frühen Alter, wie Machtverhältnisse funktionieren, und können aus verschiedenen Gründen den ihnen zugewiesenen Platz einnehmen (vgl. Eggers 2012). Sie lernen in pädagogischen Räumen, sich an bestimmte Regeln zu halten. Auch lernen sie, dass andernfalls Sanktionen erfolgen können, die von Erwachsenen bestimmt werden und oft für diese nicht gelten. Ein ungleicher Ausgangspunkt, um Geschehnisse oder jene Regeln zu hinterfragen bzw. bei Ungerechtigkeiten ggf. Widerstand zu leisten, Resilienz zu entwickeln oder sich gar für eigene Anliegen und Belange einzusetzen und

Handlungsmacht auszuüben. Dies ist besonders bedeutend, wenn es um die eigenen Grundbedürfnisse und -rechte geht. In pädagogischen Kontexten müssten daher bestimmte Regeln für alle Beteiligten gelten bzw. bestimmte Handlungen und Entscheidungen transparent gemacht werden.

Hier geht es um Regeln, Rechte und Privilegien, die manche Akteur*innen in Bildungseinrichtungen nur für sich in Anspruch nehmen und anderen vorenthalten. Es geht nicht um jene Konstellationen, in denen eine Person etwas hat oder kann, was ihr für bestimmte Aufgaben, Probleme oder Abläufe eine besondere Stellung und Verantwortung gibt. Immer respektiert werden müssen Regeln, die sich auf Grundbedürfnisse beziehen, also auf Menschenrechte, Grundrechte, Kinderrechte.

Welche Wirkung hat es für eine Gemeinschaft, wenn Regeln oder gar Privilegien nur für eine soziale Gruppe gelten und für eine andere nicht?
KRK: Artikel 3 [Wohl des Kindes]
Schutz vor Diskriminierungen ist ein Grundrecht und -bedürfnis, das mit dem Bedürfnis nach (körperlicher und psychischer) Sicherheit und Geborgenheit einhergeht. Ebenso spielen weitere Bedürfnisse eine große Rolle, wie die Bedürfnisse nach Zugehörigkeit oder sozialem Anschluss, nach Zustimmung, Wertschätzung und Anerkennung, nach Anregung und Wissensaneignung sowie nach Selbstverwirklichung (vgl. Maslowsche Bedürfnispyramide). Werden diese Bedürfnisse nicht befriedigt, besteht mindestens eine latente Kindeswohlgefährdung. Kinderschutz und damit Schutz vor Diskriminierungen müssen daher als umfassender Schutz in Bildungseinrichtungen konsequent implementiert werden.

Diskriminierungen und Rassismus sind Formen von Gewalt und gefährden das Kindeswohl.

3. Über die Notwendigkeit der Wahrung von Rechten in pädagogischen Kontexten

Diskriminierungen und Rassismus sind im Bildungsbereich alltäglich vorhanden, wie Berichte von Beratungsstellen wie z.B. ReachOut oder Kinder vor Diskriminierung schützen (KiDs) aufzeigen. Zugleich gewinnt der Themenkomplex Rassismus- und Diskriminierungskritik in Bildungskontexten immer mehr an Aufmerksamkeit in aktuellen bildungspolitischen und kindheitswissenschaftlichen Diskursen. Rassismus- und Diskriminierungskritik und die Wahrung von Rechten bedingen einander.

KRK: Artikel 28 [Recht auf Bildung; Schule; Berufsausbildung]
Paradoxerweise stehen in pädagogischen Kontexten die meisten Menschen zu Kinder- und Menschenrechten, zumindest theoretisch. Wenn es aber um Transformationen im System und institutionalisierte Praxen geht, rekurrieren viele Fachkräfte auf hierarchische und dominante Strategien, die soziale Ungleichheiten, Diskriminierungen und die Aberkennung von Rechten reproduzieren. Das wirkt sich negativ sowohl auf Identitätsentwicklungsprozesse von jungen Menschen als auch auf ihre Bildungs- und Lebensverläufe aus. Seit Jahrzenten fordern daher Antidiskriminierungsberatungsstellen und zivilgesellschaftliche Akteur*innen eine Auseinandersetzung mit Rassismus und Diskriminierungen im Bildungsbereich.[3] Bildung muss in einer diskriminierungsfreien Umgebung erfolgen: ein Kinderrecht. Damit sind sowohl die Verfügbarkeit und ein diskriminierungsfreier Zugang zu Bildung für alle Kinder und Jugendliche gemeint als auch ein diskriminierungsfreies Leben und Alltag in Bildungseinrichtungen.

In Bildungsorten wird meist als Selbstverständlichkeit gelebt, dass Erwachsene die Pflicht haben, Lebensräume und -alltag von (jungen) Menschen zu gestalten: Lebens- und Handlungsräume werden oft durch Erwachsene *für* junge Menschen und nicht *mit* ihnen geschaffen. Konkret geschieht das bereits, wenn Tagesabläufe in den Einrichtungen geplant und anhand der räumlichen, personellen und zeitlichen Rahmenbedingungen festgesetzt werden. Dies folgt zunächst der Idee, Bildung *für alle* zu schaffen. Weitere problematische Rahmenbedingungen wie Fachkräftemangel, fehlende Ressourcen und aktuell die weltweite Pandemie verstärken meist bestehende Ungleichheiten.

Eine professionelle Praxis, die Rassismus- und diskriminierungskritisch ist, lebt Selbstermächtigung und Gleichberechtigung von jungen Menschen als Selbstverständlichkeit.

Für eine machtkritische Praxis ist es bedeutend, mit allen Beteiligten im Dialog zu bleiben und die verschiedenen Expertisen zu beachten. Dabei ist es eine wichtige Handlungsstrategie im Hinblick auf die direkten bzw. indirekten Rückmeldungen von jungen Menschen, gegenüber ihren Angelegenheiten und Belangen, Bedürfnissen und Lebenswirklichkeiten aufmerksam zu sein und diese zu respektieren.

---

3 Siehe beispielsweise: Berliner Netzwerk gegen Diskriminierung in Schule und Kita (BeNeDiSK) (2016), Online: http://www.benedisk.de/positionspapier-empfehlungen-fuer-eine/.

Dafür braucht es eine professionelle Haltung, Raum für machtkritische Reflexionen und die Entwicklung von Handlungsstrategien. Diskriminierende Handlungen werden in der Regel erst als solche erkannt, wenn Professionelle aus pädagogischen Kontexten Räume haben, in denen sie sich machtkritisch reflektieren können. Daher braucht es neben Ressourcen und Räumen für kritische (Selbst-)Reflexionen und Fortbildungen auch professionelle, fachliche Begleitungen, um z. B. über das eigene Verhalten, festgefahrene Strukturen und mögliche Handlungsstrategien in den Dialog gehen zu können.

Pädagogischen Fachkräften sollte es ermöglicht werden, macht- und diskriminierungskritische Expertise einzuholen, wie z. B. fachliche Begleitungen und Supervisionen. Auch, um sich mit den eigenen, gesellschaftlichen Verstrickungen machtkritisch auseinandersetzen zu können. Dabei ist es stets wichtig, historische Kontinuitäten und gesellschaftliche Problematiken zu analysieren und zu diskutieren, sowohl individuell als auch im Team.

4. Widerständige Handlungsstrategien: Selbstverteidigungskurs mit Worten – SVK[4]

2015 wurde ich von zwei Berliner Grundschulkindern der 3. Klasse nach Unterstützung gefragt: Sie wollten, dass ich ihnen einen „Selbstverteidigungskurs" anbiete. Sie wussten, dass ich im Antidiskriminierungsbereich tätig bin. Sie wünschten ein regelmäßiges Treffen, um über ihre Themen zu sprechen, und hatten großes Interesse, ihr Vorhaben, „sich mit Worten selbst zu verteidigen", durchzusetzen. Sie nutzten ihre Stärke und Handlungsmacht, um sich für ihre Bedürfnisse einzusetzen.

Ihre Ideen und Vorstellungen für ihren „Selbstverteidigungskurs" basierten auf ihren eigenen Erfahrungen und aus der daraus für sie resultierenden Konsequenz: Sie mussten in ihrem Umfeld und für sich selbst handeln. Diese Grundschulkinder wollten sich selbst verteidigen, mit Worten![5]

Es stellte sich heraus, dass diese Kinder einen (Empowerment-)Raum brauchten, in dem sie über Rassismus und Diskriminierungen sprechen kön-

---

4 Siehe SVK 2021a: Beschreibung bei „Unsere Projekte", Online unter: https://svkmitworten.wordpress.com. Siehe auch SVK 2021b: Podcast „Wer sind wir?", Online unter: https://www.spreaker.com/show/generation-revolution.

5 Die Darstellungen und Beschreibungen bezüglich des Selbstverteidigungskurses mit Worten (SVK), erfolgt stets in Abstimmung mit dem Kollektiv SVK.

nen und in dem ihre Erfahrungen nicht in Frage gestellt werden. Gleichermaßen wollten sie sich über Handlungsstrategien austauschen. Dabei ging es ihnen um Situationen, in denen sie ungerecht behandelt wurden, insbesondere in ihrer Grundschule. Die Entstehung und die Arbeit des Kollektivs sind ein Exempel selbstermächtigten, empowerten, resilienten Handelns von jungen Menschen.

Selbstwirksamkeit

Beide Kinder haben beim ersten Treffen angefangen, die Rahmenbedingungen zu präzisieren und zu planen, wie genau der Kurs ausgestaltet werden sollte. Sie stellten fest, dass weitere Schulkinder teilnehmen sollten, sie luden ihre Geschwister ein und einige Freund*innen, die einbezogen wurden. Im Vordergrund standen Handlungs- und Selbstverteidigungsstrategien gegenüber Rassismus und Diskriminierungen, vor allem in Bezug auf Sexismus und Adultismus[6]. Bereits beim ersten Treffen besprachen wir einige Situationen, die sie beschäftigten. Darin kamen Ungleichbehandlungen aufgrund von Rassismus und Diskriminierungen und Vorurteilen wie Sexismus vor. So wurde im Prozess entschieden, dass Teilnehmende vom SVK diskriminierungserfahrene Mädchen* sein sollten.[7] Anschließend wurde ich darum gebeten, die Erlaubnis der Eltern einzuholen.

Wenn Kinder und Jugendliche erleben, dass ihre Anliegen und Bedürfnisse Raum haben und ernst genommen werden, fühlen sie sich gestärkt (Empowerment), sie zu äußern. Als Expert*innen ihrer selbst wissen junge Menschen genau, was sie brauchen. Im empathischen Austausch untereinander kann ein Raum geschaffen werden, um sich über eigene Erfahrungen auszutauschen und gemeinsam über Strategien nachzudenken, etwa um die eigenen Rechte einzufordern.

Ich nehme als Erwachsene eine Doppelrolle ein: als Teil des Kollektivs und als Begleitende. Eine andauernde Übung ist es für mich, die eigenen dominanten Handlungen als Erwachsene zu reflektieren und Räume freizugeben. Als rassis-

---

6 Adultismus verstehe ich als „[..] ein Dominanzverhältnis zwischen jungen Menschen und Erwachsenen, bei dem Bestimmungsmöglichkeiten und Anliegen von Erwachsenen über die von Kinder und Jugendliche gestellt werden. Adultismus ist im Alltag von jungen Menschen omnipräsent, so auch im Kita- und Schulalltag" (Bordo Benavides 2018, 26).

7 Das Sternchen (*) meint hier eine Öffnung und soll für die Vielfalt von geschlechtlichen Identitäten stehen. Abseits eines binären, heteronormativen Konstruktes und einer Ordnung „weiblich – männlich", also „Mädchen – Jungen": Offen sein für diverse geschlechtliche Identitäten, auch bezogen auf Identitätsentwicklungsprozesse.

muserfahrene, migrantische Frau teile ich viele Erfahrungen mit den Mädchen*
und jungen Frauen*. Daraus können wir gemeinsam Erkenntnisse und Wissen
für unsere jeweiligen Handlungsstrategien schöpfen.
 Insbesondere in Räumen, in denen junge Menschen (strukturell) Diskriminierungen erleben wie z.b. in Schuleinrichtungen und in denen systemimmanenten Machtgefälle bestehen, sind Bündnisse sowie eine solidarische und verlässliche Unterstützung durch machtkritische Erwachsene als Sicherheits- und Unterstützungsinstanz existenziell. Etwa für das Abwägen von Interventionen und deren Vorbereitung sowie um Verantwortung mitzutragen, weil junge Menschen, die ihre Rechte einfordern, sehr oft Repressalien und Bestrafungen von Erwachsenen erleben.
 Den Kindern wurde in der Schule, seitens pädagogischer Fachkräfte und Mitschüler*innen, vermittelt, dass sie dieses und jenes nicht machen dürften, weil sie Mädchen* seien, ihnen wurde auch oft gesagt, sie würden vieles nicht schaffen, weil sie die deutsche Sprache nicht beherrschen würden. Ihnen gegenüber wurde geäußert, sie würden nicht gut genug lernen können, weil ihre Fähigkeiten nicht ausreichend wären. Dies wurde oft in Verbindung mit ihren Identitätsmerkmalen gebracht, wie z.b. mit Etikettierungen wie „Migrationsgeschichte", (vermeintliche) „Ethnizität „oder (vermeintliche) „geografische bzw. kulturelle Herkunft", was ein Indikator für Rassismus und Diskriminierungen ist. Das erkannten sie.
Rassismus- und diskriminierungserfahrene junge Menschen werden oft anhand ihrer Identitätsmerkmale in Bildungseinrichtungen negativ markiert. Dies geschieht bei gleichzeitiger Aberkennung ihrer Expertise und des Wissens über sich selbst. Meine Erfahrung in der Zusammenarbeit mit Kindern und Jugendlichen ist es, dass sie Hierarchien wahrnehmen und nachvollziehen können.

Entscheidungen und Reflexionen
Alle Entscheidungen, wie etwa über die Zusammensetzung der Gruppe, die Aktivitäten, Themen, Interventionen oder Projekte, werden im Kollektiv getroffen. Hierfür geht das Kollektiv unterschiedliche Wege und Methoden. Wichtig ist dabei, dass alle Teilnehmenden als Teil des Kollektivs und als Individuum Entscheidungen mittragen können. Wichtig ist es auch, einen empathischen Dialog anzugehen, auch wenn erstmal eine Pause angebracht sein kann, um sich Gedanken zu machen, um die eigenen Ideen und Herangehensweise zu reflektieren oder einfach, um inne zu halten. Ständiges Thema des Kollektivs sind die Bedürfnisse jeder* einzelnen* Akteurin* und die der Gruppe: gleichberechtig-

te Partizipation, die Auseinandersetzung mit Rassismus und Diskriminierung sowie respektvolles Miteinander. Denn das ist es, was eingefordert wird: Eine gleichberechtigte Teilhabe in der Gesellschaft, der Abbau von Rassismus und Diskriminierungen in Bildungseinrichtungen und mit den eigenen Identitäten, Bedürfnissen und Persönlichkeiten respektiert zu werden. Das Kennen und Anerkennen der eigenen Bedürfnisse und Rechte ist hierfür immens wichtig, auch um die der anderen wahrnehmen zu können. So ist es wichtig, die oft erlebten Diskriminierungen in der Gruppe zu thematisieren und das Erlebte sowie die Gefühle und Emotionen dazu auszuwerten.

Im Laufe der gemeinsamen Zeit und im Prozess wurden bestimmte Aspekte und eigene politische Positionierungen individuell und im Kollektiv verhandelt, wofür konkrete, konzentrierte, themenspezifische Austauschrunden organisiert werden. So sind wichtige Aspekte für das Kollektiv die kontinuierliche Reflexion und die Selbstbildung. Eine kontinuierliche Reflexion meint hierbei das Reflektieren der eigenen gesellschaftlichen Positionierungen und ggf. Privilegien. Das bedeutet, wahrnehmen zu können, wie viele Ressourcen jede* einzelne und das Kollektiv hat und welches Wissen und welche Erkenntnisse für die Weiterentwicklung noch notwendig sind. So wird verabredet, wie und was es dafür braucht, ob Recherche, Workshops oder Interviews. Im weiteren Schritt wird besprochen und verhandelt, wie die Umsetzung geschehen kann. Dabei wird auch entschieden, ob die Erkenntnisse zunächst im Kollektiv bleiben oder nach außen getragen werden (müssen) und wie.

Ein immer wiederkehrendes Thema für das Kollektiv ist Barriere-Abbau, Niedrigschwelligkeit und das Schaffen von Zugänglichkeiten. Das Kollektiv reflektiert, dass die eigenen verschiedenen Aktionen auch Barrieren und Ausschlüsse reproduzieren können. Das gilt z.B. für die Publikationen und Projekte. So wurde festgestellt, dass dann, wenn Gruppen sich Räume schaffen, immer die Möglichkeit besteht, dass andere Menschen und Gruppen ausgeschlossen werden. Das Kollektiv reflektiert das und sucht daher nach Lösungen, um Zugänglichkeiten zu schaffen.

Inklusive und barrierearme Räume zu schaffen braucht Ressourcen und Wissen. Sie sind keine gesellschaftliche Selbstverständlichkeit. Da wir alle Ausschlussmechanismen internalisiert haben, braucht es eine konstante Reflexion darüber, auch über die eigenen Privilegien und gesellschaftlichen Positionierungen.

Der Selbstverteidigungskurs mit Worten (SVK) ist ein mehrsprachiges und intergenerationelles Kollektiv von Mädchen* und (jungen) Frauen* aus Berlin. Das Kollektiv hat sich 2015 eigeninitiativ zusammengetan, mit dem Ziel sich zu stärken.

SVK ist im Bereich der Diskriminierungs- und Rassismuskritik und der (Selbst-) Bildung tätig. Mit Publikationen und Interventionen teilt das Kollektiv eigenes Wissen und Perspektiven. „Das ist für uns wichtig, weil wir sehr oft erleben, dass viel über uns geschrieben und berichtet wird, aber nicht mit uns." Die Mädchen* und (jungen) Frauen* von SVK wollen ihr eigenes Umfeld aktiv gestalten. Eigene Medien herzustellen, ist für sie ein Weg.

2017 veröffentlichte SVK das Buch „Wir sind Heldinnen! Unsere Geschichten". 2020 folgte die Veröffentlichung des Comics „Somos AMAZONAS!" als Selbstpublisher*innen, Herausgebende, Illustrator*innen und Autor*innen.

Die aktive, politische Arbeit des Kollektivs ist ehrenamtlich. Die Wirkung nach außen geschieht vor allem über den Auftritt in den sozialen Medien, durch Interventionen im eigenen Umfeld und durch Publikationen. Aber genauso auch durch erweiterte Aktivitäten mit Familien und Freund*innen, wie die Teilnahme an Demonstrationen.

Im Jahr 2021 bildete das SVK eine Kerngruppe von 9 Mädchen* und (jungen) Frauen* im Alter von 11 bis 47 Jahren. Ende 2015 waren bei SVK 10 Teilnehmer*innen von 6 bis 15 Jahren dabei.

5. Machtverhältnisse und Handlungsmacht

KRK: Artikel 29 [Bildungsziele; Bildungseinrichtungen]
Soziale Ungleichheiten finden alltäglich in pädagogischen Kontexten statt, auch weil vorhandene Machtverhältnisse und Schieflagen im System auf struktureller und institutionalisierter Ebene durch Rahmenbedingungen, Regelungen und Praxen aufrechterhalten werden. In Zusammenhang mit Adultismus in pädagogischen Räumen und Kontexten sind daher zwei relevante Aspekte zu betrachten: 1. *Machtverhältnisse* und 2. *Handlungsmacht*. Ich möchte o.g. Internalisierungen sowie die Wirkung von Erziehungsbotschaften und vorhandenen Machtverhältnissen in pädagogischen Räumen anhand des folgenden Fallbeispiels aus meiner beratenden Tätigkeit verdeutlichen.

Fallbeispiel – Didaktische Materialien, die Rassismus reproduzieren
In einer Schule benutzt eine Lehrkraft didaktisches Material, in dem eine Situation beschrieben wird, welche von zwei Kindern als rassistisch eingestuft wird. Sie machen die Lehrkraft darauf aufmerksam und äußern ihr Unbehagen. Die Lehrkraft reagiert ablehnend, erklärt Aspekte der Situation positiv und relativiert dadurch die im Material beschriebene rassistische Handlung. Die Schulkinder wenden sich an ihre Erziehungsberechtigten und bitten um

Unterstützung. Diese unterstützen sie, lassen sich beraten und suchen den Austausch mit der Lehrperson. Sie machen die Lehrkraft auf die Problematik aufmerksam. Diese erklärt, dass sie die Situation gut einschätzen könne: „Die Kinder haben das Thema nicht verstanden." Anschließend trifft die Lehrkraft die Entscheidung, den zwei Kindern eine Extra-Aufgabe zu erteilen. Sie sollen in einer Präsentation ihrem Klassenverband erklären, warum die Situation entgegen ihrer eigenen Einschätzung angeblich nicht problematisch sei. Auf weitere Hinweise der Kinder und ihrer Erziehungsberechtigten reagiert die Lehrperson ablehnend.

Kurze Analyse-Handlungsmacht und Widerstand

Die Kinder haben sich in diesem Fallbeispiel kritisches Wissen angeeignet und gelernt, komplexe Zusammenhänge und Diskriminierungen in Lehrmaterialien zu erkennen und zu analysieren. Sie erkannten, dass das Material Rassismus reproduziert. Ebenso haben sie sich für ihr Anliegen und ihr Recht auf diskriminierungsfreie Bildung und ein diskriminierungskritisches Miteinander eingesetzt.

Die Kinder handelten, nachdem sie Ablehnung seitens der Lehrkraft erfahren hatten, und wandten sich an eine für sie unterstützende Instanz, ihre Erziehungsberechtigten. Sie verfolgten eine lösungsorientierte Handlungsstrategie.

Die Reaktion der Lehrkraft zeigte ihnen jedoch, dass sie in ihrer Bildungseinrichtung eine untergeordnete Position innehaben, auch wenn sie weitere Erwachsene zur Unterstützung haben. So erfuhren die Kinder auch, dass sie mit Sanktionen rechnen müssen, wenn sie sich für ihre Anliegen einsetzen. Dadurch ist dieser Vorfall auf einer institutionellen und strukturellen Ebene zu verstehen. Dabei sind die Regelungen weder transparent noch dialogisch angesetzt. Dazu kommt, dass die Kinder erfahren, dass ihr kritisches Wissen, auf das sie rekurriert haben, aberkannt wird und dass sie, wenn sie sich kritisch äußern oder sich gegen rassistische Inhalte wehren, Repressalien erfahren können. Hier treffen mindestens zwei Diskriminierungsformen aufeinander: Adultismus und Rassismus (Mehrfachdiskriminierung).

Dieses Beispiel zeigt auf, dass Rassismus- und Diskriminierungskritik sowie eine intersektionale Perspektive als Querschnittthemen in Zusammenhang mit der Einhaltung von Menschen- und Kinderrechten in pädagogischen Kontexten Einzug halten und dafür Maßnahmen entwickelt werden müssen.

6. „Sie sollen auf uns aufpassen"

Es ist offensichtlich, dass es einer Transformation in pädagogischen Kontexten bedarf und eine strukturelle Veränderung im (Bildungs-)System erfolgen muss, in der diskriminierende Praxen nicht reproduziert werden. Die Rahmenbedingungen müssen sich verändern, wie seit Jahrzehnten in kritisch-pädagogischen Kontexten gefordert wird. Dafür braucht es aber auch eine rassismus- und diskriminierungskritische Wahrnehmung, eine professionelle Haltung und rassismus- und diskriminierungskritische Handlungsstrategien (Kinder/Piesche 2020), damit es selbstverständlich wird, dass junge Menschen stets respektvoll behandelt und ihre Rechte sowie ihre Grundbedürfnisse gewahrt werden. Dies betrifft gleichermaßen Aspekte ihrer Identität wie das Recht, die eigene(Familien-)Sprache sprechen zu dürfen.[8]

Es braucht Reflexions-und stärkende Räume, in denen junge Menschen sich über ihre Themen, Anliegen und Besorgnisse austauschen können.

Rechtewahrung und Kindeswohl müssen als Basis pädagogischen Handelns verstanden werden.

Vor einigen Wochen kamen zwei Schulkinder in meine Beratung und erzählten mir über ihre Erfahrungen in einer Schule. Sie berichteten, dass sie das Gefühl haben, die Lehrkräfte würden nicht auf sie aufpassen. Weiter ergänzten sie, dass sie bereits seit fünf Jahren in der Schule seien und dass sie tagtäglich Ungerechtigkeiten und Rassismus seitens der Fachkräfte und anderer Schulkinder erführen. Diese resilienten Kinder formulierten, dass sie sich immer zu wehren versuchen, aber dass die Erwachsenen kaum oder gar nicht reagierten.

Nicht zu reagieren ist auch eine Handlungsstrategie. Die Gründe dafür sind vielfältig: Fehlendes Wissen über Diskriminierungen und Rassismus bei gleichzeitig fehlendem Wissen um Handlungsstrategien, Unsicherheit, ob Vorfälle als Diskriminierung zu werten sind, oder Desinteresse, sich um Diskriminierung zu kümmern. Nicht zu handeln ist keine akzeptable Option, denn Diskriminierungen gefährden das Kindeswohl. Für viele Professionelle ist es stärkend, wenn sie erfahren, dass sie Haltung zeigen können, wenn sie empathisch gegenüber rassismus- und diskriminierungserfahrenen jungen Menschen sind, auch mit einer Aussage wie „Halt, Stopp! Das war nicht in Ordnung". Auch stärkend ist es für sie, wenn sie erfahren, dass sie sich diesbezüglich fachlich beraten lassen können,

---

8   Siehe hierzu eine kritische Betrachtung über Sprachgebote in Bordo Benavides 2019. Siehe KRK: Artikel 30 [Minderheitenschutz].

etwa, um solche Vorfälle zu besprechen, um Handlungsstrategien und einen angemessenen Umgang mit rassistischen und diskriminierenden Situationen zu entwickeln. Gestärkte Handlungssubjekte sind fähig, ihre Internalisierungen anzuerkennen und ihre Handlungen zu verändern oder gar zu erneuern.

Ja, es braucht eine Veränderung im System, innerhalb der Strukturen und der Institutionen, damit die Zusage realisiert wird, dass es für alle den Zugang zu Bildung gibt. Es setzt aber auch voraus, dass eine macht- und diskriminierungskritische Haltung in pädagogischen Kontexten entwickelt wird, die verpflichtend ist. Ziel in pädagogischen Kontexten sollte es sein, dass die Rechte der jungen Menschen nicht begrenzt werden, dass sie partizipieren können und ihre Rechte auf Versorgung und Schutz, auf Wahrung des Kindeswohls, auf Bildung sowie auf Meinungsfreiheit und Entwicklung ihrer Persönlichkeit respektiert werden.

Auf die Frage, was sich in der Schule verändern solle, antworteten die Schulkinder: „Sie sollen uns respektieren und auf uns aufpassen".

Eine respektvolle und diskriminierungskritische Behandlung, die Kinderrechte mitdenkt und kindzentriert ist, ist in pädagogischen Kontexten unerlässlich!

Literatur

Auma, Maisha Maureen (2018): Rassismus: Eine Definition für die Alltagspraxis. Publikationsreihe der RAA Berlin zur Diversitätsorientierten Organisationsentwicklung. RAA Berlin (Hg.). Berlin.

Berliner Netzwerk gegen Diskriminierung in Schule und Kita (BeNeDiSK) (2016): Diskriminierung in Schulen und Kitas. Empfehlungen für eine wirksame Informations- und Beschwerdestelle in Berlin. Online: http://www.benedisk.de/positionspapier-empfehlungen-fuer-eine/ (Zugriff: 15.7.2021).

Bordo Benavides, Olenka (2018): Adultismus als Strukturprinzip in Bildungseinrichtungen. In: Institut für den Situationsansatz Fachstelle Kinderwelten (Hg.): Inklusion in der Fortbildungspraxis. Lernprozesse zur vorurteilsbewussten Bildung und Erziehung begleiten. Ein Methodenhandbuch. Berlin: WamiKi, S. 25–28.

Bordo Benavides, Olenka (2019): Die Bevorzugung der Sprachen. WIR MACHEN DAS Magazin, Sprache und Diskriminierung. Online: https://magazin.wirmachendas.jetzt/community/die-bevorzugung-der-sprachen/ (Zugriff: 15.7.2021).

Bordo Benavides, Olenka (2020): Empowerment in der pädagogischen Praxis. In: KiTa aktuell Spezial Nr. 2. Köln, S. 68 f.

Bordo Benavides, Olenka (2021): Diversität und machtkritische politische Bildung mit Kindern. Mit jungen Menschen auf dem gemeinsamen Weg, sich politisch zu bilden. In: Außerschulische Bildung, 2/2021, S. 27–33.

Eggers, Maureen Maisha (2012): Gleichheit und Differenz in der frühkindlichen Bildung – Was kann Diversität leisten? In: Heinrich-Böll-Stiftung: DOSSIER Diversität und Kindheit – Frühkindliche Bildung, Vielfalt und Inklusion. Online: https://www.boell.de/sites/default/files/assets/boell.de/images/download_de/2012-09-Diversitaet-Kindheit.pdf?dimension1=division_bw (Zugriff: 20.10.2021).

Kinder, Katja, Piesche, Peggy (2020): Wahrnehmung – Haltung – Handlung. Diskriminierungskritische Bildungsarbeit: Eine prozessorientierte Intervention. In: Online Broschüre der RAA Berlin. Berlin. Online: https://raa-berlin.de/wp-content/uploads/2021/02/RAA-BERLIN-DO-WAHRNEHMUNG.pdf (Zugriff: 20.10.2021).

SVK (2017): Wir sind Heldinnen! Unsere Geschichten – Selbstverteidigungskurs mit Worten. Berlin.

SVK (2020): Somos AMAZONAS! Berlin.

SVK (2021a): Unsere Projekte. Online: https://svkmitworten.wordpress.com (Zugriff: 15.10.2021).

SVK (2021b): Podcast „Wer sind wir?" Online: https://www.spreaker.com/show/generation-revolution (Zugriff: 15.10.2021).

BMFSFJ (Hg.): Übereinkommen über die Rechte des Kindes – UN-Kinderrechtskonvention im Wortlaut mit Materialien. Online: https://www.bmfsfj.de/bmfsfj/service/publikationen/uebereinkommen-ueber-die-rechte-des-kindes-86530 (Zugriff: 20.10.2021).

MICHAEL GEURTZ, DAGMAR RIECKE, MATTHIAS FISCHER

Hauptschule Drimborn Aachen:

Wie wir Flüchtlingskindern zu ihrem Recht verhelfen

Deutschland hat die Kinderrechtskonvention am 6. März 1992 nur mit der Erklärung ratifiziert, dass sie sich vorbehalte, im Hinblick auf die Erfüllung von Bestimmungen der Kinderrechtskonvention Unterschiede zwischen Inländern und Ausländern zu machen. Das wurde weithin als Vorrang des Ausländerrechts vor dem Kindermenschenrecht verstanden und dann auch so von Behörden und Einrichtungen rechtlich einschränkend praktiziert.

Diese Vorbehaltserklärung ist am 15. Juli 2010 zurückgenommen worden. Damit haben die Kinderrechte auch für Flüchtlingskinder eine einfachgesetzliche Geltung und damit sind die Behörden und die Schulen verpflichtet, die Rechte dieser Kinder zu achten – und zwar unabhängig von der Herkunft der Flüchtlinge, ihrem Sprach- und Bildungsstand oder ihren Fähigkeiten und ihrem möglichen Nutzen für unsere Gesellschaft.

Wichtig sind für die Flüchtlingskinder vor allem Artikel 2: das Diskriminierungsverbot, Artikel 12: die Berücksichtigung des Kindeswillens, Artikel 22: angemessener Schutz und humanitäre Hilfe für Flüchtlingskinder, Artikel 28: Recht auf Bildung sowie Artikel 29: Bildungsziele und Bildungseinrichtungen.

Wie Schulen die Rechte von Flüchtlingskindern umsetzen und Schutz ebenso wie Förderung gewährleisten können, macht das Beispiel der Hauptschule Drimborn in Aachen deutlich.

Unsere Schule

Die GHS Drimborn ist eine Gemeinschaftshauptschule der Stadt Aachen mit ca. 350 Schüler*innen und ca. 45 Kolleg*innen. Als Schule des Gemeinsamen Lernens, als ausgezeichnete Talentschule NRW und als Schule mit dem Gütesiegel für vorbildliche Berufsorientierung liegen unsere pädagogischen Schwerpunkte in der bestmöglichen Förderung und Forderung aller Schüler*innen, um den meist aus bildungsfernen Schichten mit schwierigen sozialen Verhältnissen kommenden Kindern und Jugendlichen eine Perspektive auf dem Arbeitsmarkt zu ermöglichen.

Alle bei uns tätigen Lehrkräfte und die weiteren Mitarbeiter*innen haben sich ausdrücklich für die integrative und inklusive Arbeit und die damit einhergehenden Leitideen ausgesprochen.

Wir verstehen uns als eine Schule für alle. Vielfalt erleben wir als Bereicherung. Dies bedeutet für den schulischen Alltag, dass jeder Mensch mit seinen Stärken und Schwächen angenommen wird. Gegenseitige Wertschätzung und Würdigung der persönlichen Talente sind wesentliche Aspekte unserer pädagogischen Leitidee.

Jedes Kind soll bei uns den für sich bestmöglichen Abschluss erhalten. Dies kann der Hauptschulabschluss nach Klasse 10 oder der mittlere Bildungsabschluss sein, auch mit der Qualifikation, nach dem 10. Schuljahr die gymnasiale Oberstufe besuchen zu können.

Unsere Schülerinnen und Schüler kommen seit jeher aus unterschiedlichen Ländern, momentan aus über 20 Nationen. Wir haben eine lange Tradition in der Beschulung und Förderung von Kindern und Jugendlichen mit Zuwanderungsgeschichte. Über viele Jahre sind Konzepte zur Sprachförderung und zur sozialen Integration entwickelt worden. Diese haben wir evaluiert, immer wieder modifiziert und an den Bedarfen unserer Schüler*innen neu ausgerichtet.

Die Betreuung und Förderung von Flüchtlingskindern – eine neue Aufgabe

So konnten wir auf vielfältige Erfahrungen zurückgreifen, als sich die neue Aufgabe stellte, Kinder und Jugendliche zu betreuen und zu fördern, die seit 2014 vor Krieg und Armut, meist aus Syrien, Afghanistan, dem Iran und dem Irak, fliehen mussten.

2014/2015 diente unsere Turnhalle für mehr als 20 Familien aus unterschiedlichen Kriegsgebieten als Flüchtlingsunterkunft. Obwohl eine direkte Beschulung der Kinder im schulpflichtigen Alter vom ersten Tag an aus formalen Gründen nicht möglich war, spürte man eine sehr große Bereitschaft im Kollegium, in der umliegenden Nachbarschaft und der benachbarten Kirchengemeinde, diesen Menschen helfen zu wollen. Vor allem ehrenamtliche Angebote für die Kleinkinder und für die heranwachsenden Mädchen und Jungen wurden genauso angenommen wie die (unbürokratische) Umsetzung, erste Sprachkurse in den Räumlichkeiten unserer Schule anzubieten. Dabei brachten sich auch Teile der Schülerschaft ein, spontane Hilfsangebote für die Familien in Form von Spielenachmittagen oder Nachhilfeangeboten zu organisieren.

In dieser Zeit gründete die Schule einen Arbeitskreis rund um das Thema Erstförderung von Schüler*innen, die mit (traumatischen) Fluchterfahrungen zu uns kamen. Diesem Arbeitskreis gehörten vor allem Kolleg*innen an, die die Fakultas Deutsch besaßen oder Vorkenntnisse in den Bereichen DAZ/DAF (Deutsch als Zweitsprache bzw. als Fremdsprache) bzw. DEMEK (Deutschlernen in mehrsprachigen Klassen) hatten. Diese Arbeitsgruppe, mittlerweile heißt sie Fachkonferenz IFÖ (Internationale Förderklassen), hat regelmäßig einen TOP in Lehrerkonferenzen und bringt sich ebenfalls in anderen Schulgremien ein. Das Thema Integration ist immer Bestandteil von Schulentwicklungsfragen. So haben in den letzten Jahren immer wieder Fortbildungen zu den Themen Integration/Inklusion stattgefunden.

Themen zur Haltungs- und Werteerziehung standen dabei genauso auf der Agenda wie Fragen rund um interkulturelle Konflikte in der Schule und um den Umgang mit der Radikalisierung von Jugendlichen sowie unterrichtliche Aspekte wie die Förderung der Lese- und Schreibkompetenz und der sprachsensible Fachunterricht.

Bis heute ist die Fachkonferenz IFÖ sehr aktiv. Ein regelmäßiger Austausch ist obligatorisch. Teilnehmer*innen sind neben den unterrichtenden Kolleg*innen unsere Schulsozialarbeiterin, die im Rahmen von multiprofessioneller Teamarbeit hauptsächlich für die internationalen Schüler*innen tätig ist, drei ehrenamtliche Helferinnen, die im Unterricht individuelle Unterstützung bieten und engen Kontakt zu den Familien pflegen, und zwei Kolleginnen, die gleichzeitig Integrationsfachbeauftragte der Bezirksregierung sind und auch schulformübergreifend systemisch arbeiten. Ein enger Austausch mit dem Pfarrer der evangelischen Nachbarkirche und dem katholischen Gemeindereferenten ist für unsere interkulturelle Projektarbeit ebenso immens wichtig.

Die spontane Öffnung unserer Schule, verbunden mit dem Wunsch, diese Kinder schnell in unsere Schulgemeinde aufzunehmen, hat bis heute unser pädagogisches Leitbild entscheidend mitgeprägt. Die Teilhabe an Bildung, die Orientierung an demokratischen Grundprinzipien und die Erziehung zu eigenverantwortlichen Menschen sind Teil unseres alltäglichen Handels in der Schule.

Modelle der Erstförderung

Die Bereitschaft von Kolleg*innen, konzeptionell im Hinblick auf unterrichtliche Förderung eine schnelle Integration dieser Kinder in die Schulgemeinschaft zu ermöglichen, war sehr groß. Dabei stand am Anfang eine zentrale Frage im Fokus rund um die Organisationsfrage des Unterrichtens: Wie sollen die Kinder und Jugendlichen in der Erstförderung beschult werden?

Drei Modelle kristallisierten sich heraus:
- A: direkte Beschulung in allen Fächern in den Regelklassen mit Binnendifferenzierung, in der niederschwellig basale sprachliche Fertigkeiten vermitteln werden
- B: eine anteilige Beschulung in Regelklassen, d.h. nur in den praxisorientierten Fächern Sport, Kunst, AH/AT (Arbeitslehre Technik und Wirtschaft), da hier nicht vorrangig deutsche Sprachkenntnisse notwendig sind, und eine restliche Beschulung in homogenen IFÖ-Gruppen
- C: eine ausschließliche Beschulung in homogenen IF-Gruppen

Letztendlich ging es um die Priorisierung der Zielsetzung: Regelunterricht mit dem vorrangigen Ziel der sozialen Integration versus Förderunterricht in homogenen Lerngruppen mit der vorrangigen Zielsetzung der sprachlichen Integration. Nach intensiven Diskussionen und Beratungen waren sich das Kollegium und die Schulleitung einig, dass der sozial-integrative Ansatz als vielversprechender eingeschätzt wurde.

Dabei waren wir der Meinung, dass das Modell A aufgrund der Sprachbarrieren eine Überforderung für Lehrer*innen und Schüler*innen mit sich bringt und beim Modell C die Regelschüler*innen möglicherweise eine exklusive Sonderbehandlung bzw. eine separate Stellung der IFÖ-Schüler*innen in der Schulgemeinde vermuten könnten. Deshalb haben wir uns für die Mischform Modell B entschieden.

Nach relativ kurzer Zeit erwies sich dieser Weg allerdings als problematisch. Die sicher wünschenswerte soziale Integration der Internationalen Förderschüler*innen in einen altersgemäßen, festen Regel-Klassenverband in den praxisorientierten Fächern (auch mit Zusatzförderung im Sprachbereich) erwies sich bei vielen der IFÖ-Schüler*innen als wenig erfolgreich. Nur sporadisch in den Klassen aufzutauchen und deshalb Kommunikationsmöglichkeiten nur unzureichend wahrnehmen zu können, machte bei diesen Kindern und Jugendlichen (viele der IFÖ-Kinder konnten auch kein Englisch oder Französisch) eine Integration unmöglich und das war oftmals sogar kontraproduktiv.

Die elementaren Sprachbarrieren erschwerten die Kommunikation zwischen Lehrer*innen und Mitschüler*innen erheblich, sodass weder ein Lernzuwachs noch eine nennenswerte soziale Integration entstehen konnten. Darüber hinaus erwuchsen bei den IFÖ- Schüler*innen Frustrationen mit einem nicht unerheblichen Störpotential. Zudem unterschieden sich die Voraussetzungen der Kinder und Jugendlichen sehr in Bezug auf ihr Alter (zwischen 10 und 17 Jahren), ihre Bildungsbiografie (noch nie eine Schule besucht oder durchgängiger Schulbesuch, analphabetisch oder mit dem lateinischen Alphabet vertraut/nicht vertraut) und ihre Lebensgeschichte (Flucht, Asyl, freiwillige Migration …). Diese enorme Heterogenität stellte für alle Beteiligten eine besondere Herausforderung dar.

Um den unterschiedlichen Leistungsniveaus gerecht zu werden, wurden deshalb drei Internationale Förderklassen gebildet und in A-, B- und C-Gruppen eingeteilt. Die Klassentypen sind bis heute durchlässige Systeme und haben das Ziel eines schnellstmöglichen Übergangs in die Regelklasse.

- IFÖ A: Lerngruppe für primäre und sekundäre Analphabeten, also Kinder, die entweder nie schreiben und lesen gelernt haben oder die in ihrer Muttersprache lesen und schreiben können, aber die lateinische Schrift erst lernen müssen.
- IFÖ B: Diese Lerngruppe arbeitet auf dem Niveau A1 (nach dem Europäischen Referenzrahmen).
- IFÖ C: Diese Lerngruppe arbeitet auf dem Niveau A1 bis B1 (nach dem Europäischen Referenzrahmen).

Schulsozialarbeit und soziale Integration

Die Förderung der Flüchtlingskinder erfordert mehr als nur Unterricht. Denn das Ziel ist eine gelingende Integration in ihrem sozialen Umfeld. Ein afrikanisches Sprichwort sagt: „Um ein Kind zu erziehen, braucht es ein ganzes Dorf". Übertragen auf die Situation der neu zugewanderten Kinder, Jugendlichen und Familien könnte man sagen: Um einem Kind sein Recht auf Bildung zu gewähren, braucht es gute Netzwerke.

Mit diesem Auftrag wurde im Jahr 2017 das Multiprofessionelle Team der Stadt Aachen etabliert. Die drei Kolleginnen arbeiten schulübergreifend als Schulsozialarbeiterinnen für Integration. An der GHS Drimborn wird dieses Angebot mit einer halben Stelle umgesetzt.

Die primären Ebenen der Arbeit sind neben der schulischen Ebene die Arbeit mit den Eltern und den Familien und die Ebene der direkten Arbeit mit den Kindern und Jugendlichen. Parallel dazu besteht ein fortwährender Auftrag zur Vernetzung mit den unterschiedlichsten Akteuren, um die Integration der Kinder zu begleiten, zu unterstützen und – trotz mancher Herausforderungen – zu ermöglichen.

Die schulische Ebene

Die Schulsozialarbeiterin für Integration ist in der Regel an einem festen Termin in der Woche zusätzlich in der jeweiligen Internationalen Förderklasse. Dieser Termin ermöglicht einen engen Kontakt zu den Schüler*innen, gewährt aber auch einen Einblick in die Situation der Jugendlichen. Darüber hinaus finden regelmäßige Teamsitzungen zwischen den Klassenleitungen, der Schulsozialarbeit für Integration und z.T. auch anderen Kolleg*innen statt. In diesen Sitzungen können zeitnah und konkret anstehende Themen und Fragen besprochen und professionsübergreifend Angebote und Lösungen entwickelt werden.

Auf gesamtschulischer Ebene wurde an der GHS Drimborn eine Arbeitsgruppe Integration initiiert. Sie dient als Steuerungsinstrument, um die Fragen der Integration in das Gesamtsystem Schule zu implementieren. Beispielhaft können hier die Überarbeitung der Curricula in den gesellschaftswissenschaftlichen Fächern (Geschichte, Politik) genannt werden. Das Themenfeld Migration wird hier verstärkt in den Fokus genommen, um an die Lebenserfahrungen der Schüler*innen anzuschließen und auch ihr politisches Verständnis und Wissen gegenüber sogenannten „Fakenews" zu stärken.

Ein anderes, immer wieder auftretendes Thema sind die Verfahren, mit denen vor dem Hintergrund möglicher Traumata, mangelnder Sprachkenntnisse und kultureller Differenzen bei den Schüler*innen überprüft wird, ob ein sonderpädagogischer Förderbedarf gegeben ist. Hierzu wurde ein schulübergreifendes Austauschtreffen zwischen Lehrkräften, Sonderpädagog*innen, dem Schulpsychologischen Dienst und Psycholog*innen von Familienberatungsstellen initiiert. Die Vernetzung mit den unterschiedlichen Kooperationspartnern wird über einen Runden Tisch für den Sozialraum fortgeführt und nach Bedarf mit den entsprechenden Themen gefüllt.

Die Elternarbeit

Eine vertrauensvolle Zusammenarbeit mit den Eltern bzw. Sorgeberechtigten stellt einen wesentlichen Schlüssel zum Gelingen des Bildungserfolges der Kinder und Jugendlichen dar. Dazu ist es erforderlich, die jeweiligen Erwartungen und Aufträge zu kennen: Sowohl die Familie als auch die Schule tragen Verantwortung für die Kinder und Jugendlichen. Die Schulsozialarbeit für Integration bietet zum einen individuelle Beratung und Begleitung der Eltern bzw. Sorgeberechtigten an, um die jeweilige Erziehungskompetenz unter Berücksichtigung der speziellen interkulturellen Begebenheiten zu stärken. Sie unterstützt bei der Krisen- bzw. Problembewältigung und hilft bei der Einbindung außerschulischer Hilfs- und Unterstützungsangebote. Zum anderen ist es ein wichtiges Anliegen, die Besonderheiten des deutschen Schul- und Ausbildungssystems deutlich zu vermitteln. Dazu werden unterschiedliche Angebote unterbreitet und es wird darauf geachtet, dass bei diesen Angeboten wie z.B. Elternpflegschaftssitzungen immer auch Dolmetscher*innen für die notwendigen Sprachen dabei sind.

Neben den allgemeinen Themen wird an diesen Abenden auch die Arbeit der Elternpflegschaft erklärt und Elternvertreter*innen werden gewählt. Damit ist gewährleistet, dass die besonderen Belange der neu zugewanderten Familien in den Schulmitwirkungsgremien berücksichtigt werden. Dadurch, dass ihre Partizipation gestärkt wird, fühlen sich die Flüchtlingseltern ernst genommen.

Je nach Zusammensetzung der Elternschaft wird eine ausführliche Präsentation zum Thema „Schule in Deutschland" mit spezifischen Informationen zur GHS Drimborn angeboten. Darin werden u.a. die Stundentafel, außerschulische Lernorte, Klassenfahrten, das Verfahren bei Entschuldigungen, Materialien, Schulregeln usw. thematisiert. Dieses Angebot wurde gemeinsam mit Elternvertreter*innen der Internationalen Förderklassen vorbereitet, sodass die Fragen und Erfahrungen dieser Eltern direkt an neue Familien weitergegeben werden konnten. Zusätzlich wurde eine Kinderbetreuung angeboten. Denn neu in der Stadt zu sein bedeutet häufig auch, noch keine eigenen Unterstützungsnetzwerke aufgebaut zu haben.

Alle Elternsprechtage finden bei Bedarf mit Dolmetscher*innen und einem erweiterten Zeitfenster statt. Dies dient der Stärkung der elterlichen Kompetenz, denn häufig erleben wir, dass die Kinder für ihre Eltern übersetzen und diese damit in eine nicht angemessene Rolle geraten. Dies ist besonders bei schwierigen Themen in Bezug auf die Schüler*innen nicht zielführend. Da die Dolmetscher*innen in der Regel auch mit den herkunftsspezifischen Vorstellungen und Erwartungen vertraut sind, können sie zum Teil auch wertvolle Vermittlungsarbeit leisten.

Ein besonderes Augenmerk liegt in der Begleitung der Bildungsverläufe und Übergänge. In der Regel haben die Schüler*innen der Internationalen Förderklassen aufgrund ihrer Migrationsgeschichte schon mehrere Beziehungsabbrüche und Lernortwechsel hinter sich. Dieser Umstand erfordert bei der Begleitung der Bildungsverläufe eine besondere Verantwortung. In den letzten

Jahren wurde von der Schulsozialarbeit für Integration ein Informationsangebot „Schule und wie weiter ...?!?" für Schüler*innen, Eltern, Betreuer*innen sowie ehrenamtliche Begleiter*innen entwickelt und umgesetzt.

Bei diesem schulübergreifenden Angebot wird zunächst über die wesentlichen Fragen, welche einem Wechsel zugrunde liegen sollten, ganz allgemein gesprochen: Was kann, was möchte der Jugendliche erreichen? Wo liegen seine Stärken? Was sind mögliche Herausforderungen (Alter, Lerntempo, Aufenthaltsstatus etc.)? Anschließend werden die unterschiedlichen Bildungswege aufgezeigt.

In einem zweiten Schritt stellt ein Kollege der Arbeitsagentur die notwendigen Schritte in eine Ausbildung sowie die verschiedenen Unterstützungsangebote auf dem Weg dorthin vor. Der dritte und wichtigste Punkt wird in Kooperation mit der Handwerkskammer von Jugendlichen mit Flucht- oder Migrationserfahrung gestaltet. Sie beschreiben exemplarisch ihre persönlichen Wege in den Beruf, die Ausbildung, das Studium. Als Identifikationsfiguren für die Jugendlichen können sie authentisch von ihren Erfahrungen, den Schwierigkeiten, aber auch Erfolgen berichten.

Auch diese Veranstaltung wird nach Sprachgruppen übersetzt. Es hat sich gezeigt, dass es sehr wichtig ist, vorab mit den Dolmetscher*innen die Inhalte zu besprechen bzw. mit Personen zu arbeiten, die das deutsche System verstehen und dann entsprechend erklären können. In der Regel folgen auf diese Veranstaltung die individuellen Beratungsgespräche der Familien bzw. Jugendlichen durch die Schulsozialarbeit für Integration.

Die Arbeit mit den Schüler*innen
Das Recht auf Bildung setzt in seiner Umsetzung einen sicheren Raum, einen verlässlichen Rahmen voraus. Gerade mit Blick auf die sehr individuellen, zum Teil auch leidvollen Erfahrungen der Schülerinnen und Schüler ist ein positives Klassen- und Lernklima bedeutsam. Durch die hohe Fluktuation und Diversität in den Internationalen Klassen ist dies eine stetige Aufgabe. An der GHS Drimborn wurde von der Schulsozialarbeiterin für Integration in Kooperation mit einer Ehrenamtlichen hierzu eine feste Stunde „Soziales Lernen" eingerichtet. Neben klassischen Methoden der sozialen Gruppenarbeit gehört die Arbeit am Wortschatz unerlässlich zu diesem Angebot. Denn soziales Miteinander muss sich auch sprachlich ausdrücken können.

Über die Stärkung der Klassengemeinschaft und der individuellen Personen hinaus werden in diesem Angebot auch Themen der gesellschaftlichen Partizipation und Demokratie bearbeitet. So wurden in unterschiedlichen

Meinungsbildungs- und Abstimmungsprozessen eigene Klassenregeln erarbeitet, Klassensprecher*innen gewählt, die an den SV-Sitzungen teilnehmen und über die Ergebnisse berichten. Zusätzlich wurden spezielle Angebote anderer Träger genutzt wie zum Beispiel ein Workshop zum Thema „Hallo Europa, hallo Demokratie" oder „Gemeinsam unterwegs". Diese Angebote führen die Schüler*innen an andere Bildungsorte und erweitern ihren Handlungsrahmen.

Dies gilt auch für die Stärkung der Lesekompetenz. Sie ist seit 2017 als Querschnitts- und Gesamtaufgabe für die Schule festgeschrieben. Der Zugang zur deutschen Sprache und damit verbunden auch zu Teilen des kulturellen Wissens ist von zentraler Bedeutung, um sich sowohl ins Schulsystem als auch in die neuen Lebenswelten integrieren zu können. So dient die Lese-AG dazu, einen positiven Zugang zum Lesen und über das Lesen hinaus auch zu unterschiedlichen Themenfeldern zu fördern. Durch die Auseinandersetzung mit Geschichten, Gedichten und Bildern bietet das Lesen auch einen neuen Zugang zu anderen Lebenswelten und Rollenbildern. Die Texte werden dann zu Gesprächsanlässen, um sich mit entwicklungsrelevanten Themen (Liebe, Freundschaft, Familie, Gerechtigkeit ...) auseinanderzusetzen, und sie vermitteln ein gemeinsam geteiltes kulturelles Wissen (über allgemein bekannte Geschichten, Autorinnen und Autoren ...). Durch den begleitenden Besuch der Stadtbibliothek und von Ausstellungen werden andere Lebensräume eröffnet und die Schüler*innen erfahren Unterstützung in ihrem selbstständigen Lernen. Sie erhalten den Zugang zu außerschulischen Bildungsangeboten.

Auch im Themenfeld Lesen ist die Zusammenarbeit mit externen Partnern eine wertvolle Ressource. So können für den nationalen Vorlesetag immer wieder ehrenamtliche Vorleser*innen gewonnen werden. Diese vermitteln nicht nur die große Freude am Lesen und am Umgang mit Geschichten, sondern sie dienen zum Teil auch als positive Rollenvorbilder, indem ihre persönliche Migrationsgeschichte mitschwingt. Oder es wird mit externen Partner*innen ein eigenes Mini-Hörspiel produziert. Neben der Arbeit am sprachlichen Ausdruck und dem Verständnis der technischen Abläufe stehen in diesem Projekt das eigene kreative Schaffen und das Erleben der eigenen Selbstwirksamkeit im Mittelpunkt.

Zusammenfassend lässt sich festhalten, dass das Recht auf Bildung und dessen Verwirklichung von vielen unterschiedlichen Erfolgsfaktoren beeinflusst wird. Das für die Arbeit mit neu zugewanderten Kindern, Jugendlichen und deren Familien entwickelte Angebotsspektrum kann seine Wirkung nur in der engen und vertrauensvollen Zusammenarbeit aller Akteure entfalten. Viele der positiven Erfahrungen lassen sich auch auf das Regelsystem übertragen.

Das Recht auf Bildung und das Ausländerrecht

Das Recht auf Bildung gemäß Artikel 28 der UN-Kinderrechtskonvention stößt in manchen Fällen auf ausländerrechtliche Grenzen, die den Prozess von Spracherwerb und sozialer und kultureller Integration in Frage stellen können. Denn die Unsicherheit in Bezug auf den eigenen Status und die teilweise hierdurch erzwungene Kehrtwende in den Bildungsverläufen konterkarieren die vielfältig erbrachten Leistungen und können sowohl auf die Kinder und Jugendlichen wie auf die Lehrkräfte und die weiteren Mitarbeiter*innen in den multiprofessionellen Teams demotivierend wirken. Deshalb genügt uns an der GHS Drimborn nicht, uns nur um die Betreuung und Förderung der Flüchtlingskinder zu kümmern. Wir sehen als eine wichtige Aufgabe nicht nur der betroffenen Schüler*innen und der Schulsozialarbeit, sondern der ganzen Schule auch an, Kinder und Jugendliche zu unterstützen, wenn ihnen die Abschiebung droht – und das auch über die Zeit ihres Aufenthalts an unserer Schule hinaus. In diesem Zielkonflikt zwischen pädagogischen, an den Kinder- und Menschenrechten orientierten Leitzielen und den restriktiven ausländerrechtlichen Maßnahmen muss Schule sich eindeutig positionieren.

Wie die GHS Drimborn dies umsetzt, soll an zwei Beispielen deutlich werden.
- Im Jahr 2017 wurde eine Familie nach Belgrad abgeschoben. Ein Kind besuchte eine Grundschule in Aachen, der jüngere Bruder die achte und der ältere Bruder die zehnte Klasse der GHS Drimborn. Dieser konnte sich der Abschiebung entziehen und erschien im Unterricht. Sofort reagierte seine Klasse mit Empörung auf die erfolgte Abschiebung und schrieb einen Offenen Brief an die Ausländerbehörde. Die damalige Schülersprecherin und weitere Schüler*innen der zehnten Klasse formulierten mit ihrem Klassenlehrer ihren Protest. Sie forderten das Bleiberecht für die gesamte Familie, informierten mit dem Einverständnis der Schulleitung alle Klassen, sammelten mehrere Hundert Unterschriften von Mitschüler*innen und Lehrer*innen sowie weitere im öffentlichen Raum. Mithilfe des Klassenlehrers informierten sie die Lokalpresse und trafen sich mit einem Journalisten. Am Ende dieses solidarischen Prozesses, in dem das Engagement für die Kinder- und Menschenrechte von den Schüler*innen ausging, erreichten sie, dass ihr Mitschüler seine Ausbildung bei einer renommierten Firma in der Städteregion Aachen absolvieren durfte.
- Im Jahr 2020 hatte eine andere Schülerin, die 16jährige N.S., die mit ihrer Familie 2017 aus Nordmazedonien nach Deutschland gekommen war, nach

nur drei Jahren Schulbesuch ihre Fachoberschulreife erfolgreich absolviert. Durch die Berufsorientierung, die unser Schulprofil wesentlich prägt, und ihr eigenes Engagement in einem Praktikum erhielt N.S. bereits im Januar 2020 einen Ausbildungsvertrag als Medizinische Fachangestellte. Die Ausländerbehörde untersagte ihr die Aufnahme einer Ausbildung, weil sie erst drei Jahre in der BRD sei und aus einem sicheren Herkunftsland komme. Es sollten wieder einmal keine den Aufenthalt verfestigenden Tatsachen geschaffen werden. Auch in diesem Fall wandten sich Schule, Schülerin und Familie an die Öffentlichkeit. Im Mai verlor N.S. ihre erste Ausbildungsstelle, weil die Arztpraxis von der Ausländerbehörde ausgebremst wurde. Kurze Zeit später erhielt N.S. eine zweite Ausbildungsstelle in einer Apotheke, bei der sie ihre Fähigkeiten ebenfalls in einem Praktikum bewiesen hatte. Nach mehreren Presseberichten wurde die restriktive Haltung der Ausländerbehörde in der ganzen Stadt kritisiert. Vergeblich. Die Behörde sah keinen Ermessensspielraum. Da in unserer Berufsorientierung immer auch ein Plan B mit allen Schüler*innen entwickelt wird, konnte N.S. nachträglich noch einen Schulplatz an einem Berufskolleg erhalten, an dem sie seit August 2020 erfolgreich die Fachoberschule für Gesundheit und Soziales besucht.

Projekte zur Integrationsförderung – Das Beispiel Schwarzlichttheater

Über den Unterricht und die Betreuung hinaus fördert die GHS Drimborn die persönliche Entwicklung und Integration der Flüchtlingskinder durch eine Reihe von Projektenwie z.B.:
- Das Schwarzlichttheater
- Das KAoA-kompakt („Kein Abschluss ohne Anschluss", ein Konzept für den Übergang von der Schule in die Berufsausbildung (vgl. www.berufsorientierungsprogramm.de/angebote-fuer-zugewanderte/de/kaoa-kompakt-2031.html)
- Das MPT (Multiprofessionelles Team)
- Die LeseZeit
- Rechtskunde
- Demokratie-Workshops
- Elterncafés (mit Übersetzungshilfen durch Dolmetscher*innen)

Das Schwarzlichttheater ist in besonderem Maß für Zweitsprachlerner, aber auch für viele der eher bildungsfernen oder eben nicht so intellektuell veranlagten Hauptschüler*innen besonders geeignet, um ihre kreativen Potenziale zu wecken. Denn es ist weitgehend ein nonverbales Theater. In einer völlig schwarz gehaltenen Bühne (Blackbox) spielen schwarz gekleidete Akteure im bläulichen UV-Licht, das die Bühne unsichtbar erleuchtet. Nur Gegenstände, die in diesem Licht reflektieren, werden für die Zuschauer sichtbar. Tragendes Element in der Darstellung ist die Musik.

Für die Schüler*innen, insbesondere die mit sprachlichen Schwierigkeiten, bedeuten dieser Raum und die geschützte Bühnensituation einen großen persönlichen Gewinn, weil die realen Personen während der Aufführung unsichtbar bleiben. Schüler*innen müssen nicht sprechen, können sich über theatrale Mittel ausdrücken und in Kommunikation miteinander treten. Das mühsame Textlernen entfällt, der Fokus liegt auf dem darstellenden Spiel mit tänzerischen Momenten. Dabei werden viele Sinne gleichzeitig angesprochen: sich zur Musik bewegen, Szenen nachvollziehbar für das Publikum darstellen, Botschaften nonverbal vermitteln, emotionale Stimmungen erzeugen.

Deshalb bringt die GHS Drimborn seit mehr als sechs Jahren im Rahmen des regulären Wahlpflichtunterrichts mit der Schwarzlichtgruppe „Drimbis in black" verschiedene kreative, jeweils etwa einstündige Produktionen auf die Bühne. In einem eigens vollständig für Schwarzlichttheater eingerichteten Raum finden wöchentlich zweistündige Theater-Unterrichtseinheiten statt. Vermittelt werden neben allgemeinem Schauspieltraining auch die Besonderheiten, auf die im Schwarzlichttheater geachtet werden muss.

Durch die Kooperation mit dem Grenzlandtheater Aachen wurden in drei unterschiedlichen Jahren Produktionen im Rahmen der Schultheatertage in einem professionellen Theaterumfeld aufgeführt.

Der Schwarzlicht-Wahlpflichtunterricht der GHS Drimborn wird zum größten Teil von DAZ-Lerner*innen, aber auch von Regelklassenschüler*innen besucht. Die Gruppe besteht in der Regel aus acht bis maximal 12 Schüler*innen. Neben zahlreichen Mädchen konnten in jedem Jahr auch interessierte Jungen gewonnen werden, die gemeinsam in der Gruppe im Schutz der Dunkelheit die Freude am gemeinsamen Tun und die gemeinsame Aktion im Spiel schnell schätzen lernten.

Hinabtauchen in eine Welt der Phantasie, eine Begegnung mit Träumen und Illusionen und Farbeffekten, untermalt und geleitet von sphärischer und auch fetziger Musik.

Für einige Akteure ist das Spiel im schwarzen Licht von hohem therapeutischem Wert. Kinder ohne Sprache brauchen eigene Ausdrucksmöglichkeiten durch Kunst, Musik und Theater. Von Beginn an können sie durch diese Teilhabe schon zumindest ansatzweise am reichen Schulleben teilhaben. Im Schwarzlichttheater wachsen sie mit deutschen Jugendlichen zu einer Theatergruppe zusammen, denn hier proben geflüchtete Kinder und Jugendliche zusammen mit deutschen und aus anderen Kulturen stammenden, in Deutschland schon länger lebenden Schüler*innen. Hier werden Erfahrungen gemacht, Sprache wird erlernt, Sprachverständnis aufgebaut und Sprachgefühl entwickelt. Kommunikation schafft ein Aufgehobensein in der Gruppe und eine Stärkung des Selbstwertgefühls, Ängste werden abgebaut. Jeder erfährt die Möglichkeit des kreativen Tuns, ist Teil eines Ganzen und erlebt sich in diesem Zusammenspiel in der Theatergruppe.

Im Unterricht sind unterschiedliche Produktionen entstanden. Eine „Reise um die Welt" wurde inszeniert, die in Kombination mit selbst verfassten Fluchtgeschichten der Schüler*innen zu ausgewählter Musik einzelner Länder in eine Schwarzlicht- Tanzshow mündete.

Die Schüler*innen hatten im Anschluss daran den Wunsch für ein neues Projekt, bei dem sie aus der Dunkelheit heraustreten wollten. Außerdem wollten sie einen Theatertext selbst sprechen und dazu spielen. So entstand das Projekt „Aladin". Gemeinsam mit den Schüler*innen wurde in Orientierung an die Originalvorlage des orientalischen Märchens „Aladin und die Wunderlampe" ein eigener, sehr umfangreicher Theatertext verfasst. Dieser Text wurde schließlich von den Schüler*innen in Form eines „Playbacktheaters" umgesetzt: Die verteilten Rollen wurden von ihnen im Tonstudio des Grenzlandtheaters in verteilten Rollen eingesprochen. Bei der Aufführung wurden die Texte eingespielt, parallel dazu spielten die Schüler*innen Theater und tanzten die Szenen zu ausgewählten Musiktiteln. Es wurden reine Schwarzlichtelemente mit normalem Schauspiel kombiniert, das heißt, Tanzszenen und Sprechtheater wechselten sich ab.

Im darauffolgenden Jahr wurde das Stück „An der Arche um Acht" von Ulrich Hub in Anlehnung an den Originaltext inszeniert. Hier erfolgte nach ähnlicher Maßgabe bei großer Beteiligung der Schüler*innen eine etwa einstündige Aufführung, die im Rahmen einzelner Klassenvorstellungen einer breiten Zuschauerschaft dargeboten wurde.

Die aktuelle Arbeit beschäftigt sich mit der Umsetzung des Kinderbuchs „Frederick" von Leo Lionni. Hier geht es um eine Erweiterung der Bilderbuchgeschichte, die ebenfalls durch die Schüler*innengruppe geleistet wird, indem sie sich kontrastierende Charaktere ausdenken, die den Gegenpart zu dem im Buch beschriebenen Leben der Maus Frederick darstellen, und indem sie diese im Rahmen der Möglichkeiten des Schwarzlichttheaters verkörpern.

Sprachbildung und Persönlichkeitsstärkung

Diese Art von Umgang mit Texten und Sprache fördert eine breite sprachbildende Unterrichtsform, die fast nebenbei passiert, da der fruchtbare Austausch über die Texte und die Sprache, aber auch über Empfindungen und Gefühle gleichermaßen zum sprachlichen Handeln anregt. Jede Schüler*in ist gleichermaßen aufgefordert, sich an diesem Prozess zu beteiligen und damit ein Stückchen der Geschichte selbst kreativ mitzugestalten. Ebenso werden zu jeder Produktion auch die Requisiten im Rahmen des wöchentlich stattfindenden Unterrichts selbst angefertigt. Die Lerngruppe erhält auf diese Art und Weise ein grundlegendes Verständnis davon, wie Theaterarbeit in der Zusammenarbeit aller Gewerke funktioniert, die notwendig sind, ein Stück bühnenreif werden zu lassen.

Aufmerksame Zuschauer und deren Zuspruch und Applaus werden als Wertschätzung erfahren und der Stolz, den diese Erfahrungen mit sich bringen, ist ein ebenso wichtiges und beabsichtigtes Element der Arbeit im Wahlpflichtunterricht: Viele Schüler*innen erleben sich selbst nur selten in Erfolgssituationen und können oft nicht von sich behaupten, dass sie etwas „gut können". Und hier wendet sich das Blatt für diese Klientel elementar: Als Schauspieler*innen auf der Bühne erleben sie einzigartige Momente der Selbsterfahrung und -bestätigung, die ihnen für ihr weiteres Leben dienlich sein können. Sie haben gemeinsam etwas geschaffen, was sie nicht schauspielernden Mitschüler*innen voraushaben. Sie haben komplexe Situationen bewältigt, sind kreativ und körperlich aktiv tätig gewesen, haben an einer Gesamtleistung mitgewirkt, die entsprechend gewürdigt wurde. Dieses Gefühl bestärkt die jungen Persönlichkeiten und vermittelt Freude am Tun.

Das Mittel des Schwarzlichttheaters, sich auf fluoreszierende Requisiten und Kostümteile zu fokussieren und eine gemeinschaftliche, ästhetische Wirkung zu erzeugen, beeindruckt das Publikum. Die Farbigkeit im Einsatz unterschiedlicher Requisiten und die koordinierten Elemente in Form von rhythmischen gemeinschaftlichen Choreografien verlangen eine hohe Aufmerksamkeit und Konzentration bei den Schauspieler*innen, vor allem das Achten auf die Mitspieler, einen Sinn für das richtige Timing, genaue Beobachtung und eine allgemeine Sinnesschulung. Keiner spielt alleine, alle hängen voneinander ab, ohne den Partner geht es nicht.

Gemeinsam machen wir uns auf den Weg und lassen die Schüler*innen an diesem Weg demokratisch teilhaben. Sie wachsen daran und entwickeln Verantwortlichkeiten. Das Theaterspielen (nicht nur im Dunkeln) bietet Aufgehobensein in der Gruppe und theatrale Ausdrucksmöglichkeiten als Ersatz für noch fehlende Worte.

Das kooperative Moment, die zentralen Bestandteile sozialen Lernens und die Kernkompetenzen Aufmerksamkeit, Wahrnehmung und das Achten aufeinander stehen hier im Mittelpunkt des kreativen Handelns.

Die gemeinsame Entwicklung der Stücke fördert die Teilhabe und die Vermittlung eines demokratischen Grundverständnisses durch die Mitbestimmung, Relevanz und Unverzichtbarkeit eines jeden einzelnen aktiven Spielers für das gemeinsame Ergebnis.

Wichtig ist es uns als betreuenden Pädagog*innen, das „Spiel im Schwarzen Licht" als Prozess zu sehen. Selbst wenn das Produkt am Ende greifbar scheint, ist es oft ein langer Weg. Über das sinnhafte, wachsende Tun, Woche für Woche, kann die Motivation, am selbst geschaffenen Theaterstück unermüdlich arbeiten zu müssen, aufrecht erhalten bleiben.

O- Töne aus der Schülergruppe

„Alles Schlimme ist weg aus meinem Kopf"

„Wenn Ende ist, bin ich traurig"

„Ich schwebe immer weit"

„Ein schönes Gefühl kommt, wenn ich spiele"

„Ich bin stolz, was ich alles kann. Das habe ich nicht gewusst"

Weitere Informationen: www.ghs-drimborn.de

Kinderrechtebildung

LENKA HERTEL, BEATE HUNFELD, NICOLE SCHMITT
UNTER MITARBEIT VON JASMINE GEBHARDT (MAKISTA E. V.)

Ganzheitliche Kinderrechtsbildung in der Grundschule – am Beispiel der Hans-Quick-Schule

„Starke Kinder, die zwingt keiner in die Knie" lautet eine Textpassage des bekannten Kinderliedes von Rolf Zuckowski, welches vielen Pädagog*innen bekannt ist. Wie kann es gelingen, dass aus den kleinen, wissbegierigen Lebewesen starke Kinder werden, die laut und mutig ihre Meinung begründend (alle) Kinder-Rechte einfordern?

1. Die Hans-Quick-Schule: Eine Kinderrechteschule

Als eine seit 2012 aktive Kinderrechteschule sind wir davon überzeugt, dass die Kinderrechte ein wichtiger Begleiter auf dem Entwicklungsweg aller Kinder sein sollten, der ihnen das Vertrauen geben kann, sich zu selbstbewussten Menschen zu entwickeln. Daher spielt die Thematisierung der Kinderrechte in Verbindung mit mehrperspektivischen didaktischen und methodischen Überlegungen eine wichtige Rolle in unserer täglichen pädagogischen Arbeit sowohl im Team der Erwachsenen als auch mit den Kindern. Mittlerweile ist die ganzheitliche Kinderrechtebildung zu einem festen Bestandteil unserer demokratischen Schulkultur geworden. Die Schüler*innen kennen und nutzen durch die konsequente Auseinandersetzung mit den Kinderrechten verantwortungsvoll ihre Rechte. Erwachsene Begleiter*innen leben die Bereitschaft mitzugestalten in ihrer Arbeit vor und gestalten kindgerechte Lern- und Lebensräume.

Leitbild

Wir wollen mit den Kinderrechten als „roter Faden" unseres Schulalltags die Fähigkeit der Schüler*innen zur Mitsprache, Mitgestaltung und Mitverantwortung nachhaltig entwickeln und fördern. Dazu gestalten wir eine Lernumgebung, in die wir die individuellen Bedürfnisse und Erfahrungen aller Kinder in die Unterrichtsgestaltung einbeziehen. In unserer kinder(ge)rechten Schule sollen sie sich zu jeder Zeit sicher und geborgen fühlen, gewaltfrei gemeinsam lernen, ihre individuellen Fähigkeiten und Neigungen entwickeln, sich motiviert an Entscheidungen beteiligen und für diese auch Verantwortung übernehmen.

Rahmenbedingungen

Die Hans Quick Schule ist eine dreizügige, ganztägig arbeitende Grundschule in Bickenbach (Hessen). Sie liegt in unmittelbarer Nähe zu einer Kindestagesstätte in einem Wohngebiet am Rande der eher ländlichen Gemeinde. Für zahlreiche Bewegungsangebote während des gesamten Schultages dient neben der Turnhalle ein naturnah gestalteter Schulhof sowie ein Bewegungs- und Begegnungszentrum. Für die Unterrichts- sowie Betreuungszeiten stehen uns Klassen- und Betreuungsräume, Förder- und Fachräume, eine Schülerküche, unsere Mensa und das grüne Klassenzimmer mit einem Schulgarten zur Verfügung.

Unsere Schule wird von rund 250 Schüler*innen besucht, fast 90 % nehmen die Angebote des ganztägigen Lernens wahr, ungefähr 35 % der Kinder haben einen Migrationshintergrund und 15 % erhalten sonderpädagogische Förderangebote. Unser multiprofessionell arbeitendes Team besteht aus der Schulleitung, Lehrkräften, Sozialpädagog*innen, pädagogischen Mitarbeiter*innen, Teilhabeassistent*innen, Verwaltungskräften, FSJ-ler*innen[1] sowie einigen Praktikant*innen aus verschiedenen Hochschulen.

---

1 FSJ = Freiwilliges Soziales Jahr.

Kinderrechteschule
Wir arbeiten nach den Prinzipien einer „gesundheitsfördernden" Schule sowie den Leitlinien einer Kinderrechteschule im Netzwerk der „Modellschulen für Kinderrechte und Demokratie Hessen", begleitet durch Macht Kinder stark (Makista). Pädagogische Tage für das Kollegium, modulare Fortbildungen, Vernetzungstreffen, Praxis- und Materialaustausch sowie politische und öffentliche Aktivitäten prägen das seit 2010 bestehende Netzwerk von rund 30 Grund- und weiterführenden Schulen. Alle Angebote unterstützen die ganzheitliche Implementierung der Kinderrechte mithilfe einer Orientierung am Dreiklang der Menschenrechtsbildung/Kinderrechtsbildung: dem Wissen über, Lernen durch und Handeln für die Kinderrechte.

„Der Ansatz unterstützt eine subjektorientierte Lernatmosphäre, die, vom Kind gedacht, eine kompetenz- und prozessorientierte Förderung jedes Einzelnen und von Gemeinsinn in den Mittelpunkt stellt. Die erwachsenen Pädagogischen Fachkräfte sind Pflichtenträger für die Umsetzung der Kinderrechtekonvention. Sie tragen die Verantwortung dafür, durch ihre Haltung und ihr Handeln Gelegenheitsräume und Zeit dafür zu schaffen, dass die Kinderrechte gelebt und gelernt werden können. Die drei Dimensionen des Menschenrechtsansatzes sind in diesem Kontext zusammen zu denken: Sie umfassen den Anspruch Wissen zu vermitteln, Raum für die praktische Erfahrung dieses Wissens zu schaffen und das Wissen selbst im Schul- und weiteren Umfeld selbstbestimmt umzusetzen" (Kinderrechteschulen in Deutschland. Leitfaden. Kriterien für die Umsetzung der UN-Kinderrechtskonvention an Schulen, 2020, basierend auf dem Austausch und der Kooperation des Deutschen Kinderhilfswerkes e. V., Education Y und dem Deutschen Komitee für UNICEF sowie Makista e. V. im Rahmen des Themennetzwerkes „Kinderrechte in Bildungslandschaften" der National Coalition für die Umsetzung der UN-Kinderrechtskonvention in Deutschland).

2. Unterrichts- und Schulentwicklung durch Kinderrechtebildung

Forschende Schule, familienfreundliche Schule, inklusive Schule oder vielleicht Sport als Schwerpunkt der Unterrichts- und Schulentwicklung? Es gibt einige pädagogisch sinnvolle Wege, eine eigene Schulkultur zu entwickeln. Auf diesem Weg sind uns vor etwa 10 Jahren die Kinderrechte begegnet und seitdem unser treuer Begleiter bei unserer „quick"-lebendigen Unterrichtsgestaltung und ganzheitlichen Schulentwicklung.

Schulentwicklung und Konzepte

Die Umsetzung der Kinderrechtehaltung bei den Erwachsenen sowie das Wissen der Schüler*innen um die Kinderrechte benötigt viel Zeit für Kooperation und aufklärende Gespräche, sowie verbindliche Vereinbarungen, gemeinsame Verantwortungsübernahme, Offenheit und Flexibilität. Durch den zielgerichteten Einsatz der Kinderrechte als „roter Faden" hat sich im Laufe der Jahre eine Haltungsänderung unseres Schulteams gegenüber unserem Erziehungs-, Bildungs- und Betreuungsauftrags ergeben, denn dieser wird nicht *für* die Kinder, sondern konsequent *mit* ihnen gemeinsam gestaltet. Dazu nutzen wir sieben Stationen eines sogenannten „Kreislaufs der Schulentwicklung": Evaluation des Schulalltags, gemeinsame Zielformulierung, Partizipation aller Beteiligten, Inspiration von außen, Treffen verbindlicher Vereinbarungen, Festschreiben im Schulprogramm, Information der Öffentlichkeit.

Bei der Konzeption unseres schuleigenen Schutzkonzeptes beispielsweise gaben uns die UN-Kinderrechtskonvention und ihre Grundprinzipien Gleichheit, Schutz, Förderung und Partizipation Orientierung: Nur wenn alle Komponenten beachtet werden und gut zusammenwirken, können wir den Kinderrechten gerecht werden. Mit Blick auf eine mögliche Gefährdung des Kindeswohls helfen die Strukturen unserer Schule durch eine Kultur des Hinsehens und Hinhörens, eine Vernetzung aller Schulteams, das Soziale Lernen als fester Bestandteil der Stundentafel, gewaltpräventive Programme und die explizite Besprechung der Kinderechte im Unterricht.

Ähnlich ist auch die Entwicklung unseres „grünen Klassenzimmers" und die Planung eines naturnahen Schulhofs zu bewerten, die die Bedürfnisse der Schüler*innen nach Bewegung in der Natur aufmerksam wahrnimmt, ihnen Raum zur Mitbestimmung sowie Möglichkeiten der Beteiligung und verantwortungsvollen Umsetzung bietet.

Immer wieder beschäftigen wir uns in unserem Schulalltag mit den Inhalten der Kinderrechtskonvention beispielsweise durch das Festschreiben von Ritualen, den Einsatz kindgerechter Materialien und Kinderbücher, die Gestaltung eigener themenorientierter Wandgemälde, das Anbringen von sogenannten „Kinderrechte-Tafeln" oder wechselnde Ergebnispräsentationen der Kinderrechte-Projekte in der Öffentlichkeit.

3. Information und Wissen: Kennenlernen, Projekte und Sichtbarkeit der Kinderrechte

Für uns sind die Kinderrechte wie einzelne Schlüssel an einem Schlüsselbund, mit dem die Kinder auf ihrem Lern- und Entwicklungsweg verschiedene Türen und Tore öffnen können. Manchmal klemmt das Schloss anfangs noch ein wenig und wir helfen beim Öffnen. Mit der Zeit schaffen es die Kinder aber ganz alleine und werden zu einem selbstbewussten und verantwortungsvollen Teil unserer kinder(ge)rechten Schulkultur, beleben sie durch ihre Vielfalt, prägen sie durch ihre Kreativität, Phantasie und ihre individuellen Kompetenzen. Der Schlüsselbund hält symbolisch ihre Kenntnisse über die Kinderrechte zusammen, die sie während ihrer Grundschulzeit sammeln konnten, und stärkt sie auch beim resilienten Übergang in die weiterführende Schule.

Im Unterricht
Eine stabile Verankerung im Unterricht und Schulcurriculum aller Jahrgänge finden die Kinderrechte im Fach Soziales Lernen, welches den Kern der expliziten Beschäftigung mit den Kinderrechten an unserer Grundschule bildet. Der „Kinderrechte-Schlüsselbund" begleitet unsere Schüler*innen durch das Soziale Lernen in ihrer Entwicklung zu selbstbewussten, toleranten, kontaktfreudigen und weltoffenen Menschen, damit sie fair, gewaltfrei und kritisch miteinander umgehen und auch Niederlagen verkraften sowie ihre soziale Umwelt bewusst wahrnehmen und aktiv mitgestalten können. Der Baustein „Kinderrechte" schreibt fest, dass alle Kinder zunächst kindgerecht über ihre Rechte informiert werden und diese dann kreativ in einem Projekt umsetzen. Dazu eigenen sich zahlreiche Bilder- und Sachbücher wie beispielsweise das Vorlesebuch mit Experten-Tipps „Jetzt bestimme ich" von Juli Zeh und Dunja Schnabel. Ein erster Schlüssel in dem Schlüsselbund ist somit das Wissen um die Rechte aller Kinder auf der Erde.

Kinderrechte-Pfad auf dem Schulgelände
Erwachsene und Kinder der Schulgemeinde haben in ihren unterschiedlichen Gremien überlegt, wie man die Kinderrechte für möglichst viele Menschen sichtbar und erlebbar machen könnte. Dabei entstand die Idee, in Kooperation mit dem Forstamt Hessen zehn Kinderrechtetafeln im benachbarten Wald aufzustellen. Inzwischen sind die Stationstafeln auf das Schulgelände gewandert und werden dort mindesten einmal jährlich von allen Kindern in einem klassen- und jahrgangsübergreifenden Projekt erlebt und „weitergetragen". Auf

jeder Tafel wird ein wichtiges Kinderrecht benannt und ähnlich den „Trimm-dich-Pfaden" mit einem Tätigkeits-Symbol sowie einer Aufgabe versehen. Es fordert den Leser heraus, eine Aktion mit allen Sinnen zu diesem Kinderrecht durchzuführen.

Kinderrechte-Motto des Monats
In jedem Monat gibt es ein „Kinderrechte-Motto des Monats", welches gut sichtbar für alle im Schulgebäude und auf der Homepage visualisiert sowie im Klassenrat besprochen wird. Es beschreibt Vereinbarungen zu unserem alltäglichen, kind(er)gerechten Leben in der Schule. Ein weiterer Schlüssel in dem Kinderrechte-Schlüsselbund macht den Schüler*innen die Notwendigkeit bewusst, in einem lebendigen sozialen System wie der Schule die eigenen Pflichten kritisch wahrzunehmen sowie verantwortungsvoll zu beachten.

Rituale des Miteinanders
Rituale wie das verlässliche Begrüßen bei einer Begegnung sind verbindliche Maßnahmen zur Gestaltung eines wertschätzenden Schulklimas, die besonders wirksam sind, wenn sie von allen Beteiligten gemeinsam formuliert werden. Wiederholen sie sich kontinuierlich, geben sie Struktur, Sicherheit und Unterstützung im Schulalltag und animieren die Schulgemeinde zur kritischen Reflexion sowie zur Einhaltung der vereinbarten Regeln. Zur Entwicklung und Wahrung sinnvoller Rituale nutzen wir das soziale Miteinander im Klassenrat oder in Schülerversammlungen und gestalten im Jahresverlauf gemeinsam lebendige Kinderrechte-Aktionen und -Projekte.

„quick"-lebendige Aktionen und Projekte
- Jährliche Kinderrechte-Tage
- Kinderrechte-Dingsda/Videos: Kinder erklären die Kinderrechte (mit UNICEF)
- Bildungsbande „Groß hilft Klein"
- Spendenaktionen für Essenspatenschaften
- Gesundes Frühstück „Einer für alle – alle für einen"
- Kinderstadtplan der Gemeinde Bickenbach
- Bickenbach wird bunt! „Bemalen von Pflanzkübeln an den Straßen"
- Laufevent „Bickenbach rennt"
- Patenaktionen „Sauberes Schulgelände"
- Zu Fuß zur Schule rund um den schuleigenen Verkehrsgarten
- Führung durch den Kinderrechte-Parcours
- Wir kommen zu euch! Generationsübergreifendes Erleben im Seniorenzentrum

Kooperation mit der kinderrechtebewussten Gemeinde

Die Schule genießt eine lebendige und bereichernde Kooperation mit der Gemeinde Bickenbach. Kinder aus dem Schülerparlament tragen Anliegen der Klassen in Gemeinderatssitzungen vor, z.B. die Anschaffung eines zweiten Fußballtores oder eine Beschwerde über Löcher auf Spielplätzen oder Vorschläge zur Verkehrsberuhigung. Sie laden den Bürgermeister zu Schülerversammlungen ein, besuchen politische Gremien in der Gemeindeverwaltung, gestalten einen Kinderstadtplan für einen sicheren Schulweg oder übernehmen Verantwortung für Verschönerungsaktionen im Ort wie das Bemalen von Blumenkübeln. In dem Bild des Schlüsselbundes bedeuten diese Aktionen für die Kinder, dass sie lernen, sich mutig zu engagieren, kreativ Ideen zu entwickeln und diese anstrengungsbereit umzusetzen.

Fortbildung und Hospitation

Als Teil des Netzwerks der Kinderrechtschulen bilden wir uns regelmäßig selber fort, öffnen auch unsere Türen für Neugierige und bieten regelmäßig Hospitationen und Fortbildungen an unserer Schule an. Die Vorbereitung solcher Veranstaltungen geht Hand in Hand mit der Festigung, Reflexion und Strukturierung des eigenen Kinderrechte-Alltags. Auch die Kinder werden einbezogen und präsentieren ihre Schülerparlamentsaktivitäten oder das Soziale Lernen und damit ihr Wirken in schulinternen und außerschulischen Gremien. Die Kompetenz, selbstbewusst über die Wahrnehmung ihrer Rechte und die Erfüllung ihrer Pflichten in der Öffentlichkeit zu berichten, ist ein weiteres Element im Bund der Kinderrechteschlüssel. Es befähigt sie nachhaltig, mit geöffneten Augen zielgerichtet ihr Leben partizipatorisch mitzugestalten.

4. Lernsettings mit Kindern und für Kinder

Der Schulalltag an der Hans Quick Schule bietet den Kindern einen strukturierten Rahmen, in dem es ihnen selbsttätig und selbstbestimmt gelingen kann, die eigenen Rechte zu erkennen, respektvoll einzufordern, behutsam zu schützen und verantwortlich einzuhalten. Die Kinderrechte werden sowohl klassenintern, als auch stufenübergreifend und auf die gesamte Schule bezogen durch vernetzte Strukturen in den Blick genommen und gesichert. Klassenrat, Schülerparlament und Schülerversammlungen bieten den Kindern vielfältige Möglichkeiten, ihren „Kinderrechte-Schlüsselbund" erforschend einzusetzen. Nicht zuletzt wollen alle Erwachsenen den Kindern als erlebbare Vorbilder, verlässliche Unterstützer*innen und „Kinderrechtebewahrer*innen" dienen.

Gesundheitsförderndes Lernen

In den Teilbereichen der Bewegungs-, Verkehrs-, Umwelt- und Ernährungserziehung sowie der Gewaltprävention gelingt es uns, Kinder auf die Bedeutung ihrer Gesundheit zugunsten eines erfolgreichen Lernprozesses vorzubereiten. So lernen, spielen und entspannen sie sich in ihrem gesundheitsfördernden Schulalltag im grünen Klassenzimmer, pflanzen Obst und Gemüse in unserem Schulgarten, kochen und backen in der Schülerküche, nutzen zur Verkehrserziehung unseren Verkehrsparcours, kommen zu Fuß zur Schule, bewegen sich auf unserem naturnahen Schulhof oder lösen Konflikte mit Unterstützung der Streitschlichter.

Soziales Lernen

Nur wenn wir es schaffen, das tägliche Zusammenleben beim Lernen und Spielen, Streiten und Sich-Vertragen positiv zu gestalten, kann unser umfangreicher Bildungs- und Erziehungsauftrag erfüllt werden. Deshalb ist das Soziale Lernen an der Hans-Quick-Schule seit Langem fester Bestandteil der Stundentafel aller Jahrgänge und hilft uns auf dem Weg zu einem wertschätzenden Miteinander. Die Kinderrechte sind hier als explizites Thema mit impliziten Bezügen fest verankert. Gezielte und motivierende Lernprozesse mit einem liebevollen Blick auf die Kinder unterstützen die Bewältigung herausfordernder Entwicklungsaufgaben: Grundschulkinder müssen ihre eigene Position im Umgang mit anderen finden und festigen lernen. Die gesteigerten Anforderungen der Gesellschaft fordern von ihnen eine komplexe soziale und emotionale Kompetenz, die sie befähigen soll, mit anderen respektvoll umzugehen, sich angemessen zu verhalten, in Gruppen aktiv zu agieren und zu reagieren sowie Auseinandersetzungen konstruktiv zu nutzen.

Verteilung beispielhafter Inhalte des Sozialen Lernens

Bausteine	Kompetenzbereiche	Jahrgang			
		VK/1	2	3	4
Kinderrechte	Kinderrechtewissen		X		
Persönlichkeitsbildung	Sozialtraining, Emotionsregulation,	X	X	X	X
Gruppen- Klassenbildung	Eigen- und Fremdwahrnehmung		X	X	X
Kommunikation	Streit- und Konfliktbewältigung			X	X
Konfliktstrategien	Gewaltfreie Kommunikation				X
Andersartigkeit	Anti-Mobbing-Strategien				X
Resilienzförderung	Positives Selbstkonzept			X	X

Naturnahes Lernen

Alle Kinder haben ein Recht darauf, die sie umgebende Natur mit allen Sinnen zu erleben, zu begreifen und mit ihren Möglichkeiten aufmerksam zu schützen.

Mit der Absichtserklärung, „ökologische Kinderrechte" umzusetzen, wollen wir bei allen Schüler*innen durch verschiedene Aktionen und eine gezielt gestaltete Lernumgebung erreichen, dass sie ein Gespür für Natur- und Umweltprozesse entwickeln. Kinder zeigen erhöhte Lernfreude in einem natürlichen Umfeld. Unser „grünes Klassenzimmer" bietet als alternativer Lernort Einblicke in die faszinierende Vielfalt verschiedener Lebensräume und ökologischer Konzepte und wird sowohl zum Spielen, Lernen, Gestalten und Musizieren als auch zum Entspannen, Ausruhen und Kraftschöpfen genutzt. Es ermöglicht einen handlungsorientierten, kind(ge)rechten, erlebnisorientierten Unterricht und lehrt, unser Ökosystem schon „im Kleinen" zu schützen.

Ganztägiges Lernen
Will man den Kindern diese Vielzahl an Chancen des ganztägigen Lernens in einem ansprechenden Lernsetting ermöglichen, so benötigt man ein Mehr an Zeit. Im ganztägigen Lernen gelingt es zielführend, die Lernzeit bis in den Nachmittag hinein zu verlängern, die Betreuungszeiten auszuweiten und auch in den Ferien zu gewährleisten sowie die Zahl der Beziehungspartner durch die pädagogische Mitarbeiter*innen zu erhöhen. Die Kinder benutzen im Ganztag ihren „Kinderrechte-Schlüsselbund", um in der Verknüpfung von Unterricht, Spiel- und Entspannung sowie Arbeitsgemeinschaften und Projekten eigene Stärken zu entwickeln und sich aktiv am Lernprozess zu beteiligen. Aber auch die Erwachsenen nutzen die Kooperationen in einem multiprofessionell arbeitenden Team, um kritisch die Wirkung und Sinnhaftigkeit der Kinderrechte im ganztägigen Schulalltag zu überprüfen und diese innovativ während unterschiedlicher Teamtreffen oder schulinterner Fortbildungen weiter zu entwickeln.

5. Partizipatorische Strukturen und partizipativer Schulalltag

Ein partizipativ geprägter Schulalltag bietet den Kindern jeder Altersstufe zahlreiche Möglichkeiten der Mitsprache und Beteiligung, beispielsweise bei der Anschaffung von Pausenspielgeräten, der Entscheidung über die Farbe der Toilettenwände, die Namensgebung der Schülerbücherei oder die Reihenfolge der zu bearbeitenden Pflichtaufgaben in den Lernpaketen im ganztätigen Lernen. Wenn man Kindern aufmerksam zuhört, ihnen etwas zutraut, ihnen die Gelegenheit bietet, ihre Gedanken, Bedürfnisse und Sorgen mutig zu äußern, so ist man über die Vielzahl an guten Kinderideen und deren motivierte und verantwortliche Umsetzung häufig ganz überrascht.

Klassenrat und Inselrat
Jede Klasse trifft sich einmal wöchentlich im Klassenrat, um sich über eigene Gefühle und Wünsche auszutauschen, den Schulalltag zu reflektieren und Möglichkeiten der Mitgestaltung zu suchen. Hier geht es aus Kinderrechtesicht bewusst nicht um Konfliktklärungen zwischen einzelnen Kindern, denn diese

sollen in Form von Streitschlichtungs- und Mediationsmethoden im alltäglichen Geschehen selbstständig oder mithilfe von Erwachsenen geklärt werden. Im Bereich des ganztägigen Lernens, in dem die Kinder sich entspannen, miteinander spielen, lesen, essen oder kreativ sein können, gibt es den „Inselrat". Einmal im Monat treffen sich dort die Ganztagskinder und formulieren ihre Bedürfnisse oder benennen Missstände. Zwei Vertreter*innen des Inselrats und die Klassenratssprecher*innen nehmen am Schülerparlament teil, um die Ergebnisse der Ratsgespräche hin- und herzutragen.

Schülerparlament
Das Schülerparlament tauscht sich nach einem festgelegten Zeitplan (oder anlassbezogen) über Entscheidungen, Wünsche, Kritik oder besondere Anliegen aus, die die Vertreter*innen aus den Klassen und der Insel mitbringen. Es wählt zwei Schülerparlamentssprecher*innen, die alle Informationen an andere Schulgremien (Lehrkräfte, Eltern) weitergeben und die Ergebnisse an alle Kinder transportieren. Außerdem übernehmen Mitglieder des Schülerparlaments repräsentative Aufgaben für die Schulgemeinde wie beispielsweise bei Versammlungen der Gemeindevertretung, in Gesamtkonferenzen oder bei Präsentationen für außerschulische Gäste.

Schülerversammlungen
Alle Schüler*innen sowie das HQS-Team versammeln sich anlassbezogen zu einer Schülerversammlung, die von der Schulleitung moderiert wird. Hier werden Informationen und Probleme aus dem Schulalltag mitgeteilt, Absprachen getroffen, besondere Leistungen gewürdigt oder Ergebnisse zu jahreszeitlichen Themen aufgeführt.

Elterngremien

Unsere Eltern arbeiten in verschiedenen Gremien im Sinne der Rechte ihrer Kinder mit, indem sie ihre persönlichen Expertisen einbringen, den Schulalltag begleiten oder als „kritischer Freund" auf die pädagogische Arbeit schauen. Neben dem Elternbeirat, der Schulkonferenz sowie einem Förderverein beteiligen sich Eltern in verschiedenen Teams beispielsweise zur Planung unseres naturnahen Schulhofs. Am Ende eines jeden Schuljahres veranstalten wir einen Themen-Elternabend, an dem wir an unterschiedlichen „Marktplätzen" die Ergebnisse dieser gemeinsamen Jahresarbeit präsentieren, reflektieren und neue Vereinbarungen für das kommende Schuljahr treffen.

Streitschlichter*innen

Unsere *Streitschlichter*innen* helfen allen Kindern auf dem Schulhof, konstruktiv Konflikte zu lösen. Dazu lassen sie sich im 3. Schuljahr von einer/m Mediator*in ausbilden und verrichten ihren Dienst im folgenden Jahr nach den gelernten Ritualen selbständig. Die Ausbildung sowie die Gespräche zwischen den Schüler*innen und Streitschlichter*innen erfolgt in einem separaten, geschützten Streitschlichterraum. Erwachsene werden nur in Notfällen um Begleitung gebeten.

Patenschaften

Unter dem Motto „Groß hilft Klein" erhalten alle Schüler*innen in Form von Patenschaften die Möglichkeit, sich gegenseitig klassen- und jahrgangsübergreifend zu unterstützen, gemeinsam den Schulalltag zu gestalten und Verantwortung füreinander zu übernehmen.

6. Fazit

Gemeinsam mit allen Beteiligten unseres quicklebendigen Miteinanders blicken wir regelmäßig in ritualisierten Evaluationsprozessen auf eine wachsende Verinnerlichung der Kinderrechte in Schul- und Unterrichtsentwicklungsprozessen zurück. Es ist uns gelungen, die Rechte der Kinder auf Gleichheit, Förderung, Schutz und Partizipation in den Mittelpunkt unserer pädagogischen Arbeit im ganztätigen Lernen zu rücken. Beobachtungen, Fragebögen und Interviews haben gezeigt, dass die aktive Beteiligung der Schülerinnen und Schüler an ihrem eigenen Lernprozess mit allen Sinnen für ein wertschätzendes und konstruktives Lernklima gesorgt hat.

Wir können mit Stolz behaupten, dass die Schlüssel zum Schlüsselbund der Kinderrechte unseren Schüler*innen helfen, zu mutigen, wissbegierigen und sozial kompetenten Kindern zu werden. Wiederkehrende Rituale sowie kindorientierte Aktionen und Projekte machen sie kontinuierlich mit den Kinderrechten vertraut, bieten ihnen die Möglichkeit, sich verantwortungsvoll im Schulalltag und sogar darüber hinaus zu beteiligen, und lassen sie zu starken Persönlichkeiten wachsen. Die Aufgabe von uns Erwachsenen ist, ihnen in diesem Prozess als Vorbild und fürsorglicher Begleiter zu dienen, mit offenen Augen die Bedürfnisse der Kinder wahrzunehmen und zu ihrem Wohl an ihre Kraft zu glauben.

Insbesondere unseren Schulabgänger*innen wünschen wir immer wieder, dass sie ihre Kinderrechte-Schlüssel auch weiterhin selbstbewusst und verantwortungsvoll nutzen, ihren Lebensraum aktiv mitgestalten und stolz behaupten können. „Starke Kinder, die zwingt keiner in die Knie".

Autor*innenkonferenz: Eine Reflexion der Kinderrechtepraxis an deutschen Schulen

Über eine Zoom-Konferenz fand am 30.9.2021 ein Austausch zu den Kinderrechten und ihrer Umsetzung an deutschen Schulen mit folgenden Autor*innen statt: Martin Spätling, Beate Hunfeld, Lenka Hertel, Stefanie Bresgen, Christiane von Kirchbach, Anita Groß, Nikola Prkacin, Sabina Salimovska, Olenka Bordo Benavides, Christoph Schieb, Annette Schliebener, Elisabeth Stroetmann, David Rott, Malte Kreyer, Adolf Bartz, Claudia Lohrenscheit, Katharina Gerarts

Vorstellung mit einem Satz zu „Wenn ich an Kinderrechte denke, dann ..."

- Kinderrechte tragen Schulen – und haben sie auch durch die Zeit der Pandemie getragen
- Kinderrechte bedeuten viel Aufklärungsarbeit
- Kinderrechte bedeuten Power Sharing, Solidarität, Reflexion der eigenen Kultur und ihrer Selbstverständlichkeiten in der Begegnung mit Kindern anderer kultureller Herkunft, gemeinsame Handlungsstrategien
- Partizipation, Kinderparlamente
- Die Erfahrung machen: Wie kompetent sind Kinder, wenn man sie lässt!
- Kinderrechte in Lehrerausbildung verankern
- Kinderrechte nicht nur implizit leben, sondern auch explizit bewusst machen und Kinder als Rechteträger stärken
- Tolle Projekte – strahlende Kinderaugen
- Für Eltern: Keine Entscheidungen ohne Beteiligung der Kinder!
- Trauer, dass die Kinderrechtskonvention erst am Ende der Berufslaufbahn in den Blick kam – erst nachdem sie knapp 20 Jahre in Geltung war
- Kinderrechte als Impuls für die Schulentwicklung
- Kinderrechtefahne auf der Schule!
- Kinderrechte heißen, die Schule neu zu denken und sie in Unterrichtsformaten und im Schulalltag umzusetzen

- Kinderrechte erfordern, die Bedürfnisse aller Schüler*innen und Schülergruppen in den Blick zu nehmen und jedem Kind zu seinem Bildungsrecht zu verhelfen
- Kinderrechte in der Schulkultur verankern
- Kinderrechte sind mehr als nur ein Unterrichtsgegenstand im Fachunterricht, z. B. in Religion
- Heterogenität berücksichtigen und Lernen für alle mit ihren unterschiedlichen individuellen Voraussetzungen ermöglichen und fördern

Thesen und Erkenntnisse aus dem Arbeitsprozess der Herausgeber*innen

1. Auch mehr als 30 Jahre nach der Verabschiedung der UN-Kinderrechtskonvention (KRK) steht die Umsetzung der Kinderrechte in der Schule immer noch am Anfang.
2. Die Realisierung von Kinderrechten in der Schule ist nicht systematisch oder flächendeckend verbreitet, denn sie hängt einzig und allein davon ab, ob es engagierte Lehrkräfte oder Schulleitungen gibt.
3. Kinderrechte in der Schule werden in der Regel nicht auf Grundlage der UN-KRK systematisch umgesetzt, sondern beziehen sich auf pädagogische Konzepte oder Theorien wie kindliches Wohlbefinden, Inklusion usw.
4. Lehrerinnen und Lehrer haben in der Regel in ihrer Ausbildung nicht oder nur wenig von den Kinderrechten laut UN-KRK erfahren.
5. Die Bedeutung einer wertschätzenden Beziehungsgestaltung für das Lernen und die Entwicklung der Kinder ist deutlich bewusster als früher, aber ohne Bezug auf die KRK.
6. Handlungsorientierung geben Rechts- und Verwaltungsvorschriften und Lehrpläne – Kinderrechte werden dagegen nur als zusätzliche nice to have-Projekte oder als Angelegenheit eines Faches (und nicht der ganzen Schule) zum Thema.
7. Die Kinderrechte sind für das Verwaltungshandeln der Schulministerien und der Schulaufsicht eher irrelevant.

Folgen:
» Kein Bewusstsein, dass Kinder Rechteträger sind und Rechtsansprüche stellen können (anders in der Kinder- und Jugendhilfe, vgl. SGB VIII, §§ 8, 9 a und 45)

» Kinderrechte wie Anhörung, Meinungsäußerung, Partizipation werden im Schulalltag eher implizit beachtet, aber es gibt kaum eine explizite Kenntnis und Anwendung der Kinderrechte und noch weniger ein bewusstes ‚in Anspruch nehmen' durch die Schüler*innen
» Die Kinderrechte spielen in relevanten Bereichen wie der Beteiligung bei der Beurteilung oder der Frage, was die Schüler*innen warum lernen sollen, keine Rolle.

Diskussion der Thesen
Bedenken:
- Zu These 3: Inklusion ist kein pädagogisches Konzept, sondern betrifft die gesamte Schule, durchdringt alle ihre Bereiche und erfordert – genauso wie die Kinderrechte – eine Transformation der Schule
- Die Thesen akzentuieren vor allem kritische Aspekte. Man sollte aber im Blick haben: Der Blick auf das, was nicht gut läuft, inspiriert und begeistert nicht – anders als der Blick auf das, was gut läuft, und die Anregungen, die andere Schulen dadurch gewinnen. In diesem Sinne sollen ja auch die Praxisberichte im Buch positive Beispiele sein, die anregen und ermutigen.

Bestätigung:
- Die Thesen machen deutlich, dass dem Artikel 42 der Konvention, die Pflicht zur Bekanntmachung der Kinderrechte, nicht nachgekommen wird. Für die Schulen gibt es eine KMK-Empfehlung zu den Kinderrechten. Das bedeutet aber: Aus der Verpflichtung des Staates und der entsprechenden Verpflichtung der Schulen wird eine Empfehlung an die Schulen – und die kann man umsetzen oder auch nicht.
- Schulen tun schon viel, was zu den Kinderrechten gehört, ohne das zu wissen. Aber wichtig ist, die Kinderrechte explizit bewusst zu machen. Nur dann kommen die Schüler*innen zu ihrem Recht, Rechte zu haben.
- Kinderrechte sind nicht etwas Zusätzliches, dessen Umsetzung in grandiosen Projekten erfolgt. Wirksam ist die Umsetzung in kleinen Schritten, die nach und nach zu einer Transformation der gesamten Schule führen.

Weiterführende Aspekte:
- Die Erwachsenen müssen verstehen, was es heißt, auf Augenhöhe mit den Kindern umzugehen. Sie müssen Beschwerden der Kinder und ihr Erleben von Diskriminierung ernst nehmen und Schutz bieten.

- Augenhöhe heißt, die Subjekt-Objekt-Rollen in der Lehrer-Schüler-Beziehung aufzuheben. Das fällt Lehrkräften schwer, auch deshalb, weil Rechts- und Verwaltungsvorschriften diese Rollen festschreiben.
- Ernst nehmen heißt auch, eigene Entscheidungen aufgrund der von Kindern oder Jugendlichen vorgebrachten Argumente zu revidieren und die Revision von Entscheidungen nicht als Gesichtsverlust zu erleben.
- Partizipation transformativ verstehen. Ein Beispiel: Die Einführung der Klassenräte an der (Grund-) Schule stieß bei manchen Lehrer*innen auf Skepsis und Widerstand: Dafür fehle die Zeit und die Kinder seien dazu gar nicht in der Lage. Sie führten dann auch keinen Klassenrat durch. Das wurde aber im Schülerrat bekannt. Als daraufhin die Kinder selbst den Klassenrat einforderten, ließen sich die Klassenlehrer*innen darauf ein und sagten dann: „Wir wussten gar nicht, was die Kinder alles können." Was auf diese Weise entstand, war eine andere Schule als vorher.
- Die Rechte nach der UN-Konvention sind Rechte. Da kann die Schule nicht sagen: Dafür haben wir jetzt keine Zeit, weil wir so viele andere Aufgaben und Verpflichtungen haben wie z. B. die Inklusion.
- Die Kinderrechte bei der Leistungsbeurteilung ernst nehmen ermöglicht der Lerncheck: Die Schüler*innen machen einen Test dann, wenn sie das, was überprüft werden soll, gelernt haben, und sie arbeiten nach und überprüfen erneut, wo der Check auf Defizite hinweist (statt der Klassenarbeiten, bei denen alle die gleichen Aufgaben zur gleichen Zeit mit den gleichen Beurteilungsmaßstäben bearbeiten müssen). Die Sorge, dass die Kinder dann schon die Aufgaben von Mitschüler*innen erfahren können, ist unbegründet, denn die Schüler*innen wissen, dass sie sich dann selbst schaden, weil ein echter Leistungscheck nicht mehr möglich wäre.
- Das Bedenken, dann seien die Noten nicht gerecht, zeigt, wie reflexhaft eingewohnte Normen übernommen werden, statt sie zu hinterfragen und sich damit für andere Dimensionen des Lernens und der Beziehungsgestaltung zu öffnen.
- Dann gäbe es auch die Chance, dass für die Schüler*innen der Fokus nicht auf Noten und Abschluss liegt statt auf dem Interesse zu lernen, was für einen persönlich wichtig ist.
- Schüler*innen haben den Eindruck: Was für mich persönlich wichtig ist, lerne ich mehr außerhalb der Schule. Ein Armutszeugnis für die Schulen und ein Auftrag, das im Unterricht zum Thema zu machen, was für die Schüler*innen bedeutsam ist.

- Für die Schulleitung ist die Erfahrung wichtig: Die Führungsrolle wahrnehmen schließt den Umgang auf Augenhöhe nicht aus. Im Gegenteil: Rollenklarheit ist Voraussetzung für Augenhöhe.
- Eigene Erfahrung mit der Schulaufsicht: Sie hat Mut gemacht und den Weg, eine Kinderrechtsschule zu werden, unterstützt. Aber als es um die Frage ging, ob ein Tag mit der Kinderrechtsbeauftragten des Landes in der Schule wichtiger ist als die fristgerechte Abgabe von Zahlen und Daten zu Corona, zeigte sich, dass im Zweifel die Interessen an einer reibungslosen Verwaltung Vorrang haben. Hier sollten Schulen den Rückhalt der Schulaufsicht einfordern und – wenn nötig – zu dem stehen, was für die Schüler*innen wichtig ist, statt zu dem, was für die Verwaltung wichtig ist.
- Damit sich Kinder in der Schule wohl fühlen, müssen sie vor physischer und psychischer Gewalt und vor Diskriminierung geschützt werden. Das setzt voraus, dass die Lehrkräfte sich in betroffene Schüler*innen und Schülergruppen hineinversetzen können, statt solche Erfahrungen zu verharmlosen. Und das setzt das Recht auf Beschwerde und Verfahren zur Bearbeitung von Beschwerden voraus, die die Kinder und ihr Erleben ernst nehmen.
- Gerade Kinder aus prekären Familiensituationen (z.B. Flucht und Migration) erleben Schule häufig nicht als sicheren Ort und Lehrkräfte nicht als Vertrauenspersonen. Die Folge: Sie trauen sich nicht, sich mit ihren Sorgen und ihrem Erleben den Lehrer*innen gegenüber zu öffnen.
- Sich zu öffnen wird erleichtert, wenn die Schüler*innen den Eindruck haben, dass Lehrkräfte vergleichbare Erfahrungen wie Migration und Flucht oder Diskriminierung in der Mehrheitsgesellschaft gemacht haben.
- Sehr erschwerend und belastend kommt hinzu, dass das Recht auf Bildung für Kinder z.B. in Flüchtlingsunterkünften „flexibel" gehandhabt und phasenweise außer Kraft gesetzt wird.
- Reagieren Kinder auf das Erleben von Diskriminierung und Schutzlosigkeit mit Schulvermeidung, wird in der Regel mit Kriminalisierung statt Verstehen reagiert. Statt sich zu fragen, was die Schule tun muss, um den Schulvermeidern den Schulbesuch zu ermöglichen, werden die Schüler*innen und ihre Eltern für die Schulvermeidung verantwortlich gemacht.
- Schutz bieten und Diskriminierung, z.B. in Form von rassistischen Äußerungen und Handlungen, wirksam entgegentreten zu können setzt voraus, die Lebensrealität der Kinder und ihrer Eltern auch dann wahrzunehmen und zu verstehen, wenn sie ganz anders ist als die der Mehrheit der Schüler*innen und erst recht der Lebensrealität der Lehrkräfte. Den Lehrkräften fällt es schwer zu verstehen, dass allein ihre kulturelle Herkunft,

ihre Sprache, ihr Habitus als Barriere für Schüler*innen wirken, sich ihnen gegenüber zu öffnen und sie als Vertrauenspersonen zu erleben.
- Wichtig ist dafür, sich als Schule der Vielfalt zu verstehen. Aber wie kann man Vielfalt sichtbar machen, damit sich kein Kind wegen Merkmalen, die von der Mehrheit abweichen, verstecken muss?
- Schulentwicklung muss in Gesellschaftsentwicklung eingebettet sein. Dazu als Beispiel: An der Zertifizierung einer Schule als Kinderrechteschule nahmen der Bürgermeister, Stadtverordnete und das Jugendamt teil. Sie machten deutlich, dass Kinderrechte in Schulen für die gesamte Kommune von großer Bedeutung sind und entsprechend gewürdigt und unterstützt werden.
- Die Kinderrechte umzusetzen, dazu gehören Mut und Zutrauen: Mut, etwas zu ändern, und Zutrauen, dass die Schüler*innen etwas können.

Teil B
Konzepte und Perspektiven zur Kinderrechtepraxis in der Schule

GRUPPENINTERVIEW MIT SVEN HOHMANN, CELINA KRAUSCH,
TARA RUNZE, FINN SIEBOLD UND MIRIAM WEBER,
MODERATION: CLAUDIA LOHRENSCHEIT

Wie denken sozial und politisch engagierte Jugendliche über Kinderrechte in der Schule?

Nothing about us without us – Nichts über uns ohne uns! – Dieses geflügelte Wort der Behindertenrechtsbewegung ist längst weltweit ein zentrales Motto der Menschenrechtsarbeit geworden. Deswegen ist es auch für diesen Band zum Thema Kinderrechte und Schule ein wichtiges Anliegen, mit Kindern, Jugendlichen und jungen Erwachsenen ins Gespräch zu kommen, um zu erfahren, wie sie den Umsetzungsstand von Kinderrechten in der Schule beurteilen. Welche Erfahrungen, Beispiele, Wünsche, Forderungen formulieren Kinder und Jugendliche selbst?

Zu diesem Gruppeninterview

Mitten in den Sommerferien 2021 traf sich eine Gruppe junger Menschen per Videokonferenz zum Dialog; sie sind Aktivist*innen für Klimagerechtigkeit bei Fridays for Future oder aktiv in Schülerselbstvertretungsorganisationen oder beim SV Bildungswerk[1], dem bundesweiten Verein getragen von Schüler*innen für Schüler*innen, die sich für eine demokratische Schulkultur engagieren. Sie sind alle keine Anfänger*innen, was die Kinderrechte angeht, und haben sich zum Teil selbst schon aktiv in die Kinderrechtsarbeit eingemischt beispielsweise als Expert*innen bei den Berichten und Workshops der *National Coalition* (Netzwerk Kinderrechte) im Rahmen des laufenden Staatenberichtsverfahrens.[2]

---

1 Das SV-Bildungswerk wurde 2005 von jungen Menschen als ein bundesweiter Verein für Schüler*innenvertretung und -beteiligung gegründet. Schüler*innen werden dabei unterstützt, ihre Belange, Ideen und Sichtweisen aktiv in Schule und Gesellschaft einzubringen, den Lebensraum Schule zu einem demokratischeren Ort zu machen und Kindern und Jugendlichen Gehör zu verschaffen: siehe: https://sv-bildungswerk.de/ (zuletzt abgerufen am 28.9.2021).

2 Gemeint ist die Mitwirkung an den Ergänzenden Berichten der Nichtregierungsorganisationen zum Staatenbericht, den die Regierungen der Vertragsstaaten dem UN-Kinderrechtsausschuss regelmäßig vorlegen müssen. Die Nichtregierungsorganisationen vieler Länder beziehen inzwischen Kinder und Jugendliche in die Ausarbeitung ihres kritischen Kommentars zum Bericht der Regierung ein, so auch Deutschland. Für weiterführende Informationen siehe: https://netzwerk-kinderrechte.de/home/kinderrechte/un-dialog/ (zuletzt abgerufen am 28.9.2021).

Methodisch sind wir als Herausgeber*innen nach dem Schneeballverfahren vorgegangen und konnten so durch Anfragen und Weiterleitungen fünf junge Menschen gewinnen, die sich mit Lust und großem Interesse an der Gruppendiskussion beteiligt haben. Vier von ihnen sind Schüler*innen; einer ist bereits an der Uni im Lehramtsstudium. Ein kurzer Interview-Leitfaden mit fünf grundlegenden Fragen (siehe unten) wurde den Teilnehmer*innen vorab per Mail zugeschickt. Der Dialog wurde aufgezeichnet und anschließend transkribiert. Der so entstandene Text wurde nur leicht redaktionell bearbeitet und verdichtet sowie mit einigen ergänzenden Informationen ausgestattet. Abschließend konnten alle Teilnehmer*innen den Text gegenlesen, Feedback geben und Veränderungen vorschlagen. Der hier vorliegende Text ist daher nicht im engeren Sinne Ergebnis eines Forschungsprozesses, sondern eher als Bericht eine Momentaufnahme. Die Inhalte und Themen sind nicht als repräsentativ zu verstehen, zeigen jedoch trotzdem Stimmungsbilder, Eindrücke und Einschätzungen auf, die über den kleinen Kreis der Diskutant*innen hinausweisen, denn sie alle sind vernetzt und politisch aktiv in Gruppen und können so auch über den eigenen begrenzten Horizont hinausblicken und Auskunft geben.[3]

Die Diskussion fand am späten Nachmittag des 10. Juli 2021 für eine Dauer von 90 Minuten statt. Die Moderatorin, Claudia Lohrenscheit, hatte mit allen Teilnehmer*innen vorab Kontakt, um Ziele, Form und Ablauf des Dialogs zu erläutern. Es wurde allen freigestellt, ob sie jeweils namentlich genannt oder anonymisiert werden wollen. Einige der Teilnehmer*innen, die alle aus verschiedenen Bundesländern kommen, waren sich vorher bereits bekannt oder schon begegnet; andere trafen sich in dieser Zusammensetzung zum ersten Mal. Die Gruppe einigte sich außerdem darauf für den Dialog ein „Arbeits-Du" zu verwenden. Ganz selbstverständlich benutzten alle auch völlig undogmatisch verschiedene Formen geschlechtergerechter Sprache: Womit sich manch Erwachsene*r heute noch immer schwertut, war für diese jungen Menschen eine Leichtigkeit und störte den Sprachfluss überhaupt nicht.

Claudia Lohrenscheit erläutert nach der Begrüßung zu Beginn des Gesprächs noch einmal das Verfahren und die Zeitplanung. Los geht es anschließend mit

---

3 Zahlreiche Kinder- und Jugendbefragungen der letzten Jahre dokumentieren, wie viele Kinder und Jugendliche sich über Klima, Ungleichheit, Schule, Demokratie und andere Themen Gedanken machen und dass viele von ihnen auch ernsthaft besorgt sind (z.B. World Vision Studie, LBS-Kinderbarometer, Shell-Studie, Sinus-Jugendstudie, NC-Kinderrechtereports). Es handelt sich hier also nicht bloß um Meinungen einiger Aktivist*innen, sondern um breit geteilte Sorgen, Befürchtungen, Wünsche und Hoffnungen.

einem Warming-up (Einstimmung) mit folgender Frage zum Einstieg in die Diskussion:

Bitte vervollständigt nacheinander den folgenden Satz: „Wenn ich an Kinderrechte/Menschenrechte denke ..."

Sven Hohmann: Wenn ich an Kinderrechte oder Menschenrechte denke, dann denke ich vor allem an das große Entwicklungspotenzial, das hier noch drinsteckt. Du hattest es vorhin schon gesagt: Es ist nicht nur in der Schule so, sondern es ist auch in anderen Bereichen so, dass es für Kinderrechte und Menschenrechte im Allgemeinen noch sehr viel Entwicklungsbedarf gibt, bevor wir sagen können, dass sie wirklich voll umfänglich und in allen Bereichen erfüllt sind. Davon sind wir heute noch zu weit entfernt.

Miriam Weber: Wenn ich an Kinder- und Menschenrechte denke, fällt mir erstmal sehr viel ein. Erstmal zu Kinderrechten, dass es mich sehr stark stört, dass oftmals Erwachsene über junge Menschen entscheiden und auch darüber, was mit jungen Menschen passiert. Und die, die es eigentlich betrifft, natürlich nie beteiligt oder gefragt werden. Und bei Menschenrechten, dass es fast keinen Bereich in unserem Leben gibt, wo sie nicht gefährdet werden, und dass es sehr schwierig ist, so zu leben, dass Menschenrechte nicht verletzt werden oder dass ich durch meinen Konsum Menschenrechte nicht verletze. Das passende Pendant quasi zu veganem Leben. Das ist ein sehr großes Zeichen, was aktuell in unserer Gesellschaft oder auch in unserer Welt passiert.

Finn Siebold: Das erste, was mir durch den Kopf geht, ist, dass ich glaube, dass relativ vielen Menschen und relativ vielen Kindern diese Rechte vorenthalten werden. Wenn ich mir überlege, dass wir uns hier in Deutschland die Frage stellen können, ob die Kinderrechte eingehalten werden, ist das eigentlich schon ein Privileg. Denn es gibt Menschen auf der Welt, die sie nicht kennen und die diese Frage nicht stellen können. Dass wir uns darüber austauschen können, ist schon ein Privileg; und dass wir uns darüber austauschen können, wie wir das System, das kacke ist, noch reformieren können. Oder was es überhaupt braucht für ein System, in dem Kinder und Jugendliche gehört werden und mitbestimmen dürfen.

Tara Runze: Wenn ich an Kinder- und Menschenrechte denke, denke ich an sehr, sehr viel Arbeit, die noch vor uns liegt, um diese Rechte vernünftig umzusetzen und nicht nur als Blatt Papier bei uns zu haben. Und an einen Prozess, wo definitiv Kinder und die Menschen, die ja hauptsächlich von diesen Rechten betroffen sind, viel mehr eingebunden werden müssten und sich die Menschen auch einfach mal zurückhalten sollten, die von diesen Rechten nicht mehr so betroffen sind, einfach weil sie keine Kinder mehr sind oder weil sie z. B. in der westlichen Welt leben; d. h. dass sie einfach mal zuhören und auf die Menschen hören sollten, die dort leben, wo diese Rechte noch nicht so umgesetzt sind.

Celina Krausch: Ich denke bei Kinderrechten und Menschenrechten vor allen Dingen daran, dass es wichtig ist, es weiter zu erzählen, dass es so etwas gibt, denn vor allem bei Kinderrechten wissen viele gar nicht, dass es sie gibt. Oder sie wissen nicht, was Kinderrechte alles beinhalten. Wir hatten z. B. mal eine Aktion, wo wir auf der Straße waren und Geld gesammelt haben für Kinder, die auf der Straße leben. Und da waren viele Personen – auch Erwachsene, die überrascht waren, wie es in anderen Ländern aussieht. Es wird vielleicht viel allgemein über Menschenrechte geredet, aber nicht darüber, wie die Kinder es wahrnehmen. Deshalb finde ich, dass die Kommunikation darüber sehr wichtig ist!

Claudia: Vielen Dank für diese erste Runde! Ich teile jetzt als nächsten Schritt die Fragen im Chat, die ihr vorher auch schon per Mail bekommen habt.
1. Wie sorgt die Schule dafür, dass sich Schüler*innen in der Schule sicher fühlen?
2. Wie sorgt die Schule für eine zu den einzelnen Schüler*innen passende Förderung?
3. Wie ermöglicht die Schule Beteiligung an allen Angelegenheiten, die Schüler*innen betreffen?
4. Wie sichert die Schule das Recht auf Beschwerde, z. B. wenn sich Schüler*innen ungerecht oder unangemessen behandelt fühlen?
5. Wie macht die Schule die Kinderrechte (gemäß UN-Konvention) bekannt?

Jetzt möchte ich Euch bitten, dass wir wieder reihum gehen und Ihr Euch jeweils eine Frage aussucht, zu der ihr sprechen mögt oder die Euch besonders wichtig ist. Und jetzt müssen wir uns auch nicht mehr so streng an die Reihenfolge halten. Ihr könnt Euch auch gegenseitig kommentieren oder widersprechen oder unterbrechen, wenn Ihr wollt. Sven, darf ich dich vielleicht bitten, dass du beginnst!?

Artikel 12, Recht auf Gehör/Recht auf Beteiligung
Sven: OK, gerne. Den Anfang möchte ich machen mit Frage drei nach der Beteiligung an allen Angelegenheiten, die Schüler*innen betreffen. Das hat für mich zwei verschiedene Dimensionen; einmal die Dimension, die den normalen Schulalltag betrifft, und einmal die, in der es explizit um Kinderrechte geht. Zur allgemeinen Schulsituation möchte ich jetzt gar nicht so viel sagen. Da gibt es ja schon relativ viele Regelungen, auch gesetzliche Regelungen über Schü-

lervertretungen und Beteiligungsmöglichkeiten, die gesetzlich vorgeschrieben sind. In Bezug auf die Kinderrechte, da sieht es in meinen Augen anders aus, weil Kinderrechte in den Schulgesetzen z.B. in Hessen, nicht eine ganz so präsente Rolle einnehmen wie andere Möglichkeiten der Beteiligung. Das führt dazu, dass sie im normalen Schulalltag nicht unter die Regelungen von Schülervertretungen fallen, womit die Beteiligung von Schüler*innen sichergestellt ist, sondern eher in nicht vorhandene Beteiligungsstrukturen, weil es dann eher z.B. an Schulsozialarbeiter*innen outgesourct wird oder an andere Stellen, die hauptsächlich von Erwachsenen besetzt sind. Diese fällen dann in kleiner Runde Entscheidungen, maximal mit Rücksprache zum staatlichen Schulamt oder der Schulleitung, in seltenen Fällen auch mal mit der Klassenleitung. Diese Entscheidungen haben durchaus größere Auswirkungen, und berühren Grundsysteme in der Schule, beziehen aber nicht die Menschen mit in die Entscheidung ein, die eigentlich im Endeffekt davon betroffen sind.

Tara: Also ich habe das Gefühl, dass die Schule zwar Beteiligung in Form von Anhörung ermöglicht, aber nicht wirklich Beteiligung im Hinblick auf Entscheidungen. Ich weiß von anderen Schulen, dass die SV-Sitzungen offen sind für alle Schüler*innen. Bei uns ist es so, dass da nur die gewählten Klassen- oder Stufenvertreter reindürfen. Keine Ahnung – in meiner Stufe sind allein 180 Menschen. Ich habe mit vielen Menschen meiner Stufe keinen einzigen Kurs zusammen. Ich war nicht mit denen in einer Klasse. Ich kenne sie teilweise gar nicht! Ich habe jetzt erst am Ende der 11. Klasse gemerkt, dass ich mit Menschen zusammen in einer Stufe bin, mit denen ich jeden Morgen eine Stunde lang zur Schule gefahren bin. Da eine vernünftige Wahl zur Stufenvertretung hinzubekommen, ist schwierig. Es geht vieles nur über Freundschaften. Bei uns ist es so, dass die Schüler*innen zwar angehört werden, aber kein Entscheidungsrecht oder Wahl- oder Stimmrecht haben. Meistens ist es eine Form von Zuhören wie: „Ich lese mal währenddessen Zeitung oder spiele irgendwelche Handyspiele". Also, du kannst dir bei uns an der Schule den Mund fusselig reden und es passiert halt nichts. Deswegen ist bei uns die Realität so, dass es zwar auf dem Papier die Beteiligung von Schüler*innen gibt, aber in der Realität weniger.

Sven: Ich finde das ist ein wichtiger Punkt, auf den du hinweist, Tara! Weil es natürlich eine Diskrepanz gibt zwischen dem, was auf dem Papier steht, und dem, was in der Realität umgesetzt wird. Es unterscheidet sich auch noch zwischen den Bundesländern aufgrund des gelebten Föderalismus, den man sicherlich an manchen Stellen kritisieren kann, wie in diesem Fall. Und dann kommt es auch noch darauf an, wie die jeweilige Schule das umsetzt. Hessen ist da jetzt gerade mein Lieblingsbeispiel, weil ich mich da am sichersten fühle, was die Datenlage angeht. Ich kenne auf Anhieb allein drei Schulen, die drei komplett unterschiedliche SV-Systeme haben. Diese sind mal sehr beteiligungsfreundlich, d.h. wirklich jede*r kann kommen. Und mal sind sie sehr hierarchisch aufgebaut, d.h. nur gewählte Vertreter*innen können hin. Das ist leider im Gesetz auch nicht näher geregelt. Wozu soll man das auch regeln, denn es interessiert ja am Ende eh keinen. Trotzdem steht in allen Schulgesetzen, dass es diese Mitwirkungsrechte und -pflichten für Schüler*innen gibt. Wo sie nicht so gut umgesetzt werden, muss man das leider auch sehr häufig den Schulleitungen ankreiden. Um es ganz deutlich zu sagen, das ist teilweise auch ein absichtlicher Rechtsbruch von Schulleitungen, weil sie sagen: „Das ist uns zu aufwendig". Das kann man nicht beschönigen; das ist ein Fakt. Allerdings: Ob es die Schulleitung mit Absicht macht, das ist eine andere Sache. Dazu möchte ich mich nicht äußern, denn das weiß ich nicht. Aber ich kenne genügend Schulleitungen oder Schulen, wo es offensichtlich ist, dass das, was im Gesetz steht, am Ende nicht das ist, was im Schulalltag umgesetzt wird. Was mir aufzuzeigen wichtig ist, ist, dass es bei allgemeinen Fragen wie Schulordnung. Gebäudebenennungen, Kioskangebot etc. Strukturen gibt, die eine gesetzliche Grundlage haben, auf die man sich berufen kann. Die gibt es bei den Kinderrechten in der Schule explizit nicht. Da sehe ich ein ganz großes Defizit, weil es noch nicht mal eine Struktur gibt, auf die man sich – im Zweifelsfall auch unter Zuhilfenahme juristischer Maßnahmen oder des staatlichen Schulamtes – berufen könnte wie anderen Fällen.

Miriam: Ich habe zu dieser Frage eine Ergänzung, d.h. zu Kinderrechten und Beteiligung von Kindern in der Schule, und zwar das Thema Grundschulen. Denn tatsächlich habe ich das Gefühl, wenn über diese Frage gesprochen wird, denken die meisten nur an die weiterführenden Schulen und nicht an die Grundschulen. Ich weiß nicht ganz genau, wie es in anderen Bundesländern aussieht – auch mit SVen an den Grundschulen – aber bei uns in Rheinland-Pfalz gibt es jetzt die Verpflichtung, dass auch in Grundschulen die SV eingeführt werden soll. Wie es dann umgesetzt wird, ist natürlich eine andere Sache, aber ich finde es schön, dass hier erst mal die Möglichkeit gegeben wird, weil in den Grundschulen die Beteiligung oft vergessen wurde. Ich glaube sowieso, dass es aufgrund der sehr stark ausgeprägten pädagogischen Ausrichtung der Grundschulen dort mehr Beteiligung gibt als auf den weiterführenden Schulen, weil es dort nicht einfach nur um den Leistungsaspekt geht, sondern auch um spielerisches Lernen etc. Da muss es den Schüler*innen Spaß machen, dass sie lernen. Daher sind die Lehrkräfte dann auch eher „gezwungen", die Schüler*innen zu beteiligen oder auch „was Cooles" drumherum zu gestalten. Das ist an den weiterführenden Schulen nicht unbedingt so. Deshalb ist es mir wichtig, das Thema Grundschulen im Blick zu haben und darauf zu achten, dass auch die jungen Menschen, die ganz jungen Menschen beteiligt werden, weil auch sie eine Meinung haben!

Claudia: Je früher man Beteiligung lernt, umso besser – oder?! Wenn man allerdings Beteiligung nur als „Show" kennenlernt oder als „Showbeteiligung", dann kann es genau den gegenteiligen Effekt haben. Das ist ein großes Problem. Aber Miriam, du hattest dir noch eine weitere Frage ausgesucht, über die du sprechen willst oder!?

Art. 28/29, Recht auf Bildung und individuelle Förderung
Miriam: Ja, und zwar zur zweiten Frage. Ich wollte ein bisschen rummeckern. Um es schöner auszudrücken: Ich wollte negative Kritik formulieren. Die Frage ist ja: Wie sorgt die Schule für eine zu den einzelnen Schüler*innen passende Förderung? Also ich persönlich habe den Eindruck, dass das überhaupt nicht passiert. Hier spreche ich jetzt erst mal nur über die weiterführenden Schulen. Es kommt sehr stark auf die Lehrkraft an. Oftmals wollen die Lehrkräfte schlichtweg ihren Lehrplan, ihre Themen durchbekommen. Sie haben teilweise auch viel zu große Lerngruppen; sprich: Die Klassen bestehen aus knapp dreißig Menschen. Und dann ist es unglaublich schwierig und anstrengend, auf jeden einzelnen Menschen einzugehen; und es ist schlichtweg auch einfach technisch nicht möglich, auf jeden einzelnen Menschen einzugehen. Das Schulsystem lässt es nicht zu. Wir sitzen alle in einem Raum. Jeder Mensch an seinem Platz. Mal Frontalunterricht, mal Gruppenarbeit, o. K., aber es ist oft sehr gleichförmig, was die Unterrichtsgestaltung angeht. Das komplette System ist auf Leistung ausgelegt. Ich habe nicht das Gefühl, dass Interesse daran besteht, auf die einzelnen Schüler*innen einzugehen, sondern es wird immer die komplette Klasse unterrichtet. Es ist so, dass die Menschen sich dem System anpassen und gucken müssen: „Okay, wie komme ich in diesem System zurecht!?" Es kümmert sich sonst niemand darum. Deshalb haben, glaube ich, viele Jugendliche ein Problem auf den weiterführenden Schulen, weil sie das teilweise nicht hinbekommen mit dem „Sich-selbst-in-das-System-einpflegen".

Finn: Die Schule sorgt wirklich nicht für die passende individuelle Förderung. Doch teilweise gibt es auch manche Lehrkräfte, die sind einfach für den Job geboren! Die machen den einfach wirklich gut, sodass man Respekt vor ihnen hat. In all diesem Scheiß gibt es eine ausgezeichnete Lehrkraft, die einfach ihren Job gut macht. Ich hatte z. B. eine Lehrerin, die hat Schüler*innen aus ihrer

Klasse in ihrem Garten Nachhilfeunterricht gegeben und hat sich parallel noch um ihren alten Vater gekümmert. Das ist einfach schön! Allerdings: viele gibt es davon nicht.

Tara: Es wird ja oft von den so genannten „Systemsprengern" gesprochen.[4] Schulverweigerung kann in diesem Zusammenhang als ein Symptom verstanden werden. Gerade in Deutschland ist dabei ein großes Problem, dass wir nur eine Schulform haben. Wir haben die Regelschule, und zwar vor allem bei den weiterführenden Schulen, in denen es um die Schulabschlüsse geht. Vor allem in den höheren Klassen gibt es kaum Möglichkeiten, andere Schulformen wie etwa Montessori-Schulen zu integrieren. Montessori funktioniert z.B. für die Grundschulen noch ganz gut und auch wirklich durchgängig. Aber hier in Düsseldorf gibt es z.B. nur eine weiterführende Schule mit Montessori-Zweig. Diese hat, glaube ich, in der Unterstufe zwei Doppelstunden in der Woche Freiarbeit, was sich dann aber nach oben hin in den höheren Klassen deutlich verdünnt. Und auch demokratische Schulen, wie es z.B. in Hamburg eine gibt, in denen man komplett frei lernen kann, sind eher rar. Es ist total schwierig, solche Schulen in Deutschland zu gründen, weil man extreme Hürden z.B. durch den Lehrplan hat. Wir sind ja auch eines der wenigen Länder mit einer „Schulgebäudeanwesenheitspflicht". In anderen Ländern ist es z.B. auch möglich, von Zuhause aus zu lernen. Ich glaube, wenn du es nicht schaffst, dich in dieses doch sehr regelbasierte, alte und sehr strikt hierarchisch organisierte System einzugliedern, das ja so eigentlich nicht mehr ins 21. Jahrhundert passt, hast du ein riesiges Problem. Meistens ist es ja auch so, dass du das Wissen, was dir vermittelt wird, wieder vergisst. Nach spätestens einem Jahr hast du 90% davon wieder komplett vergessen. Das selbstständige Lernen wird dir in der Schule überhaupt nicht vermittelt; z.B., dass du kapierst, welcher Lerntyp du bist. Das wäre total hilfreich, denn dann könntest du dir auch nach Ende der Schulzeit Dinge selbst aneignen, und zwar effektiv und auch so, dass du's behältst. Deswegen haben ja auch die Menschen, die oft als „Systemsprenger" gelten, nicht die großen Probleme, wenn sie ein vernünftiges Umfeld haben. Aber man wird gerade von der Schule direkt als „Versager" abgestempelt und bekommt einen Stempel: „Du wirst im späteren Berufsleben nicht so richtig Fuß fassen können." Ich glaube,

---

4 Der gleichnamige Film „Systemsprenger" von Nora Fingscheidt (2019) hat diese Bezeichnung (urspr. aus der Jugendhilfe) einer breiten Öffentlichkeit bekannt gemacht. Er wurde von der 69. Berlinale mit dem Silbernen Bären ausgezeichnet. Weiterführende Informationen sowie auch didaktische Materialien zum Film finden sich hier: www.systemsprenger-film.de (zuletzt abgerufen am 28.9.2021).

dass sich da in den letzten Jahrzehnten etwas grundlegend geändert hat. Hartz IV zu empfangen gilt als grundsätzlich negativ in der Gesellschaft. Früher, wenn man den Erzählungen dazu glaubt, bekamen die Menschen, die Hilfe vom Staat erhalten oder den Job verloren haben, sehr viel Unterstützung von außerhalb. Heute gilt man als asozial und wird abgestempelt. Ich glaube, erst das System macht die Menschen zu Systemsprengern.

Recht auf Beschwerde[5]

Tara: Ich möchte auch gerne zu Frage 4 noch etwas sagen – zum Recht auf Beschwerde. Ich kenne sehr viele Schulen, die so etwas wie einen „Beschwerdekasten" oder auch einen „Wünschekasten" hatten. Das läuft in den unteren Klassen ganz gut, dass dort Beschwerden oder Wünsche eingebracht werden, z.B. welches Essen es in der Cafeteria gibt – auch ungesundes Essen wie Pommes und Schnitzel oder Pfannkuchen. Einmal die Woche wird der Kasten geleert und etwas ausgesucht. Öfter ginge es nicht, sagen die Lehrer*innen, weil die Kinder sonst jeden Tag ungesundes Essen wählen würden. Ich möchte hier aber ein anderes Beispiel erzählen: In der fünften Klasse hatten wir einen ganz tollen Politiklehrer, der mit uns einen eigenen Wahlkampf veranstaltet hat. Wir haben Parteien gegründet und Wahlprogramme erarbeitet zu dem, was wir an unserer Schule ändern wollten. Die Partei, die gewonnen hat, hat dem Schuldirektor einen Brief geschrieben. Darauf haben wir in der siebten Klasse eine Antwort bekommen! Und da wurde nur gesagt: „Es geht finanziell nicht". Es ging um Folgendes: Wir haben in der Cafeteria kegelförmige Becher, die sehr ungünstig sind, weil man sie nicht abstellen kann. Wir haben nachgeguckt und gesehen, sie sind sogar teurer als normale Becher. Diese gelten aber als Kaffeebecher. Das durfte jedoch nicht draufstehen, weil wir ja immer noch eine Schule sind. Wenn man also aufzeigt, dass es anders geht, heißt es: „Nein, nein, ihr habt davon keine Ahnung!". Letztendlich ist das Recht, sich zu beteiligen, also nur auf dem Papier vorhanden. Es gibt zwar immer die Möglichkeit, etwas zu sagen, und man hat ja auch Vertrauenslehrer*innen usw., aber was dabei rumkommt, das bringt es irgendwie nicht.

---

5 Die UN-Kinderrechtskonvention enthält kein ausdrückliches Recht auf Beschwerde, aber Beschwerden gehören zum Recht auf Gehör. Seit dem Inkrafttreten des Individualbeschwerdeverfahrens gibt es auch eine Beschwerdemöglichkeit für Kinder beim UN-Kinderrechtsausschuss. Weitere Informationen hierzu finden sich bei der Monitoring-Stelle zur UN-Kinderrechtskonvention, die beim Deutschen Institut für Menschenrechte eingerichtet ist; siehe: https://www.institut-fuer-menschenrechte.de/themen/kinderrechte/beschwerdemechanismen-fuer-kinder-und-jugendliche (zuletzt abgerufen am 28.9.2021).

Kritik an Schule als „Massenabfertigung" und „altes" System

Sven: Ich glaube, ich bringe jetzt Mal die Gegenposition ein mit Pro-Argumenten, d.h. eine andere Sichtweise. Ich würde gerne bei dem ansetzen, was Miriam gesagt hat in Bezug auf Schulklassen und Lehrkräfte. Ich glaube, dass es an dieser Stelle wichtig ist zu sagen, dass es viele, vor allem jüngere Lehrkräfte gibt, die sehr viel Zeit in die Vorbereitung für individuelle Förderung stecken. Die sind eigentlich total motiviert und möchten ganz viel machen. Sie stehen aber schlichtweg vor dem „Massenproblem". Als Fachlehrer sieht es so aus – nehmen wir hier mein eigenes Beispiel als zukünftiger Chemielehrer. Das ist nicht mal ein Fach, in dem man eine eigene Klasse zugewiesen bekommt. Mit einem normalen Stundenkontingent kann ich mich jedes Halbjahr auf rund 200 bis 300 Schüler*innen einstellen, die ich neu unterrichte. Die haben alle unterschiedliche Stärken und Schwächen. Da ist es natürlich systembedingt, dass allein durch diese Gruppengröße bestimmte Menschen durch das Raster fallen. Mit kleineren Lerngruppen wäre das natürlich einfacher. Allerdings gibt es bei den jüngeren Kolleg*innen auch jetzt schon viele, die darauf achten, auch in großen Gruppen zumindest mehrere Wege anzubieten. Natürlich ist es nicht perfekt. Das wird es nie sein, weil wir ansonsten bei dreißig Personen dreißig verschiedene Lernwege bräuchten und dreißig Mal verschiedenes Lernmaterial.

Schlussendlich gibt es an diesem Punkt tatsächlich ein Systemversagen dadurch, dass Schule ein sehr altes System ist, das sich nur sehr langsam anpasst. Es passt sich an, wenn man sich z.B. die Entwicklung der letzten Jahre hin zu Kompetenzförderung anschaut. In Hessen sind mittlerweile die Lehrpläne umgeschrieben worden hin zu Kerncurricula, die nicht mehr das Lernziel konkret vorgeben, sondern eher die Kompetenzen vorstellen – in dem Sinne: „Okay, ihr sollt die Zusammenhänge verstehen. Wie hängt denn jetzt alles zusammen?" Die Befähigung, damit weiterdenken zu können; die Befähigung, darauf aufbauen zu können mit Wissen. Bis so etwas durch ist, dauert es aber leider dreißig Jahre, mindestens. Und bis das dann in der Lehrerausbildung angekommen ist, kann man noch einmal zehn Jahre obendrauf rechnen. Es ist klar, solche Veränderungen sind de facto viel zu langsam – auch deshalb, weil das System so unbeweglich ist und so undurchlässig. Das ist gerade für Menschen schwierig, die ein Problem haben, z.B. – um auf die Kinderrechte zurück zu kommen, die eine schwierige häusliche Situation haben; für die das Grundrecht beispielsweise auf Schutz vor Gewalt nicht mehr erfüllt ist. Vielleicht ist es im Elternhaus so, dass es gerade aus nicht näher definierten Gründen zu einer Situation kommt, die man als externe Person als gewalttätig beschreiben würde. Diese Kinder brauchen dann in der Schule ein besonderes Maß an Schutz. Es ist ihnen aber schlicht systembedingt nicht gegeben. Sie werden durch das Raster durchfallen; sie werden nach unten rutschen. Sie werden vom Gymnasium über die Realschule auf die Hauptschule durchgeschickt. Nicht weil sie es nicht können, sondern weil die Hürden nicht abgebaut werden, damit sie ihre Leistung zeigen können. Ein positives Beispiel wären hier die Integrierten Gesamtschulen, die alles in einer Klasse haben und eine fächerbasierte Binnendifferenzierung über verschiedene Kurse. Natürlich, wenn es Mal ein halbes Jahr nicht läuft, kann man in den Kursen abrutschen. Das Niveau geht runter; die Anforderungen auch. Wenn es aber dann wieder besser läuft, hat man genauso die Möglichkeit, wieder hoch zu steigen und einen höheren Bildungsabschluss zu machen. Am Ende kann man trotz einer ursprünglichen Hauptschulempfehlung auch bis zum Abitur kommen. Das ist eine Geschichte, die ich übrigens selbst erlebt habe. Da hat jemand in meiner Stufe am Ende Abitur gemacht, von dem man in der Grundschule noch gesagt hat: „Der schafft das niemals; der wird es nicht mal zum Hauptschulabschluss bringen"!

Artikel 42, Verpflichtung zur Bekanntmachung der Kinderrechte
Sven: Ich möchte auch noch auf ein anderes Thema zu sprechen kommen in Bezug auf Kinderrechte und Schule, und zwar zur Frage, wie die Schule Kinderrechte bekannt macht. Ich glaube, wir hatten es am Anfang beim Warming-up schon festgestellt, dass es noch enorm viele Entwicklungsmöglichkeiten gibt. Ich denke, ein erster Schritt auf diesem Weg könnte es sein, dass Kinderrechte stärker bewusst gemacht werden. In den Schulen, in denen ich jetzt aktiv war – als Vertretungslehrkraft oder in anderen Formen, war es vor allen Dingen so, dass Kinderrechte in Form von Aktionstagen präsent gemacht werden. Das kann ein erster Schritt sein, dass man sich an einem Tag intensiv mit den Kinderrechten beschäftigen kann, aber es darf nicht der letzte Schritt sein.

Daraus folgen dann verschiedene Formen von Aktivitäten. Ich kenne es beispielsweise von zwei Schulen, dass anschließend der Klassenrat als Partizipationselement eingeführt wurde; mittlerweile in drei Jahrgangsstufen als verpflichtendes Element. Das setzt sich jetzt selbstständig immer weiter fort, d.h. die jüngeren Klassen behalten den Klassenrat als Element und so wandert er dann über die 5., 6., 7., 8. Klasse bis hin zur Oberstufe. So hat perspektivisch gesehen in einigen Jahren die gesamte Schule – auch über die Klassenlehrer- und Tutorenstunden vermittelt – einen funktionierenden Klassenrat. Was ich damit aufzeigen möchte, ist, dass sich unser Schulsystem gerade in einem Wandel befindet, und zwar in Richtung „Partizipation stärken" und „Kompetenzorientierung". Dort müssen sicherlich auch noch die Kinderrechte ihren Platz finden und aus meiner persönlichen Perspektive muss dies auch ein stärkerer Platz sein, als ihnen derzeit zugesichert wird.

Miriam: Meine Kommentare beziehen sich jetzt auf alle Fragen, die wir gerade besprechen. Ich versuche mal deutlich zu machen, was mir aufgefallen ist. Als ich die Fragen gelesen habe, wurde mir klar, dass mir nicht so viel einfällt zu den Fragen; vor allem, dass ich keine Positivbeispiele habe. Das fand ich wirklich belastend, weil es umso grundlegende Dinge geht, die anscheinend in der Schule schlichtweg nicht vorhanden sind, nicht umgesetzt werden oder nicht existieren. Das sollte nicht so sein, weil es sich zum Teil auch um Vorgaben handelt, die im Gesetz stehen, aber nicht umgesetzt werden. Das fällt anscheinend niemandem auf. Was in unserem Austausch hier außerdem klar wird, ist der große Unterschied zwischen den Schulen; d.h. trotz gleicher oder ähnlicher gesetzlicher Grundlagen handhaben die Schulen alles komplett unterschiedlich. Ich bekomme z.B. bei mir im Kreis in der SV-Arbeit mit, dass an manchen Schulen die Dinge richtig gut laufen, die Schulleitung unterstützt und die SV gut zusammenarbeitet usw., aber andere Schulen, meine Schule beispielsweise, bekommen es überhaupt nicht hin.

Dann möchte ich auch noch das Thema Modellschulen ansprechen. Ich liebe Modellschulen, und bin immer begeistert, wenn ich von einer neuen Art von Modellschule höre. Das passt auch zum Thema individuelle Förderung. Da gibt es Schulen, die haben komplett offene Lernräume. Es gibt keine Wände, sondern offene, dynamische Räume mit derselben Schüler*innenanzahl wie vorher bzw. wie eine „normale" Schule. Das funktioniert ganz wunderbar: Die Schüler*innen sind glücklich; die Lehrkräfte sind glücklich und man kann in offenen Räumen besser aufeinander eingehen und auch besser auf die einzelnen Schüler*innen eingehen – auch wenn man eine größere Klasse hat. Man kann auch kreativer sein. Ich glaube, der ganze Spaß in der Schule ist nicht mehr da, weil alles auf den Leistungsaspekt ausgelegt ist. Wenn es offene Lernräume gibt, ist es kreativer; es ist mehr Energie und mehr Motivation da! Und ich glaube auch, dass es hilfreich sein kann, und so manche Prozesse automatisch angestoßen werden können; beispielsweise, was die Sicherheit betrifft; dass sich Schüler*innen sicher fühlen können, auch wenn das familiäre Umfeld vielleicht schwierig ist. Auch individuelle Förderung und Beteiligung können besser funktionieren. Durch die offenen Räume ist man quasi „gezwungen", sich zu unterhalten, und zu fragen: „Hey, wie können wir Dinge anders machen!?" Ich finde, Modellschulen sind sehr zukunftsfähig! Auch mit Blick auf das, was Sven angesprochen hat: Inklusion in den Integrierten Gesamtschulen – eine Schule für alle Menschen. Eine Schule, in der alle gemeinsam auch voneinander lernen können. Das Voneinander Lernen ist sowieso mein Lieblingsding! Die Schüler*innen können sich gegenseitig Dinge beibringen. So kann man auch Methoden voneinander lernen und sich gegenseitig weiterbringen. Vielleicht geht es so in unserem veralteten System, dass man besser überleben kann, weil man auch von anderen Menschen lernt, wie sie damit klarkommen.

Claudia: *Each one teach one*, sagt man im Englischen: Jeder Mensch ein Lehrer und jeder Mensch ein Schüler gleichzeitig. Wenn ich das Thema Modellschule kurz kommentieren darf: Eine Freundin von mir war auf der Laborschule Bielefeld, eine Modellschule und Integrierte Gesamtschule. Und sie sagt immer, diese Schule habe ihr das Leben gerettet! Sie war von ihrer alten Schule geflogen und hat nur noch die Schule geschwänzt, solange bis sie auf die Laborschule kam. Sie ist heute nach über vierzig Jahren ihrer Schule immer noch total liebevoll verbunden. So kann Schule auch sein.

Celina: Zur fünften Frage „Wie werden Kinderrechte bekannt gemacht": Bei uns war es so, wir haben das im Religionsunterricht behandelt. Unsere Lehrerin hat die Kinderrechte ein paar Wochen lang mit uns besprochen. Wir haben über unsere Kinderrechte geredet, über Menschenrechte allgemein und darüber, wie es sowohl in Deutschland als auch in anderen Ländern aussieht. Wir haben uns Daten und Statistiken angeguckt und das in den Unterricht integriert. Das war sehr gut, weil ich mitbekommen habe, dass es an vielen anderen Schulen nicht so ist, was sehr schade ist. Selbst ich habe etwas Neues gelernt, obwohl ich schon seit ein paar Jahren zu Kinderrechten arbeite. An unserer Schule gab es die Kinderrechte-AG, wodurch ich auch dazu gekommen bin, bei Terre des Hommes und bei der National Coalition mitzumachen.[6] Das Engagement

---

6 Gemeint ist die Mitwirkung an den Ergänzenden Berichten der Nichtregierungsorganisationen zum Staatenbericht, den die Regierung dem UN-Kinderrechtsausschuss regelmäßig vorlegen muss; konkret geht es hier um den Zweiten Kinderrechtereport (2019); siehe: https://netzwerk-kinderrechte.de/publikation/der-zweite-kinderrechtereport/(zuletzt besucht am 29.9.2021). In Deutschland wird der Prozess zur Erstellung der Ergänzenden Berichte (auch Parallelberichte oder manchmal Schattenberichte genannt) von der National Coalition, dem Netzwerk Kinderrechte organisiert (siehe hierzu auch Fußnote zwei in diesem Beitrag). Nachdem die Kinder und Jugendlichen aus Deutschland einen eigenen Bericht verfasst haben, konnten neun Kinder und Jugendliche als Delegierte den UN-Ausschuss für die Rechte des Kindes im Rahmen einer digitalen Anhörung treffen. Bei dem einstündigen Gespräch hat der UN-Ausschuss die Delegation zu unterschiedlichsten Themen rund um die Kinderrechte befragt. So konnte sich der Ausschuss ein konkretes Bild der Umsetzung der UN-Kinderrechtskonvention aus der Perspektive der Kinder und Jugendlichen machen; siehe https://netzwerk-kinderrechte.de/2021/02/15/kinderrechtereporter-und-reporterinnen-beim-un-ausschuss/ (zuletzt besucht am 29.9.2021).

drehte sich hauptsächlich um Kinder im Ausland, aber wir haben auch Aktionen gemacht, wo wir an der Schule mit allen Schüler*innen zusammen über Kinderrechte geredet haben, z. B. über das Thema Kindersoldaten. Wir haben mit jedem Jahrgang, mit jeder Klasse Hände bemalt und auf ein Blatt Papier gebracht mit Namen und Klasse und dann einen Satz darunter geschrieben über Kinderrechte. Das haben wir alles gesammelt. Eigentlich hatten wir dann einen Termin mit der CDU und wollten die Hände übergeben, aber leider wurde das wegen Corona abgesagt und danach komplett vergessen. Das ist sehr schade, denn ich habe den ganzen Stapel noch komplett bei mir im Zimmer liegen. In der neunten und zehnten Klasse habe ich die AG übernommen, weil die Lehrerin dann in Rente gegangen ist.

Artikel 19, Schutz vor Gewalt: Fühlen sich Schüler*innen sicher in der Schule?
Finn: Ich möchte zur ersten Frage etwas sagen: Fühlen sich die Schüler*innen sicher in der Schule? Denn ich finde es immer krass, wie oft ich es schon erlebt und beobachtet habe, dass die Lehrkräfte wegschauen, wenn Kinder andere Kinder mobben; wenn Kinder andere Lehrkräfte mobben oder wenn Lehrkräfte Kinder mobben. Das gibt es alles und es erstaunt mich, wie wenig Sensibilität dafür herrscht, auch wie wenig Sensibilität und Aufklärung seitens der Schulträger oder seitens des Ministeriums. Es gibt zwar „Gewaltbroschüren" zum Thema „Was tun, wenn Schüler*innen mich angreifen als Lehrkraft?". Das gibt's; aber andersherum? Immer schön wegschauen oder es wird gesagt: „Ja …geht in die Sommerferien und danach legt es sich schon alles wieder".

Auch das Thema „psychische Gesundheit" ist wichtig und das Thema „zu viel Hausaufgaben" – gerade in der Corona-Krise. Ein Beispiel: Ich bin auf der Berufsschule und meinte im Unterricht einmal zu einer Lehrkraft: „Kann ich für ein paar Minuten die Augen schließen, damit die Augen sich erholen können!?" Die Lehrerin hat geantwortet: „Ja, wenn Sie ein acht Monate altes Kind zu Hause haben, können Sie das machen. Aber ansonsten passen Sie auf oder gehen Sie aus dem Unterricht raus. Das ist ja hier alles freiwillig". Das ist es: Null Verständnis dafür zu haben, dass es Bedürfnisse gibt! Wir hatten auch eine Lehrkraft, die meinte, dass wir wegen der Maskenpflicht im Unterricht nicht trinken dürfen. Aber eine Reihe hinter mir trinkt jemand aus seiner Flasche und die Lehrkraft ist „abgegangen". Sie meinte laut: „Das glaube ich jetzt nicht!" Aber bevor sie zu Ende gesprochen hat, habe ich sie unterbrochen: „Das glaube ich jetzt nicht! Jetzt hören Sie mal zu! Ganz im

Ernst: Entweder Sie hören jetzt damit auf oder wir gehen zusammen zur Schulleitung. Sie können uns nicht das Trinken verbieten, auch wenn wir Corona haben!" Man kann dehydriert nicht gut lernen; genauso wenig wie mit Hunger. Das ist auf der Arbeit ja auch so: Alles, was gut für dich ist, darfst du auch machen; auch um dich sicher zu fühlen. Das sind dann die – wie heißt es immer so schön!? – Gelingensbedingungen für Sicherheit in der Schule.

Individuelle Förderung, Zukunftsorientierung und nachhaltige Entwicklung

Finn: Ich bin auch Mitglied im youpaN, das ist ein nationales Gremium für nachhaltige Entwicklung.[7] Wir wollen das Thema in die Lehrpläne reinbekommen, um auch die Lehrkräfte zu schulen, damit sie im Studium schon lernen, was nachhaltige Entwicklung ist und was es heißt, zukunftsorientiert zu denken. So können sie es dann auch den Schüler*innen beibringen. In Niedersachsen z. B. ist das Thema drin, aber in anderen Bundesländern ist es nicht verankert. Das ist einfach krass. Deswegen möchte ich auch den Föderalismus überdenken im Bildungswesen. Ein anderes Beispiel: Wenn ich Lehrer werden möchte in Berlin, aber mir meine aktiven Lehrkräfte in Berlin empfehlen, mich lieber in Brandenburg ausbilden zu lassen und dann wieder zurückzukommen, wenn ich verbeamtet bin und den Status habe sowie auch bessere Chancen: Hier kommt der eigentliche Mangel an Lehrkräften in den Schulen her, weil die Länder nicht genügend in Bildung investieren.

Claudia: Das ist wirklich verrückt. Es gab vor einigen Jahren eine Studie der Bertelsmann-Stiftung, dass allein an den Grundschulen bundesweit mehr als 35.000 Lehrkräfte fehlen![8]

Finn: Dazu habe ich auch ein Beispiel: Wir haben vor einigen Jahren als Landesschülervertretung in Hessen einfach irgendeinen Tag ausgewählt. Dann haben wir eine Woche vorher alle Schüler*innen aufgefordert, zu denen wir über die Schülervertretungen Kontakt hatten – auch über unsere Social-Media-Kanäle, von den Vertretungsplänen an diesem Tag bitte ein Foto zu schicken. Das haben wir ausgewertet. Es waren bei den 97 Schulen, die teilnahmen, 1.605

---

7 https://youpan.de/bne-nachhaltigkeit/; YoupaN ist das Jugendforum, in dem sich junge Menschen an der Umsetzung des Nationalen Aktionsplans Bildung für nachhaltige Entwicklung (BNE) beteiligen.
8 Vgl. Köppe, Julia: Prognose bis 2025. An Grundschulen fehlen 35.000 Lehrer. Spiegel (Panorama), 31.1.2018; siehe: https://www.spiegel.de/lebenundlernen/schule/bertelsmann-stiftung-an-grundschulen-fehlen-bis-2025-35-000-lehrer-a-1190586.html (zuletzt abgerufen am 29.9.2021).

Stunden, die ausgefallen sind und 1.547 Stunden, die vertreten werden konnten. Bei einer Hochrechnung auf alle Schulen in Hessen käme man auf 16.480 ausgefallene Stunden. Der Hintergrund war der, dass der damalige hessische Kultusminister Dr. Ralph Alexander Lorz behauptet hatte, Unterrichtsausfall sei in Hessen kein Thema. Als wir das gehört haben, war klar, er hatte sich ein Eigentor geschossen! Fast jede Partei im Landtag hat gesagt: „Herr Lorz: Rücktritt!" Das ist vielleicht auch ein Hinweis darauf, warum es Minister gibt, die in jedem Land etwas Anderes machen. Die wollen halt ihren eigenen Job nicht abschaffen. Das will ja eigentlich niemand!

Celina: Ich habe Kommentare zu zwei Fragen. Zum einen die Förderung für jeden Schüler. Ich war früher an der IGS (Integrierten Gesamtschule). Da war das Gute, dass die Schüler im Förderunterricht, z.B. in Mathe oder Deutsch sich selbst die Themen aussuchen durften, die sie nicht verstanden haben. Dann hat der Lehrer ihnen individuell geholfen und sie unterstützt. Auch bei den Hausaufgaben war es so, dass die Lehrerinnen uns einfach und ruhig erklärten, wenn wir eine Aufgabe nicht verstanden haben. Sie haben uns manchmal auch Arbeitsblätter dazu ausgedruckt. Es konnten auch Schüler, die gar nicht in dem Kurs waren, mitmachen. Sie konnten nach der Schule hingehen, noch mal nachfragen, wie es genau geht, und einfach nur für diese eine Stunde mit dabei sein. Das fand ich sehr gut. Auf meiner aktuellen Schule, ich gehe jetzt auf eine Berufsbildende Schule, war es z.B. in Corona-Zeiten so: In Mathe oder auch in Deutsch, wenn wir etwas nicht verstanden haben, haben sie über Iserv[9] nachmittags nach der Schule Konferenzen mit den Schülern angeboten, um es ihnen noch mal einzeln zu erklären. Das finde ich eine gute Idee, dass Schüler einzeln zu Lehrkräften kommen und noch einmal nachfragen können. Das wurde jetzt leider nicht weitergeführt.

Anlaufstellen und Mut für Veränderungen
Sven: Ich möchte im Rückgriff auf das, was Tara gesagt hat, über Anlaufstellen sprechen. Da fehlt es auf jeden Fall noch. Ich hatte letztens hierzu eine für mich sehr beeindruckende Situation. Ich hatte Aufsicht auf dem Schulhof und es kam eine Schülerin zu mir, sehr schüchtern, und hat mich nach Binden gefragt. Sie wusste nicht, woher sie die kriegt und an wen sie sich wenden soll. Ich mag mir gar nicht vorstellen, was für eine Überwindung es diese Schülerin gekostet hat, mich als Mann anzusprechen und mich zu fragen, ob ich ihr mit

---

9 Iserv ist ein privatwirtschaftlich organisierter kostenpflichtiger Schulserver für den Aufbau eines virtuellen Schulnetzwerks inklusive Webportal.

Menstruationsprodukten helfen kann. Das ist jetzt nur ein kleines Beispiel, aber es zeigt sehr schön das Systemproblem: An wen soll ich mich überhaupt wenden, wenn ich ein Problem habe?! Die konkrete Situation ließe sich sicherlich dadurch lösen, dass Schulen Menstruationsartikel frei zur Verfügung stellen. Das hätten alle Schulen längst tun sollen und manche tun es auch, jedoch leider nur auf freiwilliger Basis. Anlaufstellen sollte es also geben. Es sollte klar sein: An wen kann ich mich wenden? Wer ist meine Person des Vertrauens; und zwar aus der Perspektive der Schüler*innen und nicht für die Lehrkräfte oder die Schulleitung. Hier müssten die betroffenen Schüler*innen natürlich mitbestimmen und die Lehrkräfte müssten die entsprechenden Deputatsstunden haben (d.h. weniger Stunden als Unterrichtsverpflichtung), um dieser Rolle gerecht zu werden. Aktuell hat eine SV-Lehrkraft, meine ich, eine Stunde weniger Unterricht pro Woche, um ihre SV-Tätigkeiten wettzumachen. Das reicht bei weitem nicht, um eine engagierte SV-Arbeit zu machen. Es bräuchte eigentlich mindestens das Dreifache, damit SV-Tätigkeit wirklich funktionieren kann. Die meisten Schulen haben mehrere SV-Lehrkräfte, weil sie einfach eine entsprechende Größe haben. Dabei erhöht sich leider nicht die Gesamtzahl der Deputatsstunden, sondern es wird einfach auf verschiedene Personen aufgeteilt. Daran erkennt man so langsam, aber sicher das Problem. Entweder es gibt diese Strukturen nicht oder sie sind so minimalistisch ausgestattet, dass es sich kaum lohnt, sie anzusprechen. Sie können ihrer Rolle kaum gerecht werden.

Was mir noch wichtig ist zu sagen: Man braucht mehr Mut. Ich möchte hier wirklich mal unseren alten Bundespräsidenten zitieren, der gesagt hat, dass wir mehr Mut haben sollen, uns an der Gestaltung der Gesellschaft zu beteiligen und etwas zu verändern. Genau diesen Mut braucht es auch in den Kultusministerien, diese Veränderungen anzunehmen und umzusetzen! Was spricht dagegen, ein anderes Bildungssystem zu entwickeln, das von Schüler*innen mitgestaltet wird? Ein Bildungssystem, das im 21. Jahrhundert angekommen ist, das die Möglichkeiten von digitalem Lernen, von kleinen Lerngruppen und offenen Lernräumen zusammenführt, sodass wir nicht immer klein und portionsweise denken, sondern tatsächlich zusammentragen, was wir bereits alles an Erkenntnissen haben. Das ist es!

Tara: Ich würde noch gerne eine Ergänzung zum Thema Modellschulen machen, und zwar in Bezug auf die Lehrer*in-Schüler*in-Verhältnisse. Viele Lehrkräfte sagen, man sollte die Fächerwahl nicht von den Lehrer*innen abhängig machen. Ich kenne eine Modellschule, an der es so läuft, dass alle einen Plan bekommen, was man bis zum Ende des Halbjahres oder bis zur nächsten

Klausur können muss. Dann hattest du deine Stunde; alle Fachlehrer waren da, und du konntest auf alle Fachlehrer*innen einfach zugehen. Ich denke, es ist halt so: Verschiedene Lehrer*innen ticken einfach anders und haben andere Lehrmethoden. Die Aussage, dass du das Fach nicht vom Lehrer abhängig machen sollst, ist einfach Bullshit. Bei mir persönlich ist es z. B. so: Bei der einen Lehrerin stehe ich in Englisch auf 2 plus und bei der anderen auf 3 minus oder 4 plus, und das durchgehend. Das sind nicht nur Ausrutscher. Das liegt einfach daran, dass ich bei der einen Lehrerin die Sachen deutlich besser verstehe. Der Unterricht macht mir einfach mehr Spaß und ich erfahre hier auch mehr Wertschätzung für mich. Wenn ich aber mit anderen aus der Schule spreche, dann sehen sie das genau andersherum. Ich denke, das ist vollkommen verständlich, denn du kommst halt mit verschiedenen Menschen unterschiedlich gut aus. Deswegen ist es bei der Fächerwahl klar: Ob dir das Fach Spaß macht oder nicht, hängt natürlich von der Lehrerin oder dem Lehrer ab! Auch wie viel du lernst, hängt natürlich mit vom Lehrer ab. Was für die einen Schüler*innen passt, passt für die anderen nicht. Das sollte man doch mittlerweile schon verstanden haben.

Und noch etwas anderes: Dass gerade in der Schule auf die Wissenschaft so wenig gehört wird! Verschiedene Studien zeigen, dass gerade Jugendliche erst gegen Mitternacht oder später einschlafen können und ihr Gehirn erst gegen 10 Uhr morgens richtig leistungsfähig ist. Warum schickt man die Kinder um 7:55 Uhr in die Schule und wundert sich, dass sie die ersten drei Stunden halb apathisch im Klassenraum sitzen? Gefühlt hat nicht mal die Hälfte der Klasse die Augen auf. Das ist doch totaler Schwachsinn! Oder auch die Aussage: „Kinder sind kleine Erwachsene und Kinder sollen arbeiten. Die Schule ist deine Arbeit." Vor wie viel hundert Jahren wurden Kindheit und Jugend als eigene Lebensphasen anerkannt!? Es ist ganz klar definiert: Kinder sind keine Erwachsenen!

Finn: Diesen Beitrag, der zeigt, dass Schüler*innen erst ab zehn Uhr überhaupt leistungsfähig sind, habe ich auch an meinen Schulleiter geschickt, weil wir nämlich zwei Halbjahre lang Kernfächer wie Mathe oder Deutsch immer in den ersten beiden Stunden hatten. Die Leistungen sind bei allen abgefallen. Einfach mal den Stundenplan ändern oder!?

Tara: Für mich ist es an dem Punkt so: Ich werde gezwungen, in die Schule zu gehen. Ich muss in die Schule gehen. Auch die Aussage, die Oberstufe sei freiwillig, stimmt einfach nicht. Du hast, bis du achtzehn bist, eine Schulpflicht, es sei denn, du hast dein Abitur oder gehst auf eine Berufsschule (wobei viele Berufsschulen sehr verschult sind). In Schweden hat man z. B. in der neunten

Klasse ganz oft dieses Gap-Year[10], wo man ein Jahr Pause macht. Das hast du hier in Deutschland einfach nicht.

Und noch zum Thema Menstruationsprodukte: Ich weiß, dass es in Düsseldorf jetzt zum Wahlkampfthema geworden ist. Die unterschiedlichen Parteien klauen sich dieses Thema nun gegenseitig weg. Es wird die ganze Zeit abgelehnt, damit eine andere Partei ihren Antrag wieder in einen anderen Ausschuss einbringen kann. Ich denke mir da: Stimmt doch einfach über einen Antrag ab und dann haben wir Menstruationsartikel an Schulen verfügbar! Warum werden daraus Politikmachtspielchen gemacht?

Ein anderes Thema sind die Quereinsteiger. Ich persönlich denke, dass Quereinsteiger in den Lehrerberuf deutlich entspannter sind und deutlich besser unterrichten. Dadurch, dass sie vorher im Berufsleben waren, wissen sie, was sie unterrichten. Ich fände es wichtig, das für alle Lehrer verpflichtend zu machen: Berufliche Erfahrungen außerhalb der Schule zu sammeln.

Finn: Ich habe noch ein anderes Thema, denn heute Morgen habe ich mit Bestürzung erfahren, dass Esther Bejarano[11] gestorben ist. Das ist sehr traurig. Sie hat immer wieder gesagt: Das Schlimmste, was man machen kann, ist zu vergessen und zu schweigen. Was Sven vorhin meinte: Es braucht mehr Mut. Es braucht in allen Bereichen in der Schule mehr Mut und dass wir nicht mehr schweigen.

Ich war an Schulen, da bin ich durch den Kreisschülerrat reingekommen. Ich bin durch den Flur gelaufen und bekomme Regentropfen auf den Kopf. In der Decke ist ein Loch! Es tropft auf den Schulflur im Gebäude, wo die Schüler*innen lang laufen. Oder es ist Asbest in der Schule oder sonst was.

In Hessen in der Landesschüler*innen-Vertretung hat der Schülerrat das Recht, Plakate, die er produziert hat, in der Schule auch aufzuhängen. Die Schulleitung darf das nicht verbieten. Ich finde es immer witzig, wenn z.B. Bundeswehr-Werbung kommt oder wenn ich auf einer Berufsmesse bin und da auch die Bundeswehr wieder Werbung macht. Wenn man sich einmal mit denen unterhält oder sie irgendwie an deine E-Mail- oder Postadresse kommen, bekommst du jedes Jahr zum Geburtstag eine Einladung – auch wenn du

---

10 In Schweden werden Schüler*innen gerne ermutigt, während der Schulzeit oder nach Ende der Schulzeit und vor der Aufnahme eines Studiums ein Pausenjahr einzulegen, um z.B. zu reisen oder einen Freiwilligendienst zu leisten.

11 Esther Bejarano war eine deutsche Jüdin und Überlebende des KZ Auschwitz. Sie hat mehrere autobiographische Schriften veröffentlicht und war bis zu ihrem Tod im Juli 2021 als Zeitzeugin aktiv und engagiert gegen Rechtsextremismus und Rassismus.

erst 16 Jahre alt bist: „Möchten Sie zur Bundeswehr kommen!?" Da denke ich mir: Hä? UN-Kinderrechtskonvention?! Kindersoldaten sind verboten, auch die Werbung dafür! Deutschland ist ein sozialer und demokratischer Rechtsstaat. Hier Werbung zu machen für Soldaten an der Waffe bei Kindern unter 18 Jahren – das muss man doch einfach sagen: Das ist krank!

Um auf Tara einzugehen, will ich etwas zu den Berufsschulen sagen. Ich kannte das vorher gar nicht, bevor ich auf eine Berufsschule gegangen bin, wie komisch so eine Berufsschule ist: Da sind Leute, die haben es schwer. Sie versuchen ihren Hauptschulabschluss nachzuholen. Sie sind durchs System gefallen, weil das System krank ist. Und dann gibt es andere Leute, die machen da ein duales Studium. Ich bin da als Vollzeitschüler. Ich habe zwei Kernfächer, Wirtschaft und Verwaltung, wo wir z.B. lernen, wie Lohnabrechnung funktioniert. Das hätte ich gerne in der Sekundarstufe I und nicht erst in der Sekundarstufe II. Das passt auch zu meinem vorherigen Beispiel, dass in Hessen erst in der 12. oder 13. Klasse Klimaschutz unterrichtet wird. Das gehört in alle Klassen und auch zu den Menschen, die Hauptschul- oder Realschulabschluss machen! Das ist Bevormundung von jungen Menschen in der dringendsten Frage unsere Zeit.

Oder noch etwas anderes: Ich habe mich neulich mit jemandem zum Thema Zweiter Weltkrieg unterhalten, der auf einem Kenntnisstand war: „Deutschland ist gut beim Gewinnen dabei" – und das war's. So gehen die in die Sommerferien!? Oder auch beim Thema Sexualkunde. Viele bekommen nie die Möglichkeit, hier etwas zu lernen, weil es einfach nicht angesprochen wird.

Claudia: Vielen Dank, Finn! Wenn ich jetzt abschließend versuchen würde, deinen letzten Beitrag in einem Satz zusammenzufassen, würde ich sagen, dass Schule oft nicht das lehrt, was relevant wäre für die Menschen und das Leben. Jetzt müssen wir allerdings die Zeit im Blick haben, denn wir haben nur noch einige wenige Minuten für diesen interessanten Dialog. Für unsere Schlussrunde möchte ich jetzt noch einmal zwei Fragen im Chat teilen:

Was zeigt sich angesichts des Umgangs mit Schule und Schüler*innen in der Corona-Krise?
Welchen Stellenwert haben die Kinderrechte in dieser Krise (gehabt)? Warum?

Ich finde, wir kommen nicht drum herum, auch die aktuelle Situation rund um das Thema Corona-Pandemie zu beachten. Die Pandemie hat natürlich auch Auswirkungen auf die Kinderrechte. In dieser Runde möchte ich euch jetzt wieder bitten, dass wir der Reihe nach vorgehen und die Person, die gerade spricht, die nächste nominiert. Celina, möchtest Du einsteigen?

Schulen in der Corona-Krise

Celina: Bei uns an der Schule war das ein Riesenproblem. Ich habe letztes Jahr meinen Abschluss gemacht, aber bei uns ist alles „den Bach runtergegangen". Keiner wusste mehr, wie wir es machen sollen. Die gesamte Organisation war komplett am Boden. Wir mussten uns alles selbst beibringen. Wir hatten keine Iserv-Konferenzen oder so. Wir hatten einfach nur Ferien und sind nur zu den Prüfungen in die Schule gekommen. Es hat sich dann in den Prüfungen deutlich gezeigt, was da passiert war. Die Ergebnisse waren leider nicht so gut.

Zum Stellenwert der Kinderrechte in der Krise würde ich sagen, es wurde nicht viel auf Kinderrechte geachtet. Das hätte man besser machen können! Man kann über die einzelnen Maßnahmen streiten, ob sie gut oder schlecht waren. In manchen Ländern wurden sie strikter, in anderen weniger strikt umgesetzt. Bei uns war das Problem, dass man immer wieder Lockerungen und Verbote gemacht hat, Lockerungen und Verbote. Manche davon waren für die Menschen einfach unverständlich. Es gab jede Woche etwas Neues; und manche Regelungen waren einfach unlogisch. Das fand ich zum Teil auch totalen Schwachsinn.

Tara: Zum Umgang mit Schüler*innen und Schulen in der Corona-Krise: Die Schulen wurden einfach so ins kalte Wasser geworfen. Das Thema Digitalisierung: Bei uns ist der Altersdurchschnitt eher etwas überdurchschnittlich. Die Lehrer*innen sind ein bisschen älter. Bei der Digitalisierung sind das Schulsystem und auch die Unterrichtsinhalte ganz einfach nicht darauf ausgerichtet. Das hat man gemerkt. Es war natürlich auch ein bisschen plötzlich und alles relativ chaotisch. Bei uns hat es sich dann aber eingependelt.

Was den Stellenwert von Kinderrechten angeht, finde ich, man hat deutlich gesehen, dass Wirtschaft einfach wichtiger war. Was eine Homeoffice-Pflicht für Unternehmen angeht, konnten sich die Unternehmen da relativ leicht rausmogeln. Aber bei den Schulen hat man erst kurz vor dem Ende der Sommerferien gemerkt. „Ups, wir haben ja nur noch sechs Tage. Was machen wir denn jetzt mit den Schulen?" Und die Modelle, die man dann entwickelt hat, die machen keinen Sinn; die sind Bullshit.

Finn: Ich will mich ganz kurzhalten. Wenn man als Person für eine Bevölkerungsgruppe wie die Schüler*innen verantwortlich ist, die so viele sind, und dann Maßnahmen nicht ergreift, die Leben hätten retten können, dann hat man in meinen Augen einfach eine Mitverantwortung daran, dass Menschen sterben. Man hätte so viele Tote verhindern können, hätte man auf die Wissenschaft gehört. Das ist genauso wie beim Klimawandel. Und was die Kinderrechte angeht: Man hat gar nicht daran gedacht. Man hat gar nicht darüber geredet.

Miriam: Ich finde es sehr interessant. Die Corona-Krise hat alle Dinge nochmal sehr deutlich gemacht, die in der Schule einfach schlecht laufen. Ich würde hier ganz gerne noch auf den Aspekt der mentalen Gesundheit der Schüler*innen eingehen und auch auf die Beziehung Lehrkraft-Schüler*in. Es überforderte beide, Lehrkräfte und Schüler*innen. Deswegen konnten am Anfang auch viele nicht aufeinander achten. Aber wenn wir nicht aufeinander achten, dann achtet am Ende vielleicht niemand mehr auf den einzelnen Menschen. Dazu kam noch der Lernstress, denn wir mussten sehr viel in einer sehr kurzen Zeit lernen, obwohl wir keinen Unterricht hatten. Ich werde bis zu meinem Abitur nicht alle Abi-relevanten Themen gemacht haben und weiß nun nicht, wie ich mein Abi schreiben soll. Dieser Lernstress hat unglaublich viel mit der Psyche der Menschen gemacht, auch dadurch, dass man so allein war. Man war komplett allein gelassen. Auch die Lehrkräfte konnten sich nicht darum kümmern und fragen: „Okay, wie geht es denn eigentlich gerade den Menschen? Kommen die zurecht mit dem Online-Lernen?" Was mich wirklich sehr aufregt und stört, ist, dass wir uns quasi „zu Tode lernen" und überarbeiten, um in ein kapitalistisches System reingedrückt zu werden, nur um funktionieren zu können. Der menschliche Aspekt fällt hinten runter. Dafür interessiert sich fast niemand. Und die Politik legt darauf sehr wenig Augenmerk und guckt halt: „Okay, wie können wir die Wirtschaft wieder fördern?" Das hat Tara ja vorhin auch schon gesagt.

Was die Kinderrechte angeht. Ich habe mir vorhin noch das Dokument angeschaut, was mitgeschickt worden war: Die zehn wichtigsten Kinderrechte. Ja, schwierige Sache, denn bei vielen Rechten ist alles „hinten runtergefallen", z.B. Zugang zu Medien, das muss ich nicht erwähnen, ist schlecht gelaufen; Recht auf Spiel und Freizeit – konnten wir sowieso vergessen; Gleichheit konnte man auch in Bezug auf Medien und Chancengerechtigkeit komplett vergessen, weil man die finanziellen Mittel nicht hatte oder das Internet nicht funktionierte; auch der Schutz vor Gewalt war nicht gegeben etc. etc.

Sven: Miriam hat jetzt genau den Punkt eingebracht, den ich auch wichtig finde: Psychische Gesundheit gehört in die Lehrpläne. Das ist ein Fakt und da sind auch die Lehrkräfte dafür. Das ist nicht nur ein Wunsch von Schüler*innen. Nun zu der Frage, was zeigt sich angesichts der Corona-Krise? Ganz klar: Es zeigt, dass wir geschlafen haben, und zwar nicht erst seit gestern, sondern seit Jahren! Wir haben riesige Defizite in der Digitalisierung – nicht nur, was die technische Ausstattung angeht. Es kann doch nicht sein, dass eine Schule mit zweitausend Schüler*innen, was mittlerweile bei berufsbildenden Schulen ja eine normale Größe ist, noch nicht mal eine 100

Megabit Leitung hat. Das geht nicht! Genauso Lehrplanthemen, didaktische Methoden, das sind alles Dinge, die vor zehn Jahren auch schon bekannt waren. Das bringt mich dann auch zu der Frage, welchen Stellenwert Kinderrechte in der Krise hatten. Die hatten gar keinen Stellenwert; genauso wenig wie die Schüler*innen. Erst wenn alles andere geklärt war, hat man sich um Schüler*innen oder auch um Studierende gekümmert. Das ist etwas, das nicht passieren soll. Es steht in allen Gesetzen, sie sollen aktiv partizipieren. Sie sollen zu mündigen Menschen erzogen werden, aber an jeder kritischen Stelle sind sie die erste Personengruppe, die rausgekickt wird. Ja, es ist ein großer Aufwand, aber wir brauchen diesen Aufwand, weil er sich lohnt, weil er einen Mehrwert bringt, weil er uns in die Zukunft bringt!

Claudia: Danke, Sven und danke an Euch alle! Das war ein hervorragendes Schlusswort, dem ich nichts hinzufügen muss. Ich freue mich so, dass wir dieses Gespräch geführt haben. Ihr bekommt natürlich alle das Transkript von mir, aber lasst uns gerne in der Zwischenzeit in Kontakt bleiben. Ihr habt alle meine Telefonnummer und Mailadresse: Wenn irgendetwas ist, meldet euch gerne. Ansonsten hört ihr bald wieder von mir. Habt einen guten Sommer und bleibt gesund!

Alle: Tschüss! Macht's gut!

MICHAEL TÖPLER

Kinderrechte aus Elternsicht

Das eigenartige Spannungsfeld von Kinderrechten und Elternrechten

Bei der kürzlich geführten Diskussion um die Aufnahme der Kinderrechte in das deutsche Grundgesetz gab es zahlreiche Streitpunkte. Einer der wichtigsten schien die Frage zu sein, ob die Elternrechte durch die explizite Erwähnung der Kinderrechte im Grundgesetz irgendwie eingeschränkt würden. Zur „Absicherung" wurde sogar extra der Satz: „Die Rechte der Eltern bleiben hiervon unberührt" in den Entwurf aufgenommen. Dieser Gedanke scheint mir absurd zu sein – die dahinterliegenden Ängste erschließen sich mir zunächst einmal nicht. Doch es lohnt sich, genauer nachzuforschen: Wie kann der Eindruck entstehen, die Kinderrechte oder ihre explizite Umsetzung wären ein Problem für Eltern?

Im Zentrum der Kinderrechte steht der „Subjektstatus" des Kindes – Kinder sind die Rechteinhaber, die lediglich bis zur vollen Entfaltung ihrer Fähigkeiten Unterstützung benötigen, diese Rechte einzufordern und von ihnen zu profitieren. Eltern besitzen ihre Kinder nicht, sie herrschen nicht über sie, sondern sie tragen die Pflicht, ihre Kinder nach besten Fähigkeiten zu begleiten. Wenn Eltern Probleme haben, ihre Pflichten im Sinne der Kinder zu erfüllen, brauchen sie dabei Unterstützung.

Doch was hat das noch mit „Elternrechten" zu tun? Eltern haben diese Rechte, um wichtige Entscheidungen im Namen ihrer Kinder zu treffen und eigene Schwerpunkte bei der Erziehung setzen zu können. Es geht um die Gestaltung eines förderlichen Umfeldes, um die Vermittlung von Werten und Traditionen. Aber die Kinder bleiben dabei immer Träger ihrer eigenen Rechte, die auch von Traditionen und Vorstellungen der Eltern nicht außer Kraft gesetzt werden können. Das ist ein erheblicher Eingriff in manche Freiheiten, die sich (einige) Eltern gerne nehmen würden. Insofern kann man verstehen, dass es Widerstände gegen Kinderrechte gibt.

Unsere Aufgabe als Gesellschaft besteht eindeutig im Schutz der Kinder und ihrer Rechte, auch gegen Traditionen, aus welchen kulturellen Zusammenhängen auch immer. Dabei sollten wir genau darauf achten, nicht pauschal bestimmte Gruppen abwertend zu behandeln, weil wir dort die Umsetzung der

Kinderrechte ganz besonders gefährdet sehen. Historisch betrachtet ist eine zunehmende Achtung der Kinderrechte in Deutschland zu beobachten, wichtige Schritte sind aber zum Teil erst vor relativ kurzer Zeit gegangen worden. So bestanden lange Vorbehalte gegen die Anwendung der UN-KRK für nach Deutschland geflüchtete Kinder. Diese wurden erst im Jahr 2010 aufgehoben! Bei der Verankerung der Kinderrechte ins Grundgesetz sind wir immer noch hinter vielen anderen Staaten zurück. Von der vollständigen Umsetzung der UN-Kinderrechtskonvention sind wir noch weit entfernt, wie die Empfehlungen des UN-Ausschusses für die Rechte des Kindes sowie der Staatenbericht und der Schattenbericht der National Coalition zur Umsetzung der Kinderrechte in Deutschland zeigen (vgl. die unter www.institut-fuer-menschenrechte.de/aktuelles/detail/monitoring-stelle-un-kinderrechtskonvention-veroeffentlicht-parallelbericht angegebenen Quellen).

Es gibt überall auf der Welt Familien, in denen die Kinderrechte in hohem Maße geachtet werden, und andere, in denen es für Kinder unzumutbar ist. Die Aufgabe lautet nun nicht, möglichst alle Kinder aus problematischen Familien herauszunehmen und eine staatliche Erziehung im großen Stil zu organisieren (auch wenn dies von einigen Kritiker*innen der Kinderrechte behauptet wird). Kinder haben das Recht, bei ihren Eltern aufzuwachsen (Artikel 7 der UN-KRK). Also müssen die Eltern in die Lage versetzt werden, ihre Pflicht zu erfüllen. Dafür müssen Eltern zunächst einmal erfahren, was eigentlich von ihnen gefordert ist.

Dieses „Wissen über Kinderrechte" ist ein Baustein im Landesprogramm der Kinderrechteschulen in NRW, welches ich inzwischen seit einigen Jahren begleiten darf. In meiner Rolle als Vater sind mir die Kinderrechte in der Kita oder den Schulen meiner Tochter nicht bewusst begegnet. Auch in den Gremien der Elternmitwirkung von der Kita über die Schule, die Stadtelternvertretung, die Landeselternschaft bis zum Bundeselternrat kam ich selten explizit mit dieser wichtigen Grundlage für das Handeln aller Erwachsenen in Berührung. Erst im Rahmen der National Coalition zur Umsetzung der UN-Kinderrechtskonvention wurde mein Kontakt dazu intensiver. Dort durfte ich als Vertreter des Grundschulverbandes in meiner Eigenschaft als Fachreferent für das Thema „Eltern und Schule" mitarbeiten. Von dieser Begegnung auf Bundesebene führte mich mein Interesse an der praktischen Umsetzung der Kinderrechte vor Ort zum Landesprogramm Kinderrechteschulen NRW – in die Praxis. Wie treffen hier nun Kinderrechte und Elternrechte aufeinander?

Kinderrechte aus der Sicht der Eltern

Der Kontakt mit den Kinderrechten erfolgt für manche Eltern mit der Einschulung ihrer Kinder. Bei der Begrüßung bekommen sie ganz selbstverständlich ein Exemplar der UN-Kinderrechtskonvention überreicht (idealerweise in zwei verschiedenen Fassungen, dem offiziellen Text und einer Fassung für die Hände der Kinder.

Vollständiger Text der UN-Kinderrechtskonvention:
https://www.unicef.de/informieren/materialien/konvention-ueber-die-rechte-des-kindes/17528

Version für Kinder:
https://www.unicef.de/informieren/materialien/konvention-ueber-die-rechte-des-kindes/50774

Damit machen die Schulen deutlich: Wir verstehen es als unsere Aufgabe, die Kinderrechte bekannt zu machen. Damit erfüllen sie einen staatlichen Auftrag. Außerdem machen sie deutlich, dass die Kinderrechte bei ihnen ein Thema sind, über das ganz bewusst gesprochen werden soll und von Seiten der Schule auch gesprochen werden wird.

Um keine Missverständnisse aufkommen zu lassen: Auch in der Kita oder bei der Kindertagespflege spielen die Kinderrechte eine wichtige Rolle und sollten auf jeden Fall angesprochen werden. Die Schule muss davon unabhängig das Thema aufgreifen und die Eltern von Beginn der Schulzeit an mit dem Thema vertraut machen. Die Umsetzung im Schulalltag mit den Kindern ist dann der zweite Schritt.

Aus Sicht der Eltern stellen sich ganz unterschiedliche Fragen, wenn sie mit den Kinderrechten in Kontakt kommen: Was bedeuten diese konkret für mich als Elternteil und für meine Familie? Werde ich in meinen bisher gelebten und erlernten Handlungen und Haltungen gegenüber Kindern bestärkt? Werde ich dazu aufgefordert, mein Verhalten in bestimmten Punkten zu ändern? Wie wirken sich die Kinderrechte auf das Leben und Lernen in der Schule aus?

Ganz konkret steht zum Beispiel die Frage der körperlichen Gewalt gegen Kinder im Raum. Diese ist als Mittel der Erziehung erst seit dem Jahr 2000 in Deutschland unzulässig.

Am 6. Juli 2000 beschließt der Bundestag das „Gesetz zur Ächtung der Gewalt in der Erziehung". Es tritt am 8. November 2000 in Kraft und führt zu folgender Änderung im Bürgerlichen Gesetzbuch: *„Kinder haben ein Recht auf gewaltfreie Erziehung. Körperliche Bestrafungen, seelische Verletzungen und andere entwürdigende Maßnahmen sind unzulässig."*

Heute ist also vollkommen klar: Gewalt ist kein zulässiges Mittel der Erziehung. Bleiben wir hier zunächst bei der körperlichen Gewalt. Auch wenn Eltern selbst in ihrer Erziehung körperliche Gewalt erfahren haben und vielleicht den „berüchtigten" Satz sagen: „Das hat mir doch auch nicht geschadet", bleibt Gewalt gegen Kinder verboten. Eltern müssen andere Wege finden und dafür gibt es zahlreiche Angebote der Unterstützung. Diese Unterstützung für Eltern dient vor allem den Kindern, denn es ist ihr Recht auf eine gewaltfreie Erziehung, das hier umgesetzt werden muss. Dieser Konflikt zwischen Schulen als Orten des Kinderschutzes und Familien als möglichen „Tatorten" ist in der Praxis immer wieder anzutreffen. Es ist wichtig, dass alle Fachkräfte, die mit Kindern arbeiten, über die Rechte der Kinder informiert sind und alle Strukturen vor Ort kennen, wie den Kindern im Bedarfsfall geholfen werden kann.

Körperliche Gewalt ist für viele von uns sehr einfach verständlich, seelische Verletzungen sind dagegen schwerer in Worte zu fassen. Mit Blick auf Erfahrungen von Kindern in der Schule kann das Handeln von Lehrkräften oder anderen Fachkräften zu seelischen Verletzungen führen, ob gewollt oder unbedacht. Zu diesem Thema gibt es sehr wichtige Forschungsergebnisse, zum Beispiel im Rahmen der INTAKT-Studie unter der Federführung von Frau Prof. Annedore Prengel (www.pedocs.de/volltexte/2018/13936/pdf/ BZL_2016_2_150_157.pdf; vgl. dazu auch den Hinweis auf die Reckahner Reflexionen im Serviceteil).

Hier wurde das Lehrer*innenhandeln untersucht, ganz offen durch Beobachtungen im Unterricht von Lehrkräften. Dabei zeigten sich sehr große Unterschiede im Verhalten einzelner Lehrkräfte, was die Beschämung von Kindern betrifft: In manchen Klassen ist das ein häufiges Phänomen (und wird nicht selten von Kindern fortgesetzt, wenn es von der Lehrperson vorgelebt wird). In anderen Klassen herrscht eine Atmosphäre der Anerkennung und Ermutigung vor. Dabei handelt es sich nicht unbedingt um verschiedene Schulen, sondern es kann Tür an Tür im gleichen Gebäude vollkommen unterschiedliche „pädagogische Welten" geben. In Fällen der seelischen Verletzungen durch Lehrkräfte oder andere Fachkräfte sind natürlich die Eltern in besonderer Weise gefragt, ihren Kindern beizustehen.

An dieser Stelle ein ganz grundsätzlicher Punkt: Die Kinder haben das Recht, von allen Erwachsenen bei der Wahrung ihrer Rechte auf eine Erziehung ohne körperliche Gewalt, seelische Verletzung oder andere Formen von Entwürdigung unterstützt zu werden. Die Familie kann ebenso Schutzraum und Tatort sein wie die Schule. Unser gemeinsames Ziel muss es sein, dass Kinder an beiden Orten Hilfe finden, wenn an anderer Stelle (auch außerhalb dieser beiden „Räume") Verletzungen geschehen.

Aus beiden „Systemen" heraus (Schule und Familie) ist es schwierig, das jeweils andere System zu beeinflussen. Die Schule hat nur bedingten direkten Einfluss auf das Leben der Familien, die Familien treffen auf die Schule als ein staatliches, immer noch stark hierarchisch geprägtes System, das häufig unzureichende Strukturen für den konstruktiven Umgang mit Beschwerden vorsieht. Zur Umsetzung der Kinderrechte muss es gelingen, dass in beiden Systemen Rechtsverletzungen zur Sprache gebracht werden können und Lösungen gefunden werden.

Von den Schutzrechten zur Förderung und Beteiligung der Kinder

Der Schutz der Kinder ist ein wesentlicher Aspekt der Kinderrechtskonvention, aber nicht der einzige! Man kann die Artikel der Konvention grob in die Themenfelder Schutz, Förderung und Beteiligung aufteilen. Alle diese Aspekte müssen berücksichtigt werden.

Das Thema Förderung scheint zunächst sehr viel weniger Konflikte zu beinhalten als die Frage des Schutzes vor allen möglichen Formen von Gewalt (übrigens auch von sexualisierter Gewalt – spätestens ab der Grundschule). Schule und Elternhaus sind sich in der Regel einig, dass alle Kinder gefördert werden müssen. Doch was bedeutet das im Einzelnen? Es geht zum Beispiel um Fragen der Ernährung, der Bewegung, der Mediennutzung oder des inklusiven Lernens.

Kinder haben das Recht auf eine gesunde Ernährung. Dafür sind Eltern und Schule mitverantwortlich, insbesondere dann, wenn die Kinder bis nachmittags in der Schule sind. Das Frühstück liegt in der Regel in der Hand der Eltern. Doch wie soll dieses aussehen? Darf es ein Brötchen mit einem süßen Aufstrich sein oder muss es sich um eine ausgewogene Mahlzeit handeln? Was wird dazu getrunken? Wie geht die Schule damit um, wenn manche Kinder regelmäßig ohne Frühstück in die Schule kommen? Es gibt zahlreiche Möglichkeiten, Ernährung zum Thema zu machen, etwa gemeinsam zu kochen oder sogar Gemüse in einem Schulgarten selbst anzubauen. Doch nicht jede Schule hat eine Küche oder eine geeignete Gartenfläche. Hier gilt es, die passende Lösung vor Ort zu finden.

Ähnlich ist es bei Themen wie Bewegung oder Mediennutzung. Der Schulalltag kann bewegt gestaltet werden, vom „walking bus" (Kinder treffen sich auf ihrem Schulweg an bestimmten Punkten und gehen die übrige Strecke gemeinsam, der „Bus" wird dabei immer voller) über die Pausengestaltung bis zu Bewegungsspielen im Fachunterricht. Auch die Nutzung verschiedenster Medien („alter" und „neuer") verlangt nach guten Konzepten in Schule und Familie, damit Kinder möglichst umfassend und individuell gefördert werden. Bei all diesen Themen müssen Eltern und Schule zusammenwirken, im Idealfall auch einmal gemeinsame Fortbildungen besuchen, um gemeinsam ein gutes Umfeld für die Kinder zu schaffen.

Inklusive Bildung und Teilhabe als Aufgabe von Schule und Eltern

Alle Kinder haben ein Recht auf eine inklusive Bildung. Dabei geht es nur zu einem Teil um das Thema „Behinderung". Mit Blick auf die UN-Behindertenrechtskonvention vollzieht sich bereits ein Wandel in der Wahrnehmung. Wir sprechen nicht mehr von Menschen, die eine Behinderung als Eigenschaft haben, sondern wir richten den Blick auf die Umstände in der Welt, die Menschen bei der vollen Teilhabe an der Gesellschaft behindern.

In Kita und Schule muss es uns gelingen, allen Kindern deutlich zu machen, dass sie Teil der Gemeinschaft sind und nicht erst etwas Bestimmtes leisten müssen, um dazugehören zu können. Es geht nicht darum, Teil einer Norm zu werden, jeder ist willkommen. Die Auseinandersetzung mit der wirkmächtigen Idee einer „Normalität", der es sich anzupassen gilt, wird uns noch eine längere Zeit begleiten. Der inklusive Blick auf Menschen muss vielfach noch erworben, muss Teil des Alltags werden. Viele von uns haben gelernt, Menschen in Gruppen einzuteilen und die Unterschiede besonders intensiv wahrzunehmen und zu betonen. Diese Unterschiede sind wertvoll und wichtig, wir erkennen unsere Vielfalt, die Geschichten unserer Familien und unsere eigenen Entscheidungen anhand dieser Unterschiede. Wenn es aber um das gemeinsame Leben, das Aufwachsen der Kinder als Teil einer Gemeinschaft geht, dann darf es keine Benachteiligungen und keine Bevorzugungen geben, anhand welcher Zuordnung zu einer Gruppe (Geschlecht, Herkunft, Reichtum oder anderes) auch immer. Neben diesem „Teil-Sein" sind natürlich die unterschiedlichen Fähigkeiten und Bedürfnisse der Kinder von zentraler Bedeutung: Alle sind gleich viel wert, brauchen aber in manchen Bereichen unterschiedliche Angebote. Natürlich gilt es auch in den Familien, die „Gleichwürdigkeit" der Kinder als Familienmitglieder zu achten und sie das „Teil-Sein" erfahren zu lassen.

Noch ein Wort zur elterlichen Schulwahl mit Blick auf inklusive oder exklusive Schulangebote: Die Eltern haben aus ihrer Sicht gute Gründe, sich für inklusive oder exklusive Angebote zu entscheiden. Dabei werden nach meiner Erfahrung häufig die Rahmenbedingungen, wie etwa die Schüler*innenbeförderung oder die Verfügbarkeit von Assistenzkräften, zu den wesentlichen Argumenten für die Entscheidung. Die Eltern müssen ihren Arbeitsalltag mit dem Schulangebot in Einklang bringen. Aus Sicht der Kinder ist die inklusive Schule, natürlich mit hoher Qualität und verlässlichen Bezugspersonen, fast immer die bessere Lösung – das Recht darauf haben sie!

Besonders interessant sind aus meiner Sicht die Rechte der Kinder auf Beteiligung. Der Artikel 12 der UN-KRK zur „Berücksichtigung des Kindeswillens" besagt:

„Die Vertragsstaaten sichern dem Kind, das fähig ist, sich eine eigene Meinung zu bilden, das Recht zu, diese Meinung in allen das Kind berührenden Angelegenheiten frei zu äußern, und berücksichtigen die Meinung des Kindes angemessen und entsprechend seinem Alter und seiner Reife."

Wichtig ist auch, was hier nicht explizit steht: Damit alle Kinder ihre Meinung überhaupt bilden und äußern können, müssen wir sie von klein auf dazu befähigen und ihnen dann immer wieder Gelegenheiten bieten, ihre Meinung vorzubringen. Und es darf nicht beim bloßen Äußern der Meinungen bleiben! Für eine echte Beteiligung der Kinder muss es für sie erkennbar sein, dass ihre Meinung Gehör findet, dass sie wirklich an den getroffenen Entscheidungen teilhaben. Es beginnt schon in der Kita, die Kinder in immer größerem Rahmen in die Gestaltung des gemeinsamen Alltags einzubinden. Bereits hier ist es von enormer Bedeutung, den Kindern keine „Schein-Partizipation" anzubieten. Die Entscheidung muss nicht groß, aber echt sein!

In der Familie und der Schule bieten sich zahlreiche Beteiligungsmöglichkeiten an. Mit zunehmenden Fähigkeiten der Kinder kann es immer wieder zu Konflikten kommen, wenn sie mitentscheiden dürfen. Diese Konflikte sind keine störende Begleiterscheinung, die wir möglichst verhindern sollten, sondern ein Kern des Aufwachsens in einer demokratischen Gesellschaft. Wir brauchen

Konflikte und Beteiligung, um unser Gemeinwesen zu gestalten. Familien und Schulen sind entscheidende demokratische Lernorte! Die Beteiligung geschieht in der Schule auf verschiedenen Ebenen. So gibt es die Gremien der Klasse (Klassenrat), des Jahrgangs oder der gesamten Schule (Schulkonferenz, Schulversammlung). Hier ist die Mitbestimmung zumeist formal geregelt, Kinder werden in bestimmte Positionen gewählt und können dann an festgelegten Prozessen teilnehmen.

Ganz wesentlich für die Mitbestimmung ist der Faktor Zeit! Die Kinder brauchen regelmäßige Angebote, um Mitbestimmung von klein auf zu üben (zum Beispiel jede Woche eine „Klassenlehrer*innenstunde", in der man den Klassenrat durchführen oder andere gemeinsame Dinge besprechen kann). Eltern könnten sich mit dafür einsetzen, dass eine solche Stunde fest in den Lehrplänen aller Bundesländer verankert wird. Natürlich muss dann aus den Vorgaben auch eine gemeinsame Praxis werden, in der die Erwachsenen den Kindern so viel Raum wie möglich und so viel Unterstützung wie nötig gewähren. Dieser Prozess ist sehr anspruchsvoll und lässt Grenzen sichtbar werden, die im aktuellen Schulsystem verankert sind. Wie viel Macht wollen und können die Erwachsenen abgeben, damit die Kinder ihren Raum zum Wachsen in der Gemeinschaft möglichst gut gestalten können? Darüber sollten die Erwachsenen miteinander ins Gespräch kommen!

Die Mitwirkungsmöglichkeiten der Kinder und Jugendlichen enden nicht in der Familie oder der Schule. Darüber hinaus können sie sich in Vereinen oder auch kommunal engagieren, zum Beispiel für die kindergerechtere Gestaltung von Spielplätzen oder bessere Busverbindungen zur Schule. Es ist hochinteressant zu sehen, wie gut eine Zusammenarbeit von Schüler*innen- oder Jugendparlamenten mit den erwachsenen Akteur*innen vor Ort gelingen kann. Es sollte uns gelingen, dass die Kinder schon am Ende ihrer Grundschulzeit – nachdem sie ihre Rechte kennengelernt und deren Umsetzung in Schule und Familie erlebt haben – die Möglichkeit haben, sich für die Rechte anderer zu engagieren, lokal oder global.

Was können wir tun, um die Kinderrechte zu stärken – gemeinsam mit Eltern?

Es ist hoffentlich deutlich geworden, wie vielfältig die Kinderrechte in Schulen und Familien wirken können. Obwohl die Kinderrechte seit über 30 Jahren in Deutschland gelten, wissen noch viel zu wenige Menschen darüber Bescheid.

Jede und jeder von uns kann in seinem Umfeld etwas dafür tun, das Wissen zu verbreiten und die Themen zur Sprache zu bringen. Neben dieser Mikroebene sollte in der kommenden Wahlperiode das Thema „Kinderrechte ins Grundgesetz" wieder auf die politische Agenda gesetzt werden. Dieses Mal muss dann ein Vorschlag in den Bundestag eingebracht werden, der nicht hinter den Text der Kinderrechtskonvention zurückgeht, sondern den vollen Gehalt aufnimmt. Vielleicht könnten im Vorfeld Diskussionsgruppen mit Eltern angeboten werden, um die bei einigen bestehende Vorbehalte oder Ängste in Ruhe zu besprechen. Zu diesen Gesprächen sollte man Expert*innen verschiedener Bereiche hinzuziehen und kritisch prüfen, welche Rahmenbedingungen verbessert werden müssen, um die Kinderrechte besser zu verwirklichen. So müssen zum Beispiel die Jugendämter und die Beratungsstellen für Eltern dringend personell verstärkt und viele Fachkräfte im pädagogischen Bereich fortgebildet werden. Schon in der Ausbildung von Erzieher*innen, Lehrkräften und allen anderen mit Kindern befassten Professionen müssen die Kinderrechte thematisiert und das eigene Handeln reflektiert werden. Erkenntnisse und Materialien gibt es dazu genug, jetzt geht es um die Umsetzung.

Im Kontext der Schule wird jedes neue Thema, das nun auch noch von der Schule bearbeitet werden muss, kritisch gesehen. Das ist grundsätzlich richtig: Bei gleichen oder sinkenden Ressourcen kann die Aufgabenlast nicht immer mehr erhöht werden, ohne dass das Folgen für die Qualität der Arbeit und auch die Gesundheit aller Beteiligten hat. Das Thema Kinderrechte ist aber kein solches Zusatzthema! Es geht um die Art, wie alles in der Schule gemacht wird, es geht um Haltungen und Menschenbilder. Viele Schulen erfüllen bereits zahlreiche Vorgaben der UN-Kinderrechtskonvention, ohne dies so zu benennen oder die jeweiligen Artikel zu kennen. Hier kommt dann „nur" die bewusste Kommunikation des eigenen Tuns hinzu. Für die Kinder macht es einen gewaltigen Unterschied, ob sie sich an Regeln halten oder ob sie im Bewusstsein der eigenen Rechte die Rechte der anderen achten!

In den Familien finden wir eine sehr große Vielfalt im Umgang mit den eigenen Kindern vor, überall in der Gesellschaft gibt es besonders positive und negative Lebensumstände für Kinder. Die finanzielle und räumliche Situation einer Familie kann zu enormen Belastungen führen und die Umsetzung der Kinderrechte erschweren. Wenn Familien unterstützt werden, dann können sie ihren Kindern ein besseres Umfeld anbieten.

Wir sollten unsere politischen Entscheidungen immer mit dem Blick auf die Kinderrechte prüfen: Werden in einem konkreten Fall die Kinderrechte gestärkt oder schaffen wir Situationen, in denen es Kindern schlechter gehen wird?

Diese Art, auf alle politischen Entscheidungen zu blicken, kann man mit dem Satz verbinden: „Das Kindeswohl ist vorrangig zu berücksichtigen." Wenn dies geschieht, dann werden vielfach auch die Interessen der Eltern umgesetzt.

Die Umsetzung der UN-Kinderrechtskonvention ist eine Aufgabe für alle Erwachsenen. Wir sind die Pflichtenträger, die den Kindern als Rechteinhaber zur Seite stehen. Lassen Sie uns diese Aufgabe gemeinsam gestalten, in Familie und Schule.

Rechtsgrundlagen zu: Eltern, Familien und Kinderrechte

Grundgesetz für die Bundesrepublik Deutschland – Artikel 6
(1) Ehe und Familie stehen unter dem besonderen Schutze der staatlichen Ordnung.
(2) Pflege und Erziehung der Kinder sind das natürliche Recht der Eltern und die zuvörderst ihnen obliegende Pflicht. Über ihre Betätigung wacht die staatliche Gemeinschaft.
(3) Gegen den Willen der Erziehungsberechtigten dürfen Kinder nur auf Grund eines Gesetzes von der Familie getrennt werden, wenn die Erziehungsberechtigten versagen oder wenn die Kinder aus anderen Gründen zu verwahrlosen drohen.
(4) Jede Mutter hat Anspruch auf den Schutz und die Fürsorge der Gemeinschaft.
(5) Den unehelichen Kindern sind durch die Gesetzgebung die gleichen Bedingungen für ihre leibliche und seelische Entwicklung und ihre Stellung in der Gesellschaft zu schaffen wie den ehelichen Kindern.

Kinderrechtskonvention der Vereinten Nationen

Artikel 5 – Respektierung des Elternrechts
Die Vertragsstaaten achten die Aufgaben, Rechte und Pflichten der Eltern oder gegebenenfalls, soweit nach Ortsbrauch vorgesehen, der Mitglieder der weiteren Familie oder der Gemeinschaft; des Vormunds oder anderer für das Kind gesetzlich verantwortlicher Personen, das Kind bei der Ausübung der in diesem Übereinkommen anerkannten Rechte in einer seiner Entwicklung entsprechenden Weise angemessen zu leiten und zu führen.

Artikel 7 – Geburtsregister, Name, Staatsangehörigkeit

Das Kind ist unverzüglich nach seiner Geburt in ein Register einzutragen und hat das Recht auf einen Namen von Geburt an, das Recht, eine Staatsangehörigkeit zu erwerben, und soweit möglich das Recht, seine Eltern zu kennen und von ihnen betreut zu werden.

Die Vertragsstaaten stellen die Verwirklichung dieser Rechte im Einklang mit ihrem innerstaatlichen Recht und mit ihren Verpflichtungen aufgrund der einschlägigen internationalen Übereinkünfte in diesem Bereich sicher, insbesondere für den Fall, dass das Kind sonst staatenlos wäre.

Erläuterung (Michael Töpler):
Die Rechte der Eltern werden zentral im Artikel 6 GG benannt: Laut Satz 2 sind Pflege und Erziehung der Kinder Rechte und Pflichten für die Eltern, die staatliche Gemeinschaft überwacht diese Aufgaben. Der Artikel 5 der UN-KRK beschreibt den gleichen Sachverhalt, es wird über die Achtung der Aufgaben, Rechte und Pflichten der Eltern gesprochen. Als entscheidenden Unterschied könnte man die explizite Formulierung der Ziele dieser elterlichen Aktivitäten verstehen: Es geht darum, „das Kind bei der Ausübung der in diesem Übereinkommen anerkannten Rechte in einer seiner Entwicklung entsprechenden Weise angemessen zu leiten und zu führen." (Artikel 5, UN-KRK)

ELISABETH STROETMANN, STEFAN DEINES

Kinderrechteschulen NRW: Ein kritischer Rückblick und ein zuversichtlicher Ausblick

Gelingensbedingungen und Herausforderungen

Bezugnehmend auf die Empfehlungen der Kultusministerkonferenz zur Menschenrechtsbildung in der Schule (Beschluss der Kultusministerkonferenz vom 4.12.1980 i.d.F. vom 11.10.2018) hat das Land NRW eine Qualifizierung für Lehrkräfte zur Kinderrechtsbildung in Kooperation mit UNICEF Deutschland und EducationY[1] aufgelegt, die seit 2015 den Schulen zur Teilnahme offensteht. Das Ziel des Landesprogramms Kinderrechte ist herausfordernd, denn es gilt, die Rechte der Kinder und Jugendlichen (nach der UN-Kinderrechtskonvention) nicht nur bekannt zu machen, sondern durch Anerkennung, Haltung und Engagement jedes Einzelnen in der Schule zu verwirklichen. Die Fortbildung umfasst die Durchführung eines Pädagogischen Tages im Rahmen einer schulinternen Fortbildung. Im Anschluss daran entsenden die teilnehmenden Schulen mindestens zwei Vertreter*innen ihrer Schule, die in einer regionalen Ausbildungsgruppe an einer viertägigen Ausbildung – über den Zeitraum eines Jahres – teilnehmen.[2]

Über 150 Grundschulen haben sich seit Beginn des Programms auf den Weg zur Kinderrechteschule begeben und damit einen an den Kinderrechten orientierten Veränderungsprozess für über 50.000 Schüler*innen initiiert. In diesem Beitrag werden ein erstes Zwischenresümee gezogen, wiederkehrende Herausforderungen in Kommunikation und Umsetzung des Programms identifiziert und kritisch reflektiert sowie ein Ausblick auf die zukünftige Entwicklung gegeben.

---

1 Unicef, das Kinderhilfswerk der Vereinten Nationen, führt in Großbritannien seit 2004 das Schulentwicklungsprojekt Right Respecting Schools durch. (https://www.unicef.org.uk/rights-respecting-schools/the-rrsa/about-the-rrsa/) Education Y (ehem. buddY e.V.) setzt sich seit 2006 mit verschiedenen Programmen für mehr Partizipation am Lernort Schule ein (https://education-y.de/).
2 Weitere Informationen zum Landesprogramm finden sich auf der Homepage: https://kinderrechteschulen.de/.

Der universelle Anspruch der Kinderrechte und der vielfältige ‚Markt' der Schulprogramme

Unterstützende Angebotsformate für Schulen sind zahlreich. Sie werden optional angeboten und die Schulen entscheiden sich für eine Teilnahme nach identifizierter Problem- oder Interessenslage, nicht selten auch, um sich von der Konkurrenz abzugrenzen. So können Schulen in NRW unter folgenden Programmen wählen:

Schule ohne Rassismus – Schule mit Courage, Schule der Vielfalt – Schule ohne Homophobie, Demokratisch handeln, Fair-Trade Schule (Bildung für nachhaltige Entwicklung), UNESCO-Schule mit dem Fokus Friedenserziehung, Diversity-Bildung, interkulturelles Lernen, Toleranzerziehung etc. All diese Bildungskonzepte zielen in der Summe auf eine soziale, gerechte, diskriminierungsfreie, weltbürgerliche, ökologische und nachhaltige Bildung und Entwicklung, wobei sie einen besonderen Aspekt in den Fokus nehmen. Es ist jedoch bemerkenswert, dass all diesen Programmen oftmals die explizit menschenrechtliche/kinderrechtliche Anbindung fehlt. Dieser Sachverhalt wird auch vom Deutschen Institut für Menschenrechte bemängelt. Es fordert daher eine menschenrechtliche Anbindung dieser Disziplinen, „damit Unrecht als solches erkannt und benannt werden kann. Es macht einen Unterschied, ob ich aufgrund eines eher diffusen Ungerechtigkeitsgefühls um etwas bitte – zum Beispiel um Teilhabe – oder ob ich es einfordere, weil es ‚mein gutes Recht' ist. Dieser rechtebasierte Ansatz im Unterschied zu moralischen Appellen ist eine wichtige Basis für den Empowerment-Prozess" (Reitz/Rudolph, 2014).

Das Landesprogramm Kinderrechte zielt auf eine profunde Auseinandersetzung mit der UN-Kinderrechtskonvention mit dem ausdrücklichen Ziel, bereits bestehende Aktivitäten rechtebasiert rückzubinden. In diesem Prozess wird schnell deutlich, dass alle o.g. Programme einen direkten Bezug zu den Rechten der Kinder und Jugendlichen haben. Die Unteilbarkeit der Kinderrechte und der integrative Charakter der Konvention verunmöglichen darüber hinaus ein Ranking unter den Programmen. Ziel des Landesprogramms ist die Anerkennung der UN-KRK als normativen Bezugspunktes allen schulischen Handelns, die Vermittlung der UN-KRK als Wissensbestand sowie eine Reflexion bzw. Dekonstruktion bestehender schulischer Strukturen und eine der Konvention entsprechende Umsetzung im Schul- und Unterrichtsalltag. Damit wird deutlich: Kinderrechtsbildung ist kein Add on, kein *Nice to have*, vielmehr Kerngeschäft respektive normativer Bezugspunkt von Bildung und Erziehung!

Die Implementierung der Kinderrechte erfordert einen Lernprozess der ganzen Schule

Dem Landesprogramm Kinderrechteschulen liegt die Annahme zugrunde, dass eine Schule sich nicht dadurch zur Kinderrechteschule entwickelt, indem sie vorgegebene Formate abarbeitet beziehungsweise diese technokratisch in das Schulleben einfügt. Vielmehr beginnt Kinderrechtsbildung in den Köpfen der Erwachsenen mit der rückhaltlosen Anerkennung der Kinderrechte und einem kollektiven Bekenntnis zu den Kinderrechten. Insbesondere die von der UN-KRK eingeforderte Anerkennung der Kinder als „Rechteinhaber*innen", die Kinder als den Erwachsenen „gleich-würdige" Rechts-Subjekte markiert, bricht mit den gesellschaftlichen „Normalitätsvorstellungen" von Kindern als Objekt von Erziehung und Bildung. Die Anerkennung dieses Paradigmenwechsels hat einen hohen Irritationswert hinsichtlich des eigenen Professionsverständnisses, insbesondere des professionellen Habitus.

Dieser Paradigmenwechsel in Professionsverständnis und Habitus verlangt nicht nur die individuelle, intellektuelle Anerkennung, vielmehr den kontinuierlichen und kollektiven Diskurs, die Eröffnung eines Gesprächsraumes unter den pädagogischen Fachkräften bezüglich Lehrer*innenverhalten und Unterrichtspraxis. Mit der Anerkennung der „Gleich-Würdigkeit" der Kinder und deren Recht auf Teilhabe geht deren Einbeziehung in alle schulischen Planungen einher. Erst eine ernsthafte, anerkennende Berücksichtigung der Ideen, Meinungen und Rückmeldungen der Kinder führt dann zur gemeinsamen Entwicklung neuer Formate, die eine Kinderrechteschule erst konstituieren! Das heißt: Die Schule selbst identifiziert Entwicklungsformate in Absprache und nach Rückmeldung der Schüler*innen. Darüber hinaus hält das Landesprogramm selbstverständlich einen Pool spezifischer Formate/Methoden/Impulse vor, die geeignet sind, den Rechten der Kinder im Schulalltag Visibilität und Erfahrbarkeit zukommen zu lassen. Nur: das Abarbeiten vorgegebener Formate reicht eben nicht.

Um der UN-Kinderrechtskonvention als einem normativen Bezugspunkt im gesamten schulischen Alltag nachhaltig und dauerhaft Bedeutung zu verleihen, haben von UNICEF begleitete Kinderrechteschulen (*Rights Respecting Schools* in Großbritannien) ein Format entwickelt, das geeignet ist, das Handeln von Erwachsenen (Pflichtenträger*innen) und Kindern (Rechteinhaber*innen) gleichermaßen an die Rechte der Kinder und Jugendlichen rückzubinden und daran zu bemessen.[3]

---

[3] Dass die Erwachsenen Pflichten- oder Verantwortungsträger sind, ist eines der Prinzipien des Kinderrechtsansatzes; diese Rolle verlangt, die Umsetzung der Kinderrechte zu ermöglichen und den Kindern die Unterstützung und die Umgebung bereitzustellen, die sie für die Ausübung ihrer Rechte benötigen. (Vgl. Maywald 2012).

Ein Beispiel soll dies veranschaulichen: Um die in der UN-KRK Artikel 28 (2) geforderte Verpflichtung zu erfüllen, eine Disziplin in der Schule sicher zu stellen, die der Würde des Kindes entspricht, kennt das deutsche Schulsystem eine Vielzahl verschiedener Klassen- und Schulregeln. Keine Klasse, in der kein Plakat an der Wand hängt, welches die Verhaltensregeln im Unterricht festschreibt, kein Pausenhof ohne Pausenregelungen, keine Schule ohne Schulregeln. Unabhängig davon, wie gut die Regeln begründet sind und in wie enger Zusammenarbeit sie mit den Schüler*innen gemeinsam aufgestellt wurden, ihre Einforderung ist und bleibt moralisch-appellativ und ihre Einhaltung individuell zufällig. Darüber hinaus ist Regelwerken immer auch Gehorsamsdruck inhärent, den es zu vermeiden gilt. Kinderrechteschulen treffen deshalb „rechtebasierte Vereinbarungen" zwischen Erwachsenen (in ihrer Funktion als Pflichtenträger) und Kindern/Jugendlichen (als Rechteinhabern) und ersetzen damit erfolgreich ein appellatives Regelwerk. So werden die Rechte der Kinder selbst zum normativen Bezugspunkt der Handlungen von Kindern und Erwachsenen.

Die Entwicklung einer kinderrechtsbasierten Charta

Diese Vereinbarungen (auch Charta genannt) nehmen Bezug auf diejenigen Artikel der UN-KRK, die von den Schüler*innen als bedeutungsvoll für schulisches Zusammenleben erachtet werden und die geeignet sind, die Inanspruchnahme ihres „Rechtes auf ganzheitliche Bildung" sicher zu stellen. Eine solch kinderrechtlich basierte Charta wird folgendermaßen entwickelt:

- In einem ersten Schritt setzen sich Schüler*innen und Pädagog*innen mit der UNKRK auseinander. Alle Schüler*innen und das gesamte pädagogische Personal verständigen sich über die Konvention.
- In einem nächsten Schritt identifizieren die Schüler*innen diejenigen Artikel, die von besonderer Bedeutung für das Leben und Lernen in der Schulgemeinschaft sind. Es ist wichtig, dass die Schüler*innen ihre Auswahl jeweils begründen.
- Aus der Zusammenstellung werden dann von allen Schüler*innen diejenigen Artikel identifiziert, die für die Schule als Ort umfassender Ganztagsbildung bedeutungsvoll sind.
- Es folgt eine Spezifikation von Artikeln für die verschiedenen Lebens- und Lerngelegenheiten, die im formalen und non-formalen Kontext (Klassencharta/OGS-Charta) relevant sind. Das Einverständnis für die getroffene Auswahl muss von allen Schüler*innen und Erwachsenen vorliegen. Es

muss klar sein, dass kein Recht wichtiger ist als das andere und die UN-Kinderrechtskonvention als Ganzes betrachtet wird. Die Entwicklung einer Klassencharta in der Grundschule bzw. einer Schul-Charta in der weiterführenden Schule ist Teil eines inklusiven und partizipatorischen Prozesses. Die Schüler*innen und alle Erwachsenen bilden dabei eine Einheit und stärken ihre Beziehungen untereinander.

- Die Verbindung zur UN-KRK muss augenfällig sein. Deshalb gilt es sicher zu stellen, dass der Wortlaut der Charta dem Inhalt des Bezugsartikels entspricht. Gleichzeitig muss die Sprache aber so gewählt sein, dass alle Schüler*innen die Bedeutung des Artikels verstehen.

Die Charta hilft Kindern zu verstehen, welche Auswirkungen ihre Handlungen haben können: entweder sie unterstützen sich untereinander, damit jede/jeder zu ihrem/seinem Recht kommt, oder sie versagen anderen die Inanspruchnahme der Rechte. Im schulischen Miteinander stellt sich die Frage: Verweigere ich mit meinem Handeln anderen Kindern die Inanspruchnahme ihrer Rechte oder unterstütze ich sie in der Inanspruchnahme ihrer Rechte? Keinesfalls geht es aber darum, mit den Kinderrechten das Benehmen der Schüler*innen zu regulieren.

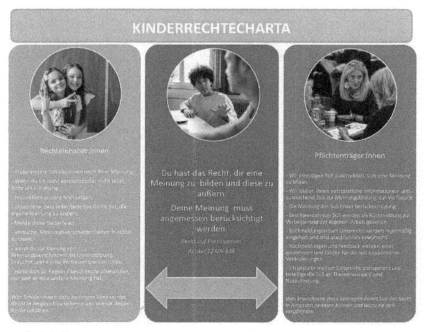

Quelle: Autor*innen

Eigene Handlungsmuster reflektieren und revidieren

Eine Ignoranz gegenüber den Rechten von Kindern bzw. auch explizite Verletzungen der Kinderrechtskonvention lassen sich im Schulsystem auf unterschiedlichen Ebenen und in vielen Formen empirisch nachweisen. So führen beispielsweise die allgemeinen Strukturen und Organisationsformen des tradierten Schulsystems zu Benachteiligungen und Schlechterstellungen, wenn Lernprozesse nicht an biografische und milieugeprägte Vorerfahrungen aller Schüler*innen anknüpfen und die Muster der Unterrichtsgestaltung damit Exklusionen hervorrufen. Es lassen sich aber auch in den pädagogischen Beziehungen (Prengel/Winklhofer, 2014a, 2014b) in einem nicht unerheblichen Anteil verletzende Lehrpersonen-Schüler*innen-Interaktionen nachweisen (Prengel et al. 2016). Diese empirischen Erkenntnisse bedürfen sowohl einer Reflexion und Aufarbeitung durch die professionellen Akteur*innen selbst als auch einer Bearbeitung im Rahmen der Professionalisierung. Inklusive Bildung in einem menschenrechtlichen Verständnis bedeutet zusammenfassend, nicht die Schulfähigkeit von Individuen in den Blick zu nehmen, sondern die Kindfähigkeit des Systems herzustellen. Dies bedarf einer grundlegenden Neuausrichtung der Perspektive der verantwortlichen Akteur*innen.

Neben der Notwendigkeit der Reflexion schulisch-unterrichtlicher Handlungsmuster von Lehrkräften vor dem Hintergrund der Kinder- und Menschenrechte müssen Lehrkräfte außerdem in ihrem didaktischen Handeln im Bereich der Menschenrechtsbildung unterstützt werden. Denn es muss in didaktischer sowie curricular-struktureller Hinsicht an vielen Stellen konstatiert werden, dass „die Art, Intensität und Qualität der Vermittlung häufig dem Engagement oder Interesse einzelner Lehrpersonen vorbehalten" bleibt (Biewer et al., 2019, S. 52). Es gibt zwar gute Materialien zur Vermittlung, die jedoch nicht zentral verfügbar sind und dadurch einen erhöhten Rechercheaufwand bedeuten. „Andererseits sind sowohl die Verankerung in Curricula wie auch die wissenschaftliche Verankerung des Themas ausbaufähig" (Biewer et al., 2019, S. 53). Schulisches Lehren und Lernen im Sinne der Kinder- und Menschenrechte vollzieht sich in einem „Dreiklang" der Menschenrechtsbildung: „Das Lernen über die Menschenrechte (Wissen), für die Menschenrechte (Fähigkeiten) und Lernen durch die Menschenrechte (Einstellungen/Haltungen)" (Kaletsch, 2019, S. 172). Damit werden neben dem Wissen und den Kompetenzen auch die Einstellungen bzw. Haltungen der verantwortlichen professionellen Akteur*innen angefragt.

Echte Partizipation als Dimension der Schulkultur

Wir wissen längst: Schüler*innen-Partizipation ist im Bildungskontext Schule ausdrücklich erwünscht. Partizipation als ein konstitutives Merkmal demokratischer Gesellschafts- und Staatsformen findet sich in Bildungsplänen, Programmen der Demokratie-Erziehung und selbstredend auch im Schulgesetz.

Klassenräte, Schülerparlamente und Formate des zivilgesellschaftlichen Engagements sind keine Ausnahmen mehr und nahezu flächendeckend implementiert – wenn auch mit unterschiedlicher Qualität und Wirkung. In den gesetzten – je nach Schule recht unterschiedlichen -Rahmenbedingungen und mit eingeschränkten Gestaltungsmöglichkeiten üben sich Schüler*innen in einer demokratischen Praxis, die auf die Herausbildung eines Demokratieverständnisses abzielt, auch um möglicher Politikverdrossenheit entgegenzuwirken. Hier wird die Intentionalität dieser Formate offensichtlich, die sich darüber hinaus oft auf das Konsultatorische beschränken. Bei genauer Betrachtung zeigt sich, dass die Themen eingeschränkt sind, bei denen Partizipation überhaupt möglich ist. Lernziele und Lerninhalte sind vorgegeben. Schulnoten werden autoritativ und einseitig vergeben. Auch ist der Grad der Partizipation eingeschränkt, insofern eine Vorauswahl an Entscheidungsthemen von Seiten der Erwachsenen getroffen wird. Das Deutsche Institut für Menschenrechte hat auf diesen Umstand deutlich hingewiesen und fordert deshalb, dass „der Anwendungsbereich von Partizipation gerade auch in Bildungsinstitutionen möglichst ausgeweitet werden [soll], also möglichst oft Macht, Entscheidungen, Verantwortung ausgehandelt werden." (Reitz 2015) So fordert das Deutsche Institut für Menschenrechte, das schulische Hierarchiegefüge selbst zu reflektieren und zu thematisieren. In diesem Zusammenhang erweist sich die verbreitete Aussage: „bei uns dürfen Kinder mitbestimmen" als nicht angemessen, da sie eine adultistisch-paternalistische Haltung zeigt, aus der heraus etwas, was eigentlich ein genuines Kinderrecht ist, vermeintlich großzügig gewährt wird, bei Missfallen aber jederzeit wieder entzogen werden kann.[4]

Das Recht auf „Berücksichtigung des Kindeswillens" beschränkt sich also bei weitem nicht auf das Einholen und Abfragen von Meinungen oder die Eta-

---

4 Adultismus ist eine Form der Alltagsdiskriminierung, in der sich ein Machtgefälle zwischen Erwachsenen und Kindern zeigt. In adultistischem Verhalten bestimmen Erwachsene, teilweise durchaus mit fürsorglichen Intentionen, über Kinder, ohne deren Recht auf Partizipation zu berücksichtigen. Dazu gehört auch, den Kindern etwas zu gewähren bzw. zu erlauben, was ihnen als Rechteinhabern ohnehin zusteht. (Vgl. Arbeiterwohlfahrt 2020).

blierung vorgegebener Aushandlungsformate an den Schulen. Vielmehr macht es die Herausbildung einer dialogischen Grundhaltung erforderlich. Denn die UN-Kinderrechtskonvention versteht Partizipation als einen Wert an sich – keineswegs als Mittel zum Zweck, vielmehr als ein durchgängiges Handlungsprinzip. Partizipation als Teilhabe aller Schüler*innen an Entscheidungsmacht und Verfügungsgewalt über den eigenen Bildungsprozess und die eigene Lebensgestaltung ist geeignet, das System Schule kindgerecht zu transformieren.

Es bleibt anzumerken, dass eine besondere Herausforderung in der Anerkennung der Pluralität der Alltagspräferenzen und Alltagsbedürfnisse der Kinder und Jugendlichen besteht. Es geht nicht darum, aus einer paternalistisch-mittelschichtsorientierten Anbieter*innenperspektive bekannte Beteiligungsformate bereitzustellen („wir haben schon alles"). Partizipation, die an den Alltagsbedürfnissen der Kinder anknüpft, ist deshalb oft nicht identisch mit den erwarteten „klassischen Beteiligungsformen",[5] da Beteiligungsaktivitäten die Alltagsbedürfnisse und Lebenslagen der Kinder in den Blick nehmen oder aus eben diesen erwachsen. Anknüpfend hieran werden gemeinsam mit den Betroffenen anschlussfähige Formate und neue Verhaltensoptionen entwickelt. Kinderrechteschulen müssen sich deshalb als „überraschungsoffen" erweisen, sie müssen sich auf – ggf. auch subversiven – Eigen-Sinn einstellen und Umwege nicht nur in Kauf nehmen, sondern auch begrüßen. Immer aber tragen die Erwachsenen die Verantwortung und damit werden auch Grenzen von Partizipation in der Schule deutlich.[6]

Kinder- und Menschenrechtsbildung als ein schulischer Mainstreamingprozess ist prinzipiell ergebnisoffen, da er die sich ändernden Lebenswelten und Bedürfnislagen der Schüler*innen in den Blick nimmt. Ein solcher Schulent-

---

5 Wenn bestimmte Formen der Beteiligung aus bildungsbürgerlicher Perspektive angeboten und die dafür nötigen Kompetenzen der Selbstorganisation und Artikulation schlicht vorausgesetzt werden, kann dies „sozial ungleiche Chancen weiter konservieren" (El-Mafaalani 2020). Um Partizipation zu ermöglichen, gilt es daher, offen für die lebensweltlichen Hintergründe der Schüler*innen zu sein und soziale und kommunikative Kompetenzen zu fördern.
6 Worin die Pflichten der Erwachsenen als Verantwortungsträger*innen genau bestehen, ist nicht kodifiziert und auch nicht immer eindeutig. Die Rolle erfordert von den Erwachsenen ein stetes und kontextsensitives Reflektieren und Urteilen darüber, wie den Kindern und ihren Rechten in der konkreten Situation am besten gedient werden kann, z.B. hinsichtlich der Fragen, in welchem Verhältnis die einzelnen Rechte zueinander stehen oder wie viel Freiraum bzw. wie viel Unterstützung in einer konkreten Situation dienlich ist. (Vgl. zur Pflicht, stets ernsthaft über die beste konkrete Umsetzung, in diesem Fall der Menschenrechte, nachzudenken Sen 2004.)

wicklungsprozess lässt sich folglich nicht von seinem Ende (sprich Endergebnissen) her beschreiben. So erscheint es eher von Nachteil, wenn die Bewerbung von Kinderrechtsbildung von ihren Endeffekten her kommuniziert wird, die dann aber doch nur die Bedürfnisse von Lehr- und pädagogischen Fachkräften als potentiellen Abnehmer*innen bedienen. Eine Bewerbung von Menschenrechten, die mit „gutem Schulklima" wirbt und eine entsprechende „Leistungssteigerung der Schülerinnen und Schüler" in Aussicht stellt, verfehlt den politischen Anspruch von Menschenrechtsbildung. Selbstredend spricht nichts gegen motivierte und leistungsstarke Schüler*innen – dafür spricht alles – nur: eine solche Bewerbung unterschlägt die transformative Kraft von Menschenrechtsbildung. Aber genau darum geht es: Schule durch die bedingungslose Anerkennung und Inanspruchnahme der Rechte der Kinder rechtebasiert zu verändern!

Ein Beispiel: Rückmelde- und Beschwerdesysteme

Grundsätzlich gilt: Eine Beschwerde ist die Inanspruchnahme des Rechts auf Partizipation. Kinderrechteschulen verstehen sie deshalb als eine Chance, Probleme zu lösen, die Möglichkeit, Vertrauen zu schaffen, und als kostenlose Rückmeldung zur Verbesserung der Arbeit. Da Beschwerden in der Regel Verletzungen von Kinderrechten zum Inhalt haben, müssen Kinder und Jugendliche ausdrücklich zur Beschwerde ermutigt werden.

Hierfür bedarf es einer enthierarchisierten, institutionell geregelten Kommunikationspraxis. Beteiligung und Beschwerde sind dabei sowohl formale als auch alltäglich non-formale Praxis. Sie zielen auf die Wahrnehmung der jeweils anderen Perspektive, einen Abgleich möglicher Kooperationsformen sowie die Auslotung von Möglichkeiten und Grenzen.

Kinderrechteschulen haben deshalb eine Vielzahl unterschiedlicher effizienter Rückmeldeformate entwickelt. Dazu zählen die Vergabe von Lehrer*innenzeugnissen, der safety-walk (Risikoanalyse) sowie ein Ampelsystem. Exemplarisch sei hier das Ampelsystem vorgestellt, welches unaufwändig und kurzfristig Rückmeldungen an Lehrkräfte und Lerngruppe zum individuellen Lernprozess gibt, insbesondere aber die Lerngruppe selbst von der Fokussierung auf die Lehrkraft deutlich emanzipiert.

Jeder/jede Schüler*in verfügt über drei Karten in den Farben grün, gelb und rot.
- Grün bedeutet: Ich bin auf Kurs und habe im Moment keine Frage.
- Gelb signalisiert: Ich bin noch unsicher oder habe offene Fragen, kann aber weiterarbeiten, bis ich Unterstützung erhalte.

- Rot zeigt an, dass der Lernende nicht weiterarbeiten kann.

Sowohl die Lehrperson als auch die Mitlernenden sehen sofort, wer in welcher Dringlichkeit Unterstützung braucht. Wichtig ist hier, dass die Schüler*innen zunächst untereinander Hilfe anbieten und in Anspruch nehmen. Peer-Education als ein strukturelles Format wird im Unterricht zur Alltagspraxis. Erst wenn zwei Hilfsangebote von Schüler*innen keine Klärung des Sachverhaltes zur Folge haben, interveniert die Lehrperson und bietet Hilfe an. Unterstützung und Hilfsangebote werden immer zunächst von anderen Lernenden erbracht. Diese Praxis fördert die Aufmerksamkeit und Verantwortungsübernahme der Schüler*innen untereinander, ermöglicht Selbstwirksamkeitserfahrungen und rückt die Dominanz der Lehrkraft in den Hintergrund.

Das Ampelsystem ermöglicht eine Rückmeldung, die visuell erfasst werden kann, da Lernprozesse sichtbar werden. Lernende können sich gegenseitig als Expert*innen unterstützen und es entsteht ein gemeinsames Lernverständnis.

Auf dem Weg zur Kinderrechteschule – Indikatoren und Wirkungen

Dass es sich bei der Umsetzung des Kinderrechteprogramms nicht um ein mechanisches Abarbeiten von Formaten und Aufgaben handelt, sondern um einen langfristigen und iterativen (und auch kontextsensitiven) Schulentwicklungsprozess, wird auch in der Wirkungsanalyse deutlich, mit der das Landesprogramm begleitet wird. So sind in der wirkungsorientierten Aufsetzung des Programms verschiedene Indikatoren formuliert, an denen sich ein gelingender Entwicklungsprozess erkennen lässt. Bei diesen handelt es sich aber nur teilweise um zählbare Formate und Strukturen, sondern mehr um qualitative Aspekte wie Wissen, Einstellungen und Beziehungen.

In regelmäßigen Befragungen von Pädagog*innen und Schüler*innen werden einerseits zählbare Angebote und Strukturen erhoben, die für eine Entwicklung hin zur Kinderrechteschule notwendig sind: Die Aufnahme der Kinderrechte in das Curriculum, die Einrichtung eines Beschwerdesystems, die Menge und Art der partizipativen Formate. Wesentlich für die Entwicklung der Schulkultur sind aber auch andere, nicht oder nicht leicht quantifizierbare Faktoren wie die Kenntnis der Kinderrechte, der gemeinsame Diskurs über ihre Umsetzung und ihr Verhältnis zueinander, die Haltung, mit denen die Pädagog*innen den Kindern begegnen, die Fähigkeit der Kinder, ihre Rechte zu artikulieren und Verstöße gegen die Rechte wahrzunehmen. Diese Aspekte, an denen sich die Kultur und das Klima einer Schule erkennen lässt, sind gute Hinweise für einen kollektiv getragenen und mit Ernsthaftigkeit verfolgten Umsetzungsprozess.

Diese Aspekte einer kinderrechte-orientierten Kultur der Schule sind nicht an einem bestimmten Punkt bei der Erreichung eines bestimmten Indikators abgeschlossen, sondern es sind Aspekte, die durch eine lebendige Praxis aufrechterhalten, weitergegeben und gestärkt werden müssen. Die Orientierung an den Kinderrechten bestimmt das ‚Wir' der Schulgemeinschaft und überträgt sich auf alle neuen Schüler*innen und Kolleg*innen; dabei helfen fixierte Strukturen und Formate durchaus, aber dafür braucht es vor allem einen bestimmten Geist und ein Ethos, das durch Diskurs, Haltungen und Praxis lebendig und wirksam bleibt.

Ein gut umgesetzter Entwicklungsprozess hin zur Kinderrechte-Schule resultiert in Wirkungen, die sich förderlich auf die Atmosphäre und den Lernkontext auswirken. Die Schüler*innen fühlen sich an der Schule sicherer und gehen gern dorthin; die Beteiligung und Partizipation steigern die Motivation. Dies sind unbedingt zu begrüßende Effekte, die sich positiv auf Lernresultate und Bildungsbiographien auswirken können. Zu beachten ist dabei aber, dass die Motivation bzw. die normative Grundlage für die Umsetzung der Kinderrechte an der Schule nicht (konsequentialistisch) die positiven Effekte sein sollten, sondern die Rechte, die die Kinder (auch unabhängig von den positiven Resultaten) besitzen.

Damit die Entscheidung, die Kinderrechte im schulischen Handeln ernst zu nehmen, und die Beispiele guter Umsetzung auch sichtbar gemacht und damit auch Impulse für andere Schulen gegeben werden können, erhält jede Schule, die am Landeprogramm teilnimmt, nach Abschluss der Fortbildung die Plakette „...auf dem Weg zur Kinderrechteschule!" Denn die Ziellinie einer abgeschlossenen Entwicklung kann es hier nicht geben. Daher gibt es im Kinderrechteprogramm auch keine Zertifizierung, die den Abschluss des Prozesses suggerieren könnte. Die wirkungsorientierte Perspektive und die Erhebungen dienen entsprechend nicht dazu, abschließende Kriterien für die Vollendung des Entwicklungsprozesses zu messen, sondern vor allem dazu, Hinweise und Einblicke zur Verfügung zu stellen, die dabei helfen, auf dem Weg mit guten Fortschritten in die richtige Richtung zu gehen.

Genauso dient die Wirkungsanalyse der reflexiven Beurteilung und Begleitung des Landesprogramms selbst. Durch das Feedback der Teilnehmenden und durch die Erkenntnisse zu Gelingensbedingungen und Hindernissen für die Umsetzung eines solch anspruchsvollen Schulentwicklungsprozesses ergeben sich Hinweise für Veränderungspotentiale bezüglich der Formate und Materialien des Programms, um die Schulen auf dem Weg noch besser begleiten zu können.

Kinderrechtebildung als gesamtgesellschaftliche Aufgabe verstehen lernen

Mit der Ratifizierung der UN-Kinderrechtskonvention 1992 hat sich die Bundesrepublik verpflichtet, „die Grundsätze und Bestimmungen dieses Übereinkommens durch geeignete Maßnahmen bei Erwachsenen und bei Kindern allgemein bekannt zu machen." Unstrittig ist: Die Bundesrepublik ist ihrer Aufklärungspflicht nur unzureichend nachgekommen. Menschenrechtsbildung/Kinderrechtsbildung ist weder als Bezugsrahmen in der Sozialen Arbeit noch in der Bildungsarbeit verpflichtend verankert. Auch fehlt es an Kinderrechtewissen im Verwaltungshandeln sowie an Informationskampagnen für Eltern und Erziehungsberechtigte als primäre Adressat*innen. Längst ist es anerkannte Praxis, dass gesellschaftliche Herausforderungen an den Schulen zur Lösung gebracht werden sollen. Da hier alle Kinder und Jugendlichen erreicht werden können, ist die Implementierung von Kinderrechtsbildung im schulischen Kontext natürlich zielführend. Das bedeutet aber nicht, dass die Politik mit der Delegation politischer Aufgaben an die Schulen ihre Aufgabe erfüllt hat. Denn: Kinderrechtsbildung und die Inanspruchnahme der eigenen Rechte reichen über die Schulhöfe weit hinaus. Deshalb kollaborieren Akteur*innen im Landesprogramm eng mit Zivilgesellschaft, Sozialverbänden, Schulpsychologie, Elternnetzwerken, Serviceagenturen, Kompetenzteams, Schulverwaltung und Universitäten.

Im Rahmen der Jubiläumsfeiern zum 30-jährigen Bestehen der UN-Kinderrechtskonvention wurde dem Landesprogramm Kinderrechteschulen große mediale Aufmerksamkeit geschenkt und den teilnehmenden Schulen Anerkennung und Interesse gezollt – nur lassen sich die Rechte der Kinder eben nicht „abfeiern"! Tröstlich zu wissen: in enger Kooperation mit den Kindern und Jugendlichen selbst, den genannten Verbänden, Netzwerken und Akteur*innen sowie durch Unterstützung und Begleitung durch das Schulministerium haben sich allein 2021 weitere 40 Schulen für eine Programmteilnahme gemeldet.

Ausblick

Die erfreulich hohe Anmeldequote zeigt, dass pädagogische Fachkräfte trotz oder gerade wegen der hohen Herausforderungen, die sie angesichts der Pandemie organisatorisch neu zu bewältigen hatten und haben, den Blick auf das „Wohl des Kindes" (Art.3 UN-KRK) keineswegs verlieren. Eine ausbildungsbegleitende Wirkungsanalyse, die dauerhafte Implementierung lokaler und überregionaler Netzwerktreffen, die Aufrechterhaltung des Dialogs mit den Schulen nach Abschluss des Trainings, die Kooperation mit Landschafts- und Wohlfahrtsverbänden, Elternnetzwerken sowie Akteur*innen aus der Zivilgesellschaft sind ebenso wie die Ausrichtung landesweiter Fachveranstaltungen Formate, die geeignet sind, der weiteren Entwicklung des Landesprogramms Kinderrechteschulen zuversichtlich entgegenzublicken.

Download

Der Kinderrechte-Baum – Ein Werkzeug zur Implementierung des Kinderrechteansatzes in der Schule. Online verfügbar unter https://daten.wochenschau-verlag.de/download/Kinderrechtebaum.PDF

Literatur

Arbeiterwohlfahrt (Hg.) (2020). DEVI-Themenblatt ‚Adultismus'.

Biewer, G., Proyer, M. & Kremsner, G. (2019). Inklusive Schule und Vielfalt (Inklusive Schule, Band 1). Stuttgart: Verlag W. Kohlhammer.

El-Mafaalani, A. (2020). Mythos Bildung. Die ungerechte Gesellschaft, ihr Bildungssystem und seine Zukunft. Köln: Kiepenheuer & Witsch.

Kaletsch, C. (2019). Kinderrechte als Bezugspunkt für die Herausforderungen unserer Zeit. In M. Gloe & H. Rademacher (Hg.), Demokratische Schule als Beruf. 6. Jahrbuch Demokratiepädagogik (S. 160–174). Frankfurt/M.: Wochenschau Verlag.

KMK (Hg.) (2018). Menschenrechtsbildung in der Schule (Beschluss der Kultusministerkonferenz vom 4.12.1980 i.d.F. vom 11.10.2018).

Maywald, J. (2012). Kinder haben Rechte! Kinderrechte kennen – umsetzen – wahren. Weinheim/Basel: Beltz 2012.

Prengel, A. & Winklhofer, U. (Hg.). (2014a), Kinderrechte in pädagogischen Beziehungen. Band 1: Praxiszugänge. Opladen [u.a.]: Verl. Barbara Budrich.

Prengel, A. & Winklhofer, U. (Hg.). (2014b), Kinderrechte in pädagogischen Beziehungen. Band 2: Forschungszugänge. Opladen [u.a.]: Verl. Barbara Budrich.

Prengel, A. et al. (2016), Lehrforschungsprojekte zur Qualität pädagogischer Beziehungen, in: Beiträge zur Lehrerinnen- und Lehrerbildung 34/2, S. 150–157.

Reitz, S. (2015). Kinder und Jugendliche haben ein Recht auf Partizipation, was aus menschenrechtlicher Sicht im Bildungsbereich getan werden muss. Policy Paper Nr.31. Deutsches Institut für Menschenrechte. Online: www.institut-fuer-menschenrechte.de/fileadmin/user_upload/Publikationen/Policy_Paper/PP_31__Kinder_und_Jugendliche_haben_ein_Recht_auf_Partizipation.pdf

Reitz, S. & Rudolph, B. (2014). Menschenrechtsbildung für Kinder und Jugendliche: Befunde und Empfehlungen für die deutsche Bildungspolitik, Berlin: Deutsches Institut für Menschenrechte.

Sen, A. (2004). Elemente einer Theorie der Menschenrechte. Stuttgart: Reclam.

DANIEL BERTELS, DAVID ROTT

Kinderrechte als Thema in der Lehrer*innenbildung

Perspektiven aus dem und für das Studium von angehenden Lehrpersonen

Einleitung

Es ist ja nicht so, dass Artikel selten mit Allgemeinplätzen und Plattitüden beginnen würden. Wer beispielsweise Texte zur schulischen Inklusion liest, fährt gut damit, 100 Euro darauf zu verwetten, dass der erste Satz so beginnt: „Seit der Ratifizierung der UN-Behindertenrechtekonvention im Jahre 2009 ...". Und auch bei diesem Text ist die Verlockung für uns Autoren groß, ähnlich mit Blick auf die UN-Kinderrechtskonvention (KRK) in einer eben solcher tradierten Art zu beginnen. Aber die gesellschaftliche Situation zeigt, dass ein reines Verweisen darauf, dass die KRK vor über 30 Jahren verabschiedet wurde, von der Argumentation her viel zu kurz greift. Vielmehr springen uns Herausforderungen an, an die auch die Frage der Verwirklichung der Kinderrechte angebunden ist.

Wir haben es mit gesellschaftlichen Veränderungen zu tun, die wir als massiv erleben. Der Klimawandel und die damit einhergehenden Bedrohungen für die Menschheit prägen die Nachrichten und auch das eigene Denken (Stichworte im Herbst 2021: Corona-Pandemie, militärischer Abzug aus Afghanistan, Rassismus und Antisemitismus im Umfeld der Bundestagswahl).

Es zeigt sich immer wieder und auch verstärkt: Die Demokratie ist akut bedroht. Als Lehrende in der Lehramtsausbildung an der Westfälischen Wilhelms-Universität Münster geht es uns in diesem Beitrag darum, diese Entwicklungen zu reflektieren und für unsere eigene Praxis als Prüfstein zu verstehen. Welche Angebote können wir in der Hochschule angesichts der komplexen gesellschaftlichen Herausforderungen für Studierende machen, die für eine Schule des 21. Jahrhunderts ausgebildet werden wollen und sollen? Und wie können wir Lehramtsstudierenden im Rahmen ihrer Professionalisierung Perspektiven eröffnen, die bestenfalls dazu führen, dass diese auch in der späteren schulischen Arbeit und damit berufsbiographisch wirksam werden? Dass diese Wirkungsketten nicht dem Nürnberger Trichter entsprechend mechanisch funktionieren, ist uns vollkommen klar. Vielmehr muss es darum gehen, Studierende selbst zum Lernen und Denken zu aktivieren und sie dabei zu unterstützen, ihr Wissen und Können, ihren kritischen Blick und ihre Kreativität zu erweitern bzw. zu reflektieren. Eine Antwort auf diese Fragen ist das Seminar *Inklusion im Fokus der Kinderrechte*, das wir in diesem Text vorstellen.

Mit diesem Text wollen wir dazu anregen, sich mit diesen und anderen Fragen auseinanderzusetzen. Ein wichtiger Anker dafür – und das gilt es in diesem Text aufzuzeigen – sind die in der UN-Konvention formulierten Kinderrechte. Auch nach über 30 Jahren der Verabschiedung finden sie noch immer wenig Raum und Beachtung im schulischen Kontext. Dabei bieten die Kinderrechte gerade im Rahmen der Professionalisierung von Lehrkräften die Möglichkeit, das eigene pädagogische Handeln kritisch zu reflektieren und neu auszurichten. Denn in einer Demokratie sind wir immer wieder auf die Menschenrechte als normative Grundlage des Handelns zurückgeworfen. Und damit auch auf die Kinderrechte, die eine Spezifizierung darstellen und für die an vielen Stellen marginalisierte und von Diskriminierung bedrohte Gruppe der Kinder und Jugendlichen eine Schärfung der Perspektiven ermöglichen.

Wir haben diesen Text in Abschnitte gegliedert, in dem jeweils einzelne Leitfragen beantwortet werden. Im ersten Teil gehen wir der Frage nach, warum die Kinderrechte überhaupt ein Thema für die Lehrer*innenbildung sind. Im zweiten Abschnitt wollen wir klären, was Lehramtsstudierende über Kinderrechte wissen und welche Perspektiven und Konsequenzen sich hieraus für die Hochschuldidaktik ergeben. Davon ausgehend wollen wir in einem dritten Schritt ein konkretes Seminarangebot vorstellen, das wir für Masterstudierende unterschiedlicher Lehrämter entwickelt haben: Es zeichnet sich dadurch aus, dass wir die Studierenden im Sinne der offenen Hochschule mit Akteur*innen aus unterschiedlichen Bereichen zusammenbringen, etwa Schüler*innen, Aktivist*innen, Lehrpersonen und Expert*innen mit verschiedenen schulnahen Bezügen bzw. Rollen im schulischen Bildungssystem. Wir zeigen auf, welchen Lernertrag die Studierenden aus solchen Angeboten mitnehmen. Der Beitrag schließt mit einem Ausblick, in dem wir unsere eigenen Perspektiven auf das Seminarformat reflektieren. Darüber hinaus erörtern wir weitergehende hochschuldidaktische Schlussfolgerungen, die auch für die anschließenden Phasen der Lehrer*innenbildung (Referendariat sowie Fort- und Weiterbildung) relevant sein können.[1]

---

[1] Dieser Text ist als Erfahrungsbericht zu verstehen und weniger als ein wissenschaftlicher Beitrag zu lesen. Wer einen theoriegeleiteten Blick auf unsere Lehre werfen möchte, kann dies selbstverständlich auch tun. Das hier zugrunde liegende Seminar Inklusion im Fokus

Warum sind Kinderrechte ein Thema für die Lehrer*innenbildung?

Seit der Verabschiedung der UN-Kinderrechtskonvention im Jahre 1989 und der Ratifizierung in Deutschland drei Jahre später gibt es eine rechtliche Verpflichtung zu ihrer Umsetzung. Die Schule als eine öffentlich verantwortete Lebenswirklichkeit von Kindern und Jugendlichen ist hier eine besondere Institution, in der diese staatliche Aufgabe übernommen und ausgestaltet werden soll. Dieser Auftrag wurde im Jahr 2000 durch die Kultusministerkonferenz in den „Empfehlungen zur Menschenrechtsbildung in der Schule" formuliert und in einer überarbeiteten Fassung 2018 aktualisiert. Schule ist natürlich nur *ein* Ort, die Kinderrechte auszudeklinieren. Andere Institutionen wie die Familie, der elementare Bildungs- und Betreuungsbereich, die Kinder- und Jugendhilfe oder auch der organisierte Freizeitbereich wären weitere Kontexte, die eine genauere Betrachtung verdienen. Mit Blick auf die schulische Praxis wird insgesamt deutlich, dass die Kinderrechte eher als ein Ziel zu verstehen sind denn als eine gelebte Praxis. Dies hat auch mit gesamtgesellschaftlichen Entwicklungen zu tun, die der Idee der Kinderrechte häufig noch deutlich nachstehen. Dass Kinder und Jugendliche ein Recht auf eine gewaltfreie Erziehung haben, ist in Deutschland erst 2001 gesetzlich verbrieft worden. Auch wenn dieses konkrete Beispiel vornehmlich die Elternhäuser betrifft, wird deutlich, dass Kinder und Jugendliche in Machtgefüge eingebunden sind, in denen sie oftmals unterlegen waren und auch immer noch sind. Das gilt für alle gesellschaftlichen Bereiche und ist auch in der Schule nachweisbar. Studien[2] zufolge sind ca. ein Viertel aller Lehrer-Schüler*innen-Interaktionen verletzend bzw. stark verletzend. Wie ein Brennglas haben die Auswirkungen der Corona-Situation auf die Schule benachteiligende Strukturen im System in Bezug auf das Recht auf Bildung für bestimmte Schüler*innen(gruppen) sichtbar gemacht. Der Bildungserfolg im deutschen Schulsystem steht nach wie vor in einem sehr engen Zusammenhang mit familiären und sozio-ökonomischen Voraussetzungen. Benachteiligt im Distanzlernen waren z.B. Schüler*innen, deren Familien nicht über die tech-

---

    der Kinderrechte haben wir in einem Beitrag für die Online-Zeitschrift Herausforderung Lehrer*innenbildung detailliert beschrieben. Der Text kann unter https://doi.org/10.11576/hlz-4461 abgerufen werden.
2 Hier sind es vor allem die Ergebnisse der INTAKT-Studie, die einen tiefen Einblick in die schulischen Interaktionen geben. Empfohlen werden kann dabei etwa der Text Prengel, Annedore, Tellisch, Christin, Wohne, Anne & Zapf, Antje (2016). Lehrforschungsprojekte zur Qualität pädagogischer Beziehungen. Beiträge zur Lehrerinnen- und Lehrerbildung 34 (2), S. 150–157. Abrufbar über URN: urn:nbn:de:0111-pedocs-139364

nischen, finanziellen, räumlichen und auch zeitlichen Ressourcen verfügten, die ein digitaler Unterricht verlangte. Hier spielten nicht nur ein Internetzugang und ein digitales Endgerät, sondern auch ein eigener, ruhiger Arbeitsplatz bzw. ein eigenes Zimmer und ggf. auch eine inhaltliche und strukturierende Unterstützung durch Eltern eine Rolle. Und für diese Hilfestellungen müssen Eltern nicht nur mit den Inhalten, sondern auch mit dem Schulsystem, seinen Regeln und Strukturen vertraut sein, um einen angemessenen Beitrag leisten zu können.

Das oben erwähnte Machtgefüge bzw. die Hierarchisierung im Verhältnis von Kindern, Jugendlichen und Erwachsenen hat auch mit dem Bild zu tun, das in unserer Gesellschaft von Kind und Kindheit verbreitet ist: Kinder und Jugendliche könnten keine verantwortungsvollen und angemessenen Entscheidungen treffen, sie verfügten nicht über ein ausreichendes Maß an Bildung, um komplexe Probleme oder Fragen angemessen nachvollziehen zu können, sie ließen sich leicht manipulieren und könnten oftmals nicht zwischen richtig und falsch unterscheiden. Diese oder ähnliche Argumente lassen sich nicht nur für den Bereich der Familie oder auch Schule, sondern gesamtgesellschaftlich z.B. auch in der Frage eines altersangemessenen Wahlrechts erkennen. In dieser Konsequenz sind es die Erwachsenen, die sagen, was richtig ist. Sie treffen die Entscheidungen und bestimmen über die Köpfe der Kinder hinweg. Dies geschieht nicht in schlechter Absicht, sondern zum Wohl der Kinder und Jugendlichen. Sie sollen beschützt werden.

Dieses Bild vom ‚Kindsein' erscheint vielleicht antiquiert. Aber dennoch bestimmt es vielerorts das konkrete Handeln im Umgang mit Kindern und Jugendlichen. Oftmals werden sie nicht gehört oder eingebunden, auch wenn es um ihre eigenen Lebenswelten geht. Beispiel Corona: Zahlreiche „Schulgipfel" wurden abgehalten, aber die betroffenen Schüler*innen selbst waren hier nicht vertreten und hatten keine Möglichkeit, eigene Perspektiven in die Debatten einzutragen.

Sieht man Kinder und Jugendliche nicht als defizitäre Wesen, die erst noch werden müssen, sondern als Wesen, die schon sind, dann müsste sich die Frage der Einbindung und Partizipation eigentlich wenden. In pädagogischen Kontexten müsste dann beispielsweise die Frage gestellt werden, was Kinder und Jugendliche brauchen (etwa Wissen, kritisches Denken), um Entscheidungen angemessen treffen zu können. Die Erwachsenen haben dann nicht die Verantwortung, Entscheidungen für die Kinder und Jugendlichen zu treffen, sondern müssen Hilfestellungen geben und Angebote machen, um den Kindern und Jugendlichen gute Entscheidungen zu ermöglichen. Genauso ist es im Übrigen in der UN-Kinderrechtskonvention verankert, insbesondere in Artikel 12, Recht auf Gehör, aus dem die umfassenden Partizipationsrechte von Kindern und Jugendlichen abgeleitet werden.

Stellt man diese Idee in den Kontext der Debatte um inklusive Bildung, in der es darum geht, Schule und Unterricht so zu gestalten, dass alle Schüler*innen am gesellschaftlichen Leben aktiv teilnehmen und partizipieren bzw. dies erlernen können, dann wird dieses Argument noch einmal deutlicher. Zu fragen ist dann, wie pädagogisch tätige Personen, etwa Lehrer*innen, ihr Handeln ausrichten müssen. Und hierfür braucht es, auf einer Meso- oder Makroebene, auch Strukturen, in denen die einzelnen Pädagog*innen dies lernen können und entsprechend handeln können und dürfen.

Kinder und Jugendliche, das machen die Kinderrechte deutlich, haben immer den rechtlichen Anspruch, für sich selbst zu sprechen und sollten verstärkt in die Lage versetzt werden, entsprechend auch für sich selbst sprechen zu können. Sie können sich zu Problemlagen äußern und ihre Belange müssen in Entscheidungen berücksichtigt werden. Und das gilt für alle Kinder und Jugendlichen, die ja in sich keine geschlossene Gruppe sind, sondern sich vielfältig unterscheiden. Privilegierte treffen in der Schule (und darüber hinaus) auf weniger Privilegierte, Mädchen auf Jungen, Personen mit unterschiedlichen Religionen und Muttersprachen sowie kulturellen Prägungen müssen ihr Miteinander aushandeln. Im Sinne einer demokratischen Grundorientierung müssen all diese Perspektiven gehört und eingebunden werden, damit Entscheidungen getroffen werden können, die von allen getragen werden.

Für die Professionalisierung angehender Lehrpersonen gehen diese Anforderungen über einzelne Unterrichtsfächer hinaus. Die Orientierung an den Kinderrechten kann als Grundlage für die pädagogische Haltung einbezogen, aber auch für die Beziehungsgestaltung als Basis verstanden werden. Letztendlich müssen sich, nimmt man die Kinderrechtskonvention ernst, sämtliche pädagogischen Maßnahmen, Interventionen und gegebenenfalls auch Sanktionen der Institution Schule bzw. der einzelnen Lehrkraft hieran messen lassen. Damit erscheinen die Kinderrechte nicht als ein „add on", sondern als grundsätzliche normative Basis pädagogischen Handelns im Bildungssystem.

Hierzu bedarf es in der ersten Phase der Lehrer*innenbildung einer kritischen Analyse des bestehenden Systems. Wenn die durch die UN-KRK formulierten Schutz-, Förderungs- und Beteiligungsrechte in der Schule mehr und grundsätzlicher Beachtung und Umsetzung finden sollen, müssen sich die Lehramtsstudierenden als angehende professionell Handelnde in der Schule mit tradierten, impliziten und expliziten Mustern von Schule auseinandersetzen.

Beispiele für Verletzungen der UN-KRK in der Schule finden sich vielfach und auf verschiedenen Ebenen. So führt beispielsweise die hierzulande noch immer vorherrschende Segregation im Bildungssystem zu Exklusionsprozessen, etwa dann, wenn Schüler*innen mit Beeinträchtigungen im Förderschulsystem nachweislich geringere Bildungsmöglichkeiten und letztlich geringere Chancen auf gesellschaftlich anerkannte Schulabschlüsse eröffnet werden. Sowohl auf dem Schulhof, aber auch institutionell findet Diskriminierung innerhalb der Gruppe der Schüler*innen statt, aber auch durch Lehrpersonen und weitere Akteur*innen. In der Interaktion zwischen Lehrpersonen und Schüler*innen finden sich oftmals abwertende Sprachmuster, die eine explizite Verletzung der Kinderrechte darstellen. Diese Liste ließe sich noch weiter fortsetzen.

Was wissen Lehramtsstudierende?

In den Gesprächen und Diskussionen mit den Studierenden wird immer wieder deutlich, dass die Kinderrechte im Studium so gut wie nie ein Thema darstellen. Fragen der Inklusion werden beispielsweise vor allem vor der Folie der sonderpädagogischen Förderbedarfe diskutiert, das Thema der schulischen Heterogenität wird verkürzt auf den Umgang mit Vielfalt im Unterricht, ohne aber die gesellschaftlichen Rahmenbedingungen genauer zu untersuchen. Den einzelnen Lehrpersonen wird eine hohe Bedeutung für das Lernen ALLER Schüler*innen zugesprochen, während strukturelle Gegebenheiten und Unzulänglichkeiten deutlich seltener in der Lehrer*innenbildung Beachtung finden. Die Kinderrechte als Folie zur Reflexion und Ausrichtung des eigenen pädagogischen Selbstverständnisses und zur Reflexion der strukturellen Bedingungen lernen die Studierenden zumeist nicht kennen.

In einem Seminar mit dem Titel *Pädagogisch arbeiten außerhalb der Schule* haben wir Bachelorstudierenden im zweiten bis vierten Semester u.a. die Arbeit z.B. von Theaterpädagog*innen und Zooschul-Lehrpersonen sowie die Ziele von bildungsnahen Stiftungen (anhand von EDUCATION-Y – siehe den Beitrag von Elisabeth Stroetmann und Stefan Deines in diesem Band) vorgestellt. Dabei wurde deutlich, dass das Thema Kinderrechte den Studierenden noch nie untergekommen war. Aus dieser Erfahrung und auch aus der Begeisterung der Studierenden für diesen Komplex haben wir ein neues Seminarformat entwickelt, das sich an Studierende im Masterstudium richtet.

Deutlich wurde und wird aber in den Unterhaltungen mit den Studierenden, dass die Kinderrechte strukturell im Studium wenig Raum haben und die

Studierenden das Thema nur dann wahrnehmen, wenn es medial eine Rolle spielt – etwa in der Kontroverse, ob die Kinderrechte ins Grundgesetz aufgenommen werden sollen oder nicht. Und auch zentrale Pflichtthemen im Lehramtsstudium wie Inklusion und Umgang mit Heterogenität werden von Seiten der Hochschule nicht mit den Kinderrechten in Zusammenhang gesetzt.

Für uns als Lehrende war und ist dieses Nichtwissen eher schockierend und das hat uns herausgefordert, ein entsprechendes Seminar zu entwickeln. Wie oben bereits mehrfach skizziert sehen wir die Kinderrechte nicht einfach als Thema eines einzelnen Seminars an, sondern als eine Querlage, mit der sich aktuelle Fragen und Probleme sinnvoll diskutieren und reflektieren lassen. Wir plädieren entsprechend nicht für ein Schulfach Kinderrechte, sondern dafür, die Kinderrechte als normative Grundlage in der Schule, aber auch in der Aus- und Weiterbildung von (angehenden) Lehrpersonen stärker zu berücksichtigen, um den Studierenden und Lehrer*innen ein normatives Gerüst an die Hand geben zu können. Die Kinderrechte als normative Grundlage der Schule nehmen die Zielgruppe der Schüler*innen fokussiert in den Blick und ermöglichen eine weite Perspektive auf unterschiedlichste Dimensionen von Heterogenität im Sinne inklusiver Bildung.

Seminarangebot: Inklusion im Fokus der Kinderrechte

Unsere Expertise als Autoren liegt in der Lehrer*innenbildung, wobei der eine sich eher im Bereich der inklusiven Bildung orientiert und der andere, kommend aus der Begabungsforschung, individuelle Entwicklungsperspektiven von Schüler*innen im Kontext der Heterogenitätsdebatte bearbeitet. Für das Seminar war uns recht schnell klar, dass wir diese Perspektiven sinnvoll miteinander verschränken und den Studierenden einen konkreten Zugang zum Handlungsfeld der pädagogischen Praxis eröffnen müssen.

Über Elisabeth Stroetmann als Landeskoordinatorin der Kinderrechteschulen NRW war dieser Zugang zum pädagogischen Feld in dem Seminar *Pädagogisch arbeiten außerhalb der Schule* schon erfolgreich gelegt, sodass wir diese Kooperation systematisch ausgebaut haben. Die Seminaridee entstand vor der Corona-Pandemie. Ein Zugang zu Schule und Unterricht sollte den Studierenden über Hospitationen und ethnografisches Beobachten in Grund- und weiterführenden Schulen ermöglicht werden. Die Studierenden sollten im Seminar die Grundlagen kennenlernen, sich also mit Fragen der inklusiven Bildung, der sozialen Ungleichheit und den Kinderrechten beschäftigen und die Umsetzung in der Praxis in kleinen Feldforschungen selbst erkunden.

Über die Idee der ethnografischen Beobachtungen sollte erreicht werden, dass die Studierenden nicht selbst unter Handlungsdruck stehen, sondern beobachten können – in kleinen Unterrichtsausschnitten (z.B. zwei Schulstunden) oder durch eine Einbindung in weitergehende schulische Praktiken (etwa Teilnahme am Klassenrat). Diese Erfahrungen sollten sie dann so dokumentieren, dass sie im forschenden Sinne weiterbearbeitet werden können. Die punktuelle und kurze Beobachtungsphase ist dabei nicht problematisch zu sehen, sondern ermöglicht es den Studierenden, gemachte Beobachtungen in der Tiefe genauer zu analysieren.

Mit der Pandemie durchkreuzte ein großes X diesen Plan, sodass der Zugang zum pädagogischen Handlungsfeld neu organisiert werden musste. Das thematische Grundgerüst bleibt dabei bestehen: Die Studierenden erarbeiten sich zunächst Grundideen inklusiver Bildung und sozialer Ungleichheit, bevor sie mit den Kinderrechten den eigentlichen Schwerpunkt des Seminars kennenlernen.

Der Schwerpunkt Kinderrechte sollte in einem digitalen Workshop-Format umgesetzt werden, in dem sich die Studierenden anhand von Impulsvorträgen mit den Kinderrechten vertraut machen, in dem sie in Selbstlernphasen mit konkreten (Unterrichts-) Materialien arbeiten und dann, in einem nächsten Schritt, die Beschäftigung mit der pädagogischen Praxis eröffnet wird.

Hierfür haben wir, mit Unterstützung von Elisabeth Stroetmann und EDUCATION-Y, unterschiedliche Akteur*innen eingeladen, um den Studierenden das Feld möglichst breit offenzulegen. Neben Lehrpersonen von Grundschulen und weiterführenden Schulen können sich die Studierenden mit Schüler*innen ebenso austauschen wie bspw. mit Aktivist*innen von *Fridays for Future*, mit Elternvertretungen, aber auch mit Ausbilder*innen von Lehramtsanwärter*innen und Akteur*innen aus der Fort- und Weiterbildung sowie der Schulaufsicht. Die Studierenden haben den Auftrag, sich in Kleingruppen mit einer Akteurin oder einem Akteur zu unterhalten und erste impulsive Fragen zu stellen.

Hier können die Studierenden – und auch die Lehrenden wie ebenso die eingeladenen Akteur*innen selbst – die unterschiedlichen Perspektiven auf die Kinderrechte kennenlernen. Diese sind manchmal widersprüchlich oder widerstrebend, verweisen auf Leerstellen und können gerade in dieser Komplexität für die Studierenden neue Erfahrungsräume eröffnen. Dies ist eine zentrale Chance, die sich durch das Seminarformat ergibt.

Diese ersten Erfahrungen, die einen Einblick in die jeweilige Handlungspraxis geben, werden dann im Nachgang an den Workshop in den Kleingruppen mithilfe von Literatur weiter vertieft. Dieses Weiterarbeiten mündet in ein zweites Treffen mit der Akteurin oder dem Akteur, bei dem die Studierenden theoriegeleitet leitfadengestützte Interviews zu Themenkomplexen durchführen, die ihnen besonders relevant erscheinen. Diese Kleingruppenergebnisse bereiten die Studierenden auf wissenschaftlichen Plakaten für die Gesamtgruppe vor und präsentieren sie in den Seminarsitzungen. So erhalten alle Studierenden einen Einblick in die unterschiedlichen Praxen, auch wenn sie selbst nur eine dieser Praxen selbst genauer bearbeiten.

Die Studierenden stoßen in der intensiven Auseinandersetzung mit den Akteur*innen auf Widersprüche, die sich auch in das Seminar hineintragen und kontroverse Diskussionen zur Folge haben können. Wenn durch die Lehrpersonen etwa berichtet wird, dass Schüler*innen, die sich nicht an Regeln im Unterricht halten, diesen verlassen müssen und in einem sogenannten Trainingsraum betreut werden, dann stellt sich die Frage, wie diese Form der Bestrafung in das System der Kinderrechte passt. Darf man Schüler*innen einfach aus dem Unterricht entfernen? Natürlich nicht, sagen die einen. Aber die anderen verweisen darauf, wie zentral es im Unterricht ist, Störungen zu vermeiden und die Lernzeit hochzuhalten. Warum können einzelne Schüler*innen den Unterricht stören, ohne Sanktionen zu erfahren, während die anderen Schüler*innen und auch die Lehrpersonen die Störungen aushalten müssen und selbst nicht so lernen oder arbeiten können, wie sie es wünschen? Diese Fragen sind zum einen alltäglich, zum anderen aber auch grundlegend und nicht trivial. Die Frage, wie Lehrpersonen mit solchen widerstrebenden Anforderungen in der pädagogischen Praxis umgehen, fordert auch die Studierenden auf, sich mit diesen Fragen zu beschäftigen und für sich eine Position zu finden – und diese auch vor anderen argumentativ vertreten zu können. Die zentrale Reflexionsfolie hierzu bilden die Kinderrechte.

Im Seminar stoßen somit verschiedene Perspektiven aufeinander. Leitlinien des pädagogischen Handelns werden hinterfragt oder erst einmal deutlich gemacht. Und dass es hier keine ‚einfache' richtige Lösung geben kann, wird selbst denjenigen klar, die zuvor eine klare und feste Meinung zu dem Sachverhalt hatten und diese auch vehement vertreten haben. Die Studierenden erfahren, ohne selbst unter Handlungsdruck zu stehen, die Dilemmata pädagogischen Handelns. Über die Kinderrechte wird ihnen eine normative Grundlage pädagogischen Handelns angeboten. Sie können so begründete Handlungsalternativen entwickeln und insbesondere überlegen, wie etwa die Schüler*innen selbst in Prozesse von Mitgestaltung und Problemlösung adäquat eingebunden werden können. Exemplarisch erfahrbar werden hier Antinomien und Dilemmata pädagogischer Praxis, die im schulischen Alltag immer wieder einer reflexiven Auseinandersetzung durch professionell Handelnde bedürfen.

Beispielhaft sei das an einer 17jährigen Aktivistin von *Fridays for Future* verdeutlicht, die sich aufgrund des Gesprächs mit den Studierenden erschüttert zeigte: Die Studierenden waren interessiert an den Handlungsmotiven der Aktivistin. Sie wollten wissen, warum sie auf die Straße geht, wie sie sich mit anderen organisiert und wie sie und ihr Umfeld damit umgehen, dass freitags die Schule bestreikt wird. Die Aktivistin hingegen nahm insbesondere wahr, dass die Studierenden über den schulisch-unterrichtlichen Rahmen hinaus nur wenig über zentrale gesamtgesellschaftliche und politische Grundlagen wissen, etwa über das Thema Nachhaltigkeit oder Generationenkonflikte, die sich in den aktuellen Debatten zeigen. In einem Plädoyer im Seminar forderte sie die Studierenden dazu auf, sich stärker auch tagespolitisch zu engagieren. Denn für sie war klar, dass die Kinderrechte in ihrem Feld nur dann umgesetzt werden können, wenn Erwachsene bzw. Verantwortliche in Schule auch selbst aktiv werden und informiert in die Diskussionen mit den Schüler*innen einsteigen.

Im Nachgang zum Seminar entstehen aus diesen kleinen Forschungsaufträgen Studien- oder Prüfungsleistungen im Sinne von Hausarbeiten oder mündlichen Prüfungen. Hierbei gehen die einzelnen Studierenden noch einmal gezielt eigenen Fragestellungen nach und bearbeiten so das in den Kleingruppen gesammelte Material auf unterschiedliche Weise vor dem Hintergrund der UN-Konvention, der pädagogischen Praxis und der Theorie und Empirie. Mittlerweile entstehen auch mehrere Masterarbeiten aus diesen Mikro-Forschungsprojekten heraus.

Ausblick

Wie geht es nun weiter mit diesem Seminarformat und welche Perspektiven ergeben sich für die universitäre Lehrer*innenbildung insgesamt? Das Seminarangebot wird zunächst einmal mit einer Veranstaltung pro Semester beibehalten. Dabei werden sich durch die Corona-Bedingungen sicherlich Verschiebungen ergeben. Beispielsweise wird sich zeigen müssen, ob der Austausch mit den unterschiedlichen Akteur*innen in dieser Form beibehalten werden kann oder ob wir doch die Idee der ethnografischen Studien in der schulischen Praxis umsetzen. Möglich erscheint auch eine Mischform, in der die Studierenden sowohl die verschiedenen Perspektiven durch Expert*innen kennenlernen als auch einen Einblick in konkrete pädagogische Handlungen erhalten können. Dies wird die Zeit zeigen und hängt auch davon ab, wie wir die Akteur*innen begeistern können, sich weiterhin für das Seminar zur Verfügung zu stellen.

Uns ist aber durch die Rückmeldungen der Studierenden sehr deutlich geworden, wie wichtig der interdisziplinäre Austausch ist und wie gewinnbringend die Studierenden es finden, theoretisch und empirisch abgesteckte Themenbereiche auch konkret im Dialog mit der pädagogischen Praxis individuell vertiefen, diskutieren und reflektieren zu können. Die Relevanz, eigene Fragestellungen zu entwickeln und diese – in einem kleinen und abgesteckten Format – weiter zu entwickeln, erscheint als ein Schlüssel für das Gelingen des Seminars. Unser Eindruck ist, dass die Studierenden hier viel lernen und mitnehmen für ihre spätere pädagogische Praxis in den Schulen. Dies zeigt sich etwa in den Prüfungen, in denen die Studierenden auch ihre eigenen Lernwege und neuen Erkenntnisse reflektieren. Oftmals, so scheint es, gewinnen die Studierenden über das Seminar Perspektiven, die ihnen zuvor noch verschlossen waren. Dies gilt etwa für die Zusammenarbeit zwischen Lehrpersonen, Schulen und Elternhäusern: Vielen Studierenden war nicht bewusst, wie sinnvoll die systematische Einbindung der Eltern in die Schulentwicklung sein kann und wie eine konfliktreduzierte, wertschätzende Arbeit auf Augenhöhe mit Eltern überhaupt aussehen kann. Auch wenn sich diese Prozesse in einem einzelnen Seminar nicht ausbuchstabieren lassen, so hoffen wir doch, dass die Studierenden Inspirationen für ihr späteres Arbeiten finden können.

Hierbei ergeben sich in der Öffnung der Lehre und der Einbindung verschiedener Akteur*innen auch weitere sinnvolle Lerngelegenheiten für die Studierenden. Im Austausch mit den Schüler*innen können die Studierenden diesen ganz anders begegnen, als dies etwa in schulischen Praxisphasen möglich ist. Die Schüler*innen, die für das Seminar eingeladen werden, werden aufgrund ihrer Erfahrungen und ihrer Expertise eingeladen. Sie sind diejenigen, die auf die Fragen der Studierenden Antworten geben können. Die Studierenden sind nicht Wissensvermittelnde oder Lernbegleitende, sie begegnen den Schüler*innen mit ‚echten' Fragen außerhalb eines schulischen Fachwissens. Wie das Beispiel der Fridays-Aktivistin zeigt, sind die Rückmeldungen oder Denkanstöße, die die Studierenden bekommen, dabei durchaus kritisch und anforderungsreich. Diese Erfahrung, etwa Kindern und Jugendlichen in so einem Raum wie diesem Seminar zu begegnen, kann dazu führen, dass sich die eigene Perspektive auf Kindheit und Schülersein auch noch einmal ändert. Beachtet werden muss hierbei, dass für die Studierenden auch im Master häufig die eigenen Schulerfahrungen biografisch noch als sehr nah wahrgenommen werden. Im Studium vollziehen die Studierenden einen Wechsel weg von der Rolle der Schüler*innen hin zu der Rolle der Studierenden und perspektivisch werden sie eben selbst, mit dem Zwischenschritt des Referendariats, zu Lehrpersonen.

Seitens der Studierenden erfahren wir ein gefühlt großes Maß an Professionalisierung. Die Studierenden lernen pädagogische Praxis kennen, können diese in der Auseinandersetzung mit ihren Erwartungen, Vorerfahrungen und auch Vorurteilen reflektieren, sie können theoretische und empirische Literatur hinzuziehen und sich so selbst weiterentwickeln. Im Seminar ergeben sich für die Studierenden im Austausch untereinander, aber auch mit den Gästen und den Dozierenden, Möglichkeiten der Reflexion. Hierdurch machen die Studierenden komplexe Erfahrungen, die für die Idee von Professionalisierung stehen. Es geht weniger um das reine Lernen von Faktenwissen, sondern um das systematische und vielseitige Verknüpfen des Wissens mit Erfahrungen und vor allem auch fremden Perspektiven.

Für uns als Lehrende erfordert dieses offene Format auch viel Gelassenheit: Wir können die Lernarchitektur bereitstellen, Akteur*innen einladen und durch Arbeitsaufträge Prozesse in Gang setzen. Dennoch wissen wir nicht, welches Wissen sich die Studierenden im Detail erarbeiten, wo sie genau ihre Schwerpunkte legen und wo sie ihr Wissen vertiefen. Wir geben also Kontrolle ab, da die Lernprozesse stark durch die Studierenden selbst bestimmt sind und weniger direktiv durch die Lehrenden vorgegeben werden. Diese Unsicherheit ist aus unserer Sicht aber auch sehr spannend und anregend für uns selbst: Die Basics können wir berichten, wir können die Studierenden mit Kinderrechten theoretisch vertraut machen, hier zur Reflexion anregen. Durch die eigenen Suchbewegungen der Studierenden werden aber auch wir als Lehrende herausgefordert. Wir müssen die Wege begleiten, Hilfestellungen geben. Vor allem aber inspirieren uns die Erfahrungen und Fragen der Studierenden, uns selbst auf die Suche zu machen und das Thema Kinderrechte im Kontext pädagogischer Handlungsprozesse genauer verstehen zu wollen. Dies gilt sowohl für die Ausgestaltung der eigenen Lehre als auch für die Planung entsprechender Forschungsvorhaben.

ADOLF BARTZ

Was Schüler*innen (und Lehrer*innen) brauchen

Die Kinderrechte gemäß der Kinderrechtekonvention der Vereinten Nationen (KRK) sind unveräußerliche Rechte: Sie gelten weltweit für Kinder und Jugendliche von 0–18 Jahren ganz einfach deshalb, weil diese Kinder und Jugendliche sind – unabhängig von ihren Leistungen, ihrer Leistungsfähigkeit und Leistungsbereitschaft, ihrem Verhalten, ihrem Geschlecht und ihrer kulturellen Zugehörigkeit. Sie sind deshalb in der Schule zwingend zu beachten. Das setzt voraus, dass sie allen Beteiligten in der Schule, insbesondere den Schüler*innen bekannt sind. Das setzt zudem Bedingungen voraus, die es allen Beteiligten ermöglichen, die Kinderrechte zu beachten und in der Schule glaubwürdig zu leben und erleben zu lassen.

Bei der Aufgabe, den Unterricht und das Lernen, die Unterrichtsinhalte und die Leistungsbeurteilung, die Beziehungen und das Schulleben im Sinne der Kinderrechtskonvention zu gestalten, geht es um drei Aspekte, die in der konkreten Schulpraxis miteinander verschränkt sind:
- Haltung (Vertrauen, Wertschätzung, dialogische Kommunikation, Bildung)
- Struktur (Gebäude und Ausstattung, Aufbau- und Ablauforganisation, Regeln)
- Kultur (Führung, Partizipation, Feedback, Inklusion)

1. Haltung

Vertrauen
Soziale Systeme, insbesondere diejenigen, bei denen es wie in der Schule um den Umgang mit Menschen und um deren Entwicklung geht, sind nur funktionsfähig, wenn es eine Grundlage an geteilten Werten und damit ein Mindestmaß an Zusammenhalt gibt. Das setzt ein Grundvertrauen voraus, sich auf die anderen verlassen zu können und das Handeln der anderen als berechenbar zu erleben, um dann auch die Folgen des eigenen Handelns einschätzen zu können. Dabei gilt für hierarchische Systeme wie die Schule der Grundsatz, dass die hierarchisch höher stehende Person einen Vertrauensvorschuss schenken muss:
- Die Schulleitung vertraut darauf, dass die Lehrpersonen Aufgaben und Verantwortung übernehmen, ihre pädagogische Arbeit bestmöglich leisten und an Sinn und Zielen orientieren wollen.

- Die Lehrpersonen vertrauen darauf, dass die Schüler*innen die für sie bestmöglichen Leistungen erreichen, sich sozial verträglich verhalten und sich Ziele setzen wollen.

Umgekehrt kann die Führungsperson aber Vertrauen nicht erwarten, sondern muss es erwerben – und zwar nicht nur durch das, was sie sagt, sondern entscheidend durch das, was sie tut.

Vertrauen zu erwerben und zu schenken ist die Voraussetzung für eine Vertrauensbasis und -kultur in der Schule und diese ist wiederum die Voraussetzung für die Chance, dass sich die Akteure in einem Flow-Kreislauf wechselseitig positiv verstärken:

Der Flowkreislauf

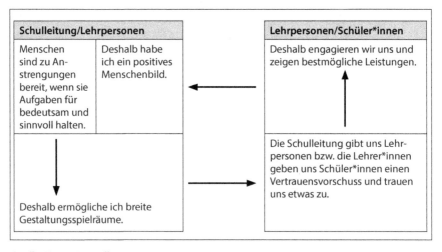

Quelle: Eigene Darstellung.

Verantwortung

Anderen zu vertrauen, dass sie ihre Aufgaben gut wahrnehmen und Beziehungen sozialverträglich gestalten wollen, setzt voraus, sie ernst zu nehmen, ihre Autonomie und Eigenverantwortung zu respektieren und Aufgaben und Verantwortung nur dann zuzumuten, wenn man sie auch zutraut. Für Lehrkräfte heißt das: Sie müssen vermeiden,
- Schülerinnen und Schüler herabzusetzen und zu demütigen – und das nicht nur bewusst, sondern vor allem auch unbeabsichtigt (Reckahner Reflexionen 2017, S. 12 f.)
- Schülerinnen und Schülern überfürsorglich die Verantwortung für sich selbst und ihr Handeln abzunehmen und

- zuzulassen, dass Schüler*innen für ihre Probleme immer nur andere verantwortlich machen und Hilfe ausschließlich von anderen erwarten, statt Wege zu finden, wie sie ihre Probleme selbst lösen können.

Der Maßstab, an dem sich das gesamte Lehrerhandeln und die Gestaltung von Unterricht und Schulleben orientieren müssen, ist das Wohl („best interest") des Kindes, das nach Art. 3 KRK vorrangig zu berücksichtigen ist. Das heißt im Hinblick auf den Lernerfolg, die Verantwortung für ihn angemessen und altersgemäß zu teilen:
- Die Lehrkraft ist verantwortlich dafür, Anforderungen und Erwartungen klar zu äußern und zu vermitteln, für ein fachlich qualifiziertes, reiches und individuell forderndes und passendes Lernangebot zu sorgen und günstige Lern- und Verhaltensbedingungen zu gewährleisten.
- Die Schüler*innen sind für ihr Lernen und Verhalten verantwortlich und damit dafür, ob und wie sie die Angebote nutzen und was sie aus ihnen im Sinne der eigenen Ziele und des eigenen Wohlergehens machen.

Daraus ergibt sich die Einsicht, dass die Lehrkräfte Schüler*innen nicht motivieren können. Diese können sich nur selbst motivieren – und ob sie das tun, hängt ab von einer wertschätzenden und vertrauensbildenden Beziehungsgestaltung durch die Lehrkraft sowie von der Attraktivität und individuellen Passung der Lern- und Bildungsangebote, die die Schule ihren Schüler*innen bietet, und der Aufgaben, die sie ihnen stellt.

Merkmale und Kriterien der Aufgabengestaltung

Gestaltungsmerkmale	Ziel/Absicht	Vorteil/Wirkung	Realisierung durch …
Ganzheitlichkeit	Schüler*innen erkennen Bedeutung und Stellenwert ihrer Lerntätigkeit.	Schüler*innen erhalten Rückmeldungen über den eigenen Arbeitsfortschritt aus der Lerntätigkeit selbst.	… umfassende Aufgaben mit der Möglichkeit, die Ergebnisse der eigenen Lerntätigkeit mit den Anforderungen der Aufgabe abzugleichen.
Anforderungsvielfalt	Die Schüler*innen können unterschiedliche Fähigkeiten, Kenntnisse und Fertigkeiten anwenden.	Vielfalt wirkt anregend und vermeidet einseitige Schwerpunkte beim Lernen.	… Aufgaben mit unterschiedlichen inhaltlichen und methodischen Anforderungen.

Gestaltungs-merkmale	Ziel/Absicht	Vorteil/Wirkung	Realisierung durch ...
Kooperation	Die Schüler*innen können Schwierigkeiten gemeinsam bewältigen.	Gegenseitige Unterstützung hilft, Lösungen zu finden und Belastungen besser zu ertragen.	... Aufgaben, die Zusammenarbeit in Gruppen erfordern.
Autonomie	Die Schüler*innen erfahren, dass sie Einfluss auf das eigene Lernen und dessen Ergebnisse haben.	Die Bewältigung der Aufgaben stärkt das Gefühl von Selbstwirksamkeit und fördert die Bereitschaft zur Übernahme von Verantwortung.	... Aufgaben mit Dispositions- und Entscheidungsmöglichkeiten.
Lern- und Entwicklungsmöglichkeiten	Die Aufgaben fördern die allgemeine geistige Flexibilität und stellen eine Herausforderung dar, die anspruchsvoll, aber bewältigbar ist.	Die Schüler*innen erleben Lernen als persönliche Weiterentwicklung.	... problemhaltige Aufgaben, zu deren Bewältigung die Erweiterung vorhandener Kompetenzen oder die Aneignung neuer Kompetenzen erforderlich sind.

Quelle: Eigene Darstellung.

Dialogische Kommunikation

Wechselseitige Wertschätzung hat Auswirkungen auf die Art der Kommunikation in der Schule. Wenn die Autonomie und Eigenverantwortung der anderen respektiert werden sollen, setzt das den Verzicht auf Rechthaberei voraus und fordert die Bereitschaft zu akzeptieren, dass Dissens und Verschiedenheit und nicht Konsens der Normalzustand in sozialen Systemen wie der Schule sind.

Wenn aber der Streit der Meinungen nicht den Zusammenhalt, die Handlungsfähigkeit und die Verbindlichkeit gefährden soll, stellt sich die Frage, wie Dissens im Kollegium und in der Schulgemeinschaft kommunikativ geklärt werden kann. Dafür muss es nur in einem Punkt einen Konsens geben: Jeder gesteht dem anderen zu, was er umgekehrt von ihm erwartet. Daraus ergeben sich dann Grundsätze für eine Kommunikation, die Austausch und wechselseitiges Verstehen ermöglicht.

Grundsätze dialogischer Kommunikation

- Jeder setzt sich für das Existenzrecht des anderen ein, auch wenn der Kommunikationspartner Überzeugungen vertritt, die den eigenen grundlegenden Werten widersprechen. Denn die Existenz ist die Voraussetzung, ohne die es keine Kommunikation und keinen Dialog gibt. Das schließt die Bereitschaft zum Verzicht auf Macht und Erpressung ein.
- Jeder gesteht dem anderen die genau gleiche Chance auf Teilhabe am Austausch zu, wie er sie für sich selbst in Anspruch nimmt.
- Jeder unterstellt dem Partner Wahrhaftigkeit und ist selbst zu Wahrhaftigkeit bereit, also dazu, dass das, was man sagt, auch das ist, was man denkt und meint.
- Jeder ist bereit, dem wechselseitigen Verstehen Vorrang vor dem Bewerten zu geben.
- Jeder ist bereit, zu äußern und zu begründen, was für ihn seine Wahrheit ist, und zugleich dem anderen das Recht auf seine – ggf. abweichende – Wahrheit zuzugestehen.
- Jeder akzeptiert, dass der Umgang mit Dissens geklärt werden muss. Das schließt einen Konsens zu wechselseitig zugestandener Beliebigkeit aus nach dem Motto „Ich lasse dich machen, was du willst, wenn du mich machen lässt, was ich will".
- Jeder ist bereit, seine Überzeugungen zu äußern und zu begründen.
- Jeder ist bereit, die Überzeugungen und Meinungen anderer anzuhören und den anderen verstehen zu wollen, auch und gerade dann, wenn er diese Überzeugungen nicht akzeptiert.
- Jeder ist bereit, seine Überzeugungen zu ändern, wenn ihn die Argumente der anderen überzeugt haben.
- Jeder ist bereit, für die eigenen Überzeugungen einzustehen, sich für ihre Verwirklichung zu engagieren, also etwas zu wollen und diesen Willen in Handeln umzusetzen.
- Jeder ist bereit, die eigenen Überzeugungen im Hinblick auf die Ergebnisse und Wirkungen des entsprechenden Handelns zu überprüfen und dann sein Handeln an den Ergebnissen der Überprüfung auszurichten.
- Jeder ist bereit, für die Folgen des eigenen Handelns einzustehen und Verantwortung zu übernehmen.
- Jeder ist bereit, das, was sich im Dialog als gemeinsame Überzeugung herausgebildet hat, zu vereinbaren und die Umsetzung der Vereinbarung in Maßnahmen mitzutragen.

Bildung

Die Schule hat ihren Bildungsauftrag dann gut erfüllt, wenn die Schüler*innen in der Lage sind, die Herausforderungen ihres beruflichen, gesellschaftlichen und privaten Lebens zu bewältigen, und wenn sie zur demokratischen Teilhabe und Mitgestaltung bereit und fähig sind – so auch Art. 29 KRK, wonach „die Bildung des Kindes darauf gerichtet sein muss, [...] das Kind auf ein verantwortungsbewusstes Leben in einer freien Gesellschaft im Geist der Verständigung, des Friedens, der Toleranz, der Gleichberechtigung der Geschlechter und der Freundschaft zwischen allen Völkern und ethnischen, nationalen und religiösen Gruppen sowie zu Ureinwohnern vorzubereiten."

Das setzt voraus, nicht nur die gegenwärtigen Anforderungen, sondern auch die der Zukunft im Blick zu haben. Deshalb müssen den Lehrplänen und Unterrichtsinhalten Trendanalysen zugrunde liegen. Welche Unterrichtsinhalte bedeutsam sind und welchen Beitrag die Unterrichtsfächer zu leisten haben, damit die Schüler*innen ihr Leben bewältigen können, lässt sich nur aus der Analyse künftiger Berufs- und Lebenssituationen ableiten.

Eine solche Klärung hat Konsequenzen für die Stundentafel. Wenn die Unterrichtsinhalte sich an den Herausforderungen der Zukunft orientieren, dann kann das leitende Prinzip für die Unterrichtsorganisation nicht der Fachunterricht, dann muss es das des problembasierten Unterrichts sein, der die absehbaren Herausforderungen zum Thema macht. Aus deren Analyse ergibt sich, was an Wissen und Kompetenzen erforderlich ist, um sie bewältigen zu können. Ein solches Konzept ist auch die beste Vorbereitung auf das, was an Wissen und Kompetenzen in Studium und Berufsausbildung erforderlich ist: In fachübergreifenden Strukturen zu arbeiten sowie Sprachen, Theorien und Methoden unterschiedlicher Disziplinen zu integrieren, um zur Lösung drängender Probleme beitragen zu können.

An der Entscheidung, was Schüler*innen warum und wie lernen sollen, müssen sie beteiligt werden (vgl. Art. 12 KRK). Denn Menschen können nicht gebildet werden, sie können sich nur selbst bilden. Deshalb schließt der Bildungsauftrag der Schule ein, die Fähigkeit der Selbstreflexion zu fördern. Dabei geht es um die Reflexion des eigenen Lernens und darüber hinaus um die Frage der Sinnhaftigkeit und Bedeutsamkeit der Lerninhalte und -methoden: Was leisten sie dafür, dass die Schüler*innen ihre Lebensaufgaben in der Gegenwart und in der Zukunft bewältigen können? Eine solche Selbstreflexion ist auch die Voraussetzung dafür, sich Ziele zu setzen und für den eigenen Bildungsprozess Verantwortung zu übernehmen.

2. Struktur

Was Schüler*innen und Lehrkräfte als Grundlage von Unterricht und Schulleben brauchen, sind hinreichende Arbeits- und Lernbedingungen und die erfordern ausreichende Ressourcen im Hinblick auf
- Zeit für Lernen, Beraten und Austausch sowie – nicht nur in Ganztagsschulen – für Bewegung und Spiel,
- Schulgebäude, die Räume für unterschiedliche Gruppen und Funktionen bieten,
- eine Ausstattung, die den fachlichen Unterrichtsstandards entspricht – vor allem in den Fachräumen und aktuell insbesondere im Hinblick auf Digi-

talisierung und Konzepte digital unterstützten Lernens, z.B. des Blended Learning.

Schulintern sorgt eine klare Aufbau- und Ablauforganisation dafür, dass Reibungsverluste und Störungen im Alltagsbetrieb vermieden werden und sich ein Gefühl von Zugehörigkeit entwickeln kann. Dafür sind Regeln wichtig, die für Verbindlichkeit sorgen, indem jede*r weiß, woran er/sie ist, was gilt und wie die Abläufe und Verfahren sind. Das ermöglicht einen gleichsinnigen Handlungsrahmen für Schüler*innen und Lehrkräfte, in dem sich dann individuelle Vielfalt entfalten kann.

Für jedes Regelwerk gilt, dass es in der Spannung mit Regelverstößen steht, die immer wieder im Einzelfall passieren. Sie können positiv die Wirkung haben, dass das Regelwerk nicht erstarrt. Damit sie aber nicht die Regel generell außer Kraft setzen und zu Beliebigkeit führen, braucht es Regeln für den Umgang mit Regeln. Sie ermöglichen,
- dass das Regelwerk zugleich stabil und flexibel sein kann,
- dass es für Orientierung sorgt, ohne zu Erstarrung zu führen,
- dass die Sinnhaftigkeit der Regeln gewährleistet ist und
- dass die Schule und ihre Organisation nicht als bloß formale, sondern als lebendige Ordnung erlebt werden.

Regeln für den Umgang mit Regeln

1. Eine funktionierende Gemeinschaft ist auf einige Abmachungen und Anordnungen angewiesen.
Diese sind sorgfältig gewählt, begründet, machen Sinn. Wir sind uns allerdings bewusst, dass Abmachungen und Anordnungen nicht für alle Beteiligten gleich sinnvoll und akzeptabel sein können. Solange sie jedoch in legitimer Weise zustande gekommen sind, gelten sie als verbindlich für alle. Wir rechnen aber gleichzeitig auch mit dem Nichteinhalten von Regeln und mit deren Vorläufigkeit.

2. Wer von Abmachungen/Anordnungen mal abweicht, ist erklärungspflichtig.
Dies ist dann auch ein Zeichen von Einwilligung in die grundsätzliche Verpflichtung und Gemeinschaftstreue. Solche Verstöße – soweit sie nicht grob fahrlässig passieren und nicht großen Schaden anrichten – dürfen ab und zu mal vorkommen, ohne dass Schuld und Ächtung entsteht.

3. Rückfragen und Ermahnungen sind erlaubt.
Es wird nicht als unfreundlicher Akt betrachtet und man muss nicht mit aggressiver Vergeltung rechnen, wenn andere bei Verstößen nachfragen, ergründen, anmahnen. Wir wissen und akzeptieren auch, dass grobe oder chronische Verstöße gegen Regeln die dafür vorgesehenen Sanktionen auslösen können.

4. Voraussehbare Toleranzansprüche sind ausgehandelt.
Wenn eine Person – z.B. aus Gewissensgründen – Abmachungen bzw. Anordnungen nicht genau einhalten kann, werden individuell beanspruchte Toleranzansprüche offen ausgehandelt.

> 5. Unterlaufen ist bei uns keine Antwort.
> Als untauglich angesehene Abmachungen/Anordnungen werden nicht einfach unterlaufen. Es ist dann Pflicht, sich für eine Änderung der Abmachungen/Anordnungen im Rahmen der üblichen Verfahrensregeln einzusetzen.
> 6. Wer Mühe hat, holt sich Unterstützung.
> Es kann sein, dass das Erfüllen von Abmachungen/Anordnungen an Fähigkeitsgrenzen stößt, als überfordernd empfunden wird, eventuell Angst macht. Es ist dann die Pflicht des/der Betroffenen, dies anzumelden und um Unterstützung nachzusuchen (Hol-Prinzip). Still leiden, Trotzen oder So-tun-als-ob sind keine akzeptablen Lösungen.
> 7. Wir überprüfen periodisch unser Regelwerk.
> Wir bekräftigen die beizubehaltenden Regeln, ändern beziehungsweise streichen Untaugliches oder fügen neu notwendige Regeln hinzu.
> (Quelle: Nach Strittmatter 2003, S. 49 f.)

Auf das Schülerverhalten im Schulalltag bezogen zeigt die Erfahrung, dass fünf bis sieben Regeln als Ordnungsrahmen ausreichen, um das Verhalten effektiv zu steuern – aber nur dann, wenn auf Regelverletzungen berechenbar reagiert wird. Wichtig ist dabei, bei schweren oder wiederholten Regelverletzungen mit den Täter*innen wertschätzend umzugehen und ihnen die Verantwortung für die Folgen ihres Handelns zuzumuten und zuzutrauen.

Diese Verantwortung ist vor allem dann von Bedeutung, wenn durch die Tat, z.B. durch Erpressung, Bedrohung oder physische Gewalt, die Beziehung zu Mitschüler*innen verletzt worden ist. In solchen Fällen reichen Ordnungsmaßnahmen nicht aus. Sie müssen durch die Verpflichtung zur Wiederherstellung der Beziehung ergänzt werden. Denn das Besondere an der Schädigung oder Verletzung anderer Personen in der Schule ist, dass der Täter und das oder die Opfer zwangsläufig in der Schule und meist noch enger in der Klasse wieder in Beziehung treten müssen. Das ist den Opfern aber nur zumutbar, wenn sie sich vor weiteren Übergriffen sicher fühlen können und die Schule für ihre Sicherheit und ihren Schutz sorgt. Die Verantwortung dafür, die gestörte Beziehung wieder herzustellen, liegt beim Täter. Er muss Angebote machen, wie dem Opfer zumutbar und angstfrei möglich ist, wieder und weiterhin in einer engen Gemeinschaft mit dem Täter zusammen zu leben – und ob ihm das möglich ist, kann allein das Opfer entscheiden.

Ordnungsmaßnahmen müssen also vorrangig den Schutz und die Würde der Schüler*innen sichern, die von Regelverletzungen betroffen sind. Sie müssen aber im Sinne der Kinderrechtskonvention zugleich die Würde der Täter wahren: „Die Vertragsstaaten treffen alle geeigneten Maßnahmen, um sicherzustellen, dass die Disziplin in der Schule in einer Weise gewahrt wird, die der Menschenwürde des Kindes entspricht" (Art. 28 KRK).

Wenn gemäß Art. 2 KRK der Schutz vor Ausgrenzung und Diskriminierung gewährleistet sein soll, setzt das aber nicht nur die Wiederherstellung verletzter Beziehungen voraus, sondern eine klare Positionierung der Schule gegenüber Rassismus, Antisemitismus oder Herabsetzung wegen der sexuellen Orientierung oder der religiösen und kulturellen Zugehörigkeit. Schüler*innen davor zu schützen, erfordert umgehende klare Grenzsetzungen und Sanktionen, wenn es zu Akten der Diskriminierung kommt. Die beste Prävention ist dabei, dass die Schule in der Wahrnehmung und dem Erleben der Schüler*innen von einer wertschätzenden und dadurch auch schützenden Beziehungsgestaltung geprägt ist.

3. Kultur

Handlungsrahmen statt Detailvorschriften

Eine Schulkultur, in der die die Kinderrechte geachtet und gelebt werden, setzt breite Partizipationsmöglichkeiten und Gestaltungsspielräume für die Lehrkräfte und genauso für die Schüler*innen voraus. Das hat für die Steuerung von Schule durch die Schulministerien und die Schulaufsicht zur Konsequenz, dass die Vorschriften nicht den Blick auf die wesentlichen Ziele von Schule verstellen dürfen.

Die Bildungskommission NRW hat dazu schon 1995 (S. 152) kritisch angemerkt – und daran hat sich wenig geändert: „Feststellbar ist eine Überregulierung im Detail- und Verfahrensbereich, hinter der die vom Gesetzgeber formulierten Zielvorgaben kaum noch wahrgenommen werden können. Nicht an ihnen orientiert sich in der Regel das Handeln der Beteiligten, sondern an der Kleinarbeitung in Verordnungen, Erlassen, Verfügungen und gegebenenfalls Einzelweisungen, deren fehlerfreie Beachtung sich in den Vordergrund der Steuerungsbemühungen drängt".

Wenn Vorschriften mehr als einen Handlungsrahmen vorgeben, ist die Gefahr groß, dass sie nicht zum Einzelfall passen, weil sie immer generell formuliert werden müssen. Verfehlen sie aber die spezifische Situation der einzelnen Schule, können sie Schaden anrichten. Dann braucht die Schule – und vor allem die Schulleitung – den Mut, von Vorschriften abzuweichen und den für sie erforderlichen Ermessensspielraum in Anspruch zu nehmen. Dazu gehört dann auch die Bereitschaft, für die Abweichung von einer Vorschrift die Verantwortung zu übernehmen.

Führung

Gestaltungsspielräume nutzen und von Vorschriften abweichen hat nicht Beliebigkeit zur Folge. Je offener der Unterricht und das Zusammenleben in der

Schule gestaltet werden, umso wichtiger ist eine klare Struktur. Dazu gehört, dass die Schulleitung gegenüber den Lehrkräften und die Lehrkräfte gegenüber den Schüler*innen Führung wahrnehmen. Dabei geht es um zwei ganz unterschiedliche Rollen, die der Orientierung und die der Unterstützung:

Rollen der Führungsperson

Orientierung	Unterstützung
Die Führungsperson ...	Die Führungsperson ...
• beauftragt mit Aufgaben	• schenkt Vertrauen und überträgt Verantwortung
• stellt Anforderungen und gibt Ziele vor	
• überprüft die Zielerreichung und bewertet den Grad und die Qualität der Zielerreichung	• vermittelt Wissen und Methoden, wie den Anforderungen genügt und die Ziele erreicht werden können
• setzt Grenzen und äußert Änderungsverlangen	• unterstützt dabei, Probleme selbst zu lösen
• bezieht Position	• gibt Feedback als Anregung
• trifft Entscheidungen	• bietet den Freiraum, in einem vorgegebenen Rahmen selbst zu entscheiden

→ Die Führungsperson fordert ein auf der Grundlage von Amt und Hierarchie	→ Die Führungsperson bietet Unterstützung an oder vermittelt sie
→ Wirkungsabsicht Klarheit: Sind Ihnen/sind dir die Anforderungen und Verhaltenserwartungen klar?	→ Wirkungsabsicht Verstehen, Zustimmung: Wollen Sie/Willst du meine Unterstützung wahrnehmen? Oder wollen Sie/willst du Ihre/deine Probleme selbst lösen oder Hilfe von anderen einholen?

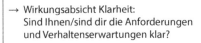

Menschenbild: Die Lehrpersonen/die Schüler*innen als autonome, für sich, ihr Handeln und die Ergebnisse ihres Handelns verantwortliche Personen

Quelle: Eigene Darstellung.

Für beide Rollen, die der Orientierung und die der Unterstützung, gilt der Grundsatz der Wertschätzung.
– Die Schulleitung bzw. die Lehrkraft achtet bei der Orientierung, auch und gerade bei Grenzsetzungen und Kritik, darauf, das Verhalten, aber nicht die Person zu konfrontieren.
– Sie mutet eine Verhaltensänderung zu, weil sie sie auch zutraut, und sie macht deutlich, dass die Lehrpersonen/die Schüler*innen ihr nicht nur in ihrer institutionellen Rolle, sondern auch als Mensch wichtig sind.

- Sie achtet den anderen als einen Menschen, der für sich und sein Handeln Verantwortung übernimmt. Sie hilft, aber sie wird nicht zum überfürsorglichen Retter und wertet die Lehrpersonen bzw. Schüler*innen nicht ab, indem sie sie zu Opfern macht, die nicht für sich selbst sorgen können.
- Sie respektiert das Spannungsfeld von Ordnungsrahmen und Eigensinn. Durch den professionellen Auftrag verpflichtet, den Ordnungsrahmen durchzusetzen, gesteht die Schulleitung den Lehrpersonen und gestehen die Lehrer*innen den Schüler*innen zu, sich eigensinnig dem Ordnungsrahmen zu widersetzen, allerdings nur unter der Voraussetzung, dass diese dann auch für die Konsequenzen einstehen und Verantwortung für die Konsequenzen ihres Handelns übernehmen.

Partizipation
Führung ist nur legitim, wenn sie Mitgestaltung und Partizipation zulässt und berücksichtigt. Deshalb müssen die Lehrkräfte die Kinder und Jugendlichen an Entscheidungen und Maßnahmen beteiligen. Dazu Art. 12 KRK: „Die Vertragsstaaten sichern dem Kind, das fähig ist, sich eine eigene Meinung zu bilden, das Recht zu, diese Meinung in allen das Kind berührenden Angelegenheiten frei zu äußern, und berücksichtigen die Meinung des Kindes angemessen und entsprechend seinem Alter und seiner Reife" – und was für die Staaten gilt, gilt natürlich auch für alle Schulen und Lehrkräfte in den Staaten.

Partizipation ist erforderlich, weil nur der Verantwortung für sich selbst übernimmt, der handelnd und mit entscheidend auf die Bedingungen und die Gestaltung seiner (Lern-) Umgebung Einfluss nehmen und sich als selbstwirksam erfahren kann. Das passende altersgerechte Maß an Partizipation muss sich daran orientieren, welche Entscheidungen und Maßnahmen die Schüler*innen als Angelegenheit der Lehrkräfte ansehen und bei welchen sie sich in hohem Maß betroffen fühlen und erwarten, dass im Sinne von Art. 12 KRK Entscheidungen nicht ohne ihre Beteiligung getroffen werden.

Das gilt z.B.
- für die Frage, wie die Schüler*innen ihr Zusammenleben in der Balance von Vielfalt und Zusammenhalt gestalten und wie sie sich darüber z.B. im Kinderparlament oder im Klassenrat verständigen,
- für die Frage, was die Schüler*innen warum lernen sollen, also die Lehrpläne und Unterrichtsinhalte und -methoden, und
- für die Frage, welche Leistungen sie als Kompetenznachweis in welcher Weise erbringen sollen und welche Art der Leistungsrückmeldung für sie hilfreich ist.

In allen drei Bereichen geht es darum, dass die Schüler*innen angehört werden und dass sie gegenüber den Erwachsenen das Recht auf die Begründung von Entscheidungen haben, die die Erwachsenen im Rahmen ihrer Aufgaben und ihrer Verantwortung getroffen haben.

Insbesondere für die Leistungsbewertung gilt: Keine Beurteilung ohne Kommunikation! An die Stelle von Leistungsnoten muss ein Leistungsfeedback treten. Es bezieht sich auf die Gründe für die Leistungseinschätzung und -rückmeldung und vor allem darauf, wie die Schüler*innen ihren weiteren Lernprozess im Abgleich von erbrachten Leistungen und den erwarteten Anforderungen wirksam gestalten können. Dafür brauchen sie ein System der individualisierten Leistungsnachweise, z.B. durch Lern-Portfolios oder die Arbeit mit dem Lernplan (vgl. dazu die Beiträge von Anita Groß, Nikola Prkačin und Martin Spätling).

Inklusion und Selektion

Der Auftrag der Schulministerien an die Schulen, individuell zu fördern und Inklusion zu gewährleisten, stellt in allen Bundesländern eine „mission impossible" dar. Denn das gegliederte Schulwesen ist nicht auf Inklusion angelegt, sondern wird durch Exklusionsentscheidungen während der Schullaufbahn geprägt, vor allem beim Übergang in die unterschiedlichen Schulformen der Sekundarstufe I, aber auch bei den Entscheidungen über die Versetzung in die nächsthöhere Klasse. Solange, wie die Schule rechtlich und in der Auswirkung auch pädagogisch vorrangig für die leistungsgerechte Verteilung von Berechtigungen und damit von Lebens- und Berufschancen zu dienen hat, und solange, wie schulrechtlich für Lehrkräfte wichtiger ist, Leistungen gerichtsfest zu beurteilen statt jedes Kind nach seinen Interessen und Begabungen so gut wie möglich zu fördern, solange stößt die Verwirklichung der Kinderrechte auf Grenzen, solange ist letztlich nicht Bildung, sondern das (Abschluss-) Zeugnis das für die Schullaufbahn relevante Ziel.

Doch trotz der wenig kinderrechtsfreundlichen und lernförderlichen Strukturen des deutschen Schulwesens ist die Orientierung der Lehrertätigkeit an individueller Förderung und inklusiver Pädagogik unverzichtbar, damit die Schule den Kindern und Jugendlichen soweit wie eben möglich nutzt und so wenig wie möglich schadet. Deshalb sollte der Grundsatz sein: „Es ist, wie es ist, und es nicht gut. Machen wir dennoch – durch unsere Professionsethik[1] verpflichtet – das Beste daraus."

---

1 Vgl. https://www.produktive-medienarbeit.de/ressourcen/bibliothek/positionspapiere/bildungsinternationale.shtml

Leitlinien für den Unterricht

Dabei können die sieben C's (Zierer 2021) eine Leitlinie für einen guten Unterricht im Sinne der Kinderrechte sein:
- Care (Fürsorge): Ohne eine positive Beziehung, die Vertrauen schafft, bleiben Bemühungen wirkungslos.
- Control (Klassenführung): Sie ist der Garant dafür, dass Lernen reibungslos und mit Schwung läuft und dass es keine Ablenkung gibt.
- Challenge (Herausforderung): Die Aufgaben müssen einen Anreiz bieten und in dem Maß bewältigbar sein, dass ihre Bearbeitung das Gefühl von Selbstwirksamkeit und Stolz auf die eigene Leistung weckt.
- Clarify (Klarheit): Je klarer den Lernenden die Ziele sind und je klarer ihnen ist, wie der Lernerfolg aussieht, umso erfolgreicher können sie lernen.
- Confer (Mitwirkung): Lernen ist ein sozialer Prozess, bei dem die soziale Interaktion eine entscheidende Rolle spielt. Erst im Austausch hinterfragt man sich durch die Konfrontation mit anderen Perspektiven und wendet angeeignetes Wissen im Alltag an. Erst dann wird träges Wissen zu lebendigem, verfügbarem Wissen.
- Captivate (Motivation): Lernen setzt Motivation voraus, wobei die intrinsische Motivation durch das Interesse an der Sache nachhaltiger wirksam ist als die extrinsische. Die Lerninhalte sollten daher an die Kontexte anknüpfen, die die Schüler*innen gerade beschäftigen, und die Fragen aufgreifen, die sie sich selbst stellen.
- Consolidate (Sicherung): Für Lernende ist es wichtig zu erkennen, was sie geleistet haben und woran sie als nächstes arbeiten müssen. Das setzt Feedback durch die Lehrer*innen voraus – und umgekehrt Feedback durch die Schüler*innen, damit die Lehrkräfte sich der Wirkungen ihrer Beziehungsgestaltung und ihres Unterrichts bewusst werden und dem Lernen der Schüler*innen auf der Spur sein können.

Literatur

Reckahner Reflexionen zur Ethik pädagogischer Beziehungen. Online: https://paedagogische-beziehungen.eu/wp-content/uploads/2017/11/bf_Broschu%cc%88re-ReckahnerReflektionen.pdf (Abruf 12.10.2021).

Strittmatter, A. (2003), Regeln für den Umgang mit Regeln in: s.ejournal für schulentwicklung, 7. Jg., Innsbruck, Wien, München, Bozen 2/2003.

Zierer, K., Homeschooling erfolgreich gestalten, SchulVerwaltung NRW 1/2021, S. 14–18.

STEUERGRUPPE DES BÜNDNISSES „BILDUNG FÜR EINE DEMOKRATISCHE GESELLSCHAFT"

Mit der jungen Generation für eine Bildung der Zukunft!

Die Corona-Pandemie und die aktuellen demokratiepädagogischen Herausforderungen

Mit der Corona-Pandemie gehen massive Einschränkungen im Bildungsbereich für alle Kinder und Jugendlichen einher. Besonders betroffen sind dabei die sowieso schon marginalisierten Gruppen von Lernenden. Der Fokus der ungenügenden Kompensationsversuche wurde bisher zu stark auf die Kernfächer gelegt, was zur Folge hat, dass Demokratiebildung und die Beteiligung von Schüler*innen hinten runtergefallen sind. Nach über einem Jahr der Konfrontation mit der Pandemie mehren sich die Anzeichen, dass ihre Folgen auf lange Zeit und weitreichender als gedacht in das gesellschaftliche Leben eingreifen werden. Kinder und Jugendliche sind schon jetzt mit am meisten von diesen Umwälzungen betroffen, weil die Interventionen im Bildungsbereich so massiv waren, sind und wahrscheinlich bleiben werden. Das „Bündnis Bildung für eine demokratische Gesellschaft" ist sich sicher, dass jetzt weit mehr ansteht als „aufzuholen", wie das aktuelle Aktionsprogramm der Bundesregierung suggeriert[1]. Zunächst wird es in der zweiten Jahreshälfte 2021 darum gehen, die Rahmenbedingungen für das Lernen an den Bildungsorten wieder herzustellen. Nachdem die Pandemie noch einmal vor Augen geführt hat, dass das deutsche Bildungssystem nicht zukunftsfähig aufgestellt ist, geht es darum, methodische und inhaltliche Transformationsprozesse in der Bildung in Gang zu setzen. Alle Bildungsinstitutionen müssen demokratische Orte sein, die zu einer sozialökologischen Transformation befähigen, mehr integrieren, Vielfalt anders denken und mit ihrer lokalen und sozialen Umgebung kooperieren, damit Bildung ihre kognitiven, sozialen, emotionalen und nicht zuletzt demokratiefördernden Ressourcen mobilisieren kann. Neben den staatlich gestalteten Räumen sind die zivilgesellschaftlich begleiteten und initiierten Bildungsprozesse deutlich zu stärken.

---

1 Programm „Aufholen nach Corona" (Mai 2021).

Die Pandemie trifft Kinder und Jugendliche besonders hart
Die Kita- und Schulschließungen trafen Kinder und Jugendliche weitgehend unvorbereitet. Mangelhafte digitale Ausstattungen und Lernmethoden machten den Einstieg in das Distanzlernen schwierig. Fast augenblicklich fielen junge Menschen auf ihre privaten Unterstützungssysteme zurück, Lernfortschritte wurden in großem Maße abhängig vom Einsatz der persönlichen Bezugspersonen, weil auch die fachliche Begleitung aus der Distanz nicht adäquat einsetzte. Überdies nahm der Lockdown ihnen nicht nur den Sozialraum Schule, sondern auch den privaten Bereich der Freund*innen und den der gestalteten Freizeit in Kinder- und Jugendeinrichtungen. Je jünger die hiervon Betroffenen waren, desto bedeutsamer ist dieser Wegfall. Privilegierte Kinder und Jugendliche kamen und kommen meist irgendwie durch, aber diejenigen, die nicht genügend vom Elternhaus unterstützt werden können, werden in ihren Lebenschancen langfristig beeinträchtigt.

Das Bildungssystem ist nicht resilient, die Beteiligungsstrukturen der Schüler*innen noch viel weniger
Im Angesicht dieser Schieflage verengte sich die Debatte um die Bildungseinrichtungen in der Corona-Zeit auf die Frage, wie die Ausfälle kompensiert werden können. Schon allein der weiterhin große Rückstand bei digitalisierten Lernangeboten macht deutlich, dass der Anspruch einer echten Kompensation bisher nicht eingelöst werden konnte. Dies hinterließ viele gestresste Lehrkräfte, die sich aus der Not heraus Kompetenzen aneigneten, und frustrierte junge Menschen mit ihren Bezugspersonen, die mit unterschiedlichen Qualitäten bei ihren Lernfortschritten konfrontiert waren. Dass viele Lehrkräfte und Schulen ihr Bestes gegeben haben, um die Herausforderungen zu bewältigen, ändert leider nichts an den beschriebenen strukturellen Unzulänglichkeiten. In dieser Situation wurden bestehende Beteiligungsstrukturen der Schüler*innen links liegen gelassen, was noch einmal verdeutlicht, dass ihr Grundrecht auf Partizipation immer noch als optional wahrgenommen wird. Dass die Orte der Bildung zuvorderst auch soziale Lernorte sind, wurde dabei in den Hintergrund gedrängt. Die Schüler*innen mit ihrer Expertise mit einzubeziehen, hätte eine bessere Krisenpolitik ermöglicht und das Potential gehabt, einen kollektiven Gestaltungsprozess zu realisieren. Gemeinsam gestalterisch aktiv zu sein, stellt eine enorme Kraft gegen die gefühlte Machtlosigkeit dar. Diese gemeinschaftliche Komponente kam zu kurz und stattdessen drängte sich der Eindruck auf, dass Kinderrechte, Partizipation und Teilhabe in der Bildung schlicht „nicht systemrelevant" sind.

Ungleichheiten werden noch deutlicher
Wie jede gesellschaftliche Krise verläuft auch die Corona-Pandemie entlang gesellschaftlicher Ungleichheitslinien wie etwa soziökonomischer Status, Rassismus, Sexismus. Verstärkt wurde dies noch einmal in einer Gesellschaft, die in den letzten Jahrzehnten ungleicher geworden ist, in der Bildungsungerechtigkeit herrscht und in der Demokratiebildung ein marginalisiertes Themenfeld darstellt. Deswegen benötigen wir dringend eine nachhaltige Finanzierung von demokratiefördernden Strukturen.

Unsere Forderungen in den zentralen Feldern lauten:

1. Einbindung der Perspektiven junger Menschen.

Das gilt gleichermaßen in den täglichen Bildungsprozessen wie in den Krisenstäben, sei es hier durch Kinderrechtsorganisationen oder durch jugendlich besetzte Beiräte. Ein besonderer Fokus muss darin liegen, den Kinderrechten entsprechende und krisenfeste Beteiligungsformate zu entwickeln. Um diese Dimension in den Bildungseinrichtungen voranzubringen, braucht es eine vielfältige Beteiligungskultur und tatsächliche Mitbestimmungsmöglichkeiten.

2. Langfristig angelegte Forschung zu den Auswirkungen der Krise auf Kinder und Jugendliche.

Um angemessene Maßnahmen und Unterstützungsangebote zu entwickeln ist es elementar, dass die notwendige Forschungsarbeit vom Bund finanziert und in Auftrag gegeben wird. Hierbei ist eine inklusive Forschung von Nöten, die die Kinder und Jugendlichen mit ihren Perspektiven in den Mittelpunkt stellt, um so evidenzbasiert passende Maßnahmen, bspw. zur Förderung von (benachteiligten) Kindern und Jugendlichen, zu implementieren.

3. Aspekte der Wechselwirkung von gesundheitlicher Vorsorge und Bildung neu denken.

Im Kontext der Pandemie ist das Thema „Gesundheit" stark in den Fokus geraten. Kinder und Jugendliche müssen Sicherheit in gesundheitlichen Fragen bekommen, weil körperliche sowie geistige Unversehrtheit Grundpfeiler des Lernvermögens darstellen. Besonders gilt es, soziale Fragen von Ausgrenzung mit zu berücksichtigen. Bildungsinstitutionen haben eine besondere Verantwortung gegenüber denjenigen, die von der Politik schnell vergessen werden können, wie etwa mit Armut konfrontierte oder anderweitig beeinträchtigte Kinder.

4. Die Überwindung der Pandemie mit der Eingrenzung antidemokratischer gesellschaftlicher Tendenzen verbinden.
In Zeiten, in denen populistische, neurechte und verschwörungsmythische Strömungen an Zustimmung gewinnen, Vertrauen in Parlamente sowie demokratische Parteien schwindet, ist die Stärkung und Weiterentwicklung unserer Demokratie und der Kinder- und Menschenrechte wichtiger denn je. Das „Bündnis Bildung für eine demokratische Gesellschaft" begreift die Lösung von Herausforderungen der Pandemie mit denen der antidemokratischen Gefährdungen als einen Zusammenhang. Wir müssen beide Dimensionen zugleich bewegen, da sie sich gegenseitig verstärken können.

5. Bei der Debatte um eine „Digitalisierung der Bildung" demokratierelevante Aspekte einbeziehen.
Ein „digitaler Strukturwandel des Bildungssystems" steht jetzt mit hoher Priorität auf der Agenda. Bei den pädagogischen Aspekten innerhalb der Debatte sind demokratietheoretische Fragestellungen besonders zu berücksichtigen. Mit einem klaren Blick auf Chancen und Risiken gilt es, die Interessen der jungen Menschen auf Schutz, Förderung und Beteiligung gleichermaßen zu verwirklichen.

6. Beim Lernen unter der Prämisse der Distanz die Unterstützungsstrukturen von Familien mitdenken.
Wenn Distanzlernen ein Umstand pädagogischer Vermittlung bleibt, ist die Frage zu stellen, wie man ganz unterschiedliche Milieus mit hoher Qualität und ohne ausgrenzende Folgen in Bildungsprozesse einbezieht. Will man die Umgebung von Kindern einbeziehen, stellen sich Fragen sozialer Privilegierung bzw. Ausgrenzung und sozialer Teilhabe. Dabei müsste es auch um die Partizipation von Familien gehen und somit auch um demokratiepädagogische Fragestellungen. Es muss gezielte Angebote geben, die Benachteiligung mit zusätzlichen Ressourcen kompensieren.

7. Bildung für nachhaltige Entwicklung (BNE) als zentralen Faktor bei der Bearbeitung und Lösung der gegenwärtigen Probleme begreifen.
In den 17 „Global Goals" sind grundlegende Ziele zusammengefasst, die uns in Deutschland und weltweit zum nachhaltigen Handeln auffordern und mithilfe einer transformativen Bildung erreichbar sind. Diese lassen sich auch mit den Kinderrechten ausgezeichnet zusammenbringen und müssen für alle künftigen Maßnahmen im Bildungsbereich zu Rate gezogen werden. Dabei geht es nicht um ein „Mehr" an Inhalten, sondern um grundsätzliche Veränderungen.

8. **Das Wahlalter auf 16 Jahre herabsetzen und die Kinderrechte ins Grundgesetz aufnehmen.**
Das Bündnis „Bildung für eine demokratische Gesellschaft" tritt dafür ein, jetzt das Wahlalter auf 16 Jahre herabzusetzen. Auch junge Menschen haben das Recht sich in den demokratischen Prozessen zu beteiligen. Zudem sind mit einer präsenten Jugendbewegung die Umstände günstig, eine Wahlalter-Senkung umzusetzen. Schlussendlich werden junge Menschen so mit ihren Positionen in der Gesellschaft anerkannt, was zu weiterem Engagement bestärkt und Demokratie grundsätzlich inklusiver gestaltet. Wir machen uns außerdem dafür stark, dass die Kinderrechte in einer an die UN-Kinderrechtskonvention orientierten Fassung in das Grundgesetz aufgenommen werden.

Die Steuergruppe des Bündnisses „Bildung für eine demokratische Gesellschaft" möchte den Diskurs zu den genannten Forderungen anregen und sich aktiv beteiligen, damit wir unsere demokratische Kultur auch in einer Pandemiezeit mit Kindern und Jugendlichen gemeinsam stärken können.

Teil C
Nachgedanken der Herausgeber*innen

ADOLF BARTZ, KATHARINA GERARTS, LOTHAR KRAPPMANN,
CLAUDIA LOHRENSCHEIT

Versuch einer Zwischenbilanz

Ursprünglich planten die Herausgeber*innen ein Handbuch über die Umsetzung der schulrelevanten Rechte, die die UN-Kinderrechtskonvention den Kindern zuerkennt, in die Praxis des Lernens und Lebens in der Schule. Wir hatten uns vorgenommen, für diese Rechte in ihrer ganzen Breite Beiträge aus Schulen einzuwerben, um zu demonstrieren, wie man themengerecht und sinnvoll erreicht, in den Lernprozessen und im Sozialleben der Schule die Kinderrechte zu berücksichtigen. Zur Erinnerung: Die UN-Kinderrechtskonvention versteht unter Kindern alle jungen Menschen bis zum Alter von 18 Jahren.

In dem geplanten Buch sollte es um die Praxis der Umsetzung gehen und nicht darum, die einschlägigen Artikel der Konvention noch einmal von Juristen und anderen Kinderrechtlern interpretieren zu lassen. Wie gehen Schüler*innen, Schulleitungen und Lehrkräfte mit den Artikeln dieser Bestimmungen unter üblichen Bedingungen schulischer Arbeit um? Wir erhofften uns daher für jeden der schulrelevanten Artikel der Konvention stimulierende Praxisberichte.

Es stellte sich bald heraus, dass dieser Plan, wie ursprünglich überlegt, nicht auszuführen war. Zwar hat eine größere Zahl an Schulen Kinderrechte in ihre Arbeit aufgenommen, jedoch bislang nicht in der gesamten Breite aller für die Schule relevanten Artikel der UN-Konvention. Auch Schulen, die Kinderrechtsthemen aufgreifen oder sich sogar als Kinderrechteschulen bezeichnen, konzentrieren sich nach unseren Suchergebnissen vor allem auf einzelne Kinderrechte. Daher sahen die Herausgeber*innen sich nicht in der Lage, Praxisbelege so systematisch zusammenzutragen, wie es bei einem Handbuch über das Gesamt der Kinderrechte in der Schule erwartet werden darf. Dennoch wurde der Band ein Praxisbuch. Es präsentiert interessante, anregende, sich hoffentlich ausbreitende Beispiele für zentrale Bereiche der Kinderrechtspraxis in Schulen.

Unsere Erkenntnis: Kinderrechte sind in der Schule angekommen, aber bislang nur selektiv. Unser Band kann deshalb nur eine Zwischenbilanz der Umsetzung präsentieren. Doch kann man auch aus ihr eine Vorstellung des Entwicklungsstands gewinnen.

Schulen machen sich auf den Weg

Wie in anderen Bereichen menschlichen Lebens ist es zwar zutreffend, aber auch ziemlich einfach, auf das hinzuweisen, was noch nicht ausreichend und noch nicht durchgängig geleistet wurde. Die Schulen, die mit ihren Berichten den Leser*innen Einblick in ihren Umgang mit den Herausforderungen der Kinderrechte geben, werden sicherlich weiter an diesen Aufgaben arbeiten. Nach den Erfahrungen der Herausgeber*innen, Beiträge für diesen Band einzuwerben, gibt es nicht die vollendete Kinderrechteschule, sondern Schulen, die sich auf den Weg gemacht haben und mit der Umsetzung von Kinderrechten verschieden weit gekommen sind. Wie sie sich mit Kinderrechten auseinandersetzen, erscheint uns anregender und ermutigender, als mit einer vermeintlich perfekten Kinderrechteschule konfrontiert zu werden. Die Leser* innen werden in diesem Band bemerkenswerte Ansätze finden, Kinderrechte in die Schule zu holen und sie dort zu leben.

Noch einmal zu der Beobachtung, dass Kinderrechte in den Schulen nur selektiv angekommen sind: Wir sind nicht sicher, ob die Schulen, die wir kennengelernt haben, sich bewusst sind, was alles an Rechten den Kindern durch die UN-Konvention zugesprochen wurde. Zweifellos gibt es zahlreiche Lehrer*innen, die gut informiert sind. Aber der Staat und seine Verwaltungen, in diesem Fall: die Schulverwaltungen der Bundesländer, sollten ihrer Verpflichtung gemäß Artikel 42 der Konvention nachkommen, die Kinderrechte in ihrem Handlungsbereich bekannt zu machen. Dazu gehört nicht nur eine Unterrichtung der Schulen, Lehrer*innen, Eltern und Schüler*innen, dazu gehört, darauf zu achten, dass die Kinderrechte als Querschnittsthema das gesamte Schulleben und den Unterricht durchweben und prägen, und dazu gehört, dass die Kinderrechte in alle Studiengänge integriert werden, die zu Tätigkeiten in Schulen vorbereiten. Das ist dringend erforderlich, damit Kinderrechte nicht nur „nice to have" sind, sondern Kinderrechtepraxis und Bildung für Handeln nach den Menschenrechten in der Schule zur verbindlichen Vorgabe für Schule und Unterricht werden.

Vor allem: Beteiligung der Schüler*innen

Unter den Schulen, aus denen wir Beiträge erhalten haben, steht das Recht der Kinder, der Schülerinnen und Schüler, ihre Meinung und Vorschläge beizutragen, im Vordergrund. Unter diesen Schulen gibt es keine, die das Recht der Kinder auf Beteiligung nicht ernst nähme. Dieses Recht steht auch in der öffentlichen Wahrnehmung im Vordergrund. Für viele ist die Kinderrechtskonvention geradezu eine Kinder*beteiligungs*konvention. Tatsächlich ist die Beteiligung der

Kinder – Berücksichtigung ihrer Meinung „mit gebührendem Gewicht", wie es Artikel 12 der Konvention im englischen Originaltext sagt – ein Kernstück der Konvention.

Den Berichten dieses Bandes ist zu entnehmen, dass diese Schulen ihre Schüler*innen nicht nur oberflächlich oder gar dekorativ in Entscheidungen und Maßnahmen einbeziehen wollen. Es gibt dennoch eine unterschiedliche Intensität der Beteiligung. Die Formen der Beteiligung reichen von der Berücksichtigung der Kindermeinungen und -interessen bei einzelnen Vorhaben bis zu einer auf Gleichwürdigkeit beruhenden Partnerschaft bei der Gestaltung von Lernen und Leben in der Schule. Die Beteiligung der Schüler*innen erweist sich nach den Berichten als konstruktiv. Offensichtlich breitet sich Beteiligung weiter aus, wenn Schulen erst einmal anfangen, Kinder einzubeziehen. Dafür scheint wichtig, dass nicht nur einzelne Lehrer*innen initiativ werden, sondern die Schule als Ganze sich der Beteiligung öffnet.

Deutlich wird auch, dass Beteiligung kein instrumenteller Vorgang ist. Kindern zuzuhören und ihnen Antwort zu geben, enthält Anerkennung und Wertschätzung; die Beziehung von Erwachsenen zu Kindern ändert sich, wie den Berichten dieses Bandes zu entnehmen ist.

Bildung für alle – frei von Diskriminierung

Ein weiteres Problemfeld, bei dem es um kinderrechtliche Ansprüche geht, ist das Kinderrecht auf Bildung für *alle*. Dieses fundamentale Recht auf Bildung ist bedroht, wenn Kinder in sozialen Verhältnissen aufwachsen, die Lern- und Bildungsprozesse belasten, und es der Schule nicht gelingt, diese auszugleichen. Das Recht auf Bildung ist weiterhin bedroht, wenn Kindern mit Behinderungen nicht die angemessenen Vorkehrungen und die Unterstützung zur Verfügung stehen, um am Lernen und Schulleben mit Kindern ohne Einschränkungen teilnehmen zu können, oder wenn Kinder wegen der Erfahrung von Migration und Flucht, wegen ihrer Sprache oder wegen realer oder zugeschriebener kultureller Lebensmuster ihrer Familien nur schwer in die Art hineinfinden können, wie in Deutschland Schule gelebt wird, oder sogar Diskriminierung und Ausgrenzung erleben.

Die berichtenden Schulen widmen sich dieser Aufgabe. In den Berichten wird deutlich, dass sich Lehrer*innen und Schule insgesamt anstrengen, allen ihr Recht auf Bildung zu erfüllen. Allerdings wird sichtbar, dass mehr Kapazität und Ressourcen zur Verfügung stehen müssten, wenn Schulen wirklich Bildungschancen unter schwierigen Bedingungen eröffnen können sollen. Wenn das Recht auf Bildung ganzer Gruppen von Kindern nicht verwirklicht werden kann, verletzt dies zugleich das Recht auf Nicht-Diskriminierung, eines der Grundprinzipien der Menschen- und Kinderrechte.

Von Kinderrechten wird zu wenig gesprochen
Unsere Feststellung, dass Kinderrechte nur selektiv in die Schulen eingedrungen sind, besagt nicht, dass Schulen ein kinderrechtefreier Raum sind. Über die genannten Schwerpunktthemen hinaus geschieht vieles in den Schulen, was durchaus im Sinne dessen ist, was die Konvention den Kindern an Rechten zuspricht: Recht auf gesundes Aufwachsen, Schule ohne Gewalt, auch ohne Herabsetzung, Recht auf Spiel, auf künstlerische Aktivitäten und manches mehr.

In vielen Berichten könnten an Stellen, an denen solche Tätigkeiten geschildert werden, Artikel der Konvention zitiert werden. Manche dieser Angebote und Regelungen sind für die Schulen so selbstverständlich, dass es eigentümlich klingen würde, wenn sie dafür das Völkerrecht bemühen würden. Man könnte von impliziter Befolgung der Kinderrechte sprechen im Gegensatz zu einer expliziten Orientierung an den Rechten der Kinder.

Damit geht jedoch etwas Wichtiges verloren: Wenn die Kinderrechtskonvention nicht ausdrücklich erwähnt wird, bleibt sie ein abstraktes, fernes Rechtsinstrument. Ihr Bezug zum gesicherten und förderlichen Schul- und Kinderalltag wird nicht erkennbar. Kinder werden nicht erfahren und erleben, dass sie Rechte haben wie alle Menschen und welche Verpflichtungen daraus erwachsen. Der Hinweis auf die Rechte hilft ferner, gegen Verharmlosung von Rechtsverletzungen vorzugehen. Würde die Konvention als Quelle von Rechten genannt, die allen zustehen, würde den Kindern begreifbar, dass sie zu einer weit über die Schule hinausreichenden Menschenwelt gehören, die sich menschenfreundliche, rechtlich gesicherte Ziele gesetzt hat.

Menschenrechte als wesentlicher Teil der Bildung?
Die Kinderrechtskonvention fordert für die Erfüllung des Rechts auf Bildung mehr als nur einen unbehinderten Zugang und gerechte Bildungschancen für alle. Zwar ist Nicht-Diskriminierung ein wichtiger Aspekt der Einhaltung des Rechts auf Bildung. Aber es umfasst mehr: Der Artikel der Konvention über die Bildungsziele verlangt ein inhaltliches Angebot, durch das die Kinder auf ein verantwortungsbewusstes Zusammenleben mit anderen auf dem Fundament der Menschenrechte vorbereitet werden. Darauf sei das Bildungswesen auszurichten, haben die Vertragsstaaten in die Konvention geschrieben.

Man sollte meinen, dass die Auseinandersetzung um die Verwirklichung dieses Bildungsziels in der Schule immer wieder neu geführt wird. Zwar geschieht im Hinblick auf dieses Ziel, Verantwortung für menschenrechtsbewusstes Zusammenleben zu fördern, in den Schulen sicherlich manches, was diesem Ziel dient. Auch die hier berichtenden Schulen schildern Beispiele dafür. Dennoch ist zu fragen, wo denn eigentlich die grundsätzliche Diskussion über die Inhalte der Bildung stattfindet, die die Konvention einfordert. Das liegt in einer Zeit besonders nahe, in der man täglich in allen Medien sieht, hört und liest, wie sehr junge Menschen verlangen, dass endlich massive Anstrengungen unternommen werden, um ihre Lebenszukunft zu sichern. Repräsentative Kinder- und Jugendstudien bestätigen, dass viele Kinder und Jugendliche die allgemeine Verunsicherung spüren und tief besorgt sind.

Praxisfähige Menschenrechtsbildung
Jede*r weiß, dass der umfassende Wandel der Grundlagen des Zusammenlebens auch von einem Wandel von Einstellungen und Handlungsmustern begleitet sein muss. Was ist die Rolle der Schule in diesem Prozess? Die Kinderrechtskonvention beantwortet diese Frage nicht mit einem konkreten Vorschlag zur Wissensvermittlung und Arbeitsweise, aber sie unterstreicht die Aufgabe, Bildung nicht nur auf zu vermittelndes Fachwissen zu beschränken, sondern die Probleme des Lebens und Zusammenlebens dieser Welt einzubeziehen. Bildung soll praxisfähig sein.

Die Beiträge dieses Bandes belegen, dass dies keine wirklichkeitsfremde Zielsetzung ist, denn die meisten Beiträge schildern Schritte, mit denen diese Schulen, die Lehrkräfte zusammen mit den Schüler*innen, zu bewältigen versuchen, was aus den Problemfeldern im Umfeld in die Schule und die Klassenzimmer hineinschwappt: soziale Ungleichheit, Gewalterfahrung, Vernachlässigung, Sexismus, Rassismus, Antisemitismus, Fremdenfeindlichkeit, Exklusion, Verlustschmerz, noch nicht wieder gewonnene Lebensperspektiven.

Die berichtenden Schulen tun dies nicht, um ihre herkömmlichen Aufgaben beiseite zu schieben, sondern um sie möglich zu machen. So wie sie es schildern, ist es für sie keine Nebentätigkeit, die sie bei knappen Ressourcen aufgeben würden; es ist fester Bestandteil ihrer Schulentwicklung. Die Schulen finden auch Anerkennung dafür. Die Eltern unterstützen sie; die Schüler*innen fühlen sich dabei offensichtlich wohl.

Trotzdem breiten sich diese Veränderungen des Lebens in der Schule eher still aus, möglicherweise auf Grund einer Befürchtung, dass die Unterstützung der Kinder bei der Wahrnehmung ihrer Rechte und Interessen Vorwürfe weckt, diese Schulen entzögen sich der Aufgabe, leistungsfähige Arbeitskräfte zu produzieren. Umso mehr ist hervorzuheben, dass es Schulen gibt, die, wie dieser

Band zeigt, Fragen des guten Zusammenlebens aller auf der Basis von Menschen- und Kinderrechten nicht nur als Wissensstoff, sondern als eine der Aufgaben akzeptieren, die in der Schule umzusetzen sind.

Wie können Schulen unterstützt werden? Wie können sie sich unterstützen?

(1) Anerkennung: Die Herausgeber*innen halten es für sehr wichtig, dass die Schulen zuverlässige Anerkennung für kinderrechtsorientierte Regelungen, Maßnahmen und Projekte erhalten. Autor*innen berichteten, dass die Schulverwaltung sich durchaus wohlwollend äußert, jedoch im Konfliktfall ein reibungsloser Verwaltungsablauf Vorrang hat. In den Medien wird über Beschwerden berichtet, dass Klassenratsstunden zu Lasten des Fachunterrichts gingen. Die Konsequenz: Die Schulverwaltung muss sich eindeutig zur Kinderrechtepraxis der Schulen bekennen

(2) Mittel der Umsetzung: Anerkennung sollte einschließen, dass diese Tätigkeiten in der Schule in der Mittelzuweisung berücksichtigt werden. Es ist erfreulich, dass Eltern und gelegentlich auch Firmen „ihre" Schule unterstützen, manchmal „nur" durch Frühstücksbrötchen, aber auch durch finanzielle Zuschüsse und oft durch ehrenamtliche Zeit. Das kann jedoch zu einem nicht hinnehmbaren Ausstattungsgefälle unter Schulen je nach Einzugsbereich führen. Schulen brauchen generell mehr Mittel und Mittel auch für die endlich vermehrt wahrgenommenen kinderrechtlichen Aufgaben.

(3) Netzwerke: Die Berichte zeigen, dass es die Schulen inspiriert, wenn sie bei diesen Vorhaben mit anderen Schulen kooperieren. Es gibt eine Reihe von Schulnetzwerken, in denen sich Schulen gegenseitig bei der Weiterentwicklung der pädagogischen und sozialen Arbeit anregen und unterstützen. Schulen, die Kinderrechte in ihre Arbeit ausdrücklich aufnehmen wollen, sollten sich mit anderen Schulen zusammentun oder einem schon existierenden Netzwerk beitreten, das mithilft, die Arbeit zu vertiefen und auf Dauer zu stellen. Die Schulen, über die in diesem Band berichtet wird, haben selber die Initiative ergriffen. Die Schulverwaltungen sollten diese Kooperationsstrukturen nicht nur mit Worten unterstützen.

(4) Fächer: Die Bindung einer Schule an die Menschen- und Kinderrechtsaufgaben wird offenbar gestärkt, wenn Kinderrechtspraxis nicht neben dem Unterricht steht, sondern auch in den Fachunterricht integriert wird. Alle Bemühungen, Kinder anzuerkennen, zu beteiligen und gegen Verletzungen ihrer Ansprüche zu schützen, die in den Berichten beschrieben werden, ha-

ben auch Aspekte, die in Fächern aufgeklärt und reflektiert werden sollten. In der Grundschule bietet sich dafür vor allem der Sachunterricht an, in den weiterführenden Schulen mehr oder weniger alle Fächer. Entscheidend ist, dass Fächer und Kinderrechtepraxis miteinander kommunizieren. Diese fachlichen Entwicklungen würden gestützt, wenn Landesinstitute für Lehrer*innenfortbildung und Verlage dafür vermehrt Materialien erarbeiten und bereitstellen würden.

(5) Zusätzliche Fachkräfte: Die Berichte zeigen, dass Sozialarbeiter*innen und sozialpädagogische Fachkräfte, die ein eigenständiges Reflexionspotential in die Schule hineintragen, für Schüler*innen und Lehrer*innen eine wichtige Unterstützung anbieten, weil sie ergänzende Sichtweisen und Praxiserfahrungen präsentieren. Beiträge in diesem Band belegen ein weiteres Mal, wie sehr Schulen von ihrer Tätigkeit profitieren können.

(6) Medien: Mehrere der Schulen haben ihre Kinderrechtsthemen und praktischen Erfahrungen bei der Umsetzung von Vorhaben in audiovisuellen Medien, in Radiosendungen oder Schülerzeitungen dargestellt und Schüler*innen, den Lehrkräften und Eltern vorgeführt. Die Berichte demonstrieren, dass die Aufbereitung der Themen und Vorhaben sowie die Auseinandersetzungen über diese Darstellungen sehr dazu beigetragen haben, mehr Verständnis zu gewinnen und Handeln aus verschiedenen Perspektiven zu durchleuchten. Der Grund könnte darin liegen, dass diese wohlüberlegten Produktionen nicht einfach einen vergangenen Prozess wiederholen, sondern verlangen, das Wichtige auszuwählen, zu kommentieren und Akzente zu setzen. Dadurch wird das Geschehen auf eine Ebene transferiert, auf der Meinungen aufeinanderprallen, Alternativen durchdacht und Ergebnisse geprüft werden können. Auch Kooperation von Schulen schafft Anlässe, solche Darstellungen auszutauschen und miteinander zu diskutieren. Das weckt Interesse, stimuliert Nachdenklichkeit und schafft Befähigung.

(7) Formelle Interessenvertretung: Die Beiträge zeigen, dass es bei der Beteiligung der Schüler*innen nicht nur um die formelle Vertretung von Meinungen und Interessen geht, sondern um Inklusion bei allen Angelegenheiten, die Kinder und Jugendliche berühren, wie es die Konvention formuliert. Beide Aspekte gehören zusammen: die institutionelle Sicherung der Beteiligung durch Recht und Gesetz und die Schüler*innen berührenden, inhaltlichen Angelegenheiten. Im Vordergrund sollte nicht stehen, Personen für vorgesehene Posten zu bestimmen. Vielmehr sollte im Vorfeld der Wahl und auch der Sitzungen von Vertretungsgremien überlegt werden, welche

Themen anstehen und welche Probleme zu lösen sind, wie im Beitrag über die Schülervertretung geschildert. Dadurch wird deutlich, dass es nicht um momentane Entscheidungen geht, sondern um die Teilnahme an oft langfristigen Gestaltungsprozessen von Lernen und Leben in der Schule. Sie verlangen sorgfältige Meinungsbildung, Auseinandersetzung mit neuen Argumenten und Aushandlung von Lösungen. Den Beiträgen ist zu entnehmen, dass den Schulen ihre wichtige Rolle in einer Demokratie bewusst wird, die von aktiven Bürger*innen getragen wird, die nicht nur wählen, sondern sich in der Sache engagieren.

Zum Schluss

Auf dem Buchmarkt wurden in den letzten Jahren einige Darstellungen des deutschen Bildungswesens angeboten, in denen die Arbeit der Schule massiv kritisiert wurde. Die Beiträge dieses Bandes warnen, es sich mit solchen Verrissen zu einfach zu machen. Die Berichte dieses Bandes zeigen, dass es Schulen gibt – mit Sicherheit sehr viel mehr als die hier berichtenden –, die sich der Herausforderung stellen, Kinder für problematische Lebenssituationen zu stärken, sowohl für die, in denen sie bereits stecken, als auch für die, mit denen sie noch konfrontiert werden.

Es war das Anliegen der Herausgeber*innen, nach Schulen zu suchen, die die Orientierung an den Kinderrechten, wie sie die UN-Kinderrechtskonvention präsentiert, in ihre Arbeit aufnehmen. Diese Ansätze und Fortentwicklungen werden kaum wahrgenommen. Wir möchten sie sichtbar machen.

Jedem, der sich mit Schule und Kinderrechten beschäftigt, fällt schnell ein, was auch noch geschehen könnte und sollte (und irgendwo arbeiten Lehrer*innen und Kinder auch bereits daran). Schulen, Lehrkräfte und Leitungen und auch wir Herausgeber*innen können vieles aufzählen, was an Voraussetzungen und Bedingungen besser gesichert sein sollte, damit dieses Engagement gestützt wird und sich weiter ausbreiten kann. Dieser Band sollte vor allem zeigen, dass Schulen sich auf den Weg gemacht haben, auch wenn es ihnen zusätzliche Anstrengungen abverlangt.

Diesen Schulen sind die Kinderrechte wichtig, weil sie die aktive Beteiligung der Kinder und Jugendlichen wollen und brauchen. Sie hören und berücksichtigen ihre Erfahrungen, Meinungen, Interessen und Vorschläge, und dies nicht nur aus Wohlwollen, sondern weil Kindern diese Rechte zustehen. Die Herausgeber*innen hoffen, dass die Berichte viele weitere Schulen anregen und ermutigen, ihre pädagogische Praxis an den Kinderrechten zu orientieren und die Kinderrechte in ihr Schulleben umzusetzen.

Teil D
Materialien und Hilfestellungen zur Kinderrechtepraxis in der Schule

Grundprinzipien und schulrelevante Artikel des UN-Übereinkommens über die Rechte des Kindes (1989)[1]

Die immer zu beachtenden Grundprinzipien der Konvention

Artikel 2: Achtung der Kindesrechte; Diskriminierungsverbot
(1) Die Vertragsstaaten achten die in diesem Übereinkommen festgelegten Rechte und gewährleisten sie jedem ihrer Hoheitsgewalt unterstehenden Kind ohne jede Diskriminierung unabhängig von der Rasse, der Hautfarbe, dem Geschlecht, der Sprache, der Religion, der politischen oder sonstigen Anschauung, der nationalen, ethnischen oder sozialen Herkunft, des Vermögens, einer Behinderung, der Geburt oder des sonstigen Status des Kindes, seiner Eltern oder seines Vormunds.

Artikel 3: Wohl des Kindes
(1) Bei allen Maßnahmen, die Kinder betreffen, gleichviel ob sie von öffentlichen oder privaten Einrichtungen der sozialen Fürsorge, Gerichten, Verwaltungsbehörden oder Gesetzgebungsorganen getroffen werden, ist das Wohl des Kindes ein Gesichtspunkt, der vorrangig zu berücksichtigen ist.

---

1 Amtliche deutsche Übersetzung, die nicht in allen Formulierungen voll den Sinn der Bestimmungen im verbindlichen englischen Originaltext wiedergibt.

Artikel 6: Recht auf Leben
(1) Die Vertragsstaaten erkennen an, dass jedes Kind ein angeborenes Recht auf Leben hat.
(2) Die Vertragsstaaten gewährleisten in größtmöglichem Umfang das Überleben und die Entwicklung des Kindes.

Artikel 12: Berücksichtigung des Kindeswillens
(1) Die Vertragsstaaten sichern dem Kind, das fähig ist, sich eine eigene Meinung zu bilden, das Recht zu, diese Meinung in allen das Kind berührenden Angelegenheiten frei zu äußern, und berücksichtigen die Meinung des Kindes angemessen und entsprechend seinem Alter und seiner Reife.
(2) Zu diesem Zweck wird dem Kind insbesondere Gelegenheit gegeben, in allen das Kind berührenden Gerichts- oder Verwaltungsverfahren entweder unmittelbar oder durch einen Vertreter oder eine geeignete Stelle im Einklang mit den innerstaatlichen Verfahrensvorschriften gehört zu werden.

Schulrelevante Artikel der Konvention

Artikel 13: Meinungs- und Informationsfreiheit
(1) Das Kind hat das Recht auf freie Meinungsäußerung; dieses Recht schließt die Freiheit ein, ungeachtet der Staatsgrenzen Informationen und Gedankengut jeder Art in Wort, Schrift oder Druck, durch Kunstwerke oder andere vom Kind gewählte Mittel sich zu beschaffen, zu empfangen und weiterzugeben.
(2) Die Ausübung dieses Rechts kann bestimmten, gesetzlich vorgesehenen Einschränkungen unterworfen werden, die erforderlich sind
a. für die Achtung der Rechte oder des Rufes anderer oder
b. für den Schutz der nationalen Sicherheit, der öffentlichen Ordnung, der Volksgesundheit oder der öffentlichen Sittlichkeit.

Artikel 14: Gedanken-, Gewissens- und Religionsfreiheit
(1) Die Vertragsstaaten achten das Recht des Kindes auf Gedanken-, Gewissens- und Religionsfreiheit.
(2) Die Vertragsstaaten achten die Rechte und Pflichten der Eltern und gegebenenfalls des Vormunds, das Kind bei der Ausübung dieses Rechts in einer seiner Entwicklung entsprechenden Weise zu leiten.
(3) Die Freiheit, seine Religion oder Weltanschauung zu bekunden, darf nur den gesetzlich vorgesehenen Einschränkungen unterworfen werden, die zum Schutz der öffentlichen Sicherheit, Ordnung, Gesundheit oder Sittlichkeit oder der Grundrechte und -freiheiten anderer erforderlich sind.

Artikel 15: Vereinigungs- und Versammlungsfreiheit

(1) Die Vertragsstaaten erkennen das Recht des Kindes an, sich frei mit anderen zusammenzuschließen und sich friedlich zu versammeln.

(2) Die Ausübung dieses Rechts darf keinen anderen als den gesetzlich vorgesehenen Einschränkungen unterworfen werden, die in einer demokratischen Gesellschaft im Interesse der nationalen oder der öffentlichen Sicherheit, der öffentlichen Ordnung (ordre public), zum Schutz der Volksgesundheit oder der öffentlichen Sittlichkeit oder zum Schutz der Rechte und Freiheiten anderer notwendig sind.

Artikel 16: Schutz der Privatsphäre und Ehre

(1) Kein Kind darf willkürlichen oder rechtswidrigen Eingriffen in sein Privatleben, seine Familie, seine Wohnung oder seinen Schriftverkehr oder rechtswidrigen Beeinträchtigungen seiner Ehre und seines Rufes ausgesetzt werden.

(2) Das Kind hat Anspruch auf rechtlichen Schutz gegen solche Eingriffe oder Beeinträchtigungen.

Artikel 17: Zugang zu den Medien; Kinder- und Jugendschutz

Die Vertragsstaaten erkennen die wichtige Rolle der Massenmedien an und stellen sicher, dass das Kind Zugang hat zu Informationen und Material aus einer Vielfalt nationaler und internationaler Quellen, insbesondere derjenigen, welche die Förderung seines sozialen, seelischen und sittlichen Wohlergehens sowie seiner körperlichen und geistigen Gesundheit zum Ziel haben. Zu diesem Zweck werden die Vertragsstaaten

a. die Massenmedien ermutigen, Informationen und Material zu verbreiten, die für das Kind von sozialem und kulturellem Nutzen sind und dem Geist des Artikels 29 entsprechen;
b. die internationale Zusammenarbeit bei der Herstellung, beim Austausch und bei der Verbreitung dieser Informationen und dieses Materials aus einer Vielfalt nationaler und internationaler kultureller Quellen fördern;
c. die Herstellung und Verbreitung von Kinderbüchern fördern;
d. die Massenmedien ermutigen, den sprachlichen Bedürfnissen eines Kindes, das einer Minderheit angehört oder Ureinwohner ist, besonders Rechnung zu tragen;
e. die Erarbeitung geeigneter Richtlinien zum Schutz des Kindes vor Informationen und Material, die sein Wohlergehen beeinträchtigen, fördern, wobei die Artikel 13 und 18 zu berücksichtigen sind.

Artikel 22: Flüchtlingskinder
(1) Die Vertragsstaaten treffen geeignete Maßnahmen, um sicherzustellen, dass ein Kind, das die Rechtsstellung eines Flüchtlings begehrt oder nach Maßgabe der anzuwendenden Regeln und Verfahren des Völkerrechts oder des innerstaatlichen Rechts als Flüchtling angesehen wird, angemessenen Schutz und humanitäre Hilfe bei der Wahrnehmung der Rechte erhält, die in diesem Übereinkommen oder in anderen internationalen Übereinkünften über Menschenrechte oder über humanitäre Fragen, denen die genannten Staaten als Vertragsparteien angehören, festgelegt sind, und zwar unabhängig davon, ob es sich in Begleitung seiner Eltern oder einer anderen Person befindet oder nicht.
(2) Zu diesem Zweck wirken die Vertragsstaaten in der ihnen angemessen erscheinenden Weise bei allen Bemühungen mit, welche die Vereinten Nationen und andere zuständige zwischenstaatliche oder nichtstaatliche Organisationen, die mit den Vereinten Nationen zusammenarbeiten, unternehmen, um ein solches Kind zu schützen, um ihm zu helfen und um die Eltern oder andere Familienangehörige eines Flüchtlingskinds ausfindig zu machen mit dem Ziel, die für eine Familienzusammenführung notwendigen Informationen zu erlangen. Können die Eltern oder andere Familienangehörige nicht ausfindig gemacht werden, so ist dem Kind im Einklang mit den in diesem Übereinkommen enthaltenen Grundsätzen derselbe Schutz zu gewähren wie jedem anderen Kind, das aus irgendeinem Grund dauernd oder vorübergehend aus seiner familiären Umgebung herausgelöst ist.

Artikel 23: Förderung behinderter Kinder
(1) Die Vertragsstaaten erkennen an, dass ein geistig oder körperlich behindertes Kind ein erfülltes und menschenwürdiges Leben unter Bedingungen führen soll, welche die Würde des Kindes wahren, seine Selbständigkeit fördern und seine aktive Teilnahme am Leben der Gemeinschaft erleichtern.
(2) Die Vertragsstaaten. erkennen das Recht des behinderten Kindes auf besondere Betreuung an und treten dafür ein und stellen sicher, dass dem behinderten Kind und den für seine Betreuung Verantwortlichen im Rahmen der verfügbaren Mittel auf Antrag die Unterstützung zuteil wird, die dem Zustand des Kindes sowie den Lebensumständen der Eltern oder anderer Personen, die das Kind betreuen, angemessen ist.
(3) In Anerkennung der besonderen Bedürfnisse eines behinderten Kindes ist die nach Absatz 2 gewährte Unterstützung soweit irgend möglich und unter Berücksichtigung der finanziellen Mittel der Eltern oder anderer Personen,

die das Kind betreuen, unentgeltlich zu leisten und so zu gestalten, dass sichergestellt ist, dass Erziehung, Ausbildung, Gesundheitsdienste, Rehabilitationsdienste, Vorbereitung auf das Berufsleben und Erholungsmöglichkeiten dem behinderten Kind tatsächlich in einer Weise zugänglich sind, die der möglichst vollständigen sozialen Integration und individuellen Entfaltung des Kindes einschließlich seiner kulturellen und geistigen Entwicklung förderlich ist.

(4) Die Vertragsstaaten fördern im Geist der internationalen Zusammenarbeit den Austausch sachdienlicher Informationen im Bereich der Gesundheitsvorsorge und der medizinischen, psychologischen und funktionellen Behandlung behinderter Kinder einschließlich der Verbreitung von Informationen über Methoden der Rehabilitation, der Erziehung und der Berufsausbildung und des Zugangs zu solchen Informationen, um es den Vertragsstaaten zu ermöglichen, in diesen Bereichen ihre Fähigkeiten und ihr Fachwissen zu verbessern und weitere Erfahrungen zu sammeln. Dabei sind die Bedürfnisse der Entwicklungsländer besonders zu berücksichtigen.

Artikel 24: Gesundheitsvorsorge

(1) Die Vertragsstaaten erkennen das Recht des Kindes auf das erreichbare Höchstmaß an Gesundheit an sowie auf Inanspruchnahme von Einrichtungen zur Behandlung von Krankheiten und zur Wiederherstellung der Gesundheit. Die Vertragsstaaten bemühen sich sicherzustellen, dass keinem Kind das Recht auf Zugang zu derartigen Gesundheitsdiensten vorenthalten wird.

(2) Die Vertragsstaaten bemühen sich, die volle Verwirklichung dieses Rechts sicherzustellen, und treffen insbesondere geeignete Maßnahmen, um

a. ...

e. sicherzustellen, dass allen Teilen der Gesellschaft, insbesondere Eltern und Kindern, Grundkenntnisse über die Gesundheit und Ernährung des Kindes, die Vorteile des Stillens, die Hygiene und die Sauberhaltung der Umwelt sowie die Unfallverhütung vermittelt werden, dass sie Zugang zu der entsprechenden Schulung haben und dass sie bei der Anwendung dieser Grundkenntnisse Unterstützung erhalten;

f. ...

(3) Die Vertragsstaaten treffen alle wirksamen und geeigneten Maßnahmen, um überlieferte Bräuche, die für die Gesundheit der Kinder schädlich sind, abzuschaffen.

Artikel 27: Angemessene Lebensbedingungen; Unterhalt
(1) Die Vertragsstaaten erkennen das Recht jedes Kindes auf einen seiner körperlichen, geistigen, seelischen, sittlichen und sozialen Entwicklung angemessenen Lebensstandard an.
....

Artikel 28: Recht auf Bildung; Schule; Berufsausbildung
(1) Die Vertragsstaaten erkennen das Recht des Kindes auf Bildung an; um die Verwirklichung dieses Rechts auf der Grundlage der Chancengleichheit fortschreitend zu erreichen, werden sie insbesondere
a. den Besuch der Grundschule für alle zur Pflicht und unentgeltlich machen;
b. die Entwicklung verschiedener Formen der weiterführenden Schulen allgemeinbildender und berufsbildender Art fördern, sie allen Kindern verfügbar und zugänglich machen und geeignete Maßnahmen wie die Einführung der Unentgeltlichkeit und die Bereitstellung finanzieller Unterstützung bei Bedürftigkeit treffen;
c. allen entsprechend ihren Fähigkeiten den Zugang zu den Hochschulen mit allen geeigneten Mitteln ermöglichen;
d. Bildungs- und Berufsberatung allen Kindern verfügbar und zugänglich machen;
e. Maßnahmen treffen, die den regelmäßigen Schulbesuch fördern und den Anteil derjenigen, welche die Schule vorzeitig verlassen, verringern.
(2) Die Vertragsstaaten treffen alle geeigneten Maßnahmen, um sicherzustellen, dass die Disziplin in der Schule in einer Weise gewahrt wird, die der Menschenwürde des Kindes entspricht und im Einklang mit diesem Übereinkommen steht.
(3) Die Vertragsstaaten fördern die internationale Zusammenarbeit im Bildungswesen, insbesondere um zur Beseitigung von Unwissenheit und Analphabetentum in der Welt beizutragen und den Zugang zu wissenschaftlichen und technischen Kenntnissen und modernen Unterrichtsmethoden zu erleichtern. Dabei sind die Bedürfnisse der Entwicklungsländer besonders zu berücksichtigen.

Artikel 29: Bildungsziele; Bildungseinrichtungen
(1) Die Vertragsstaaten stimmen darin überein, dass die Bildung des Kindes darauf gerichtet sein muss,
a. die Persönlichkeit, die Begabung und die geistigen und körperlichen Fähigkeiten des Kindes voll zur Entfaltung zu bringen;

b. dem Kind Achtung vor den Menschenrechten und Grundfreiheiten und den in der Charta der Vereinten Nationen verankerten Grundsätzen zu vermitteln;
c. dem Kind Achtung vor seinen Eltern, seiner kulturellen Identität, seiner Sprache und seinen kulturellen Werten, den nationalen Werten des Landes, in dem es lebt, und gegebenenfalls des Landes, aus dem es stammt, sowie vor anderen Kulturen als der eigenen zu vermitteln;
d. das Kind auf ein verantwortungsbewusstes Leben in einer freien Gesellschaft im Geist der Verständigung, des Friedens, der Toleranz, der Gleichberechtigung der Geschlechter und der Freundschaft zwischen allen Völkern und ethnischen, nationalen und religiösen Gruppen sowie zu Ureinwohnern vorzubereiten;
e. dem Kind Achtung vor der natürlichen Umwelt zu vermitteln.

(2) Dieser Artikel und Artikel 28 dürfen nicht so ausgelegt werden, dass sie die Freiheit natürlicher oder juristischer Personen beeinträchtigen, Bildungseinrichtungen zu gründen und zu führen, sofern die in Absatz 1 festgelegten Grundsätze beachtet werden und die in solchen Einrichtungen vermittelte Bildung den von dem Staat gegebenenfalls festgelegten Mindestnormen entspricht.

Artikel 30: Minderheitenschutz
In Staaten, in denen es ethnische, religiöse oder sprachliche Minderheiten oder Ureinwohner gibt, darf einem Kind, das einer solchen Minderheit angehört oder Ureinwohner ist, nicht das Recht vorenthalten werden, in Gemeinschaft mit anderen Angehörigen seiner Gruppe seine eigene Kultur zu pflegen, sich zu seiner eigenen Religion zu bekennen und sie auszuüben oder seine eigene Sprache zu verwenden.

Artikel 31: Beteiligung an Freizeit, kulturellem und künstlerischem Leben, staatliche Förderung
(1) Die Vertragsstaaten erkennen das Recht des Kindes auf Ruhe und Freizeit an, auf Spiel und altersgemäße aktive Erholung sowie auf freie Teilnahme am kulturellen und künstlerischen Leben.
(2) Die Vertragsstaaten achten und fördern das Recht des Kindes auf volle Beteiligung am kulturellen und künstlerischen Leben und fördern die Bereitstellung geeigneter und gleicher Möglichkeiten für die kulturelle und künstlerische Betätigung sowie für aktive Erholung und Freizeitbeschäftigung.

Artikel 39: Genesung und Wiedereingliederung geschädigter Kinder
Die Vertragsstaaten treffen alle geeigneten Maßnahmen, um die physische und psychische Genesung und die soziale Wiedereingliederung eines Kindes zu fördern, das Opfer irgendeiner Form von Vernachlässigung, Ausbeutung oder Misshandlung, der Folter oder einer anderen Form grausamer, unmenschlicher oder erniedrigender Behandlung oder Strafe oder aber bewaffneter Konflikte geworden ist. Die Genesung und Wiedereingliederung müssen in einer Umgebung stattfinden, die der Gesundheit, der Selbstachtung und der Würde des Kindes förderlich ist.

UN-Übereinkommen über die Rechte von Menschen mit Behinderungen (2006)[1]

Artikel 24: Bildung
(1) Die Vertragsstaaten anerkennen das Recht von Menschen mit Behinderungen auf Bildung. Um dieses Recht ohne Diskriminierung und auf der Grundlage der Chancengleichheit zu verwirklichen, gewährleisten die Vertragsstaaten ein inklusives Bildungssystem auf allen Ebenen und lebenslanges Lernen mit dem Ziel,
a) die menschlichen Möglichkeiten sowie das Bewusstsein der Würde und das Selbstwertgefühl des Menschen voll zur Entfaltung zu bringen und die Achtung vor den Menschenrechten, den Grundfreiheiten und der menschlichen Vielfalt zu stärken;
b) Menschen mit Behinderungen ihre Persönlichkeit, ihre Begabungen und ihre Kreativität sowie ihre geistigen und körperlichen Fähigkeiten voll zur Entfaltung bringen zu lassen;
c) Menschen mit Behinderungen zur wirksamen Teilhabe an einer freien Gesellschaft zu befähigen.
(2) Bei der Verwirklichung dieses Rechts stellen die Vertragsstaaten sicher, dass
a) Menschen mit Behinderungen nicht aufgrund von Behinderung vom allgemeinen Bildungssystem ausgeschlossen werden und dass Kinder mit Behinderungen nicht aufgrund von Behinderung vom unentgeltlichen und obligatorischen Grundschulunterricht oder vom Besuch weiterführender Schulen ausgeschlossen werden;

---

1 Deutsche Übersetzung durch die Nichtregierungsorganisation Netzwerk Artikel 3 e.V., weil die amtliche Übersetzung nicht voll den Sinn der Bestimmungen im verbindlichen englischen Originaltext wiedergibt.

b) Menschen mit Behinderungen gleichberechtigt mit anderen in der Gemeinschaft, in der sie leben, Zugang zu einem inklusiven, hochwertigen und unentgeltlichen Unterricht an Grundschulen und weiterführenden Schulen haben;
c) angemessene Vorkehrungen für die Bedarfe des Einzelnen getroffen werden;
d) Menschen mit Behinderungen innerhalb des allgemeinen Bildungssystems die notwendige Unterstützung geleistet wird, um ihre wirksame Bildung zu ermöglichen;
e) in Übereinstimmung mit dem Ziel der vollständigen Inklusion wirksame individuell angepasste Unterstützungsmaßnahmen in einem Umfeld, das die bestmögliche schulische und soziale Entwicklung gestattet, angeboten werden.

(3) Die Vertragsstaaten ermöglichen Menschen mit Behinderungen, lebenspraktische Fertigkeiten und soziale Kompetenzen zu erwerben, um ihre volle und gleichberechtigte Teilhabe an der Bildung und als Mitglieder der Gemeinschaft zu fördern. Zu diesem Zweck ergreifen die Vertragsstaaten geeignete Maßnahmen; unter anderem

a) fördern sie das Erlernen von Brailleschrift, alternativer Schrift, ergänzenden und alternativen Formen, Mitteln und Formaten der Kommunikation, den Erwerb von Orientierungs- und Mobilitätsfertigkeiten sowie den peer support und das Mentoring;
b) ermöglichen sie das Erlernen der Gebärdensprache und die Förderung der sprachlichen Identität der gehörlosen Menschen;
c) stellen sie sicher, dass blinden, hörbehinderten oder taubblinden Menschen, insbesondere Kindern, Bildung in den Sprachen und Kommunikationsformen und mit den Kommunikationsmitteln, die für den Einzelnen am besten geeignet sind, sowie in einem Umfeld vermittelt wird, das die bestmögliche schulische und soziale Entwicklung gestattet.

(4) Um zur Verwirklichung dieses Rechts beizutragen, treffen die Vertragsstaaten geeignete Maßnahmen zur Einstellung von Lehrkräften, einschließlich solcher mit Behinderungen, die in Gebärdensprache oder Brailleschrift ausgebildet sind, und zur Schulung von Fachkräften sowie Mitarbeitern und Mitarbeiterinnen auf allen Ebenen des Bildungswesens. Diese Schulung schließt die Schärfung des Bewusstseins für Behinderungen und die Verwendung geeigneter ergänzender und alternativer Formen, Mittel und Formate der Kommunikation sowie pädagogische Verfahren und Materialien zur Unterstützung von Menschen mit Behinderungen ein.

(5) Die Vertragsstaaten stellen sicher, dass Menschen mit Behinderungen ohne Diskriminierung und gleichberechtigt mit anderen Zugang zu allgemeiner tertiärer Bildung, Berufsausbildung, Erwachsenenbildung und lebenslangem Lernen haben. Zu diesem Zweck stellen die Vertragsstaaten sicher, dass für Menschen mit Behinderungen angemessene Vorkehrungen getroffen werden.

Erklärung der Kultusministerkonferenz vom 3.3.2006 zur Umsetzung des Übereinkommens der Vereinten Nationen über die Rechte des Kindes

Die Vereinten Nationen haben am 20. November 1989 das Übereinkommen über die Rechte des Kindes – die Kinderrechtskonvention – unterzeichnet. In der Bundesrepublik Deutschland ist sie nach der Zustimmung durch Bund und Länder am 4. April 1992 in Kraft getreten. Die Kinderrechtskonvention ist das erste Abkommen, das die internationale Anerkennung der Menschenrechte für Kinder festschreibt und verbindliche Mindeststandards zum Wohle von Kindern und Jugendlichen im Alter von 0 bis 18 Jahren definiert. Die Artikel 28 und 29 betreffen den zentralen Bereich der Bildung.

Auf ihrer Konferenz am 2./3. März 2006 in Berlin haben die Kultusministerinnen und Kultusminister der Länder das Übereinkommen gewürdigt und folgende Erklärung verabschiedet:

1. Die Kultusministerkonferenz bekennt sich ausdrücklich zu der Kinderrechtskonvention und dem darin festgeschriebenen Recht des Kindes auf Bildung, von dessen Verwirklichung die Zukunft des Einzelnen wie auch der Gesellschaft nicht unwesentlich abhängt. Im Übrigen schließt sie sich der Erklärung der Jugendministerkonferenz vom 25./26. Juni 1998 zur Umsetzung des Übereinkommens der Vereinten Nationen über die Rechte des Kindes an.
2. Die Kultusministerkonferenz spricht sich dafür aus, dass die Subjektstellung des Kindes und dessen allseitiger Entfaltungsanspruch in allen Schulstufen und -arten zu respektieren sind und Maßnahmen zur Förderung von Begabungsvielfalt sowie zur Vermeidung von sozialer Ausgrenzung verstärkt werden müssen.
3. Die Kultusministerkonferenz spricht sich dafür aus, dass die altersgerechte Berücksichtigung der Rechte des Kindes auf Schutz und Fürsorge sowie auf Partizipation essentiell für die Schulkultur ist.
4. Die Kultusministerkonferenz richtet ihr Bemühen darauf, das Recht des Kindes auf Bildung sowie auf Förderung durch geeignete Maßnahmen zu gewährleisten, weiter zu verbessern und vor allem dazu beizutragen, die

Zahl von Schulabgängern ohne Abschluss zu senken sowie Schulverweigerung zu verhindern. Dabei sind die Belange von Schülerinnen und Schülern mit Behinderungen wie von Schülerinnen und Schülern mit Migrationshintergrund besonders zu beachten.

5. Die frühe kindliche Förderung zum Ausgleich von Bildungsbenachteiligung ist ein wesentliches Anliegen der Kultusministerkonferenz. Sie verweist in diesem Zusammenhang auf die im Mai 2004 gemeinsam mit der Jugendministerkonferenz verabschiedeten Empfehlungen „Gemeinsamer Rahmen der Länder für die frühe Bildung in Kindertageseinrichtungen" und „Stärkung und Weiterentwicklung des Gesamtzusammenhangs von Bildung, Erziehung und Betreuung".

6. Die Kultusministerkonferenz wird bei der Erarbeitung bzw. Überarbeitung einschlägiger Empfehlungen die Grundsätze der Kinderrechtskonvention in Zukunft in besonderer Weise berücksichtigen.

7. Die Kultusministerkonferenz stellt unter Hinweis auf die „Empfehlung zur Förderung der Menschenrechtserziehung in der Schule" (Beschluss der Kultusministerkonferenz vom 4.12.1980 i.d.F. vom 14.12.2000) fest, dass die Vermittlung von unveräußerlichen Rechten und essentiellen Werten wie Menschenwürde, Toleranz, Freiheit, Selbstbestimmung und Schutz vor Gewalt nach den schulrechtlichen Regelungen der Länder sowohl allgemeine Aufgabe von Schule und Unterricht als auch spezifische Aufgabe der dafür relevanten Fächer ist.

8. Die Kultusministerinnen und Kultusminister werden ihre Schulen in geeigneter Form darüber informieren, dass das Deutsche Institut für Menschenrechte Berlin und die Bundeszentrale für politische Bildung den Schulen für die schulische und unterrichtliche Umsetzung der Menschenrechts- und Kinderrechtsbildung das vom Europarat erarbeitete und anlässlich des Europäischen Jahres der Demokratieerziehung 2005 ins Deutsche übersetzte Handbuch „Kompass – ein Handbuch zur Menschenrechtsbildung für die schulische und außerschulische Bildungsarbeit" auf Anfrage zur Verfügung stellen.

9. Die Kultusministerinnen und Kultusminister werden ihre Schulen in geeigneter Form darüber informieren, dass das Forum Menschenrechte anlässlich des „UN-Weltprogramms für Menschenrechtsbildung" „Bildungsstandards der Menschenrechtsbildung" erarbeitet hat, die den Schulen ebenfalls kostenlos zur Verfügung gestellt werden können.

DEUTSCHES KINDERHILFSWERK, EDUCATION Y, DEUTSCHES
KOMITEE FÜR UNICEF, MAKISTA

Kinderrechteschulen in Deutschland. Leitfaden

Kriterien für die Umsetzung der UN-Kinderrechtskonvention an Schulen

Dieses Papier basiert auf dem Austausch und der jahrelangen Kooperation des Deutschen Kinderhilfswerkes e.V., Education Y und dem Deutschen Komitee für UNICEF sowie Makista e.V. im Rahmen des Themennetzwerkes „Kinderrechte in Bildungslandschaften" der National Coalition für die Umsetzung der UN-Kinderrechtskonvention in Deutschland. Die Prinzipien und Inhalte werden von den genannten Organisationen geteilt und in unterschiedlichen Programmen, Themenschwerpunkten, Medien und Netzwerken genutzt.

Das Kindeswohl (best interests of the child, Art. 3 UN-KRK) sowie die Prinzipien Gleichheit/Nicht-Diskriminierung, Schutz, Förderung und Partizipation leiten die Handlungen von Schüler*innen und Schulpersonal. Die Weiterentwicklung als Kinderrechteschule ist integraler Bestandteil der strategischen Planung der Schule und ihrer Evaluierung. Alle schulischen Aktivitäten orientieren sich an den UN-Kinderrechten.

Eine *Kinderrechteschule* präsentiert sich deutlich als Kinderrechteschule im öffentlichen Raum, vernetzt sich mit anderen Akteur*innen zu kinderrechtlichen Themen und trägt gezielt Kinderrechtewissen ins lokale Umfeld. Für die ganzheitliche Implementierung der Kinderrechte in den Schulalltag ist eine Orientierung am Dreiklang der Menschenrechtsbildung wesentlich: dem Wissen über, Lernen durch und Handeln für die Menschen- respektive Kinderrechte. Der Ansatz unterstützt eine subjektorientierte Lernatmosphäre, die, vom Kind gedacht, eine kompetenz-und prozessorientierte Förderung jedes Einzelnen und von Gemeinsinn in den Mittelpunkt stellt. Die erwachsenen pädagogischen Fachkräfte sind Pflichtenträger für die Umsetzung der Kinderrechtekonvention. Sie tragen die Verantwortung dafür, durch ihre Haltung und ihr Handeln Gelegenheitsräume und Zeit dafür zu schaffen, dass die Kinderrechte gelebt und gelernt werden können. Die folgenden drei Dimensionen des Menschenrechtsansatzes sind in diesem Kontext zusammen zu denken: Sie umfassen den Anspruch, Wissen zu vermitteln, Raum für die praktische Erfahrung dieses Wissens zu schaffen und das Wissen selbst im Schul- und weiteren Umfeld selbstbestimmt umzusetzen. Jede Dimension stärkt und vertieft die anderen.

1. Dimension: Bildung über Kinderrechte: Information und Wissen

Die UN-KRK wird Kindern und Erwachsenen in der Schulgemeinde verständlich bekannt gemacht und steht jederzeit allen an Schule Beteiligten zur Einsicht zur Verfügung.
Bewertungskriterien:
1. *Kinderrechte sind im Leitbild, Lehrplan, Jahresplan und schuleigenen Curriculum verankert und sind für alle an einem öffentlichen Platz in der Schule sichtbar.*
2. *Kinder, Eltern Erziehungsberechtigte, Lehrkräfte und Mitarbeitende der Schulgemeinschaft kennen die Inhalte der UN-Kinderechtskonvention. Die Konvention ist normativer Bezugspunkt und curriculares Querschnittsthema für Lehrinhalte.*

Beispiele für die Umsetzung:
- Das Kollegium bildet sich (regelmäßig) zu den Kinderrechten fort.
- Klassen/ Teamzimmer und Freizeiträume sind mit Informations- und Praxismaterialien rund um die Kinderrechte ausgestattet.
- Kinder, Erziehungsberechtigte und Mitarbeitende der Schulgemeinschaft agieren in Gesprächen mit anderen als Botschafter*innen von Kinderrechten.
- Es finden jährlich Projekttage oder fachübergreifende Thementage oder -wochen zu den Kinderrechten statt.
- Die Inhalte der UN-KRK werden altersgerecht in formalen und non-formalen Lernsettings vermittelt und der Bezug zur Lebenswirklichkeit der Kinder anhand alltagsnaher Beispiele verdeutlicht.
- Die Schule weist im Rahmen ihrer Öffentlichkeitsarbeit (z. B. Website, Schulfeste oder Lernplaner) auf die Kinderrechte und ihre Arbeit als Kinderrechteschule hin.
- Von den Kindern als bedeutsam identifizierte Kinderrechte erhalten eine deutliche Sichtbarkeit in und außerhalb des Schulgebäudes.

2. Dimension: Bildung durch Kinderrechte: Schulkultur, Ethos/ Haltung, Partizipation und Gestaltung der Lernumgebung mit Kindern und für Kinder

Das ganze Schulpersonal sowie alle Schüler*innen verpflichten sich, die Werte und Prinzipien der UN-KRK ins Zentrum all ihrer Grundsätze, Entscheidungen und Handlungen zu stellen. In der Schulgemeinschaft werden in allen Schul- und Lebensbereichen die Kinderrechte geachtet. Formate und Räume für die aktive Umsetzung dieser Prinzipien sind vorhanden bzw. werden geschaffen und aktiv genutzt. Kinder üben ihre Rechte selbst aus, übernehmen eine aktive Rolle in ihrem Lernprozess und setzen sich dafür ein, dass andere Menschen würdevoll und fair behandelt werden.

Bewertungskriterien:
1. *Die Schulgemeinschaft hat ein verbindliches und transparentes Verfahren, um mit Verstößen gegen die Prinzipien der UN-Kinderrechtskonvention umzugehen.*
2. *Pädagogische Beziehungen basieren auf den Grundwerten Würde, Inklusion sowie gegenseitiger Wertschätzung, Respekt und Gewaltfreiheit*
3. *Räume und Vorgehensweisen für eine transparente, respektvolle und partizipative Informations- und Feedbackkultur sind vorhanden.*
4. *Kinder äußern ihre Meinung frei, werden von den Erwachsenen angehört und ernst genommen.*
5. *Repräsentative Formen der Partizipation wie Schüler*innenvertretung und Schüler*innenparlament, basisdemokratische Formen wie Klassenräte und Schulversammlungen sowie projektorientierte Formen ergänzen sich zu einer vielfältigen und lebendigen Beteiligungskultur.*

Beispiele für die Umsetzung:
- Die Schulgemeinschaft hat in einem partizipativen Prozess eine Schulcharta/Schulleitbild entwickelt, die die Prinzipien der UN-KRK beinhaltet.
- Leitungs-, Lehr- und pädagogische Fachkräfte reflektieren ihr eigenes pädagogisches Handeln vor dem Hintergrund der UN-KRK regelmäßig (Teamtreffen, Fortbildungen, Selbstevaluation o.Ä.).
- Klassenregeln werden von Kindern und Lehrkräften gemeinsam erarbeitet und ausgehandelt. Sie basieren auf der UN-KRK. Sie helfen allen, ihre Rechte zu verstehen.
- Konflikte werden gewaltfrei und respektvoll gelöst. Erwachsene und Kinder suchen gemeinsam nach einer Lösung. Dafür gibt es partizipative Konflikt-

lösungsstrukturen (z.B. Streitschlichter*innen: Füße, Curriculum für das Soziale Lernen, Konflikt-Lots*innen).
- Kinder können Verstöße gegen ihre Rechte benennen und wissen, wer in diesen Fällen ihre Anlauf- bzw. Beschwerdestelle oder -person an der Schule ist.
- Eine erwachsene Person ist als Kinderrechte-Beauftragte*r benannt und bekannt.
- Pat*innensysteme und/ oder Peer-Projekte unterstützen den Aufbau eines positiven und solidarischen Miteinanders.
- Partizipative Unterrichtsformen, Wahlmöglichkeiten bei Projekten oder besonders soziales Engagement ermöglichen eine Mitgestaltung der Kinder an den Lerninhalten.
- Es gibt eine regelmäßige Kinderrechte-Sprechstunde an der Schule.
- Es gibt Gelegenheiten für ein regelmäßiges Feedback und ein verlässliches Beschwerdeverfahren.

3. Dimension: Bildung für Kinderrechte: Engagement in der Schule und darüber hinaus, universelle Werte und Wirkungskreis

Die Schulgemeinde fördert die intrinsische Motivation der Kinder sich lokal und global für Kinderrechte zu engagieren (z. B. durch Projekte, Öffentlichkeitsaktionen, Hilfsaktionen). Die Prinzipien der UN-KRK finden in der Umsetzung der Vorhaben innerhalb der Schule und im weiteren Umfeld Anwendung.

Bewertungskriterien:
1. Die Schulgemeinschaft beteiligt sich an Initiativen/ Kampagnen/ Aktivitäten (oder führt sie eigenständig durch), die darauf abzielen, das Leben von Kindern lokal und/oder global zu verbessern.
2. Die Schulgemeinschaft informiert sich über Themen der Bildung für Nachhaltige Entwicklung (SDG – z. B. Produktionsketten/Kinderarbeit).

Beispiele für die Umsetzung:
- Die Schule informiert Kinder auch über Beteiligungsstrukturen in der Kommune wie Kinder- und Jugendparlamente, in denen Kinder ihre Rechte einfordern können, und unterstützt die Teilnahme.

- In Kooperation mit außerschulischen Akteur*innen führen die Kinder Aktionen zur Bekanntmachung der Kinderrechte und/oder zur Bewusstmachung von Kinderrechtsverletzungen (lokal oder global) durch (z. B. Aktion gegen Diskriminierung, Projekt im Rahmen von Weltkindertagsfesten, Demonstration anlässlich des Kinderrechtegeburtstags, Kinderrechte-Stadtteilcheck, Spendenlauf als Nothilfeaktion).
- Die Schulgemeinschaft trägt die Werte und Prinzipien der UN-Kinderrechtskonvention in ihr soziales Umfeld außerhalb der Schule.

Stand: 22.06.2020

Mitwirkende:
Sonja Student, Christa Kaletsch, Jasmine Gebhard, Elisa Bönisch, Elisabeth Stroetmann, Ceren Güven-Güres, Gesa Rohr

Weitere Informationen:
www.makista.de
www.dkhw.de
www.unicef.de
www. kinderrechteschulen-nrw.de

Schulmitwirkung und Partizipationsrechte der Schüler*innen in den Schulgesetzen der Bundesländer

Baden-Württemberg
Schulgesetz (SchulG) für Baden-Württemberg vom 1.8.1983, zuletzt geändert 17.12.2020, § 62–69
Bayern
Gesetz über das Erziehungs- und Unterrichtswesen (BAYEUG) vom 31.5.2000, zuletzt geändert 24.7.2020, Art. 56, 62–63, 69, 73
Berlin
Schulgesetz für das Land Berlin (SchulG) vom 26.1.2004, zul. geänd. 12.10.2020, § 75–78, 83–87
Brandenburg
Brandenburgisches Schulgesetz(BbgSchulG) vom 2.8.2002, zul. geänd. 18.12.2018, § 46–49, § 74–80, § 83–84, 90–91
Bremen
Bremisches Schulgesetz (BremSchulG) vom 28.6.2005, zul. geänd. 24.11.2020, § 51
Bremisches Schulverwaltungsgesetz (BremSchVwG) vom 28.6.2005, zul. geänd. 20.10.2020, § 33–35, 46–53
Hamburg
Hamburgisches Schulgesetz (HmbSG) vom 16.4.1997, zul. geänd. 3.11.2020, § 52–56 a, § 61, § 63–57
Hessen
Hessisches Schulgesetz (HSchG) vom 30.6.2017, zul. geänd. 29.9.2020, § 121–126, 128–132
Mecklenburg-Vorpommern
Schulgesetz für das Land Mecklenburg-Vorpommern vom 10.9.2010, zul. geänd. 2.12.2019, § 74–76, § 78, § 80–85, § 91
Niedersachsen
Niedersächsisches Schulgesetz (NSchG) vom 3.3.1998, zul. geänd. 10.12.2020, § 34, 36–39, § 72–87, § 170

Nordrhein-Westfalen
Schulgesetz für das Land Nordrhein-Westfalen(SchulG) vom 15.2.2005, zul. geänd. 1.9.2020, § 44–45, § 62–67, § 74, § 77
Rheinland-Pfalz
Schulgesetz (SchulG) vom 30.3.2004, zul. geänd. 17.12.2020, § 31–36, § 48–50
Saarland
Schulmitbestimmungsgesetz (SchumG) vom 21.8.1996, zul. geänd. 11.12.2012, § 1–4, § 8, § 20–34, § 44–47, § 54, § 57 60, § 62, § 65
Sachsen
Sächsisches Schulgesetz vom 27.9.2018, zul. geänd. 17.12.2020, § 43, § 51–57, § 63
Sachsen-Anhalt
Schulgesetz des Landes Sachsen-Anhalt (SchulG LSA) vom 9.8.2018, zul. geänd. 24.3.2020, § 45–54, § 75, § 77–78
Schleswig-Holstein
Schleswig-Holsteinisches Schulgesetz (SchulG) vom 24.1.2007, zul. geänd. 12.11.2020, § 62–63, § 65–66, § 79–87
Thüringen
Thüringer Schulgesetz (ThürSchulG) vom 30.4.2003, zul. geänd. 11.6.2020, § 25–30, § 38–39

Verfügbar unter: https://www.kmk.org/dokumentation-statistik/rechtsvorschriften-lehrplaene/uebersicht-schulgesetze.html; Stand 2021

MALTE KREYER

Checklisten für die Schülervertretung

Was ist zu tun bei Schüler*innenratssitzungen?
1. Termin festlegen
    - Veranstaltungsort muss frei sein
2. Zuständige Leute informieren
    - Technik beauftragen
    - Verbindungslehrkraft
    - Schulleitung
    - Person, die für die Raumbuchung zuständig ist
3. Tagesordnung erstellen
    - Themen sammeln (auch bei den Schüler*innen nachfragen)
    - Wer sagt was?
    - Wie lange dauert welches Thema?
    - In welcher Form werden die Themen vorgetragen (Abstimmung, Diskussion, Information)
    - Gegebenenfalls nötige Information für die Schüler*innen zusammenstellen
    - Werden Personen benötigt, die nicht im SR sind?
4. Einladen
    - Lautsprecherdurchsage
    - Online Plattform der Schule
    - E-Mail Verteiler
5. Vorbereitung
    - Moderation festlegen
    - Protokollant*in festlegen
    - Aufbauen
6. Nachbereitung
    - Protokoll versenden
    - Auswertung: Was ist gut gelaufen, was nicht?

Tagesordnung einer Schüler*innenratssitzung – ein Beispiel
SR Sitzung 17.9.2020 in der Aula
Protokoll: Lino
Moderation: Sarah
TO:
1. Begrüßung
2. Anwesenheit
3. Homeschooling (Diskussion)
4. Toiletten Antrag (Abstimmung)
5. Gebäude Sanierung (Information)
6. Neue Projektideen (Diskussion)
7. Was können wir bei der nächsten Sitzung besser machen (Feedback)?
8. Sonstiges

Was ist zu tun bei Vollversammlungen?
1. Thema vorbereiten
   - Worum soll es gehen?
   - Was sollen wir Schüler*innen daraus mitnehmen?
   - Welche Klassenstufen sollen kommen?
   - In welcher Form wollen wir die Vollversammlung veranstalten? (Podiumsdiskussion, Vortrag, usw.)
   - Welche Referent*innen gibt es zu diesem Thema? Brauchen wir überhaupt welche?
2. Termin festlegen
   - Sprecht diesen Termin am besten mit der Schulleitung ab, da viele Schüler*innen Arbeiten schreiben und man sicherstellen sollte, dass auch möglichst viele die Möglichkeit haben zu kommen.
   - Wenn ihr Referent*innen habt, könnt ihr den Termin auch schon im Vorhinein mit denen abklären.
3. Vorbereitung
   - Technik beauftragen, Personen informieren
   - Schulleitung informieren
   - Lehrer*innenschaft informieren
   - Verbindungslehrkraft informieren
   - Moderation festlegen
   - Mit Referent*innen die Veranstaltung durchsprechen
   - Was wünschen wir uns?

- Wo haben wir Verbesserungsvorschläge zur Präsentation/zum Vortrag der Referent*in?
4. Einladung
    - Lautsprecherdurchsage
    - Online Plattform der Schule
    - E-Mail Verteiler
5. Vorbereitung am Veranstaltungstag
    - Aufbauen
    - Mit Referent*innen früher treffen und alles nochmal durchsprechen
6. Nachbereitung
    - Rücksprache mit dem Schüler*innenrat (Gibt es Verbesserungsvorschläge?)
    - Rücksprache mit den Referent*innen (+ falls abgesprochen: Honorar)

ADOLF BARTZ

Partizipation – von oben?

Ein Beispiel aus Nordrhein-Westfalen

Die Studentenunruhen 1968 erreichten auch die Schulen und führten am Märkischen Gymnasium Iserlohn (MGI) durch die Initiative mehrerer Schülersprecher zu einer eigenständigen „Verfassung der Schülermitverwaltung des Märkischen Gymnasiums Iserlohn". Nachdem in zahlreichen Sitzungen die Vorstellungen der Schüler mit denen der Gesamtkonferenz – die Lehrer stimmten am 11.12.1974 zu – in Einklang gebracht worden waren, folgte ein monatelanges Warten auf die Genehmigung durch den Kultusminister, die erst nach fast einem Jahr am 14.11.1975 erfolgte.

Während der SMV-Erlass von 1968 zwar die beratende Teilnahme einzelner Schülervertreter an der Gesamtkonferenz ohne Stimmberechtigung vorsah, legte die Verfassung des MGI fest, dass die Schülervertreter stimmberechtigt waren. Strittig war die Frage, was als „private Belange" von Lehrern oder Schülern anzusehen war, bei denen die Schüler von der Teilnahme an der Beratung ausgeschlossen waren. „Die Schüler vermuteten einen Deckmantel, der den Lehrern gestattete, sie bei der Behandlung gewisser Themen von Brisanz auszuschließen. Ein Beispiel mag das verdeutlichen: Aussprachen über Beförderungen – noch war das Votum der Gesamtkonferenz vorgesehen – betrafen in der Interpretation der Lehrer private Belange, während die Schüler in ihrer Argumentation miteinbezogen, daß die zu ‚Befördernden' letztlich doch ‚ihre' Lehrer waren" (Wilshues (1984), S. 98).

Mit dem Schulmitwirkungsgesetz vom 13. 12. 1977 wurde auch der SV-Erlass in Kraft gesetzt. Er legt in 1.10 fest: „Die SV kann sich im Rahmen der geltenden Bestimmungen eine Satzung geben, in der Regelungen über Einzelheiten von Aufgaben und der Arbeit der SV an der jeweiligen Schule getroffen werden. Die Satzung bedarf keiner Genehmigung".

„Die Großzügigkeit des letzten Satzes erwies sich als Chimäre. Spielraum kann risikolos gewährt werden, wenn nur die Rahmenbedingungen eng genug abgesteckt sind. Das Schulmitwirkungsgesetz und die in besonderen Erlassen aufgeführten Bestimmungen regeln minutiös Verfahrensweisen, Kompetenzen und Aufgaben der einzelnen Gremien" (Wilshues (1984), S. 98). „Das Schulmitwirkungsgesetz also, das der SV ein über unsere alte SMV-Verfassung hinausgehendes Maß an Mitwirkung gebracht hat, etwa in der Schulkonferenz, hat keinesfalls Impulse geben, Engagement freisetzen können. Statt Denkanstöße zu geben, Möglichkeiten offenzuhalten, hat es perfekte Reglements geschaffen. Bezeichnenderweise heißt es in den Schlußbestimmungen des SV-Erlasses unter 10.2.: ‚Die bis zum Inkrafttreten der erteilten Genehmigungen für an einzelnen Schulen entwickelte weitergehende Formen der SMV [...] werden hiermit aufgehoben' (Wilshues (1984), S. 99).

Die Folge: Als es um die erweiterten Rechte der Schüler ging, war die Beteiligung an der SMV so gut wie nie, da diese Rechte von den Schülern erkämpft worden waren. „Die aktivste Zeit endete paradoxerweise 1977 mit dem Schulmitwirkungsgesetz, obwohl dieses den Schülern mehr Rechte brachte. [...] Weil diese Rechte den Schülern jedoch zufielen und jeder Elan durch Überinstitutionalisierung erheblich gebremst wurde, wurde die SV immer mehr zu einem passiven Verein. Enge Vorschriften ließen wenig Raum für Eigeninitiative, so daß immer weniger Schüler(innen) wirklich aktiv in der SV mitarbeiteten" (Grote 1984, S. 96).

Was hier deutlich wird: Partizipation wirkt nicht, wenn sie nur geschenkt und nicht erkämpft wird – auch wenn unerlässlich ist, dass Rechte wie hier die Beteiligungsrechte der Schüler*innen gesetzlich abgesichert werden.

Wirksame Beteiligung braucht zwei Voraussetzungen:
1) Die Beteiligung muss sich auf Sachverhalte beziehen, die die Betroffenen für relevant halten (im Beispiel: Das Votum zur Besetzung von Beförderungsstellen, aktuell z.B. die Beteiligung der Schülervertretung an der Personalauswahl durch einen stimmberechtigten Sitz in der Personalauswahlkommission).
2) Der rechtliche Rahmen muss Spielräume lassen. Er darf die Verfahren, die Mitwirkungsrechte und deren Einschränkungen nicht so eng festlegen, dass es für die Schüler*innen kaum noch die Möglichkeit gibt, Beteiligungsrechte in der Auseinandersetzung mit Eltern und Lehrkräften zu erkämpfen. Denn nur dann wird so etwas wie Ownership erlebt: Wir haben Rechte, weil wir uns für sie selbst eingesetzt haben.

Eine Durchsicht der Regelungen zur Schulmitwirkung und speziell zur Schülervertretung in den Schulgesetzen der Bundesländer zeigt dagegen: Sie gewähren mehr oder weniger großzügig Rechte, aber sie schränken sie zugleich ein. Statt zur Beteiligung einzuladen und zu motivieren, wirken sie wegen der Einbindung in ein Korsett enger Detailvorschriften eher demotivierend.

Literatur

Grote, Friedrich (1984), Klasse 12, Schülermitwirkung – eine Idee. In: Berkemeier, G./Bleicher, W., Muthmann, G. (Hg.), Gymnasium Iserlohnense 1609–1984, Iserlohn: Eigenverlag Märkisches Gymnasium, S. 95 f.

Wilshues, Manfred (1984), Die SMV/SV des MGI – Entwicklungstendenzen seit 1968. In: aaO, S. 97–99

GRUNDSCHULE AM HÖFLING AACHEN

Zeugnisformular 3. Schuljahr, 2. Halbjahr

Hinweise zum Arbeits- und Sozialverhalten:
(vier Bewertungsschritte: selten/kaum – teilweise – überwiegend – voll/konstant)

Arbeitsverhalten: Leistungsbereitschaft

☐☐☐☐	zeigt Initiative und hat Interesse an Lerninhalten	☐☐☐☐	arbeitet auch über einen längeren Zeitraum konzentriert
☐☐☐☐	beteiligt sich aktiv an Unterrichtsgesprächen	☐☐☐☐	bringt Lösungsvorschläge und Ideen ein
☐☐☐☐	strengt sich auch bei unbeliebten Aufgaben und Anforderungen an	☐☐☐☐	strukturiert und organisiert Lern- und Arbeitsprozesse selbständig
☐☐☐☐	setzt sich mit Inhalten und Aufgabenstellungen auseinander	☐☐☐☐	beschafft sich eigenaktiv Informationen

Arbeitsverhalten: Zuverlässigkeit und Sorgfalt

☐☐☐☐	behandelt Lern- und Arbeitsmaterialien sachgerecht und sorgfältig	☐☐☐☐	erstellt schriftliche Arbeiten übersichtlich
☐☐☐☐	erledigt Aufgaben vollständig und termingerecht	☐☐☐☐	schreibt lesbar
☐☐☐☐	prüft Arbeitsschritte und Ergebnisse selbständig und korrigiert ggf.	☐☐☐☐	erfüllt einen Arbeitsauftrag zügig und in angemessenem Umfang
☐☐☐☐	hält Absprachen gewissenhaft und zuverlässig ein	☐☐☐☐	verbessert und überarbeitet eigene Arbeiten

Sozialverhalten: Verantwortungsbereitschaft

☐☐☐☐	übernimmt Verantwortung für das eigene Handeln	☐☐☐☐	übernimmt Aufgaben und Pflichten für die Klasse
☐☐☐☐	setzt sich für andere Kinder ein	☐☐☐☐	engagiert sich im Klassenrat
☐☐☐☐	geht sorgfältig mit Einrichtungen und Materialien der Schule um	☐☐☐☐	---

Sozialverhalten: Konfliktverhalten

☐☐☐☐	respektiert Verhalten, Meinungen und Individualität anderer	☐☐☐☐	begegnet Kindern und Erwachsenen mit Rücksicht und Höflichkeit
☐☐☐☐	lässt sich auf Kritik ein	☐☐☐☐	äußert Kritik sachlich und angemessen
☐☐☐☐	löst Konflikte friedlich	☐☐☐☐	---

Sozialverhalten: Kooperationsfähigkeit

☐☐☐☐	hält vereinbarte Klassen- und Schulregeln ein	☐☐☐☐	arbeitet konstruktiv mit anderen und in wechselnden Gruppen
☐☐☐☐	bringt außerschulische Lernerfahrungen sinnvoll ein	☐☐☐☐	bietet Hilfe an und nimmt Hilfe bei Bedarf in Anspruch
☐☐☐☐	hört aufmerksam zu	☐☐☐☐	lässt andere ausreden
☐☐☐☐	kann eigene Bedürfnisse angemessen zum Ausdruck bringen	☐☐☐☐	erkennt Ideen und Leistungen anderer an
☐☐☐☐	stellt eigene Interessen, wenn es die Ziele der Gruppe erfordern, zurück	☐☐☐☐	---

Aussagen über Lernverhalten und Leistungsstand in den Fächern:
(vier Bewertungsschritte: selten/kaum – teilweise – überwiegend – voll/konstant)

Deutsch

Sprachgebrauch

☐☐☐☐	hört anderen respektvoll zu	☐☐☐☐	baut Texte logisch auf
☐☐☐☐	spricht verständlich und sachgerecht zum Thema	☐☐☐☐	nutzt Überarbeitungshilfen
☐☐☐☐	reflektiert Redebeiträge anderer und trägt zur Diskussion bei	☐☐☐☐	verwendet Merkmale, die einen Text anschaulich machen (z.B. wörtliche Rede, Adjektive, wechselnde Satzanfänge)
☐☐☐☐	äußert eigene Meinungen, Gedanken und Gefühle angemessen und verständlich	☐☐☐☐	kann Satzarten unterscheiden
☐☐☐☐	setzt vorgegebene und/oder erarbeitete Kriterien in Texten um	☐☐☐☐	---

Lesen

☐☐☐☐	versteht schriftliche Anweisungen und setzt sie um	☐☐☐☐	gestaltet einen Lesevortrag ansprechend
☐☐☐☐	entnimmt Texten Informationen	☐☐☐☐	nutzt Medien zur Informationsbeschaffung
☐☐☐☐	reflektiert gelesene Texte	☐☐☐☐	---

Rechtschreiben

☐☐☐☐	wendet die gelernten Rechtschreibregeln im Bereich ____ an	☐☐☐☐	beherrscht den Umgang mit dem Wörterbuch
☐☐☐☐	schreibt korrekt ab	☐☐☐☐	setzt Satzschlusszeichen in eigenen Texten
☐☐☐☐	kontrolliert und korrigiert Texte	☐☐☐☐	---

Weitere Bemerkungen zum Fach Deutsch:

Gesamtnote Deutsch:

Sprachgebrauch:

Lesen:

Rechtschreiben:

Englisch

☐☐☐☐	teilt sich selbständig durch einfache Sätze mit	☐☐☐☐	spricht vertraute Wörter und Redewendungen korrekt aus
☐☐☐☐	liest und versteht kurze Texte mit vertrautem Wortschatz	☐☐☐☐	gibt kurze bekannte Wörter lauttreu schriftlich wieder
☐☐☐☐	entnimmt Hörübungen mit vertrautem Wortschatz Detailinformationen	☐☐☐☐	nutzt erlerntes Vokabular zum selbständigen Schreiben

Weitere Bemerkungen zum Fach Englisch:

Note im Fach Englisch:

Mathematik

Zahlen und Operationen

☐☐☐☐	erfasst, ordnet und vergleicht Zahlen richtig	☐☐☐☐	gibt alle Zahlensätze des kleinen Einmaleins automatisiert wieder
☐☐☐☐	findet zu Additionsaufgaben richtige Lösungen	☐☐☐☐	nutzt Zahlbeziehungen und Rechengesetze für vorteilhaftes Rechnen
☐☐☐☐	findet zu Subtraktionsaufgaben richtige Lösungen	☐☐☐☐	beherrscht das Überschlagsrechnen im Zahlenraum bis 1000
☐☐☐☐	beschreibt Lösungswege	☐☐☐☐	nutzt die halbschriftliche Multiplikation sicher
☐☐☐☐	findet zu den geforderten Kopfrechenaufgaben schnell richtige Lösungen	☐☐☐☐	nutzt die halbschriftliche Division sicher

Größen und Sachrechnen

☐☐☐☐	verfügt im Bereich der bearbeiteten Größen über sichere Kenntnisse	☐☐☐☐	erkennt mathematische Zusammenhänge bei Sachaufgaben und löst sie selbständig
☐☐☐☐	stellt Größenangaben in unterschiedlichen Schreibweisen dar	☐☐☐☐	---

Raum und Form

☐☐☐☐	kann exakt mit Zeichengeräten umgehen	☐☐☐☐	kann die Achsensymmetrie ebener Figuren erkennen
☐☐☐☐	kennt die geometrischen Grundbegriffe und wendet sie richtig an	☐☐☐☐	kann komplexe achsensymmetrische Figuren zeichnen

Daten, Häufigkeiten, Wahrscheinlichkeiten

☐☐☐☐	liest Tabellen/Diagramme und entnimmt Informationen richtig	☐☐☐☐	sammelt Daten aus dem eigenen Erfahrungsbereich und stellt sie richtig dar

Weitere Bemerkungen zum Fach Mathematik:

Note im Fach Mathematik:

Sachunterricht

☐☐☐☐	äußert sich interessiert zu sachunterrichtlichen Themen	☐☐☐☐	dokumentiert Arbeitsergebnisse übersichtlich und ordentlich
☐☐☐☐	stellt weiterentwickelnde Fragen	☐☐☐☐	informiert andere fachgerecht über ein Thema
☐☐☐☐	führt praktische Übungen/Experimente sachgerecht aus	☐☐☐☐	---

Weitere Bemerkungen zum Fach Sachunterricht:

Note im Fach Sachunterricht:

(vier Bewertungsschritte: selten/kaum – teilweise – überwiegend – voll/konstant)

Religion

☐☐☐☐	stellt Fragen zum eigenen Ich, den anderen, der Welt und Gott	☐☐☐☐	setzt das Verständnis von religiösen Inhalten in Texten, Bildern und gestalterischen Aufgaben angemessen um
☐☐☐☐	versetzt sich in andere hinein und zeigt Einfühlungsvermögen	☐☐☐☐	stellt Zusammenhänge zwischen religiösen Themen und dem eigenen Leben her
☐☐☐☐	beteiligt sich mit durchdachten Beiträgen an religiösen Gesprächen und formuliert eine eigene Meinung	☐☐☐☐	---

Weitere Bemerkungen zum Fach Religion:

Note im Fach Religion:

Sport

☐☐☐☐	zeigt viel Freude und Einsatzbereitschaft im Sportunterricht	☐☐☐☐	findet und erprobt neue Bewegungsformen besonders im Bereich und führt sie sicher und geschickt aus
☐☐☐☐	zeigt körperliche Ausdauer	☐☐☐☐	ist fair und beweist Teamgeist
☐☐☐☐	entwickelt eigene Ideen und verwirklicht sie	☐☐☐☐	zeigt bei Ball- und Sportspielen Geschick, einen guten Überblick und taktisches Vorgehen
☐☐☐☐	beherrscht Bewegungsformen im Bereich Laufen, Springen, Werfen	☐☐☐☐	---

Weitere Bemerkungen zum Fach Sport:

Note im Fach Sport:

Musik

☐☐☐☐	singt die erarbeiteten Lieder melodisch sicher	☐☐☐☐	trägt mit wohldurchdachten Äußerungen zum Gelingen des Musikunterrichts bei
☐☐☐☐	merkt sich Rhythmen und kann sie wiedergeben	☐☐☐☐	ordnet Klangbeispiele bestimmten Instrumenten zu
☐☐☐☐	begleitet Musikstücke mit Melodie- oder Rhythmusbausteinen	☐☐☐☐	findet passende Bewegungsfolgen zur Musik

Weitere Bemerkungen zum Fach Musik:

Note im Fach Musik:

(vier Bewertungsschritte: selten/kaum – teilweise – überwiegend – voll/konstant)

Kunst

☐☐☐☐	setzt sich mit Freude, Ausdauer und Geschick mit allen gestalterischen Aufgaben auseinander	☐☐☐☐	erkennt, beschreibt und deutet die Bildsprache bei der Betrachtung von Bildern und Objekten
☐☐☐☐	löst die bildnerischen und handwerklichen Aufgaben selbständig	☐☐☐☐	zeigt in den eigenen Arbeiten Kreativität in der Form- und Farbgebung
☐☐☐☐	wendet die vermittelten Techniken bewusst an	☐☐☐☐	---

Weitere Bemerkungen zum Fach Kunst:

Note im Fach Kunst:

Teilnahme an besonderen Aktionen, Arbeitsgemeinschaften, Qualifikationen

teilgenommen		ja	
☐	---	☐	ist Klassensprecher/in und Mitglied im Kinderparlament
☐	---		
☐	---		

(vier Bewertungsschritte: selten/kaum – teilweise – überwiegend – voll/konstant)

Notenstufen für die Bewertung der Lernbereiche und Fächer: sehr gut = entspricht den Anforderungen in besonderem Maße; gut = entspricht den Anforderungen in vollem Maße; befriedigend = entspricht den Anforderungen im Allgemeinen; ausreichend = entspricht im Ganzen noch den Anforderungen; mangelhaft = entspricht den Anforderungen nicht; ungenügend = entspricht den Anforderungen nicht, Mängel können auch in absehbarer Zeit nicht behoben werden

ZUSAMMENSTELLUNG: ADOLF BARTZ

Empirische Befunde zum Zusammenhang von Bildung und sozialer Herkunft

Die enge Kopplung von sozialer Herkunft und Schulerfolg in Deutschland gefährdet die Kinderrechte von Kindern aus benachteiligten Familien. Das gilt nicht nur für das Recht auf Bildung „auf der Grundlage der Chancengleichheit" (Artikel 28 KRK), sondern das hat auch Folgen für die Kinderrechte gemäß Artikel 2 (Diskriminierungsverbot), Artikel 3 (Wohl des Kindes) und Artikel 31 (Beteiligung am kulturellen und künstlerischen Leben). Gewiss gilt weltweit, dass die soziale Herkunft den Bildungserfolg maßgeblich beeinflusst. Während aber in der Mehrzahl der anderen OECD-Länder das Bildungssystem diesem Einfluss ausgleichend entgegenwirkt, wird er in Deutschland durch das Schulsystem, insbesondere die Gliederung der Schulformen in der Sekundarstufe I, eher verstärkt als vermindert.

Die folgende Sammlung von Zitaten aus unterschiedlichen empirischen Studien wirft ein Schlaglicht darauf, in welchem Maß das Schulsystem in Deutschland durch soziale Ungerechtigkeit geprägt ist und wie sich das auf die Bildungschancen der Kinder auswirkt.

„Der Bildungsstand und die Bildungsbeteiligung der Bevölkerung haben sich in den letzten Jahrzehnten kontinuierlich verbessert. [...] Trotz dieser Fortschritte ist es noch nicht gelungen, den engen Zusammenhang zwischen sozialer Herkunft und Bildungserfolg nachhaltig aufzubrechen. Über alle Altersgruppen hinweg besteht ein starker Zusammenhang zwischen Einkommen, erreichtem eigenem und familiärem Bildungshintergrund und der (weiteren) Bildungsteilnahme bzw. dem erfolgreichen Abschluss von Bildungsgängen. Dies beginnt bereits in der frühen Kindheit: Öffentliche Kindertagesbetreuung wird stärker von Kindern aus Elternhäusern mit formal höheren Bildungsabschlüssen wahrgenommen. Kinder aus Haushalten mit relativ geringem Einkommen und formaler Bildung, aber auch solche mit Migrationshintergrund, besuchen Kindertageseinrichtungen unterdurchschnittlich häufig. [...]

Diese ungleichen Ausgangsbedingungen wirken sich auch auf die weitere Bildungsbiografie aus. Der Sprachförderbedarf von drei- bis fünfjährigen Kindern liegt bei rund 20 %, wenn Eltern mindestens eine Hochschulzugangsberechtigung haben, und bei fast 40 %, wenn die Eltern höchstens einen

Hauptschulabschluss besitzen. Beim Übergang von der Grundschule in die weiterführende Schule ist ein deutlicher Zusammenhang zwischen dem Bildungsstand der Eltern und der Wahl der Schulart in Klasse fünf belegt. Der Weg auf das Gymnasium stellt für Kinder aus Elternhäusern mit niedrigerem Bildungsstand eine deutlich größere Hürde dar als für andere. Dies setzt sich auch im weiteren Schulverlauf fort. Zwar haben die Länder Übergangs- und Aufstiegsmöglichkeiten im Bildungssystem ausgebaut; doch werden diese je nach Familienhintergrund in unterschiedlichem Maße genutzt." (Bundesministerium für Arbeit und Soziales 2017, S. 28)

„Nach wie vor ist in Deutschland ein gerade im internationalen Vergleich enger Zusammenhang zwischen familialen Lebensverhältnissen, Bildungsbeteiligung sowie Zertifikats- und Kompetenzerwerb nachweisbar [...]. Die Rahmenbedingungen für Bildungs- und Entwicklungsprozesse von Kindern lassen sich anhand einiger Strukturmerkmale ihres direkten Umfelds in der Familie, etwa des formalen Bildungsstands der Eltern, des sozioökonomischen Status der Familie sowie der elterlichen Erwerbsbeteiligung, beschreiben. Hieraus können 3 Arten von Risikolagen abgeleitet werden: die Risikolage formal gering qualifizierter Eltern, die soziale sowie die finanzielle Risikolage. In Deutschland sind 2018 gut 29 % oder fast jedes 3. Kind unter 18 Jahren von mindestens einer dieser Risikolagen betroffen, 4 % von allen 3 Risikolagen gleichzeitig." (Autorengruppe 2020, S. 40 f.)

„Kinder aus Familien mit Migrationshintergrund sind [...] überproportional häufig von Risikolagen betroffen – so sind 47 % der Kinder mit Migrationshintergrund von mindestens einer Risikolage betroffen, bei Kindern ohne sind es nur 17 %. Noch deutlicher werden die Unterschiede bei der bildungsbezogenen Risikolage: In Familien mit Migrationshintergrund leben die Kinder [...] fünfmal häufiger mit formal gering qualifizierten Eltern als Kinder in Familien ohne Migrationshintergrund." (Autorengruppe 2020, S. 6)

„Kinder Alleinerziehender wachsen überproportional häufig unter der Belastung von Risikolagen auf: [...] Während in Paarfamilien rund 23 % der Kinder von mindestens einer Risikolage betroffen sind, ist der entsprechende Anteil bei Kindern Alleinerziehender mit 59 % mehr als doppelt so hoch. Mit 41 % wachsen diese Kinder außerordentlich häufig in Armutsgefährdung (finanzielle Risikolage) auf, in Paarfamilien sind es nur 16 %. Besonders markant ist die Situation beim Vorliegen aller 3 Risikolagen: Während 3 % der Kinder in Paarfamilien davon betroffen sind, beträgt der Anteil bei den Alleinerziehenden Familien 11 %." (Autorengruppe 2020, S. 6)

Soziale Herkunft und Kompetenzerwerb

„In Deutschland erzielten die Schülerinnen und Schüler mit günstigem sozioökonomischem Hintergrund beim PISA-Lesekompetenztest 2018 im Schnitt 113 Punkte mehr als die sozioökonomisch benachteiligten Schüler. Damit war der Abstand zwischen diesen beiden Gruppen größer als im OECD-Durchschnitt (89 Punkte). Er war auch etwas größer als im Jahr 2009, als er sich auf 104 Punkte belaufen hatte (gegenüber 87 Punkten im OECD-Durchschnitt).

Etwa 28 % der sozioökonomisch begünstigten Schülerinnen und Schüler in Deutschland erwiesen sich beim Lesekompetenztest 2018 als besonders leistungsstark. Unter den sozioökonomisch benachteiligten Schülern war dies nur für 3 % der Fall." (OECD 2018, S. 5)

Gegliedertes Schulsystem und soziale Herkunft

„Deutschland weist eine stärkere Konzentration leistungsschwacher und leistungsstarker Schüler an bestimmten Schulen auf, als dies im OECD-Durchschnitt der Fall ist. Grund dafür ist die frühe Aufteilung auf verschiedene Schultypen nach Leistungskriterien." (OECD 2018, S. 6)

„Die leistungsbezogene Zusammensetzung, die in hohem Maße mit der Schulartzugehörigkeit und der sozialen Komposition der Einzelschule zusammenhängt, hat große Bedeutung für den Lernfortschritt. So wurden auf Basis der PISA-Daten in vertiefenden Analysen [...] schulartspezifische Entwicklungsmilieus nachgewiesen, die zu unterschiedlichen Lernzuwächsen und damit – angesichts der sozialen Herkunft von Schülerinnen und Schüler unterschiedlicher Schularten – zu einer Ausweitung sozialer Disparitäten führen können. [...] 2015 erreichten 58 % der Jugendlichen an Hauptschulen und nur 4 % an Gymnasien lediglich Testleistungen bis Kompetenzstufe II." (Autorengruppe 2018, S. 90)

„Allen Bundesländern gemeinsam ist, dass der Übergang aus der Grundschule in das Gymnasium im hohen Maße durch die soziale Herkunft bestimmt wird [...]. Ausweislich der 2017 vorgelegten Studie „IGLU 2016" lag die Chance eines Viertklässlers aus einer sozial ‚starken' Familie („obere Dienstklasse'), eine Schullaufbahnempfehlung für das Gymnasium zu erhalten, im Vergleich zu der Chance eines Kindes, das über die gleichen kognitiven Fähigkeiten und zum Zeitpunkt der Empfehlung über die gleiche Lesekompetenz verfügte, das aber aus einer (Fach-)Arbeiterfamilie stammte, 3,81-mal so hoch [...]." (Klemm, Anbuhl 2018, S. 10).

Lehrereinstellung und -qualifikation

„Sozioökonomisch benachteiligte Schulen sind [...] häufiger mit Personalmangel konfrontiert als sozioökonomisch begünstigte Schulen. In Deutschland sind 70% der Schülerinnen und Schüler in benachteiligten Schulen laut Angaben der Schulleitungen zumindest bis zu einem gewissen Grad von Unterrichtsbeeinträchtigungen durch Lehrkräftemangel betroffen. Unter den Schülerinnen und Schülern begünstigter Schulen gilt dies nur für 34%. Im OECD-Durchschnitt belaufen sich die entsprechenden Anteile auf 34% bzw. 18%." (OECD 2018, S. 6f.).

„In den nichtgymnasialen Schularten unterrichten nicht nur mehr Seiteneinsteigerinnen und -einsteiger, sondern auch fachfremd erteilter Unterricht findet dort – über alle Fächer hinweg – deutlich häufiger statt als an Gymnasien. [...] Dies verweist nochmals nachdrücklich darauf, dass gerade in Schularten und Schulklassen mit schwierigeren Ausgangslagen der Schülerinnen und Schüler verstärkt Lehrkräfte ohne Lehramtsbefähigung eingesetzt werden. Es ist fraglich, ob in diesen Klassen mit hohem Schüleranteil mit Migrationshintergrund, mit niedrigem sozioökonomischem Status und geringen kognitiven Grundfähigkeiten den besonderen Förder- und Unterstützungsbedarfen der Kinder und Jugendlichen hinreichend Rechnung getragen werden kann." (Autorengruppe 2020, S. 127).

Literatur

Autorengruppe Bildungsberichterstattung (2018), Bildung in Deutschland 2018. Ein indikatorengestützter Bericht mit einer Analyse zu Wirkungen und Erträgen von Bildung. Bielefeld: wbv. Online: https://www.bildungsbericht.de/de/bildungsberichte-seit-2006/bildungsbericht-2018/bildung-in-deutschland-2018

Autorengruppe Bildungsberichterstattung (2020), Bildung in Deutschland 2020. Ein indikatorengestützter Bericht mit einer Analyse zur Bildung in einer digitalisierten Welt. Bielefeld: wbv. Online: https://www.bildungsbericht.de/de/bildungsberichte-seit-2006/bildungsbericht-2020/bildung-in-deutschland-2020

Bundesministerium für Arbeit und Soziales, Lebenslagen in Deutschland. Der Fünfte Armuts- und Reichtumsbericht der Bundesregierung. Kurzfassung (April 2017). Online: https://www.armuts-und-reichtumsbericht.de/SharedDocs/Downloads/Berichte/5-arb-kurzfassung.pdf?__blob=publicationFile&v=4

Klemm. K./Anbuhl, M. (2018), Der Dresdener Bildungsgipfel: von unten betrachtet

Expertise zur sozialen Spaltung im Bildungssystem. DGB-Expertise Oktober 2018. Online: file:///C:/Users/KYRA~1.BET/AppData/Local/Temp/Expertise-Der-Dresdener-Bildungsgipfel-von-unten-betrachtet.pdf

OECD, PISA 2018 Ergebnisse. Ländernotiz Deutschland, S. 6f. Online: https://www.oecd.org/berlin/themen/pisa-studie/PISA2018_CN_DEU_German.pdf

Information zu Kinderrechten im Internet – Eine Zusammenstellung von wichtigen Online-Zugängen

Die Online-Übersicht (Stand: Juni 2022) soll die Möglichkeit bieten, bedarfsorientiert auf Informationen und Anregungen für die praktische Umsetzung der Kinderrechtskonvention in der Schule zurückgreifen und sich an Organisationen wenden zu können, die die Umsetzung der Kinderrechtskonvention unterstützen. Die Übersicht ist umfangreich, aber nicht vollständig. So bieten neben zahlreichen Verbänden und Einrichtungen, die sich für die Verwirklichung der Kinderrechte engagieren, auch die Bundesländer und viele Kommunen Informationen und Materialien zu den Kinderrechten und dazu an, wie sie auf der Ebene der Verbände und Einrichtungen sowie der Länder und der Kommunen umgesetzt werden.

Die Übersicht deckt aber wesentliche Aspekte ab und versucht, durch die Ordnung nach inhaltlichen Kriterien die Suche nach den Dokumenten zu erleichtern, die situativ nützlich sind. Dem soll auch dienen, dass nicht nur die Webadressen, sondern auch der Titel der Webseiten angegeben und ergänzend darüber informiert wird, worum es in dem jeweiligen Dokument geht.

Sie finden die Übersicht zum Download unter https://daten.wochenschau-verlag.de/download/Online-Quellen-Kinderrechte.PDF

Die Dokumente unterscheiden sich im Umfang. Die Mehrzahl der Dokumente hat einen überschaubaren Umfang. Aber es gibt auch Dokumente von mehreren hundert Seiten, z.B. die Bildungsberichterstattung oder die Kinderstudien von World Vision und vom Deutschen Kinderhilfswerk. Sie finden Dokumente zu folgenden Themen:

- UN-Kinderrechtskonvention – Wortlaut und Erläuterungen
- Andere Fassungen der KRK – kindgerecht, in leichter Sprache, in Fremdsprachen
- Umsetzung der UN-Kinderrechtskonvention: UN-Ausschuss, Staatenberichte und Parallelberichte zur Umsetzung in Deutschland
- Informationen und Erläuterungen zur UN-KRK
- Ökologische Kinderrechte
- Rechtliche Aspekte und Regelungen
- Die Lage der Kinder und der Stand der Kinderrechte in Deutschland
- Europäische und nationale Kinderrechtestrategien

- Kinderrechte und Beziehungsgestaltung
- Kinderrechte und Schule
- Kinderrechteschulen
- Menschenrechtsbildung
- Didaktisches Material – Kinderrechte im Unterricht
- Studium Kinderrechte im Masterstudiengang
- Institute, Stiftungen, Initiativen, Vereine und Verbände

UN-Kinderrechtskonvention – Wortlaut und Erläuterungen

BMFSFJ, Übereinkommen über die Rechte des Kindes – VN-Kinderrechtskonvention im Wortlaut mit Materialien.
www.bmfsfj.de/resource/blob/93140/78b9572c1bffdda3345d8d393acbbfe8/uebereinkommen-ueber-die-rechte-des-kindes-data.pdf
Die Broschüre des Ministeriums für Familien, Senioren, Frauen und Jugend enthält neben der Konvention und den drei Fakultativprotokollen zur Beteiligung von Kindern an bewaffneten Konflikten, zum Verkauf von Kindern, Kinderprostitution und Kinderpornographie sowie zum Mitteilungs- und Beschwerdeverfahren einen Rückblick auf vorangegangene Erklärungen zu den Kinderrechten sowie die Ausführungen der damaligen Bundesregierung zu den Artikeln der Konvention. Das BMFSFJ ist das Fachministerium, das die Verpflichtung der Bundesregierung zur Achtung der UN-KRK und zur Verwirklichung der Kinderrechte und die Empfehlungen des UN-Fachausschusses umzusetzen hat.

Bundesarbeitsgemeinschaft Kommunale Kinderinteressenvertretungen und Deutsches Institut für Menschenrechte, KinderRechteKommentare
https://kinderrechtekommentare.de/
Der UN-Ausschuss für die Rechte des Kindes unterstützt die Konvention durch „Allgemeine Bemerkungen" („General Comments"). Sie stellen Kommentare zu einzelnen Kinderrechten dar und beziehen sich entsprechend auf unterschiedliche Artikel der Konvention und auf Themen, die sich aus den Artikeln der Konvention ergeben, wie z. B. Bildung, Gesundheit, Recht auf Gehör, Kindeswohl, Freizeit, Spiel, kulturelle Bildung, Kinderrechte im digitalen Umfeld. Bisher hat der Ausschuss 25 Bemerkungen veröffentlicht, die jeweils in partizipativen Prozessen des UN-Ausschusses mit Kinderrechtler*innen aus unterschiedlichen regionalen, kulturellen und religiösen Zusammenhängen und mit Kindern und Jugendlichen selbst erarbeitet wurden. Unter https://kinderrechtekommentare.de/die-allgemeinen-bemerkungen-oder-kinderrech-

te-kommentare/ erläutert Lothar Krappmann die rechtliche Relevanz sowie den Sinn, die Bedeutung und die angestrebten Wirkungen der Allgemeinen Bemerkungen. Sie können auf der Webseite abgerufen und als PDF auf Englisch, Französisch, Spanisch, Arabisch, Russisch und Chinesisch heruntergeladen werden. Die deutsche Übersetzung liegt bei einigen Bemerkungen bereits vor und soll bei den anderen ergänzt werden.

Netzwerk Menschenrechte, UN-Kinderrechtskonvention
www.kinderrechtskonvention.info
Die Artikel der Konvention sowie die Zusatzprotokolle, die Institutionen und Verfahren werden vorgestellt und – zusammen mit einem Blick auf die Geschichte der Konvention – erläutert.

Kinderrechtskonvention. Präsentation des internationalen Übereinkommens über die Rechte des Kindes
www.humanium.org/de/konvention
Die Webseite bietet eine Definition der Kinderrechte und der Konvention, erläutert die Ziele und Richtlinien der Konvention, führt den vollständigen Text sowie ausgewählte Auszüge an und bietet eine Version an, in der die Artikel 1–42 in kindgerechter Sprache formuliert sind. Weitere Beiträge gehen auf die Geschichte der Konvention ein und erläutern die Aufgaben und das Funktionieren des Ausschusses für die Rechte der Kinder. Drei Zusatzprotokolle beziehen sich auf die Beteiligung von Kindern an bewaffneten Konflikten, auf Kinderhandel und -prostitution wie auf das Vorbringen von Individualbeschwerden vor dem Ausschuss.

Andere Fassungen der KRK – kindergerecht, in leichter Sprache, in Fremdsprachen

Unicef, Konvention über die Rechte des Kindes – für jedes Kind
www.unicef.de/blob/50770/b803ba01e7ad59fc9607c893b8800ede/d0007-krk-kinder-version-illustrationen-2014-pdf-data.pdf
Hier findet man eine kinderfreundliche Formulierung aller Artikel der Kinderrechtskonvention durch die UNICEF.

Makista, Material für Kinder
https://www.makista.de/wp-content/uploads/2022/01/Zusammengefuegt.pdf
Im Postkartenformat werden die wesentlichen Kinderrechte gemäß der UN-Kinderrechtskonvention in Arabisch, Bulgarisch, Englisch, Persisch/ Farsi, Rumänisch, Serbisch, Spanisch, Tigrinya, Türkisch zum Download angeboten.

UNICEF, Kinderrechtskonvention in leichter Sprache
UNICEF, Die Kinderrechtskonvention in verschiedenen Sprachen
http://www.makista.de/wp-content/uploads/2020/11/Material-f%C3%BCr-Kinder.pdf
Makista bietet die Unicef-Materialien mit Erläuterungen der Kinderrechtskonvention in leichter Sprache sowie in Französisch, Arabisch, Türkisch, Bulgarisch, Italienisch, Spanisch, Serbisch, Albanisch, Rumänisch, Englisch und Farsi an.

AWO, Wir Kinder haben Rechte. Kinder-Rechte in Leichter Sprache
www.awo.org/sites/default/files/2019-07/AWO_UN_Kinderrechte_Leichte Sprache_Ansicht.pdf
Die AWO und ihr Jugendwerk bieten die Artikel der Konvention in leichter Sprache und erläutern wichtige Begriffe.

Deutsche Kinderhilfe, Die UN-Kinderrechtskonvention geschrieben für junge Menschen
www.kindervertretung.de/downloads/UN Kinderrechtskoventionen_2019_3.pdf
Die Kindervertretung der Deutschen Kinderhilfe bietet eine Einführung in die Konvention und eine kindgerechte Formulierung und Erläuterung der Artikel 1-42.

Umsetzung der UN-Kinderrechtskonvention: UN-Ausschuss, Staatenberichte und Parallelberichte zur Umsetzung in Deutschland

UN-Ausschuss für die Rechte des Kindes
https://www.ohchr.org/EN/HRBodies/CRC/Pages/CRCIndex.aspx
Die achtzehn Mitglieder dieses Fachausschusses werden von den Vertragsstaaten der Kinderrechtskonvention gewählt. Der Ausschuss ist interdisziplinär zusammengesetzt und tagt drei Mal im Jahr jeweils vier Wochen in Genf. Der Ausschuss hat Mitglieder aus allen Weltregionen. Der Ausschuss bearbeitet die Pflichtberichte der Vertragsstaaten, holt zusätzliche Informationen ein (z.B. von Nichtregierungsorganisationen) und gibt nach einer Aussprache mit den Regierungen Empfehlungen zur Umsetzung der Kinderrechte.

Empfehlungen des UN-Kinderrechtsausschusses an die Bundesregierung nach vorangegangenen Staatenberichten Deutschlands (Concluding Observations)
Empfehlung nach dem 2. Bericht Deutschlands
www.un.org/en/ga/search/view_doc.asp?symbol=CRC/C/15/Add.226

Empfehlung nach dem 3./4. Bericht Deutschlands
http://undocs.org/en/CRC/C/DEU/CO/3-4
Die Webseiten enthalten Rückmeldungen des UN-Ausschusses für das Recht des Kindes zu den Staatenberichten der Bundesregierung.

Deutsches Institut für Menschenrechte, Allgemeine Bemerkungen des UN-Ausschusses für die Rechte der Kinder
www.institut-fuer-menschenrechte.de/publikationen/detail/allgemeine-bemerkung-nr-12-2009
www.institut-fuer-menschenrechte.de/publikationen/detail/allgemeine-bemerkung-nr-14-2013
*Die beiden Webseiten bieten die Allgemeinen Bemerkungen des UN-Ausschusses für die Rechte des Kindes: Nr. 12: Das Recht des Kindes auf Gehör und Nr. 14: **Recht des Kindes auf Berücksichtigung seines Wohls als ein vorrangiger Gesichtspunkt**. Es handelt sich um Kommentare, die dem besseren Verständnis der Kinderrechte dienen und Anregungen zur Umsetzung der Bestimmungen geben.*

BMSFJ (2019), Fünfter und Sechster Staatenbericht der Bundesrepublik Deutschland zu dem Übereinkommen der Vereinten Nationen über die Rechte des Kindes
www.bmfsfj.de/bmfsfj/service/publikationen/fuenfter-und-sechster-staatenbericht-der-bundesrepublik-deutschland-zu-dem-uebereinkommen-der-vereinten-nationen-ueber-die-rechte-des-kindes-141862
Im Staatenbericht nimmt die Bundesregierung zur Umsetzung der Kinderrechtskonvention und der Empfehlungen des UN-Ausschusses für die Rechte des Kindes in Deutschland Stellung.

Deutsches Institut für Menschenrechte, Parallelbericht an den UN-Ausschuss für die Rechte des Kindes zum 5./6. Staatenbericht Deutschlands
Ergänzung zum Parallelbericht der Monitoring-Stelle
www.institut-fuer-menschenrechte.de/publikationen/detail/parallelbericht
www.institut-fuer-menschenrechte.de/publikationen/detail/ergaenzung-zum-parallel-bericht-der-monitoring-stelle-un-krk
Der Bericht des Deutschen Instituts für Menschenrechte vom Oktober 2019 weist auf Probleme bei der Umsetzung der Kinderrechte in Deutschland hin. Die Ergänzung vom Oktober 2020 bezieht Folgen der Corona-Pandemie für Kinder ein.

National Coalition Deutschland, 5./6. Ergänzender Bericht an die Vereinten Nationen.
https://umsetzung-der-kinderrechtskonvention.de/
Die National Coalition Deutschland, das Netzwerk zur Umsetzung der UN-Kinderrechtskonvention, nimmt in ihrem 5./6. Ergänzenden Bericht an die Vereinten Nationen in Ergänzung des Staatenberichts vom 4.4.2019 zur Umsetzung der Kinderrechtskonvention in Deutschland Stellung.

National Coalition, Der Zweite Kinderrechtsreport
www.kinderrechtereport.de/fileadmin/media/krr/downloads/Kinderrechtereport.pdf
In Ergänzung zum Staatenbericht bewerten Kinder und Jugendliche im zweiten Kinderrechtsreport die Umsetzung der Kinderrechtskonvention in Deutschland in den Bereichen, die ihnen besonders wichtig sind.

Deutsches Kinderhilfswerk, Die deutschen Staatenberichte zur UN-Kinderrechtskonvention
www.kinderrechte.de/kinderrechte/staatenberichte/
Die Seite bietet Zugang zu den Staatenberichten der Bundesrepublik Deutschland sowie zu den „Abschließenden Bemerkungen" des UN-Fachausschusses zu den Staatenberichten.

Informationen und Erläuterungen zur UN-KRK

Deutsches Institut für Menschenrechte, Kinderrechte
www.institut-fuer-menschenrechte.de/themen/kinderrechte
www.institut-fuer-menschenrechte.de/das-institut/abteilungen/monitoring-stelle-un-kinderrechtskonvention
https://landkarte-kinderrechte.de/
https://landkarte-kinderrechte.de/maps/kr-verfassung.html
Das Deutsche Institut für Menschenrechte ist mit seiner Monitoringstelle UN-Kinderechtskonvention damit betraut worden, die Umsetzung der Konvention in Deutschland zu begleiten und zu überprüfen. Auf den Webseiten erläutert die Stelle unterschiedliche Themen zu den Kinderrechten und ihrer Umsetzung sowie das Staatenberichtsverfahren, fordert die Entwicklung von Kinderrechte-Indikatoren und arbeitet dazu Vorschläge aus. Auf den Landkarten wird dargestellt, wie die Kinderrechte in den Verfassungen der Bundesländer sowie in weiteren Gesetzen und weiteren Vorschriften verankert sind.

Deutsches Kinderhilfswerk, Die Kinderpolitische Landkarte
www.kinderrechte.de/praxis/kinderpolitische-landkarte-was-ist-das/
www.kinderrechte.de/praxis/kinderpolitische-landkarte-was-ist-das/kinderpolitische-landkarte/
Die kinderpolitische Landkarte hilft dabei, in der eigenen Region Kinder- und Jugendparlamente, -foren, -büros und -beauftragte zu finden. Zudem wird auf Dachverbände und landesweite Fach- und Servicestellen hingewiesen.

BMFSFJ, Deine Rechte – Kurz erklärt: Kinderrechte
www.kinder-ministerium.de/deine-rechte
Dieses Angebot des Bundesministeriums für Familie, Senioren, Frauen und Jugend informiert in kindgerechter Form über die Kinderrechte und darüber, wie Kinder ihre Rechte in Anspruch nehmen können.

BMFSFJ, Die Rechte der Kinder. Von Logo! einfach erklärt
www.bmfsfj.de/resource/blob/93522/ed8aabee818b27d14a669b04b0fa5beb/die-rechte-der-kinder-logo-data.pdf
Das Bundesministerium für Familie, Senioren, Frauen und Jugend informiert in der Broschüre „Die Rechte der Kinder. Von logo! Einfach erklärt" zusammen mit dem ZDF über die Kinderrechtskonvention, stellt die wesentlichen Rechte der Kinder dar und weist darauf hin, wer sich um die Kinder und ihre Rechte kümmert und wo Kinder Hilfe bekommen können. Abschließend werden der Text der UN-Konvention und der Fakultativprotokolle im Wortlaut angeführt.

Unicef, Jedes Kind hat das Recht auf eine Kindheit
www.unicef.de/informieren/materialien/einfuehrung-in-kinderrechte/194338
Die zum Download angebotene Broschüre führt in das Thema Kinderrechte ein, stellt die Geschichte der Kinderrechte dar und macht deutlich, was Kindheit heute in einer Welt extremer Gegensätze bedeutet.

National Coalition – Netzwerk zur Umsetzung der UN-Kinderrechtskonvention, Schon die Kinderrechte gecheckt?
www.checkdeinerechte.net/assets/broschuere_checkdeinerechte.pdf
Die Broschüre stellt den Handlungsbedarf zur Verwirklichung der Kinderrechte aus der Sicht von Kindern und Jugendlichen dar.

SJD, Die Falken, Kinderrechte – voll unser Ding! Zur Lage der Kinderrechte. Das Mitmachbuch
www.falkennrw.de/sites/www.falkennrw.de/files/2020-12/sj-nw_kinderrechte-mitmachbuch.pdf
Die Broschüre bietet eine Erläuterung der Kinderrechte und regt dann an, zu prüfen, wie weit die Rechte in der eigenen Umgebung verwirklicht sind, und die Ergebnisse öffentlich vorzustellen.

Antonio Amadeu Stiftung, Kinderleicht – Mit Kinderrechten Demokratie lernen
www.amadeu-antonio-stiftung.de/wp-content/uploads/2018/12/Mit-Kinderrechten-Demokratie-lernen.pdf
Die Broschüre erläutert die Bedeutung der Kinderrechte, stellt dar, wie sie angewendet und für die Auseinandersetzung mit Rechtspopulismus und -extremismus genutzt werden können. Zudem geht sie auf Kinder mit Fluchterfahrung als besondere Herausforderung ein.

Unicef, Youth. Good Action
www.unicef.de/mitmachen/youth/good-action
Bei UNICEF Youth können Kinder und Jugendliche mitmachen. Mit vielen verschiedenen Aktionen, zum Beispiel gegen Ungerechtigkeit, Armut und Ausbeutung, setzen sie sich für eine bessere Zukunft von Kindern und Jugendlichen weltweit ein.

Deutsches Kinderhilfswerk, Kinderrechte in Deutschland
www.kinderrechte.de/kinderrechte/
Das Deutsche Kinderhilfswerk bietet vielfältige Informationen zu den Kinderrechten.

Inhalt der Kinderrechtskonvention
https://www.kannerrechter.org/inhalt-krk/
Die Kindernothilfe Luxemburg stellt den Inhalt der Kinderrechtskonvention dar, macht ihre Strukturprinzipen deutlich und bietet Erläuterungen, u. a. zur Geschichte der Kinderrechte, an.

Kinderrechte digital
https://kinderrechte.digital
Die Stiftung Digitale Chancen erläutert die Kinderrechte unter dem Fokus, dass die Lebenswelt der Kinder mehr und mehr durch Digitalisierung bestimmt wird. Dabei geht es um sechs Rechte: Zugang, Meinungs- und Informationsfreiheit, Versammlung und Vereinigung, Teilhabe und Spiel, Privatsphäre und Datenschutz, Bildung und

Medienkompetenz sowie Schutz und Sicherheit. Die Seite bietet zudem umfangreiches Hintergrundmaterial.

Kinderrechte – Aktuelle Meldungen im Überblick
https://jugendhilfeportal.de/nachrichten/politik/kinderrechte
Das Portal der Kinder- und Jugendhilfe bietet eine Fülle von aktuellen Meldungen zu den Kinderrechten, die durch Erläuterungen ergänzt werden.

Ökologische Kinderrechte
General Comment 26 zu Kinderrechten und Umwelt mit Fokus auf dem Klimawandel
https://netzwerk-kinderrechte.de/2021/12/20/kinderrechte-umwelt-und-klimawandel/
Auf der ganzen Welt sind die Rechte von Kindern bedroht durch unzureichende staatliche Maßnahmen zur Bewältigung der Klimakrise, einen beispiellosen Verlust an biologischer Vielfalt, die Ausbeutung natürlicher Ressourcen, die Belastung durch giftige Substanzen und Abfälle sowie die weit verbreitete Verschmutzung von Luft, Wasser und Boden. Deshalb müssen die Mitgliedsstaaten die Rechte und das Wohl der Kinder in den Mittelpunkt ihrer Umweltmaßnahmen und -politik stellen, einschließlich der Anerkennung eines Menschenrechts auf eine sichere, saubere, gesunde und nachhaltige Umwelt.

Umwelt Kinderrechte
https://netzwerk-kinderrechte.de/home/kinderrechte/umwelt/
https://www.checkdeinerechte.net/assets/dgd_brochure_web.pdf
Das Recht auf Leben schließt das Recht auf eine intakte und gesunde Umwelt ein. Dazu bietet die Webseite Materialien an. Die Broschüre enthält ein Statement von Prof. Kirsten Sandberg und den Diskussionsbeitrag der National Coalition anlässlich des „Day of General Discussion" des UN-Ausschusses für die Rechte des Kindes 2016 zum Thema „Umwelt und Kinderrechte".

Nachhaltigkeitsziele der UN-Agenda 2030 und Kinderrechte
https://www.unicef.de/informieren/ueber-uns/unicef-international/neue-entwicklungsziele/hintergrund-kinderrechte-entwicklungsziele
Unicef stellt die 17 Ziele für nachhaltige Entwicklung vor und erläutert ihren Zusammenhang mit den Kinderrechten.

Das Recht auf eine gesunde Umwelt
www.kannerrechter.org/oekologische-kinderrechte-recht-auf-eine-gesunde-umwelt/
Die Kindernothilfe Luxembourg stellt dar, was ökologische Kinderrechte sind und wie sie sich begründen lassen und geht dann auf die aktuelle Situation und notwendige Maßnahmen ein. Hinzu kommen Hinweise auf weiterführende Internetquellen.

UN-Kinderrechtskonvention: Greta und 15 weitere Kinder reichen Individualbeschwerde ein
https://jura-online.de/blog/2019/09/29/un-kinderrechtskonvention-greta-und-15-weitere-kinder-reichen-individualbeschwerde-ein/
Die Seite informiert über eine Individualbeschwerde, in der es um den Klimawandel als Verletzung von Kinderrechten gemäß der UN-Konvention geht.

Rechtliche Aspekte und Regelungen

Deutsches Kinderhilfswerk, Gesetzliche Regelungen in Deutschland. Vom Grundgesetz bis zum Kinder- und Jugendhilfegesetz
www.kinderrechte.de/kinderrechte/die-gesetzlichen-regelungen-in-deutschland/
Das Deutsche Kinderhilfswerk führt die Regelungen zu den Kinderrechten im Grundgesetz, den Landesverfassungen, im Bürgerlichen Gesetzbuch und im Sozialgesetzbuch VIII an.

Friederike Wapler u. a., Umsetzung und Anwendung der Kinderrechtskonvention in Deutschland
www.bmfsfj.de/resource/blob/120474/a14378149aa3a881242c5b1a6a2aa941/2017-gutachten-umsetzung-kinderrechtskonvention-data.pdf
Das Rechtsgutachten im Auftrag des BMFSFJ von 2017 erläutert, in welchem Maß das Kindeswohlprinzip (Art. 3) und die Beteiligungsnorm (Art. 12) in den unterschiedlichen Sphären des öffentlichen Rechts berücksichtigt werden. Während im Familien und Kinder- und Jugendhilferecht diese Normen berücksichtigt werden, sei das in anderen Bereichen, in denen Kinder ebenfalls von den Auswirkungen betroffen sind, kaum oder gar nicht der Fall.

Friederike Wapler, Verfassungsrechtliches Kurzgutachten zum Thema „Kinderrechte ins Grundgesetz".
https://www.bmfsfj.de/resource/blob/120476/193f08c3955adeb2c47d83b990537666/2017-kurzgutachten-kinderrechteinsgrundgesetz-data.pdf
Wapler geht in ihrem Gutachten von 2017 auf die Notwendigkeit und die Möglichkeit einer Verfassungsänderung ein und macht dazu Vorschläge.

Abschlussbericht der Bund-Länder-Arbeitsgruppe „Kinderrechte ins Grundgesetz"
www.bmjv.de/SharedDocs/Downloads/DE/News/PM/102519_Abschlussbericht_Kinderrechte.pdf?__blob=publicationFile&v=2
Der Bericht von 2019 stellt die Rechtslage in den Bundesländern und den Stand der Rechtsprechung dar und geht dann vor allem auf das Kindeswohl und das Beteiligungsrecht ein. Zudem wird die Verankerung der Kinderrechte im Ausland exemplarisch erläutert.

Rainer Hofmann/Philipp Donath, Gutachten bezüglich der ausdrücklichen Aufnahme von Kinderrechten in das Grundgesetz nach Maßgabe der Grundprinzipien der UN-Kinderrechtskonvention
https://kinderrechte-ins-grundgesetz.de/wp-content/uploads/2018/02/DKHW_Gutachten_KRiGG_Hofmann_Donath.pdf
Das vom Deutschen Kinderhilfswerk in Auftrag gegebene Rechtsgutachten erläutert die wesentlichen Kinderrechte und begründet, warum eine Aufnahme ins Grundgesetz nicht nur sinnvoll, sondern auch rechtlich geboten ist.

Handbuch zu den Rechten des Kindes
https://fra.europa.eu/de/news/2022/weit-verbreitetes-handbuch-zu-den-rechten-des-kindes-jetzt-aktualisierter-fassung
Die Agentur der Europäischen Union für Grundrechte (FRA), der Europarat und der Europäische Gerichtshof für Menschenrechte haben die dritte Ausgabe ihres Handbuchs zu den Rechten des Kindes veröffentlicht. Das Handbuch wendet sich an Angehörige der Rechtsberufe, um sie mit den zentralen Aspekten der Kinderrechte vertraut zu machen.

Die Lage der Kinder und der Stand der Kinderrechte in Deutschland

BMFSFJ, Kinder- und Jugendberichte
Gemäß § 84 SGB VIII ist die Bundesregierung verpflichtet, dem Deutschen Bundestag und dem Bundesrat in jeder Legislaturperiode einen Kinder- und Jugendbericht vorzulegen und dazu Stellung zu nehmen. Mit der Ausarbeitung des Berichtes wird jeweils eine unabhängige Sachverständigenkommission beauftragt.
13. Bericht: Gesundheitsbezogene Prävention und Gesundheitsförderung in der Kinder- und Jugendhilfe
www.bmfsfj.de/bmfsfj/service/publikationen/13-kinder-und-jugendbericht-87246

14. Bericht: Lebenslagen junger Menschen von der Geburt bis zur beruflichen Integration und der eigenen Familiengründung. Vorschläge zur Gestaltung der Kinder- und Jugendpolitik sowie zur Weiterentwicklung der Kinder- und Jugendhilfe
www.bundesregierung.de/breg-de/service/publikationen/14-kinder-und-jugendbericht-bericht-ueber-die-lebenssituation-junger-menschen-und-die-leistungen-der-kinder-und-jugendhilfe-in-deutschland-729044
15. Bericht: Entwicklungsaufgaben, typische Problemlagen, strukturelle Rahmenbedingungen von Jugendlichen und jungen Erwachsenen im Alter von 12-27 Jahren
www.bundesregierung.de/breg-de/service/publikationen/15-kinder-und-jugendbericht-730880
16. Bericht: Förderung demokratischer Bildung im Kindes- und Jugendalter
www.bmfsfj.de/bmfsfj/service/publikationen/16-kinder-und-jugendbericht-162238

Unicef, Kinderrechte-Umfrage 2019
www.unicef.de/mitmachen/tag-der-kinderrechte/kinderrechte-umfrage-2019
UNICEF Deutschland hat 2019 12000 junge Menschen befragt, was in ihrer Stadt, ihrem Dorf und ihrer Schule wichtig ist und was verbessert werden sollte. Die Seite stellt die Ergebnisse dar und leitet daraus Handlungsempfehlungen ab.

Sabine Andresen/Renate Möller, Children's World. Eine Studie zu Bedarfen von Kindern und Jugendlichen in Deutschland
www.bertelsmann-stiftung.de/fileadmin/files/Projekte/Familie_und_Bildung/Studie_WB_Children_s_Worlds__Gesamtauswertung_2019.pdf
Die Studie stellt die Ergebnisse einer Befragung von Kindern und Jugendlichen zu ihren Bedarfen im Hinblick auf Beteiligung, Infrastruktur, Zuwendung und Fürsorge sowie die Absicherung finanzieller Bedarfe dar und gibt abschließend Empfehlungen.

Deutsches Kinderhilfswerk, Kinderreporte. Rechte von Kindern in Deutschland
In seinen Kinderreporten stellt das Deutsche Kinderhilfswerk die Ergebnisse von Umfragen zur Umsetzung der Kinderrechte dar. Zusätzlich machen Studien einzelne Aspekte der Lebenssituation von Kindern und Jugendlichen in Deutschland zum Thema.

Kinderreport 2017: Demokratiekompetenz und -förderung
www.dkhw.de/schwerpunkte/kinderrechte/kinderreport-2017-demokratiekompetenz-von-kindern-und-jugendlichen/

Kinderreport 2018: Kinderarmut in Deutschland
www.dkhw.de/schwerpunkte/kinderrechte/kinderreport-2018-kinderarmut-in-deutschland

Kinderreport 2020: Spielorte – Draußenspielen
www.dkhw.de/schwerpunkte/kinderrechte/kinderreport-2020-die-bedeutung-des-draussenspielens-fuer-kinder/

Kinderreport 2021: Mediensucht und exzessive Mediennutzung
www.dkhw.de/schwerpunkte/kinderrechte/kinderreport-2021/

LBS-Gruppe, LBS-Kinderbarometer
www.lbs.de/media/unternehmen/west_6/kibaro/LBS-Kinderbarometer_Deutschland
https://www.lbs.de/media/unternehmen/west_6/kibaro/2020_Kinderbarometer.pdf
Das Kinderbarometer will die Stimmungen, Trends und Meinungen von Kindern aus Deutschland erfassen. Die Ergebnisse beziehen sich auf Wohlbefinden, Gesundheit und Ernährung, Zukunft, Toleranz, Schule, Mediennutzung, Europa und Mitbestimmung. Die Seite bietet den Zugang zum Kinderbarometer 2018, aber auch zu den Ergebnissen des Kinderbarometers in weiteren Jahren.

World Vision, Kinderstudien. Kindern eine Stimme geben
www.worldvision.de/informieren/institut/publikationen
www.worldvision.de/informieren/institut/vierte-kinderstudie
www.worldvision.de/sites/worldvision.de/files/pdf/World-Vision-Zusammenfassung-vierte-Kinderstudie.pdf
https://www.worldvision.de/informieren/institut
World Vision – Zukunft für Kinder führt regelmäßig Kinderstudien zur Situation der Kinder in Deutschland durch. Die vierte Studie stellt die Ergebnisse zu Familie, Schule, Freizeit, Freunde, Selbstbestimmung, Armut und Geflüchteten dar. In der 5. Kinderstudie geht es um den Lebensalltag unter Pandemiebedingungen und um religiöse Diversität. Diese Studien erscheinen im Herbst 2022 und im Frühjahr 2023.

Child Rights Now!, Zum Stand der Kinderrechte in Deutschland
www.tdh.de/fileadmin/user_upload/inhalte/04_Was_wir_tun/Themen/Kinderrechte/2019-06_Child_Rights_Now-Deutsch.pdf
Child Rights Now! von 2019 stellt den Stand der Umsetzung der Kinderrechte in Deutschland sowie das Kinderrechtsklima dar und geht auf vier Schlüsselbereiche zur Umsetzung der Kinderrechte ein: Armut und Ungleichheit, Kinderschutz, Beschwerdemechanismen und Beteiligung sowie Umweltschutz. Daraus werden Empfehlungen für die Bundesregierung und die Bundesländer abgeleitet.

Deutsches Kinderhilfswerk, Kinderrechte-Index. Die Umsetzung von Kinderrechten in den deutschen Bundesländern – eine Bestandsanalyse 2019
www.dkhw.de/fileadmin/Redaktion/1_Unsere_Arbeit/1_Schwerpunkte/2_Kinderrechte/2.25_Kinderrechte-Index_alle-Dokumente/Kinderrechte-Index_2019.pdf
Um die Umsetzung der Kinderrechte in Deutschland überprüfen zu können, muss klar sein, woran sich zeigt, in welchem Maß und mit welcher Qualität sie umgesetzt worden sind. Das Kinderhilfswerk hat deshalb 2019 einen Kinderrechte-Index entwickelt. Die Studie erläutert die Methode und Berechnung des Indexes und stellt die Ergebnisse für fünf Teilbereiche und für alle Bundesländer dar.

Makista, Jetzt erst recht. Kinderrechte umsetzen trotz/in der Pandemie
www.makista.de/wp-content/uploads/2020/11/Bildungsmaterial-Kinderrechte-umsetzen-trotz_in-der-Pandemie.pdf
In den Beiträgen geht es um eine stärkende Information über Corona, das Recht auf Entfaltung, Geborgenheit und Erholung und die Relevanz des Gleichheitsprinzips.

BertelsmannStiftung, Das Leben von jungen Menschen in der Corona-Pandemie. Erfahrungen, Sorgen, Bedarfe
www.bertelsmann-stiftung.de/fileadmin/files/Projekte/Familie_und_Bildung/Studie_WB_Das_Leben_von_jungen_Menschen_in_der_Corona-Pandemie_2021.pdf
In der Studie stellen mehrere Expert*innen der Kindheits- und Jugendforschung dar, wie sich Beteiligung und Jugendalltag unter den Bedingungen der Pandemie gestaltet haben, und geben Empfehlungen für die Jugendpolitik.

Hessisches Ministerium für Soziales und Integration, Wie geht es euch?
https://kinderrechte.hessen.de/fileadmin/kinderrechte/Dokumente/21_0165_01_KuJ_DigitaleBroschuere_red.pdf
Das Buch vereint die Sekundäranalyse der hessischen Daten der Studie „Das Leben von jungen Menschen in der Corona-Pandemie" der Bertelsmann-Stiftung, kurz JuCo II und sechs Interviews mit Kindern und Jugendlichen aus Hessen.

Liebel, Manfred, Masing, Vanessa, Kinderrechtevertretung in Deutschland
https://www.kompaxx.de/fileadmin/_migrated/content_uploads/liebel-masing-2014-kinderinteressenvertretung.pdf
Der Aufsatz von Manfred Liebel und Vanessa Masing stellt dar, was mit Blick auf Deutschland Erwachsene tun können, um Kinder bei der Durchsetzung ihrer Rechte zu unterstützen. Neben einem Überblick über Kinderinteressenvertretungen in

Deutschland und Europa geht es auch darum, welche Beschwerdemöglichkeiten die zur Interessenvertretung geschaffenen Institutionen vorsehen.

Gerbig, Stephan, Kinder als Menschenrechtsverteidiger:innen – Anforderungen an ein förderliches Umfeld für das Engagement von Kindern
https://publishup.uni-potsdam.de/opus4-ubp/frontdoor/deliver/index/docId/50494/file/mrm2021_01_S68-79.pdf
Der 2021 im MenschenRechtsMagazin erschienene Aufsatz geht davon aus, es sei eine menschenrechtliche Selbstverständlichkeit, dass auch Kinder Menschenrechtsverteidiger*innen sein können. Gerbig erläutert dann die staatliche Verpflichtung zur Schaffung eines förderlichen Umfeldes für ein solches Engagement im Hinblick auf das Recht der Versammlungsfreiheit, die Stärkung von Selbstorganisation und das Recht auf Information und Menschenrechtsbildung.

Europäische und nationale Kinderrechtestrategien

European Commission (2021), EU Strategy on the Rights of the Child.
https://ec.europa.eu/info/sites/default/files/ds0821040enn_002.pdf
Die Europäische Kommission stellt ihre Strategie für die Umsetzung der Kinderrechte dar und geht dabei ein auf Beteiligung, Kinderarmut, Gesundheit, inklusive Erziehung, Gewalt gegen Kinder, kinderfreundliche Justiz, digitale Medien und den Beitrag zur globalen Stärkung der Kinderrechte. Sie macht zudem deutlich, wie die Kinderrechte in alle Aktivitäten der EU eingebettet sein sollen.

Unicef u. a., Joint Position. Paper on a Comprehensive Child Rights Strategy
https://picum.org/wp-content/uploads/2020/07/Joint-Position-Paper-on-a-Comprehensive-Child-Rights-Strategy.pdf
Das Papier „Joint Position – Paper on a Comprehensive Child Rights Strategy" vom Juli 2020 enthält die Positionen und Vorschläge einer ganzen Reihe von Kinderrechtsorganisationen unter der Federführung der UNICEF zur Absicht der EU, eine Strategie zur Umsetzung der Kinderrechte zu entwickeln. Dargestellt werden die Schlüsselprinzipien einer solchen Strategie und die Prioritäten, die zu beachten sind. In den Verweisen finden sich die Links auf alle Beschlüsse und Dokumente der EU zu den Kinderrechten und ihrer Umsetzung.

Deutsches Kinderhilfswerk, Koordinierungsstelle Kinderrechte
www.dkhw.de/schwerpunkte/kinderrechte/koordinierungsstelle-kinderrechte/
Das Deutsche Kinderhilfswerk, das mit der Koordinierung der Strategie in Deutschland beauftragt ist, stellt hier ihre Aufgaben und Ziele dar. Die Seite informiert zudem über die Kinderrechte-Strategie des Europarates, Kinderrechte in der digitalen Welt, kindgerechte Justiz und Kinderrechte im Verwaltungshandeln.

BMFSFJ (2010), Perspektiven für ein kindergerechtes Deutschland. Abschlussbericht des Nationalen Aktionsplans „Für ein kindergerechtes Deutschland 2005-2010"
www.kinderpolitik.de/images/downloads/Kinderrechte/NAP/Nationaler_Aktionsplan_fuer_ein_kindergerechtes_Deutschland_2005-2010_Abschlussbericht.pdf
Die UN-Kinderrechtskonvention verpflichtete die Länder, nationale Aktionspläne zur Umsetzung der Kinderrechte zu erstellen. Der Bericht des BMFSFJ enthält die Folgerungen, die nach Ende des deutschenNationalen Aktionsplans 2005-2010 die zukünftige Arbeit bestimmen sollen.

Hessisches Ministerium für Soziales und Integration, Hessische Kinder- und Jugendrechte-Charta
www.researchgate.net/publication/326320369_Hessische_Kinder-_und_Jugendrechte-Charta
Die Hessische Kinder- und Jugendrechte-Charta von 2018 bietet auf der Grundlage von Befragungen und Workshops sowie einer Auswertung statistischer Daten eine Analyse der Situation von Kindern und Jugendlichen in Hessen und gibt Handlungsempfehlungen.

Kinderrechte und Beziehungsgestaltung

Annedore Prengel u.a., Reckahner Reflexionen zur Ethik pädagogischer Beziehungen
www.institut-fuer-menschenrechte.de/fileadmin/Redaktion/Publikationen/Weitere_Publikationen/Reckahner_Reflexionen.pdf
Die Reckahner Reflexionen bieten ethische Leitlinien, durch die die wechselseitige Achtung der Würde aller Mitglieder von Schulen und Einrichtungen gestärkt werden sollen. Die Leitlinien sollen Reflexion anregen und als Orientierung für dauerhafte professionelle Entwicklungen auf der Beziehungsebene dienen. Sie wenden sich an Lehrpersonen und pädagogische Fachkräfte sowie an verantwortliche Erwachsene in allen Bereichen des Bildungswesens.

Annedore Prengel, Jörg Maywald, Reckahner Regelbüchlein. Für große und kleine Kinder
https://paedagogische-beziehungen.eu/wp-content/uploads/2020/10/Regelbu%CC%88chlein-Selbstdruck-DIN-A6-3.pdf
Die Broschüre stellt die wesentlichen Aspekte einer kinderrechtlichen Gestaltung von Beziehungen in Bildern und grundsätzlichen Regeln dar.

Handreichung für Teams zur pädagogischen Arbeit mit dem „Reckahner Regelbüchlein für große und kleine Kinder" – Leben und Lernen mit den Kinderrechten
https://paedagogische-beziehungen.eu/wp-content/uploads/2020/10/ReReKids-Erwachsenen-Leitfaden-14.pdf
Die Broschüre erläutert, wie Beziehungen in der Schule kinderrechtlich gestaltet und das „Reckahner Regelbüchlein für große und kleine Kinder" in der Praxis umgesetzt werden können.

Kinderrechte und Schule

Kultusministerkonferenz, Bildungsberichterstattung
www.kmk.org/themen/bildungsberichterstattung.html
Die Berichte der Autorengruppe „Bildungsbericht: Bildung in Deutschland" bieten fundierte Informationen über das Schul- und Bildungssystem in Deutschland. Dabei geht es auch um kinderrechtsrelevante Fragen wie die Benachteiligung von Kindern, deren Familien von Armut, Bildungsferne und/oder Migrationshintergrund geprägt sind. Die Seite bietet die seit 2006 in zweijährigem Abstand erscheinenden Berichte zum Download an.

Erklärung der Kultusministerkonferenz vom 03.03.2006 zur Umsetzung des Übereinkommens der Vereinten Nationen über die Rechte des Kindes
www.kmk.org/fileadmin/Dateien/veroeffentlichungen_beschluesse/2006/2006_03_03-Rechte-des-Kindes-UN.pdf
Die KMK bekennt sich ausdrücklich zur Kinderrechtskonvention und betont die Subjektstellung des Kindes. Sie führt Maßnahmen an, mit denen sie über die Kinderrechtskonvention informieren und für die Umsetzung der Kinderrechte im Schulbereich sorgen will.

Netzwerk Kinderrechte, Basiswissen zu Kinderrechten für pädagogische Fachkräfte
www.kinderrechte-portal.de (in der Entstehung, geplant ab Dezember 2022 im Netz)
Auf der Website www.kinderrechte-portal.de entsteht 2022 eine Plattform, die Basiswissen zu Kinderrechten speziell für pädagogische Fachkräfte und Lehrkräfte aufbereitet, anbietet und bestehende Materialien sammelt und vermittelt. Die Kinderrechte sollen sowohl in ihrer Gesamtheit als auch tiefergehend einzeln thematisiert werden. Das Kinderrechte-Portal soll das bereits vielfältig existierende Material der rund 100 Mitglieder des Netzwerks Kinderrechte und weiterer Akteure an einem gemeinsamen Ort vereinen. Es systematisiert dieses nach Primär- und Sekundärzielgruppen, Zielen und Medienart. Die Zusammenstellung wird ergänzt durch Materialien zur digitalen Kinderrechte-Bildung und durch konkrete Handlungsvorschläge, wie Fachkräfte Kinderrechte in den pädagogischen Alltag integrieren können.

Friedrich Ebert Stiftung, Mehr Kinderrechte in die Schulen – aber wie?
www.fes.de/themenportal-bildung-arbeit-digitalisierung/bildung/artikelseite-bildungsblog/mehr-kinderrechte-in-die-schulen-aber-wie
Im Bildungsblog der Stiftung fordern Margit Stein und Daniela Steenkamp, dass die Umsetzung von Kinderrechten ein Qualitätsmerkmal werden und Lehrstühle für die Rechte der Kinder eingerichtet werden müssen.

Niendorf, Mareike, Reitz, Sandra (2016): Das Menschenrecht auf Bildung im deutschen Schulsystem. Was zum Abbau von Diskriminierung erforderlich ist. Berlin: Deutsches Institut für Menschenrechte
www.ssoar.info/ssoar/bitstream/handle/document/48723/ssoar-2016-niendorf_et_al-Das_Menschenrecht_auf_Bildung_im.pdf;jsessionid=5AB1D77A02400650F6E16B34C83CC6A5?sequence=1
Der vom Deutschen Institut für Menschenrechte herausgegebene Forschungsbericht möchte dazu beitragen, die gegenwärtigen Diskussionen über Bildung stärker an Menschenrechten zu orientieren. Eine menschenrechtliche Perspektive schafft Maßstäbe für Chancengleichheit, Bildungsgerechtigkeit und Inklusion und ermöglicht es so, konkrete und notwendige Veränderungsbedarfe für die Umsetzung des Menschenrechts auf Bildung aufzuzeigen. Im Fokus der Analyse steht insbesondere der Diskriminierungsschutz, seine Berücksichtigung in den Schulgesetzen und Lehrplänen und seine Umsetzung im Schulleben.

Sandra Reitz (2015), Kinder und Jugendliche haben ein Recht auf Partizipation Berlin: Deutsches Institut für Menschenrechte
www.institut-fuer-menschenrechte.de/fileadmin/user_upload/Publikationen/Policy_Paper/PP_31__Kinder_und_Jugendliche_haben_ein_Recht_auf_Partizipation.pdf
Die Publikation geht vom Unterschied zwischen Partizipation als Mittel zum Erreichen anderer Zwecke und einer rechtebasierten Partizipation aus, erläutert den Stellenwert von Partizipation in der Menschenrechtsbildung und stellt dar, wie die Bundesländer das Recht auf Partizipation im Bildungsbereich fördern (können). Aus der Darstellung werden Empfehlungen abgeleitet.

Kinderrechte und Partizipation – Indikatorenentwicklung im schulischen Kontext
https://www.politik-lernen.at/dl/pNntJKJKoNOmOJqx4kJK/Kinderrechte_Index_und_Leitfaden_final_pdf
In diesem österreichischen Projekt beschäftigten sich Wissenschaftler*innen, Schüler*innen, Lehrkräfte sowie Elternvertreter*innen mit der Frage, wie es um Kinderrechte und vor allem um das Kinderrecht auf Partizipation im Kontext Schule bestellt ist.

Rucker, Thomas, Anhalt, Elmar, Ammann, Kira, Der Subjektstatus des Schülers/der Schülerin
https://link.springer.com/article/10.1007/s35834-021-00294-7
Der 2021 in der Zeitschrift für Bildungsforschung erschienene Aufsatz erklärt, wie der Anspruch, Schüler/innen als Subjekte zu adressieren, im Kontext von Regierung, Unterricht und Beratung auf jeweils unterschiedliche Art und Weise Gestalt gewinnt. Die Autor*innen machen deutlich, dass der Schüler/die Schülerin in der Schule auch dann als Subjekt geachtet werden muss, wenn Lehrer/innen oder die Schulleitung bei begründeten Anlässen etwas strikt verlangen oder unterbinden. Wie auch in solchen Situationen die Achtung des Subjektstatus als eines grundlegenden kinder- und menschenrechtlichen Prinzips verwirklicht werden kann, wird dargelegt.

Monitoring-Stelle UN-Behindertenrechtskonvention, Inklusive Bildung ist ein Menschenrecht
www.institut-fuer-menschenrechte.de/fileadmin/user_upload/Publikationen/POSITION/Position_10_Inklusive_Bildung_bf.pdf
Die Monitoringstelle des Deutschen Instituts für Menschenrechte nimmt zur Umsetzung der Behindertenkonvention in Schulen Stellung und gibt Empfehlungen.

Online-Handbuch Inklusion als Menschenrecht
https://www.inklusion-als-menschenrecht.de/
Das Online-Handbuch „Inklusion als Menschenrecht" stellt Informationen, Spiele und pädagogische Materialien zu den Themen Inklusion, Behinderung und Menschenrechte (auch in der Schule) zur Verfügung.

Kinderrechteschulen

Kinderrechteschulen in Deutschland. Leitfaden – Kriterien für die Umsetzung der UN-Kinderrechtskonvention an Schulen
www.makista.de/wp-content/uploads/2020/07/Kriterien-Kinderrechteschulen-in-Dtl._Juni2020.pdf
Das Deutsche Kinderhilfswerk, EducationY, Makista und das Deutsche Komitee für UNICEF definieren die Merkmale, die eine Schule zur Kinderrechtsschule machen, und bieten eine Checkliste mit Bewertungskriterien und Beispielen für deren Umsetzung an. Dabei geht es um folgende Dimensionen: Bildung über Kinderrechte: Information und Wissen, Bildung durch Kinderrechte: Schulkultur, Haltung, Partizipation und Mitgestaltung der Lernumgebung, Bildung für Kinderrechte: Engagement in der Schule und darüber hinaus.

Makista, Modellschul-Netzwerk für Kinderrechte und Demokratie Hessen
www.makista.de/projekte/modellschul-netzwerk-fuer-kinderrechte-hessen/
Auf dieser Webseite findet man neben den Kriterien für Kinderrechteschulen das Programm für Kinderrechteschulen in Hessen zusammen mit Informationen über die beteiligten Schulen und einem Evaluationsbericht.

Deutsches Kinderhilfswerk, Kinderrechte in Deutschland
www.kinderrechte.de/kinderrechtebildung/kinderrechteschulen/
Mit dem Projekt Kinderrechteschulen unterstützt das Deutsche Kinderhilfswerk Grundschulen über einen Zeitraum von einem Jahr darin, die Kinderrechte im Unterricht altersgerecht zu vermitteln und sowohl in der Schule als auch im Schulumfeld umzusetzen. Dazu werden Materialien angeboten.

Unicef, Schulen leben Kinderrechte
www.unicef.de/informieren/schulen/kinderrechteschulen
Hier stellt UNICEF ihr Trainingsprogramm für Schulen vor, die daran interessiert sind, eine Kinderrechteschule zu werden.

Education Y, Landesprogramm Kinderrechteschulen NRW
https://education-y.de/handlungsfelder/schule/buddy-kinderrechte/
Education Y stellt die Ziele und Grundsätze des Landesprogramms dar und Beispiele vor.

Education Y, „Man muss die Kinder machen lassen!"
https://education-y.de/handlungsfelder/schule/buddy-praxis/
Hier gibt es Beispiele, wie Schulen Kinderrechte umsetzen und Schule als Lebensraum gestalten, den Übergang von der Grundschule zur weiterführenden Schule erleichtern und Flüchtlingskinder aufnehmen und unterstützen.

Ministerium für Schule und Bildung NRW, Kinderrechte
www.schulministerium.nrw/kinderrechte
Das Ministerium erläutert die Bedeutung der Kinderrechte für die schulische Bildung, weist auf Maßnahmen im Rahmen des Aktionsplans „Für ein kindgerechtes Deutschland" hin und nennt die Ziele, die dabei im Mittelpunkt stehen.

Kinderrechteschulnetzwerk Niedersachsen
https://www.kinderrechte-netzwerk.de/
Die Kinderrechteschulen in Niedersachen werden in Kooperation von Kultusministerium und UNICEF unterstützt mit dem Ziel, dass Schüler*innen für ihre eigenen Rechte eintreten und gleichberechtigt am Schulleben partizipieren.

Deutsches Kinderhilfswerk, Aktuelle Evaluation: Gelingensbedingungen für die Verankerung von Kinderrechten in Grundschulen
www.kinderrechte.de/kinderrechtebildung/kinderrechteschulen/evaluation
Die Seite stellt in Auswertung der Bekanntheit und Wirksamkeit der Kinderrechte an Kinderrechte-Grundschulen Gelingensbedingungen dar und bietet die gesamte Evaluationsstudie zum Download an.

Menschenrechtsbildung

Kultusministerkonferenz, Menschenrechtsbildung in der Schule (1980 i.d. Fassung von 2018)
www.kmk.org/fileadmin/Dateien/veroeffentlichungen_beschluesse/1980/1980_12_04-Menschenrechtserziehung.pdf
Die Erklärung der KMK geht auf die Ziele und Grundsätze von Menschenrechtsbildung ein und stellt die Maßnahmen sowie Unterstützungssysteme und außerschulische Partner dar. Sie erläutert, wie die Menschenrechtsbildung als Quer-

schnittsthema für das gesamte Schulleben und den Unterricht vermittelt werden soll.

Kompass. Handbuch zur Menschenrechtsbildung für die schulische und außerschulische Bildungsarbeit
https://www.bpb.de/system/files/dokument_pdf/Kompass_Handbuch_zur_Menschenrechtsbildung.pdf
Das vom Deutschen Institut für Menschenrechte, der Bundeszentrale für politische Bildung u. a. herausgegebene Handbuch zur Menschenrechtsbildung für die schulische und außerschulische Bildungsarbeit bietet auf 600 Seiten nach einer konzeptionellen Grundlegung von Menschenrechtsbildung vielfältige Materialien und Übungen zur Menschenrechtsbildung und Anregungen, wie man für Menschenrechte aktiv werden kann.

Deutsches Institut für Menschenrechte, Menschenrechte – Materialien für die Bildungsarbeit mit Jugendlichen und Erwachsenen
www.institut-fuer-menschenrechte.de/fileadmin/Redaktion/Publikationen/Menschenrechte_Materialien_fuer_die_Bildungsarbeit_mit_Jugendlichen_und_Erwachsenen.pdf
Die Bildungsmaterialien vermitteln Grundwissen, erklären das Menschenrechtschutzsystem der Vereinten Nationen und zeigen auf, welche Rolle Menschenrechte im Alltag spielen. Darüber hinaus beleuchten sie die Themen Schutz vor Diskriminierung, Zugang zum Recht, Behinderung und Inklusion, Kinderrechte und Partizipation sowie Flucht und Asyl. Die Materialien bestehen aus didaktischen Hinweisen zur Menschenrechtsbildung sowie sechs Modulen. Die Bildungsmaterialien können für die schulische und außerschulische Bildung genutzt werden. Sie sind für die Arbeit mit Menschen ab 15 Jahren geeignet.

Compasito – Handbuch zur Menschenrechtsbildung mit Kindern (Onlineversion)
www.compasito-zmrb.ch/
Der „Compasito" ist ein Handbuch Menschenrechtsbildung für Kinder im Alter von 6-12 Jahren, das der Europarat entwickelt hat. „Compasito" bietet Aktivitäten und Methoden für Kinder, Pädagog*innen, Lehrkräfte und Eltern, um Kindern die Menschenrechte nahe zu bringen. Zudem bieten die zusammengestellten Compasito-Themen und Compasito-Aktivitäten die Möglichkeit zur Umsetzung von Menschenrechtsbildung und vertiefen Auseinandersetzung mit Menschen- und Kinderrechten.

Menschenrechtsbildung bei Human Rights
www.humanrights.ch/de/ipf/bildung/materialien-angebote/
Der Verein Human Rights.ch/Menschenrechte Schweiz bietet umfassende Informationen und Beratung zu Menschenrechtsfragen an. Auf der Homepage finden sich Materialien zur Menschenrechtsbildung an Schulen – differenziert nach den Schulstufen – sowie zur beruflichen Aus- und Weiterbildung. Dazu auf das Zeichen + klicken.

Menschenrechtsbildung bei Amnesty International
Die deutschsprachigen Zweige von Amnesty International bieten vielfältige Materialien, differenziert nach Schulstufen, Handbücher und Videos zum Download
Deutsche AI Sektion: https://www.amnesty.de/mitmachen/menschenrechtsbildung/material
Österreichische AI Sektion: https://www.amnesty.at/academy/unterrichtsmaterial/

Forum Menschenrechte (Hg.) (2006), Standards der Menschenrechtsbildung in Schulen
www.forum-menschenrechte.de/wp-content/uploads/2016/12/fmr_standards_der_menschenrechtsbildung.pdf
Zunächst wird erläutert, in welchem bildungspolitischen und menschenrechtlichen Kontext die Menschenrechtsbildung zu verstehen ist. Dann werden bezogen auf Urteilsfähigkeit, Handlungsfähigkeit und methodische Fähigkeiten Standards für die Grundschule, die Sekundarstufen I und II und die Berufsbildenden Schulen vorgestellt.

Sandra Reitz, Beate Rudolf, Menschenrechtsbildung für Kinder und Jugendliche: Befunde und Empfehlungen für die deutsche Bildungspolitik. Berlin: Deutsches Institut für Menschenrechte 2014
https://nbn-resolving.org/urn:nbn:de:0168-ssoar-414034
Die Studie untersucht, wie Deutschland seine völkerrechtliche Verpflichtung zur Menschenrechtsbildung für Kinder und Jugendliche gut erfüllen kann. Sie zieht Schlussfolgerungen für die Gestaltung von Bildungsmaterialien, für die Ausgestaltung von frühkindlicher, schulischer und außerschulischer Bildung sowie für die Aus- und Fortbildung pädagogischer Fachkräfte und gibt Empfehlungen an die verschiedenen Akteure und Akteurinnen der Bildungspolitik und Bildungspraxis in Deutschland.

Didaktisches Material – Kinderrechte im Unterricht

Deutscher Bildungsserver, Kinderrechte als Thema im Unterricht
www.bildungsserver.de/Kinderrechte-als-Thema-im-Unterricht-11248-de
Der deutsche Bildungsserver des DIPF bietet auf dieser Seite Unterrichtsmaterialien zum Thema Kinderrechte und Kinderarbeit an.

Unicef, Unterrichtsmaterial zum Thema Kinderrechte
www.unicef.de/informieren/schulen/unterrichtsmaterial/-/kinderrechte/107392
Unicef, Angebote für Schulen
www.unicef.de/informieren/schulen
Unicef, Fortbildungsordner JuniorBotschafter für Kinderrechte
www.unicef.de/informieren/materialien/fortbildungsordner-juniorbotschafter-fuer-kinderrechte/18416
Neben Arbeitsheften für die Grundschule und die Sekundarstufe I bietet UNICEF Fragebogen, Spiele und ein Kinderrechte-Quiz, ein Grundschulpaket sowie weitere Materialien für Schulen an. Der Fortbildungsordner stellt vielfältige Methoden für die Kinderrechtsarbeit zur Verfügung.

Deutsches Kinderhilfswerk, Kinderrechte in Deutschland. Methodendatenbank
www.kinderrechte.de/praxis/methodendatenbank/methodendatenbank/
In der Datenbank werden 304 Methoden für die Arbeit mit Kindern in Schule und Freizeit vorgestellt.

Deutsches Kinderhilfswerk, Materialien zum Thema Kinderrechte
www.kinderrechte.de/praxis/informationsmaterialien/
Im Kinderrechtekoffer werden Informationen sowie Materialien wie Poster, Flyer und Broschüren zum Download bereit gestellt. Materialien zum Bestellen gibt es im Infoshop unter anderem in den Kategorien Kinderrechte, Spielraum und Medien. Außerdem gibt es ein umfangreiches Angebot an Fachpublikationen.

Makista – Praxismaterialien und Infothek
https://www.makista.de/angebote/praxismaterialienundinfothek/
Die Infothek enthält aktuelle Fachartikel, grundlegende Texte, Praxisberichte, Bücher, Materialsammlungen, Literatur und Links für Kinder und Jugendliche sowie Filme rund um das Thema Kinderrechte in Bildungseinrichtungen. Die Praxismaterialien sollen Lehr- und Fachkräfte dabei unterstützen, die Grundprinzipien der Kinderrechtskonvention zu verstehen und eine Verbindung zum eigenen Arbeitsalltag

in Schule, Kita oder anderen Bildungseinrichtungen herzustellen. Das hilft, Kindern und Jugendlichen die Kinderrechte verständlich und erfahrbar zu machen.

Makista, Material für Kinder
www.makista.de/wp-content/uploads/2020/11/Material-für-Kinder.pdf
Hier gibt es Hinweise auf Literatur und Material für Kinder zum Thema Kinderrechte, die auch im Unterricht einsetzbar sind.

Makista, Unterrichtsanregungen für einzelne Fächer
www.makista.de/wp-content/uploads/2020/10/makista-kinderrechte-machen-Schule-2-web.pdf
Die Broschüre bietet Unterrichtsmaterialien für die Grundschule und die Sekundarstufe I und die Fächer Deutsch, Mathematik, Sachunterricht, Kunst und Werken, Sport, Ethik und Religion sowie Fremdsprachen.

LBS-Kinderbarometer
www.lbs.de/unternehmen/u/kinderbarometer/index.jsp
Auf dieser Seite werden unter den Veröffentlichungen auch Unterrichtsmaterialien angeboten. Die Themen: Natur, Rechte, Bewegung und Entspannung, Ferien, Gesundheit, Wohnen, Ernährung.

Kinderrechte und Schule
https://www.hanisauland.de/suche?search=kinderrechte
Die von der Bundeszentrale für politische Bildung herausgegebene Internetseite Hanisauland bietet umfassende und für Kinder und Jugendliche anschaulich zugängliche Informationen zu den Kinderrechten. Unter der Rubrik Schule werden neben Erläuterungen zu Bildung und Schule interaktive Tafelbilder, Arbeitsblätter, Materialien und Filme für den Unterricht angeboten.

Lohrenscheit, Claudia (Hg.) (2009): Unterrichtsmaterialien für die Menschenrechtsbildung an Schulen. Für Schülerinnen und Schüler ab Jahrgangsstufe 8. Berlin: Deutsches Institut für Menschenrechte
https://info-integration.be/wp-content/uploads/2016/12/unterrichtsmaterialien_zweite_fassung_2009.pdf
Die Unterrichtsmaterialien verfolgen das Ziel, grundlegendes Wissen für Lehrerinnen und Lehrer bereitzustellen und einige praktische Anregungen für den Unterricht zu geben. Die Materialien können als gesamte Einheit oder auch als einzelne Bausteine in verschiedenen Fächern oder Projekten verwendet werden.

Studium Kinderrechte im Masterstudiengang

www.fh-studiengang.de/studienorientierung/kinderrecht.html
Die Seite informiert über Studienmöglichkeiten und –inhalte des Studiums Kinderrechte.

Magdeburg-Stendal
https://www.h2.de/hochschule/aktuelles/single-news/single/kindheitswissenschaften-und-kinderrechte-master-studiengang-wie-diesen-gibt-es-nur-in-stendal-1.html

FH Potsdam
www.fh-potsdam.de/studieren/fachbereiche/sozial-und-bildungswissenschaften/studium/studiengaenge/master/ma-childhood-studies-and-childrens-rights-macr

ASH Berlin
www.ash-berlin.eu/studium/studiengaenge/master-kinderschutz-dialogische-qualitaetsentwicklung-in-den-fruehen-hilfen-und-im-kinderschutz/profil/#c3757

Westfälische Wilhelms Universität Münster
Daniel Bertels/David Rott, Kinderrechte im Kontext inklusiver Bildung
https://studium.uni-muenster.de/qisserver/rds?state=verpublish&status=init&vmfile=no&moduleCall=webInfo&publishConfFile=webInfo&publishSubDir=veranstaltung&publishid=361204

Institute, Stiftungen, Initiativen, Vereine und Verbände

National Coalition – Wer wir sind und was wir machen
https://netzwerk-kinderrechte.de
https://netzwerk-kinderrechte.de/netzwerk/mitgliedsorganisationen
https://netzwerk-kinderrechte.de/wp-content/uploads/2021/06/NC_Imagefolder.pdf
https://netzwerk-kinderrechte.de/wp-content/uploads/2021/03/NC_Jahresbericht2020_Web-1.pdf
In der National Coalition Deutschland haben sich rund 100 bundesweit tätige Organisationen aus verschiedenen Bereichen mit dem Ziel zusammengeschlossen, die UN-Kinderrechtskonvention in Deutschland bekannt zu machen und ihre Umsetzung voranzubringen. Den Verantwortungsträgerinnen und -trägern in Bund, Ländern und Gemeinden verdeutlicht sie immer wieder, welche Verpflichtungen aus der UN-

Kinderrechtskonvention entstehen und welche Anstrengungen unternommen werden müssen, um die Kinderrechte zu verwirklichen. Die National Coalition Deutschland führt Initiativen zusammen, berät und unterstützt ihre Mitglieder, verbreitet und vertritt gemeinsame Positionen auf nationaler und internationaler Ebene und koordiniert bei ihren Mitgliedsorganisationen Aktivitäten zur Verwirklichung der Kinderrechte. Im Berichtsverfahren für den UN-Ausschuss für die Rechte des Kindes erstellt die National Coalition Deutschland alle fünf Jahre den Ergänzenden Bericht der Zivilgesellschaft.

UNICEF
www.unicef.org
Das Kinderhilfswerk der Vereinten Nationen arbeitet in mehr als 190 Ländern daran, die Rechte der Kinder zu verteidigen. UNICEF Deutschland unterstützt die weltweite Arbeit durch Spenden, setzt sich aber auch für die Rechte der Kinder in Deutschland ein und hilft Kindern und Jugendlichen dabei, Kinderrechte in Anspruch zu nehmen und sie zu verteidigen.

Deutscher Kinderschutzbund
www.kinderschutzbund.de
Der Deutsche Kinderschutzbund setzt sich dafür ein, dass Kinder vor Gewalt und Armut geschützt und dass die Kinderrechte in Deutschland umgesetzt werden. Wenn Kinder und Eltern Probleme haben, können sie sich an ein Beratungszentrum des örtlichen Kinderschutzbundes wenden.

Deutsches Kinderhilfswerk
www.dkhw.de
Das Deutsche Kinderhilfswerk e.V. setzt sich seit mehr als 45 Jahren für die Rechte von allen Kindern in Deutschland ein. Die Überwindung von Kinderarmut und die Beteiligung von Kindern und Jugendlichen an allen sie betreffenden Angelegenheiten stehen im Mittelpunkt. Das Hilfswerk initiiert und unterstützt Maßnahmen und Projekte, die die Teilhabe von Kindern und Jugendlichen, unabhängig von ihrer Herkunft, fördern. Darüber hinaus engagiert es sich für genügend Möglichkeiten zum Spielen, für kulturelle Bildung sowie für einen kompetenten Umgang mit Medien.

Deutsches Institut für Menschenrechte – Monitoring-Stelle UN-Kinderrechtskonvention
www.institut-fuer-menschenrechte.de/monitoring-stelle-un-krk/
Die Monitoring-Stelle prüft, ob die Kinderrechte in Deutschland gut umgesetzt werden. Dazu schaut sie sich Gesetze an, spricht mit Organisationen, die sich für Kinder

einsetzen, und auch mit Kindern und Jugendlichen selbst. Sie berät Politik, Behörden, Schulen und viele andere, wie sie die Kinderrechte besser verwirklichen können.

Kinderrechteinstitut
http://kinderrechteinstitut.net/Startseite/
Das 2019 gegründete Institut hat zum Ziel, die Umsetzung der Kinderrechte durch Angebote zur Fort- und Weiterbildung, durch eigene Forschung und durch Organisations- und Politikberatung zu fördern und zu unterstützen.

Bundesarbeitsgemeinschaft (BAG) – Kommunale Kinderintereressenvertretungen
www.kinderinteressen.de
Die BAG Kinderinteressen setzt sich für Kinderrechte vor Ort ein, da, wo Kinder leben und ihren Alltag verbringen. Um die Kinderrechte zu stärken, haben sich viele kommunale Kinderbüros und Kinderbeauftragte zusammengeschlossen. Kinder können sich direkt vor Ort an ihr Kinderbüro oder ihre Kinderbeauftragten wenden. In vielen Kommunen sind Kinderbüros entstanden, die sich in Zusammenarbeit mit Kindern und Jugendlichen dafür einsetzen, dass Kinderrechte bei kommunalen Maßnahmen und Vorhaben Berücksichtigung finden. Dazu erarbeitet die BAG Erfolgsfaktoren für eine wirkungsvolle und nachhaltige kommunale Kinderpolitik, entwickelt Standards und bietet Arbeitshilfen sowie unterstützende Netzwerke.

Kinderfreundliche Kommunen
www.kinderfreundliche-kommunen.de
Dieser Verein, getragen von UNICEF und Deutschem Kinderhilfswerk, setzt sich für die konsequente Umsetzung der UN-Kinderrechtskonvention auf kommunaler Ebene ein. Er unterstützt Kommunen bei ihren kommunalen Angeboten, Planungen und Strukturen dabei, die Kinderrechte zu berücksichtigen.

humanrights.ch – Menschenrechte Schweiz
www.humanrights.ch/de/ueber-uns/organisation/
humanrights.ch bezweckt eine bessere Verankerung der Menschenrechte mittels Information und Sensibilisierung der Öffentlichkeit für Menschenrechtsfragen, die Vernetzung von Nichtregierungsorganisationen und Fachstellen in der Schweiz, die Koordination und Erstellung von NGO-Schattenberichten zu Menschenrechtsverträgen, das Lobbying für Menschenrechtsanliegen bei der Politik und Behörden, die Beratung von Betroffenen sowie Projektarbeiten im Bereich der Menschenrechtsbildung.

Kindernothilfe Luxemburg
https://www.kannerrechter.org
Die Kindernothilfe Luxemburg hat zum Ziel, Lehrkräften und pädagogischem Fachpersonal Erläuterungen und Material zur Verfügung zu stellen, damit sie die Kinder dabei unterstützen, ihre Rechte für sich und andere einfordern zu können.

SOS-Kinderdorf
www.sos-kinderdorf.de
www.sos-kinderdorf.de/botschaft-fuer-kinder
Der SOS-Kinderdorf e. V. setzt sich dafür ein, die Lebensbedingungen von sozial benachteiligten Kindern, Jugendlichen und ihren Familien zu verbessern. In den SOS-Kinderdörfern leben Kinder, deren leibliche Eltern sich nicht um sie kümmern können, wie in einer Familie. Dabei sollen sie ihre Rechte kennen und danach leben können. In den Einrichtungen gibt es regelmäßige Kinderräte, in denen Kinder die Erwachsenen daran erinnern, dass Kinderrechte im Alltag nicht vergessen werden. Die Organisation richtet außerdem regelmäßig eine Kinder- und Jugendkonferenz zum Thema Kinderrechte aus und hat eine Botschaft für Kinder in Berlin eröffnet.

Save the Children Deutschland
www.savethechildren.de
Save the Children ist eine internationale Nichtregierungsorganisation, die sich weltweit für den Schutz und die Interessen der Kinder einsetzt.

Terre des Hommes
www.tdh.de
Terre des Hommes ist seit 1960 in vielen Ländern tätig, setzt sich für die Kinderrechte ein, auch in Deutschland. Es begann mit der Hilfe für Kinder im Algerienkrieg. Heute geht es um Hunger, Kinderarbeit, Kinderprostitution, Kindersoldaten und weitere Themen.

Bundesfachverband Unbegleitete Flüchtlingskinder
https://b-umf.de
Der Verband setzt sich für junge Flüchtlinge ein und unterstützt Fachkräfte und ehrenamtliche Helfer*innen, damit diese Kinder und Jugendlichen zu ihren Rechten kommen.

Outlaw.die Stiftung
www.outlaw-diestiftung.de
Die Stiftung unterstützt die Weiterentwicklung und Durchsetzung einer öffentlichen Verantwortung und Sorge für alle Kinder, unabhängig davon, in welchem Lebensumfeld sie geboren wurden und leben. Sie sieht in den Kinderrechten ihren Auftrag, führt Kinderrechtskongresse durch und setzt sich in Publikationen für die Kinderrechte ein.

Deutsches Jugendinstitut
www.dji.de
Das Deutsche Jugendinstitut e. V. (DJI) erforscht seit über 50 Jahren die Lebenslagen von Kindern, Jugendlichen und Familien, berät Bund, Länder und Gemeinden und liefert Impulse für die Fachpraxis.

Makista
www.makista.de
Seit 2000 engagiert sich der gemeinnützige Verein Makista für die Verwirklichung der Kinderrechte in Schulen und anderen Bildungseinrichtungen. Das Team von Makista bietet Lehr- und Fachkräften sowie Multiplikator*innen aus zivilgesellschaftlichen und staatlichen Einrichtungen Trainings und Beratung an, stellt Praxis-Materialien zur Verfügung und trägt zur bundesweiten Vernetzung von Initiativen zur Umsetzung der Kinderrechte in Bildungseinrichtungen bei.

DeGeDe – Deutsche Gesellschaft für Demokratiepädagogik
www.degede.de
Die DeGeDe ist ein Verein, in dem sich rund 300 Menschen und Organisationen für Demokratiepädagogik engagieren. Die Gesellschaft engagiert sich dafür, dass Kinder und Jugendliche Demokratie nicht nur abstrakt kennen lernen, sondern praktisch erleben. Deshalb unterstützt sie Bildungseinrichtungen dabei, eine demokratische Lern- und Organisationskultur zu entwickeln, und qualifiziert Pädagog*innen für die demokratische Bildungsarbeit mit Kindern und Jugendlichen.

Grundschulverband
https://grundschulverband.de/
Der Verband setzt sich für die Weiterentwicklung der Grundschule als grundlegende Bildungseinrichtung und für ihren Ausbau zu einer zukunftsfähigen und kindgerechten Schule ein. Eine solche Schule muss eine Schule der allseitigen Bildung und des gemeinsamen Lernens für alle Kinder sein, zugleich auch eine demokratische Schule, ein Ort der Lebens- und Lernfreude und eine Schule, die Leistungen würdigt und fördert.

Der Verband gibt eine Zeitschrift und eine Buchreihe heraus und führt Kongresse und Fortbildungen durch.

Aktion Humane Schule
www.humaneschule.de
Die Aktion setzt sich für mehr Menschlichkeit in der Schule ein und nimmt zu aktuellen Fragen auf der Grundlage wissenschaftlicher Expertise Stellung. Zentrale Themen sind längeres gemeinsames Lernen, eine humane Leistungsbeurteilung, die Fürsorge bei Schulangst, die Wahrnehmung und der Einsatz gegen Mobbing durch Mitschüler*innen und Lehrer*innen sowie eine stärkere Beteiligung der Schüler*innen an allen schulischen Angelegenheiten, die sie betreffen.

Deutsche Kinder- und Jugendstiftung
www.dkjs.de
www.dkjs.de/fileadmin/Redaktion/Dokumente/stiftung/DKJS_Kurzportraet.pdf
Die Deutsche Kinder- und Jugendstiftung (DKJS) setzt sich für Bildungserfolg und Teilhabe von Kindern und Jugendlichen ein. Jedes Kind soll seine Potenziale und Talente entdecken und entfalten können. Im Mittelpunkt stehen vor allem jene Kinder und Jugendliche, die in schwierigen Verhältnissen aufwachsen. Für dieses Ziel bringt die DKJS Akteure aus Staat, Wirtschaft, Wissenschaft, Praxis und Zivilgesellschaft zusammen und entwickelt mit ihnen praktische Antworten auf aktuelle Herausforderungen im Bildungssystem.

EducationY – Bildung Gemeinsam Gestalten
https://education-y.de
Das Ziel von EducationY ist, in den Handlungsfeldern Familie, Schule und Digitales Kinder dabei zu unterstützen, dass sie Kompetenzen erwerben und selbst aktiv werden können, um Verantwortung für sich und andere zu übernehmen und ein selbstbestimmtes Leben im 21. Jahrhundert zu führen. Dazu arbeitet EducationY mit pädagogischen Fach- und Führungskräften und mit Eltern zusammen. Dem dient auch die Mitarbeit im OECD-Bildungsprojekt ‚Future of Education and Skills 2030'.

Bildungswerk für Schülervertretung und Schülerbeteiligung e.V. (SV-Bildungswerk)
https://sv-bildungswerk.de
Das SV-Bildungswerk ist ein Verein von Schüler*innen und Jugendlichen. Sein Ziel ist, Schüler*innen darin zu stärken, ihre Belange, Ideen und Sichtweisen aktiv in Schule und Gesellschaft einzubringen und in Schule, Politik und der ganzen Gesellschaft mehr Gehör zu finden. Das Bildungswerk bietet Seminare und Workshops für SV-Vertreter*innen an, damit Beteiligung wirkungsvoller ausgeübt werden kann.

Literatur zur UN-Kinderrechtskonvention

Bär, Dominik, Csaki, Friderike, Roth, Roland (Hg.), Handbuch Kinderfreundliche Kommunen, Frankfurt a.M.: Debus Pädagogik – Wochenschau Verlag 2021.

Bahr, Matthias, Reichmann, Bettina, Schowalter, Christine (Hg.), Menschenrechtsbildung: Handreichung für Schule und Unterricht, Mainz: Grünwald 2018.

Dangl, Oskar, Lindner, Doris, Wie Menschenrechtsbildung gelingt: Theorie und Praxis der Menschenrechtspädagogik (Brennpunkt Schule), Stuttgart: Kohlhammer 2020.

Edelstein, Wolfgang, Krappmann, Lothar, Student, Sonja (Hg.), Kinderrechte in die Schule. Gleichheit, Schutz, Förderung, Partizipation. Schwalbach/Ts.: Debus Pädagogik – Wochenschau Verlag 2014.

Eichholz, Reinald, Paradigmenwechsel im Schulwesen? Zum Vorrang des Kindeswohls nach Artikel 3 der Kinderrechtskonvention, Recht und Bildung, Heft 1 (2007), S. 3–10.

Fremuth, Michael-Lysander, Menschenrechte. Grundlagen und Dokumente. Schriftenreihe Bd. 10511, Bonn: Bundeszentrale für politische Bildung.

Fritzsche, Karl Peter, Menschenrechte, 3. Aufl., Stuttgart: UTB 2016.

Fritzsche, Karl Peter, Kirchschläger, Peter G., Kirchschläger, Thomas, Grundlagen der Menschenrechtsbildung: Theoretische Überlegungen und Praxisorientierungen (Wochenschau Wissenschaft), Frankfurt a.M.: Wochenschau Verlag 2017.

Gerarts, Katharina (Hg.), Methodenbuch Kinderrechte, Frankfurt a.M.: Debus Pädagogik – Wochenschau Verlag 2020.

Hartwig, Luise, Mennen, Gerald, Schrapper, Christian (Hg.), Kinderrechte als Fixstern moderner Pädagogik. Grundlagen, Praxis, Perspektiven, Weinheim: Beltz Juventa 2016.

Kaletsch, Christa, Recht, Stefan, Heterogenität im Klassenzimmer: Methoden, Beispiele und Übungen zur Menschenrechtsbildung, Schwalbach/Ts.: Debus Pädagogik 2015.

Kerber-Ganse, Waltraud, Die Menschenrechte des Kindes, Leverkusen: Budrich 2009.

Krappmann, Lothar, Lob-Hüdepohl, Andreas, Bohmeyer, Axel, Kurzke-Maasmeier, Stefan (Hg.), Bildung für junge Flüchtlinge – ein Menschenrecht, Bielefeld: Bertelsmann 2009.

Krappmann, Lothar, Petry, Christian (Hg.), Worauf Kinder und Jugendliche ein Recht haben, Kinderrechte, Demokratie und Schule: Ein Manifest, Schwalbach/Ts.: Debus Pädagogik – Wochenschau Verlag 2016.

Liebel, Manfred, Wozu Kinderrechte. Grundlagen und Perspektiven, Weinheim Basel: Beltz 2007.

Maier-Höfer, Claudia (Hg.), Kinderrechte und Kinderpolitik. Fragestellungen der Angewandten Kindheitswissenschaften, Springer VS.: Wiesbaden 2017.

Maywald, Jörg, Kinder haben Rechte, Beltz: Weinheim Basel 2012.

Outlaw.die Stiftung und Outlaw gGmbH (Hg.), Bildung ist ein Menschenrecht. Münster: Outlaw 2021.

Pirner, Manfred L., Gläser-Zikuda, Michaela, Krennerich, Michael (Hg.), Menschenrechte von Kindern und Jugendlichen im Kontext der Schule. Frankfurt a.M.: Wochenschau-Verlag Wissenschaft.

Prengel, Annedore, Winklhofer, Ursula (Hg.), Kinderrechte in pädagogischen Beziehungen, Leverkusen: Budrich 2014. Band 1: Praxiszugänge, Band 2: Forschungszugänge.

Recht der Jugend und des Bildungswesens. Fachzeitschrift für Fragen des Rechts und der Verwaltung im Bereich der Schule, der beruflichen Bildung und der Jugendhilfe. Berlin: Wissenschaftsverlag.

Reitz, Sandra, Rudolf, Beate, Menschenrechtsbildung für Kinder und Jugendliche, Berlin: Deutsches Institut für Menschenrechte 2014.

Richter, Ingo, Krappmann, Lothar, Wapler, Friederike (Hg.), Kinderrechte – Handbuch des deutschen und internationalen Kinder- und Jugendrechts, Baden-Baden: Nomos 2020.

Schmahl, Stefanie, UN-Kinderrechtskonvention. Kommentar. 2. Aufl. Baden-Baden: Nomos 2017.

von Schorlemer, Sabine (Hg.), Die Vereinten Nationen und die Entwicklung der Rechte des Kindes, Aachen: Shaker, 2004.

Steenkamp, Daniela, Stein, Margit (Hg.), Kinderrechte sind Menschenrechte – Stand- Perspektiven und Herausforderungen, Münster: LIT 2017.

Steenkamp, Daniela: Menschenrechtsbildung in der Grundschule: Eine empirische Bestandsaufnahme in Berlin und Niedersachsen. Budrich UniPress: Leverkusen 2016.

UNICEF, Praxis-Buch Kinderrechte. Eine Werkstatt für Kinder von 8-12 Jahren, Schwalbach/Ts.: Debus Pädagogik – Wochenschau Verlag 2007.

Weyers, Stefan, Köbel, Nils (Hg.), Bildung und Menschenrechte. Interdisziplinäre Beiträge zur Menschenrechtsbildung. Wiesbaden: Springer VS Verlag für Sozialwissenschaften 2016.

Verzeichnis der Autorinnen und Autoren

BARTZ, Adolf, Schulleiter des Couven Gymnasiums Aachen (2007–2010), ehemaliger Referent der Schulleitungsfortbildung NRW (2000–2007), E-Mail: a.bartz@kpnplanet.nl

BERTELS, Daniel, Dr., Sonderpädagoge, Fachleiter am Zentrum für schulpraktische Lehrerausbildung (ZfsL) Münster und Mitarbeiter am Landeskompetenzzentrum für Individuelle Förderung des Landes NRW. E-Mail: dbertels@uni-muenster.de

BORDO BENAVIDES, Olenka, RAA Berlin, http://www.auf-fk.de/, E-Mail: olenka.bordo-benavides@raa-berlin.de

BRESGEN, Stefanie, Schulleiterin des Geschwister-Scholl-Gymnasiums Pulheim, https://gsg.intercoaster.de, E-Mail: sbresgen@scholl-gymnasium.de

BEIJ, Fabio, Schüler an der 4. Gesamtschule Aachen, www.aachener-gesamt.schule

DEINES, Stefan, Referent für Wirkungsmanagement bei Education Y Düsseldorf, https://www.education-y.de, E-Mail: stefan.deines@education-y.de

DREGER, Anja, Lehrerin an der Pannwitz Grundschule Lychen, www.grundschule-lychen.de, E-Mail: grundschule@lychen.de

ERFANI-BOUJAR, Leyla, Deutsch und Politikwissenschaften, komm. Fachleiterin Deutsch, Schwerpunkt studienbefähigende Bildungsgänge an der Elinor Ostrom Schule Berlin, www.oszbwd.de, E-Mail: leyla.erfanibo@gmail.com

FISCHER, Matthias, Berufswahlkoordinator an der Hauptschule Drimborn Aachen, www.ghs-drimborn.de, E-Mail: matthias-fischer-ac@gmx.de

FOURNÉ, Lilli, Schülerin an der 4. Gesamtschule Aachen, www.aachener-gesamt.schule

GEBHARD, Jasmine, Geschäftsführerin und Projektkoordinatorin MAKISTA e.V., https://www.makista.de/, E-Mail: gebhard@makista.de

GERARTS, Katharina, Dr. phil. (Erziehungswissenschaftlerin). Hessische Beauftragte für Kinder- und Jugendrechte (2017–2019). Gründerin des Kinderrechte-Instituts. E-Mail: info@katharina-gerarts.de

GEURTZ, Michael, Schulleiter der Hauptschule Drimborn Aachen, www.ghs-drimborn.de, E-Mail: Michael.Geurtz@mail.aachen.de

GROSS, Anita, ehemalige Schulleiterin an der Gemeinschaftsgrundschule Am Höfling Aachen, http://www.ggs-am-hoefling.de, E-Mail: Anita.Gross@gmx.de

GÜNTZSCHEL, Sebastian, Lehrer an der Pannwitz Grundschule Lychen, www.grundschule-lychen.de, E-Mail: grundschule@lychen.de

HERTEL, Lenka, Lehrerin an der Hans Quick Grundschule Bickenbach, https://hans-quick.bickenbach.schule.hessen.de, E-Mail: l.hertel@hqs-bickenbach.de

HOMANN, Sven, Vorstand des Bildungswerks für Schülervertretung und Schülerbeteiligung e.V., https://sv-bildungswerk.de, E-Mail: sven.hohmann@sv-bildungswerk.de

HUNFELD, Beate, Schulleiterin der Hans Quick Grundschule Bickenbach, https://hans-quick.bickenbach.schule.hessen.de, E-Mail: b.hunfeld@schulen.ladadi.de

KLEIER, Anina, Lehrerin und Stadtteilkoordinatorin an der Grundschule Grumbrechtstraße Hamburg, https://grundschule-grumbrechtstrasse.hamburg.de, E-Mail: anina.kleier@gru-hamburg.de

KOLLOFF-WENDLAND, Tabea, Lehrerin an der Pannwitz Grundschule Lychen, www.grundschule-lychen.de, E-Mail: grundschule@lychen.de

KRAPPMANN, Lothar, Dr.phil. (Soziologie). Wissenschaftlicher Mitarbeiter des Max-Planck-Instituts für Bildungsforschung (bis 2001), Mitglied des UN-Kinderrechtsausschusses (2003–2011), E-Mail: krappmann@mpib-berlin.mpg.de

KRAUSCH, Celina, Schülerin, Jugendexpertin für Kinderrechte bei Terre des Hommes und beim Netzwerk Kinderrechte (National Coalition)

KREYER, Malte, Schülersprecher am Gymnasium Kaiser-Friedrich-Ufer Hamburg, www.kaifu-gymnasium.de

LANCÉ, Elena, Schülerin an der 4. Gesamtschule Aachen, www.aachener-gesamt.schule

LOHRENSCHEIT, Claudia, Professorin für Internationale Soziale Arbeit und Menschenrechte an der Hochschule Coburg, www.hs-coburg.de, Vorsitzende des wissenschaftlichen Beirats der National Coalition Deutschland (Netzwerk Kinderrechte), https://netzwerk-kinderrechte.de/home/ueber-uns/beirat, E-Mail: claudia.lohrenscheit@hs-coburg.de

MENZ, Katrin, Schulleiterin der Pannwitz Grundschule Lychen, www.grundschule-lychen.de, E-Mail: grundschule@lychen.de

MESCH, Dorle, Schulsozialarbeiterin am Geschwister-Scholl-Gymnasium Pulheim, https://gsg.intercoaster.de, E-Mail: dmesch@ scholl-gymnasium.de

NOWACK, Jonah, Schüler an der 4. Gesamtschule Aachen, www.aachener-gesamt.schule

ÖHLSCHLÄGER, Carina, Lehrerin an der Pannwitz Grundschule Lychen, www.grundschule-lychen.de, E-Mail: grundschule@lychen.de

PRKAČIN, Nikola, Lehrer an der Gesamtschule Münster Mitte, https://gesamtschule-muenster.de, E-Mail: prkacinn@gemm.ms.de

RIECKE, Dagmar; Schulsozialarbeit für Integration (MPT), zuständig für Schulen in Burtscheid und Drimborn (Sek I), www.ghs-drimborn.de, E-Mail: dagmar.riecke@mail.aachen.de

RIEWOLDT, Nancy, Lehrerin an der Grundschule Grumbrechtstraße Hamburg, https://grundschule-grumbrechtstrasse.hamburg.de, E-Mail: schule-grumbrechtstrasse@bsb.hamburg.de

ROTT, David, Dr., Studienrat im Hochschuldienst am Institut für Erziehungswissenschaft an der Westfälischen Wilhelms Universität Münster, www.uni-muenster.de/EW/personen/rott.shtml, E-Mail: david.rott@uni-muenster.de

RUNZE, Tara, Schülerin, Fridays for Future

SALIMOVSKA, Sabina, Roma-Schulmediatorin, RAA Berlin, https://raa-berlin.de, E-Mail: sabina.salimovska@raa-berlin.de

SCHIEB, Christoph, Schulleiter der Grundschule Bad Münder, www.gs-badmuender.de, E-Mail: cs@gs-badmuender.de

SCHLIEBENER, Anette, Schulleiterin an der Gönser-Grund-Schule Butzbach, https://goenser-grund-schule.de, E-Mail: poststelle@ggbz.butzbach.schulverwaltung.hessen.de

SCHMITT, Nicole, Lehrerin an der Hans Quick Grundschule Bickenbach, https://hans-quick.bickenbach.schule.hessen.de, E-Mail: n.schmitt@hqs-bickenbach.de

SIEBOLD, Finn, Vorstand des Bildungswerks für Schülervertretung und Schülerbeteiligung e.V., https://sv-bildungswerk.de, finn.siebold@sv-bildungswerk.de

SPÄTLING, Martin, Didaktischer Leiter an der 4. Gesamtschule Aachen, www.aachener-gesamt.schule, E-Mail: spaetling@gesamtschule-aachen.de

STROETMANN, Elisabeth, Landeskoordinatorin für das Landesprogramm Kinderrechteschulen in NRW, www.kinderrechteschulen-nrw.de sowie https://www.education-y.de, E-Mail: elisabeth.stroetmann@education-y.de

TÖPLER, Michael, (ehemaliger) Fachreferent für das Thema „Eltern und Schule" im Grundschulverband, Redakteur der Zeitschrift „Grundschule aktuell", https://grundschulverband.de/, aktuell Projektleitung für die Deutsche Gesellschaft für Demokratiepädagogik e.V. im Kompetenznetzwerk „Schulische und außerschulische Bildung im Jugendalter" im Rahmen des Programmes Demokratie leben! des BMFSFJ und Mitglied im geschäftsführenden Vorstand der DeGeDe, www.degede.de, E-Mail: michael.toepler1@web.de

VON KIRCHBACH, Christiane, Koordinatorin Jahrgangsstufe 7/8 an der Erich Kästner Gemeinschaftschule Barsbüttel, https://ekg-barsbuettel.de, E-Mail: c.von.kirchbach@ekg-bb.de

WEBER, Miriam, Vorstand des Bildungswerks für Schülervertretung und Schülerbeteiligung e.V., https://sv-bildungswerk.de, E-Mail: miriam.weber@sv-bildungswerk.de

ZOWORKA, Polly, Schülerin an der 4. Gesamtschule Aachen, www.aachener-gesamt.schule

KINDER RECHTE

Dominik Bär, Roland Roth, Friderike Csaki (Hg.)

Handbuch kinderfreundliche Kommunen

Kinderrechte kommunal verwirklichen

Kinder müssen angemessen an Entscheidungen beteiligt werden, die sie betreffen. Kommunen kommt dabei eine besondere Rolle zu, weil sie die Lebensbedingungen und Entwiklungschancen junger Menschen durch ihre Einrichtungen und Dienste nachhaltig prägen. Kinderrechte werden in erster Linie vor Ort verwirklicht. Die Fachbeiträge bieten vielfältige Anregungen, wie die lokale Umsetzung der anspruchsvollen und weitreichenden Ziele und Normen der UN-Kinderrechtskonvention gelingen kann.

ISBN 978-3-95414-146-3, 568 S., € 56,00
PDF: ISBN 978-3-95414-147-0, € 54,99

Weitere Titel aus der Reihe „Kinderrechte und Bildung"

Kinderrechte in der KiTa
von Christa Kaletsch und Jasmine Gebhard
ISBN 978-3-95414-173-9, 80 S., € 12,90
PDF: 978-3-95414-174-6, € 11,99

**Worauf Kinder und Jugenliche ein Recht haben.
Kinderrechte, Demokratie und Schule: Ein Manifest**
hrsg. von Lothar Krappmann und Christian Petry
ISBN 978-3-95414-054-1, 304 Seiten, € 29,90
PDF: 978-3-95414-055-8, € 23,99

**Kinderrechte in die Schule.
Gleichheit, Schutz, Förderung, Partizipation**
hrsg. von Wolfgang Edelstein, Lothar Krappmann und Sonja Student
ISBN 978-3-95414-067-1, 208 Seiten, € 22,80
PDF: 978-3-95414-068-8, € 17,99

Methodenbuch Kinderrechte
hrsg. von Katharina Gerarts
ISBN 978-3-95414-137-1, 96 S., € 12,90
PDF: 978-3-95414-138-8, € 10,99

Eschborner Landstr. 42-50, 60489 Frankfurt/M.
Tel.: 069/7880772-0, Fax: 069/7880772-25
info@debus-paedagogik.de
www.debus-paedagogik.de

Das Standardwerk für die Demokratiepädagogik

Wolfgang Beutel, Markus Gloe, Gerhard Himmelmann, Dirk Lange, Volker Reinhardt, Anne Seifert (Hg.)

HANDBUCH DEMOKRATIEPÄDAGOGIK

ISBN 978-3-95414-185-2, 804 S., € 59,90
PDF: ISBN 978-3-95414-186-9, € 58,99

In diesem neuen Handbuch wird erstmalig das Feld der Demokratiepädagogik abgesteckt und ein geschichtlicher Überblick gegeben. Die Autor*innen beleuchten den aktuellen Forschungsstand sowie die internationalen Zusammenhänge und Schnittmengen mit angrenzenden Feldern. Sie betrachten wichtige Orte und Formen der Demokratiepädagogik und wagen einen Ausblick in die Zukunft.

63 Beiträge prägen dieses Standardwerk, das weder in Ihrer noch in den erziehungswissenschaftlichen, schulpädagogischen oder politikdidaktischen Bibliotheken Ihrer Institution fehlen sollte.

Herausgegeben von

Dr. Wolfgang Beutel, Institut für Didaktik der Demokratie und Institut für Politikwissenschaft, Leibniz Universität Hannover

Prof. Dr. Markus Gloe, Geschwister-Scholl-Institut der Ludwig-Maximilians-Universität München

Prof. (i. R.) Dr. Gerhard Himmelmann, Institut für Sozialwissenschaften der TU Braunschweig

Prof. Dr. Dirk Lange, Zentrum für Lehrer*innenbildung der Universität Wien und Institut für Didaktik der Demokratie der Leibniz Universität Hannover

Prof. Dr. Volker Reinhardt, Direktor des Instituts für Geschichts- und Politikwissenschaft, PH Freiburg

Dr. Anne Seifert, Arbeitsstelle für Diversität und Unterrichtsentwicklung, Goethe-Universität Frankfurt

www.wochenschau-verlag.de   @Wochenschau_Ver   @wochenschau.verlag   @wochenschau_verlag

Die erste Lehrbuchreihe zum Fach Kindheitspädagogik und Familienbildung

Rita Braches-Chyrek
Theorien, Konzepte und Ansätze der Kindheitspädagogik
176 S.
ISBN 978-3-8252-5617-3
€ 16,90

In diesem Band werden Theorien, Konzepte und Ansätze vorgestellt, die die Herausbildung und Fundierung der Kindheitspädagogik begleitet haben. Zentrale theoretische Denk- und Handlungsfiguren sind in ihren Wirkungen für die Kindheitspädagogik übersichtlich und nachvollziehbar dargestellt.

Veronika Fischer, Katja Gramelt (Hg.)
Diversity in der Kindheitspädagogik und Familienbildung
240 S.
ISBN 978-3-8252-5618-0
€ 21,90

Eine Darstellung der Diversitätskategorien soziale Herkunft, Gender, Migration und Behinderung sowohl einzeln als auch intersektional betrachtet. Ihre Wirkmechanismen werden im Hinblick auf Benachteiligungen im Zugang zu Bildungsinstitutionen und in der Bildungsteilhabe aufgezeigt.

Veronika Fischer
Familienbildung
248 S.
ISBN 978-3-8252-5619-7
€ 21,90

Der mehrperspektivische Zugang in diesem Band ermöglicht es, die Familienbildung im Zusammenhang mit ökonomischen, politischen, rechtlichen, kulturellen und sozialen Entwicklungen und Strukturen zu sehen sowie Kontroversen nachzuvollziehen und Problemstellungen aufzuwerfen.

Reinhard Joachim Wabnitz
Rechtliche Grundlagen der Kindheitspädagogik und Familienbildung
192 S.
ISBN 978-3-8252-5710-1
€ 18,90

In diesem Band werden die für die Kindheitspädagogik, Familienbildung, Jugendbildung und Soziale Arbeit wichtigsten Rechtsgrundlagen dargestellt. Die Inhalte sind sowohl für Studierende und Lehrende als auch für Praktiker*innen nachvollziehbar und verständlich aufbereitet.

utb utb-shop.de | utb. Lesen. Lernen. Verstehen